HANS BLIX
Mission Irak

Hans Blix

Mission Irak

Wahrheit und Lügen

Aus dem Amerikanischen von
Reinhard Kreissl,
Thorsten Schmidt und
Bernhard Kleinschmidt

Droemer

Die amerikanische Originalausgabe erschien 2004 unter dem Titel
Disarming Iraq bei Pantheon Books, New York.

Die Folie des Schutzumschlags sowie die Einschweißfolie
sind PE-Folien und biologisch abbaubar.
Dieses Buch wurde auf chlor- und säurefreiem Papier gedruckt.

Besuchen Sie uns im Internet:
www.droemer.de

Redaktion: Brigitta Neumeister-Taroni, Zürich
Umschlaggestaltung: ZERO Werbeagentur, München
Umschlagfoto: dpa Picture-Alliance
Satz: Ventura Publisher im Verlag
Druck und Bindung: Ebner & Spiegel, Ulm
Printed in Germany
ISBN 3-426-27337-3

2   4   5   3   1

Für die Mitarbeiter
der UN Monitoring, Verification
and Inspection Commission (UNMOVIC)

INHALT

VORWORT

Nach sechzehnjähriger Tätigkeit als Generaldirektor der Internationalen Atomenergiebehörde (IAEO) in Wien ging ich im November 1997 in den Ruhestand und kehrte nach Stockholm zurück. Den Großteil meiner Zeit bei der IAEO widmete ich den Fragen der friedlichen Nutzung der Nuklearenergie, dem Einsatz von Strahlen bei der Behandlung von Krebs, der Entwicklung einer Sicherheitskultur in Atomkraftwerken oder der Untersuchung der exakten Gründe und Folgen des Unfalls in Tschernobyl. Allerdings war ich auch mit der Inspektionstätigkeit der Behörde und den damit zusammenhängenden Problemen befasst – den bis zum Ende des Golfkriegs 1991 unentdeckten Verstößen des Irak; der Durchführung der nach dem Golfkrieg vom Sicherheitsrat beschlossenen Inspektionen, die sich als sehr schwierig erwiesen, und der von der Behörde gemachten Entdeckung, dass Nordkorea mehr Plutonium besaß, als es offiziell deklarierte, was im Jahr 1993 eine Krise auslöste.

Meine Frau Eva war kurz vor mir nach Stockholm zurückgekehrt, um nach Jahren in Genf und Brüssel, wo sie für internationale Behörden tätig gewesen war, im schwedischen Außenministerium zu arbeiten. Aufgrund unserer beruflichen Tätigkeiten hatten wir etwa zehn Jahre getrennt gelebt und sahen uns nur während langer Wochenenden oder im Urlaub. Es war schön, wieder ein gemeinsames Leben zu führen.

Ich hatte jetzt mehr Zeit, über die Gesetze des Krieges, die Arbeit im Rahmen der Abrüstung und die Rolle von Inspektionen nachzudenken. Ich hatte meine Bücher und Unterlagen aus Wien mitgebracht und dachte daran, ein Buch über die Erfahrungen der IAEO bei den Inspektionen im Irak und in Nordkorea zu schreiben. Bevor ich mich jedoch an dieses Projekt machte, unternahm ich mit Eva im Januar 2000 eine Reise in die Antarktis, und während dieser Reise nahm ich das Angebot des Generalsekretärs der Vereinten Nationen Kofi Annan an, Leiter der neu gegründeten UN Monitoring, Verification and Inspection Commission für den Irak zu werden (UNMOVIC). So kam ich also aus dem arktischen Kühlschrank direkt in die Bratpfanne! Im Verlauf des letzten Jahres, das ich bei dieser Kommission verbrachte, schlugen eine Reihe von Ereignissen erhebliche Wellen: Verhandlungen, Inspektionen im Irak, Abzug der Inspektoren im März 2003 und die erfolglose Suche der Besatzungstruppen nach Massenvernichtungswaffen.

Ich hatte von 1954 bis 1956 an der Law School der Columbia University studiert, mochte die Stadt und fühlte mich in New York heimisch. Die Tatsache, dass mein jüngerer Sohn gerade seine Doktorarbeit an meiner alten Universität schrieb und ich ihn und seine Frau öfters zum Abendessen treffen konnte, brachte eine gewisse familiäre Wärme in mein Leben. Die niedrigen transatlantischen Telefonkosten ermöglichten mir einen täglichen Anruf bei meiner Frau Eva. Mit meinem älteren Sohn in Stockholm hielt ich brieflich Kontakt, und daraus entstand eine Art Tagebuch, das bei der Abfassung dieses Buches sehr hilfreich war. Mein Sohn Marten hat das Manuskript des Buches gelesen und wertvolle Kommentare beigesteuert. Das familiäre Netzwerk sorgte für Zuneigung und Stabilität in meinem aufregenden Leben. Yirka und Ed Emerson, gute alte Freunde aus meiner New Yorker Studienzeit, sorgten dafür, dass ich alle wichtigen Inszenierungen am Broadway mitbekam. Unsere gemeinsamen Theaterbesuche halfen mir, mein Leben auf und hinter der Bühne der Vereinten Nationen im Gleichgewicht zu halten.

Irgendwann im Frühjahr 2003 rief mich Per Gedin, ein alter Freund aus meiner Studienzeit in Uppsala und heute ein erfolgreicher Verleger, an und meinte, ich müsse ein Buch über meine Erlebnisse in der ganzen Irakaffäre schreiben. Er stellte den Kontakt zu Albert Bonnier her, der jetzt mein skandinavischer Verleger ist, und die beiden überredeten mich, nach meinem Rückzug aus der Kommission dieses Buch zu schreiben. Es war nicht schwer, mich zu überreden. Mir war klar, dass ich als Augenzeuge einen wichtigen Abschnitt der Zeitgeschichte miterlebt hatte. Diplomaten und Staatsmänner würden ihre Beschreibung dieser Ereignisse aus je anderen Blickwinkeln vorlegen. Ich hielt es für richtig, aus der Sicht eines Teilnehmers zu beschreiben, was sich auf der zentralen Bühne der Vereinten Nationen zugetragen hatte.

Glücklicherweise erhielt ich den Rat, mich an Mrs. Jane Gelfman als literarische Agentin zu wenden. Sie und Albert Bonnier haben mich während der Abfassung dieses Buches unterstützt. Ich lernte ihre durchdachten Urteile, ihre Freundschaft und professionelle Kompetenz schätzen und lieben. Anders Mellbourn, der Direktor des Instituts für Internationale Politik in Stockholm, und Dan Frank von Pantheon Publishers in New York haben in die Überarbeitung meiner Entwürfe viel Zeit und Energie gesteckt. Ich bin ihnen für ihre gekonnte und sanfte Art des Umgangs bei diesem schwierigen und hektischen Projekt sehr dankbar. Dimitri Perricos war bei der Publikation immer die treibende Kraft. Ich wusste, dass er die Inspektionen der UNMOVIC professionell und kompetent durchführen würde – was er auch tat. Er hatte die Freundlichkeit, alle Kapitel dieses Buches zu lesen und, wo mich die Erinnerung verlassen hatte, die Irrtümer zu korrigieren. Ich bin ihm dafür und für die vielen durchdachten Ratschläge und für seine Professionalität zu Dank verpflichtet. Schließlich stehe ich in der Schuld von Ewen Buchanan und Jeffrey Allen, die mich nach meinem Weggang aus New York über E-Mail kontinuierlich über die Vorgänge im Irak im Sommer 2003 auf dem Laufenden gehalten haben.

Stockholm, am 30. Januar 2004
Hans Blix

KAPITEL I

Entwaffnung des Irak: Stunde der Wahrheit?

Invasion statt Inspektion

Am Sonntag, dem 16. März 2003, saß ich nachmittags in meinem Büro im 31. Stock des Gebäudes der Vereinten Nationen in New York, dem Hauptquartier der UN Monitoring, Verification and Inspection Commission (UNMOVIC) für den Irak. Einige meiner engsten Mitarbeiter waren bei mir, um unserem Arbeitsprogramm, das ich dem Sicherheitsrat vorlegen wollte, den letzten Schliff zu geben.

Als der Sicherheitsrat unsere Kommission im Dezember 1999 durch eine Resolution ins Leben gerufen hatte, waren dessen Mitglieder davon ausgegangen, dass sich im Irak trotz der groß angelegten Entwaffnung während der Inspektionen der Vereinten Nationen nach dem Golfkrieg 1991 immer noch Massenvernichtungswaffen befänden. Im November 2002 wurde dann eine neue Runde von Inspektionen eingeleitet, um die bei der Entwaffnung des Irak noch verbleibenden wichtigen Aufgaben zu lösen.

Obwohl die Waffeninspekteure unter Hochdruck arbeiteten und der Irak ihnen offensichtlich überall ungehindert Zutritt gewährte, schienen es die Vereinigten Staaten darauf anzulegen, unsere Inspektionsteams durch eine Invasionsarmee zu ersetzen. Nach den Terroranschlägen vom 11. September 2001 in New York und Washington hielten sie eine Politik der Eingrenzung – sie nannten das »Saddam Hussein im Zaum halten« – und der Sicherstellung, dass der Irak entwaffnet wurde, offensichtlich nicht mehr für akzeptabel.

Die Leute, mit denen ich zusammenarbeitete, waren ausgewiesene Experten aus allen Ecken der Welt. Da war Dimitri Perricos, der wohl weltweit erfahrenste Waffeninspekteur. Dimitri, ein Grieche, verfügte als Chemiker über zwanzig Jahre Erfahrung bei internationalen Missionen im Bereich der Nuklearpolitik – im Irak, in Nordkorea, in Südafrika und vielen anderen Ländern. Er war der Einsatzverantwortliche. Muttusamy Sanmuganathan – wir nannten ihn alle Sam –, kam aus Sri Lanka. Mit Sam und Dimitri hatte ich in Wien als Generaldirektor der Internationalen Atomenergiebehörde (IAEO) viele Jahre lange zusammengearbeitet. Ewen Buchanan, ein Schotte, war unser Mann für Öffentlichkeitsarbeit und institutionelles Gedächtnis des Ganzen. Er hatte jahrelang als politischer Experte und Sprecher der vorangegangenen Inspektionsbehörde, der UN Special Commission (UNSCOM), gearbeitet. Dann gehörte noch Torkel Stiernlof dazu, der in Bagdad stationiert gewesen war und Arabisch sprach. Er war auf dem Sprung, nach einer intensiven sechsmonatigen Tätigkeit als mein Assistent nach Stockholm ins Außenministerium zurückzukehren. Und schließlich Torkels Nachfolger, Olof Skoog, der es schon mit 35 Jahren zum Botschafter gebracht hatte und der zu mir abgeordnet worden war.

Die militärische Invasion des Irak war mehr oder weniger beschlossene Sache – und wir saßen hier bei den Vereinten Nationen und suchten nach einer friedlichen Lösung für die Entwaffnung des Irak! Der militärische Aufmarsch seit dem Sommer des Jahres 2002, der dafür gesorgt hatte, dass der Irak die Rückkehr der Inspekteure akzeptierte, hatte inzwischen die Stärke einer Invasionsarmee erreicht, die auf ihren Einsatz wartete.

Im Sicherheitsrat der Vereinten Nationen waren alle Bemühungen gescheitert, bezüglich der Forderungen an den Irak und eines schnellen Vorgehens bei den Inspektionen in den kommenden Wochen zu einer Übereinkunft zu gelangen. Die Briten hatten vorgeschlagen, Saddam Hussein solle im irakischen Fernsehen seine Bereitschaft zur Entwaffnung und zur uneingeschränkten Kooperation mit den Waffeninspekteuren erklären. Parallel zu dieser Erklärung erwartete man eine Reihe sehr dezidierter Abrüstungsmaßnahmen innerhalb sehr kurzer Zeit – die Rede war von etwa zehn Tagen.

Die Vorgehensweise glich der britischen Strategie, aufgrund der Oberst Gadafi zehn Monate später erklärte, Libyen werde alles unterlassen, um in den Besitz von Massenvernichtungswaffen zu kommen, und Inspektionen seiner Anlagen zulassen. Die Vereinigten Staaten und Großbritannien gingen davon aus, sie seien berechtigt, bewaffnet gegen das Land vorzugehen, sollten sie den Eindruck gewinnen, der Irak erfülle die Forderungen nicht.

Während die Richtlinien der Resolution vom Dezember 1999, die für die Inspekteure ein erstes Arbeitsprogramm von 120 Tagen vorsahen, nach wie vor gültig waren, bezogen sich die Vereinigten Staaten, Großbritannien und Spanien auf eine Resolution, die am 8. November 2002 verabschiedet worden war. Nach ihrer Lesart dieser Resolution stand dem Irak nur noch eine begrenzte Zeit zur Verfügung, eine letzte Möglichkeit der Zusammenarbeit, um zu einer Entwaffnung zu kommen, ansonsten habe er mit »ernsthaften Konsequenzen« – also einem bewaffneten Angriff – zu rechnen. Andere Ratsmitglieder vertraten die Meinung, dass die Inspektionen mehr Zeit erforderten, und waren nicht bereit, »ernsthaften Konsequenzen« zu diesem Zeitpunkt zuzustimmen. Die Mehrheit der Mitglieder des Sicherheitsrats ging überdies davon aus, dass eine diesbezügliche Entscheidung nur vom Sicherheitsrat, nicht jedoch von einzelnen Ländern getroffen werden könne, worauf die Briten und Amerikaner beharrten.

An jenem Sonntag hatten sich Präsident George W. Bush, Premierminister Tony Blair und José Aznar, der spanische Premier, für eine Stunde mitten im Atlantik auf den Azoren getroffen, um – zumindest für das Protokoll – einen letzten Aufruf an die zögerlichen Mitglieder des Sicherheitsrats zu richten, ihrem Resolutionsentwurf zuzustimmen. Blair betonte, man habe sich noch einmal besonders für eine friedliche Lösung eingesetzt, aber Bush schien sich damals bereits auf die Zeit nach einem bewaffneten Vorgehen gegen den Irak zu beziehen.

Die meisten Beobachter waren sich einig, dass der Krieg beschlossene Sache war – und letztlich kam er ja auch. Doch obwohl ich davon ausging, dass die Dinge sich mit hoher Wahrscheinlichkeit in diese Richtung entwickeln würden, war mir selbst jetzt noch bewusst, dass unvorhergesehene Ereignisse nie auszuschließen sind. Ich erinnerte mich daran, wie die Iraker nach Auseinandersetzungen im Juli 1991 der Internationalen Atomenergiebehörde gegenüber offiziell zugaben, dass sie verschiedene Techniken der Urananreicherung getestet hatten; im Oktober 1998 war es UN-Generalsekretär Kofi Annan gelungen, den Irak zu wichtigen Zugeständnissen zu bewegen, und damals beorderte der amerikanische Präsident Bill Clinton die Bomber zurück, die bereits aufgestiegen waren, um Angriffe gegen den Irak zu fliegen. Würde Saddam Hussein jetzt die von den Briten verlangte Rede halten und sich bereit erklären, die wichtigen Punkte auf schnellstem Wege zu klären, konnte das gut und gern zu einem Aufschub des Einmarschbefehls und stattdessen zu verstärkten Inspektionen führen. Saddam hielt schließlich tatsächlich eine Rede, sie wurde über den Fernsehsender seines Sohnes ausgestrahlt, aber es war nicht die dramatische Geste, die in dieser Situation gefordert war. Er sagte lediglich, dass der Irak früher über Massenvernichtungswaffen verfügt hatte, jetzt aber keine mehr besitze.

Während wir in meinem Büro um den Tisch saßen, klingelte das Telefon. John Wolf, der Verantwortliche für Atomwaffenkontrolle im amerikanischen Außenministerium, rief aus Washington an, um mir den Abzug unserer Inspekteure aus dem Irak nahe zu legen. Es werde keine weiteren Warnungen geben, rasches Handeln sei angesagt.

Vorbereitungen für den Abzug der Inspekteure

Auf diese Situation hatten wir uns seit Ende Februar vorbereitet. In den vergangenen Wochen hatten wir unser Personal im Irak bewusst reduziert und die gemieteten Hubschrauber bereits abgezogen. Uns blieb ein in Bagdad stationiertes Flugzeug und ein zweites Charterflugzeug stand zur Unterstützung bei der Evakuation der im humanitären Bereich tätigen UN-Mitarbeiter bereit. Ferner verfügten wir für den Ernstfall über Jeeps und Busse für den Boden-transport. In New York war es nun drei Uhr nachmittags, in Bagdad elf Uhr nachts. Wenn wir den Chef unserer Mission in Bagdad, Miroslav Gregoric, sofort benachrichtigten, konnten die ersten Mitarbeiter am anderen Morgen ausgeflogen werden. Mir war sehr daran gele-gen, die Menschen, für die ich die Verantwortung trug, sobald als möglich in Sicherheit zu bringen. Allerdings war ich nicht der ein-zige Verantwortliche. Kofi Annan hatte als Generalsekretär der Vereinten Nationen die letzte Entscheidungsverantwortung für alle Mitarbeiter im Irak. Mein Kollege Mohammed el Baradei war als Direktor der Internationalen Atomenergiebehörde für die Nuklear-inspekteure in Bagdad verantwortlich. Ich rief beide an. Mohammed wollte nichts überstürzen. Ihm war daran gelegen, dass der Abzug nicht wie eine Flucht aussah.

Zwar bedurfte es im Fall eines Abzugs keiner gesonderten Er-laubnis des Sicherheitsrats, aber der Generalsekretär wollte diesen dennoch vorab informieren. Er beschloss, dies bei dem für Montag-morgen geplanten Treffen des Sicherheitsrats zu tun. Das bedeutete, dass es vor Dienstag früh keinen Abzug geben würde. Ich war über diese Verzögerung nicht sehr erbaut, ging aber davon aus, dass Kofi Annan seine Gründe hatte und diese Verzögerung die Risiken nicht erhöhen würde.

Der Sicherheitsrat am 17. März:
Keine Abstimmung über die Resolution für den Krieg

Am Montag, dem 17. März, arbeiteten unsere Inspekteure normal weiter. Sie überwachten die Zerstörung von zwei Al-Samud-2-Ra-keten, was die Anzahl der insgesamt unschädlich gemachten Flug-körper auf 72 erhöhte. Sie führten ein nicht überwachtes Gespräch mit einem Biologen, womit wir insgesamt elf solcher Interviews hat-ten. Unsere Inspektionsteams besuchten eine 140 Kilometer nörd-lich von Bagdad gelegene Molkerei und zwei im Nordwesten der

Stadt gelegene Anlagen. Ich machte mir Sorgen über ihre Rückkehr im Fall eines für Dienstag geplanten Abzugs. Zwar hatten wir von irakischer Seite entsprechende Zusicherungen bekommen, aber ich erinnerte mich auch daran, dass die Iraker 1990 Geiseln genommen hatten.

Der UN-Sicherheitsrat trat um zehn Uhr morgens zusammen. Zu meiner Bestürzung kündigte Kofi Annan den Rückzug des UN-Personals aus dem Irak nicht als Erstes an. In Bagdad war es jedoch bereits sechs Uhr abends und jede weitere Verzögerung entsprechender Anweisungen aus New York würde die Vorbereitungen für die Abreise aus Bagdad erschweren.

Der Ton im Sicherheitsrat war keineswegs kriegerisch oder scharf. Die Auseinandersetzungen waren vorüber. Die Vereinigten Staaten, Großbritannien und Spanien hatten den Weg für weitere Inspektionen blockiert und die verbliebene Mehrheit im Sicherheitsrat hatte die Resolution, die einen bewaffneten Eingriff implizit gerechtfertigt hätte, abgelehnt. Weder das Treffen auf den Azoren, noch die intensiven Telefongespräche während des Wochenendes hatten die Positionen der Regierungen verändert. Von britischer Seite hieß es, der Resolutionsentwurf, den man im Sicherheitsrat unterstützt habe, werde *nicht zur Abstimmung kommen* – im Klartext ein Eingeständnis des Scheiterns. Denn hätte man über die Resolution abstimmen lassen und wäre sie abgelehnt worden, hätte diese Ablehnung die ohnehin fragwürdige Position derjenigen weiter geschwächt, die sie unterstützten und der Meinung waren, frühere Resolutionen des Sicherheitsrats würden den Einsatz bewaffneter Kräfte im Falle mangelnder Kooperation der irakischen Seite rechtfertigen.

Auch wenn die Vereinigten Staaten und Großbritannien die französische Veto-Drohung als Grund für dieses Debakel angaben – und dabei übersahen, dass sich auch China und Russland Frankreich hätten anschließen können –, gab es im Sicherheitsrat eine faktische, wenn auch nicht formelle Mehrheit gegen einen bewaffneten Angriff. Auf britischer Seite vertrat man die Position, Saddam habe noch eine winzige Chance, die Situation auf friedlichem Weg zu retten. Die Amerikaner bekräftigten nochmals ihren Hinweis, schleunigst alle Mitarbeiter der Vereinten Nationen aus dem Irak abzuziehen.

Frankreich erklärte, dass jegliche Resolution, die den Einsatz bewaffneter Gewalt rechtfertige, abgelehnt werde, und wies die Interpretation zurück, einzelne Mitglieder des Sicherheitsrats könnten ohne Autorisierung durch das Gremium entsprechend tätig werden. Frankreich wollte, dass die UNMOVIC das Arbeitsprogramm der vorgesehenen Inspektionen präsentierte und dass der Sicherheitsrat am Mittwoch – wenn möglich auf Ministerebene, wie dies Russland vorgeschlagen hatte – zusammentrat und das Arbeitsprogramm absegnete. Dabei sollte ein Zeitrahmen festgelegt werden, in dem der Sicherheitsrat die Ergebnisse der Inspektionen bewertete. Mexiko vertrat die Position, es bestehe zum aktuellen Zeitpunkt kein Grund für den Einsatz militärischer Gewalt im Irak, und Angola merkte an, man habe Krieg am eigenen Leib erlebt und bestehe darauf, alle friedlichen Mittel bis zum Ende auszuschöpfen.

Iraks nicht erfüllte Abrüstung als Rechtfertigung für den Krieg – Kommt nun die »Stunde der Wahrheit«?

In einer abendlichen Fernsehansprache am Montag, dem 17. März, verkündete Präsident Bush ein Ultimatum: Saddam Hussein und seine Familie sollten den Irak binnen 48 Stunden verlassen. Vizepräsident Cheney erklärte, eine freiwillige Entwaffnung sei nun keine verfügbare Option mehr. Mit Bezug auf Saddam Hussein fügte er hinzu: »Wir glauben, dass er seine Nuklearwaffen wieder einsatzfähig gemacht hat.« Diese Einschätzung klang ebenso überzeugend, wie sie unbegründet war.

Colin Powell trat differenzierter auf. Auf einer Pressekonferenz am 17. März betonte er, die USA hätten bereits kurz nach der Verabschiedung der neuen Resolution im November 2002 begonnen, an der Ernsthaftigkeit der irakischen Bemühungen zu zweifeln. Die vom Irak einen Monat später vorgelegte zwölftausendseitige Erklärung sei unvollständig gewesen und es habe sich dabei keineswegs um eine aufrichtige Darstellung der irakischen Waffenprogramme gehandelt. Die Vereinigten Staaten hätten mit den Inspekteuren loyal zusammengearbeitet und ihre Arbeit unterstützt. Trotz einiger Verbesserungen habe der Irak indessen das geforderte Ausmaß an Kooperation nicht erbracht. Der von den Vereinigten Staaten, Großbritannien und Spanien vorgelegte und wieder zurückgezogene Resolutionsentwurf hätte dem Irak noch eine letzte Chance eingeräumt, doch habe Frankreich diesen Vorstoß durch eine Veto-Drohung blockiert. So blieben die Vereinten Nationen zwar weiterhin eine wichtige Institution, doch habe der Sicherheitsrat, zumindest in diesem einen Fall, den Test nicht bestanden.

Es mag sich als bequeme Lösung angeboten haben, Frankreich für das diplomatische Versagen verantwortlich zu machen, aber es war offensichtlich, dass die Mitglieder des Sicherheitsrats zu diesem Zeitpunkt mehrheitlich gegen ein bewaffnetes Vorgehen waren, wobei kein Staat ein solches zu einem späteren Zeitpunkt ausschloss. So gesehen war es schon bemerkenswert, einer Mehrheit, die eine Minderheitenposition ablehnt, vorzuwerfen, sie habe den Test nicht bestanden.

Mit keinem Wort machte Colin Powell in seinem Statement ein Recht der Vereinigten Staaten auf einen Präventivschlag gegen den Irak geltend. Juristisch begründete der amerikanische Außenminister das militärische Vorgehen genau gleich wie Großbritannien: Der Irak sei seinen durch verbindliche UN-Resolutionen begründeten Abrüstungsverpflichtungen nicht nachgekommen und damit hätten einzelne Mitglieder des Sicherheitsrates das Recht, ohne weitere Entscheidung des Rates zur Tat zu schreiten.

Mit einer Ausdrucksweise, deren sich auch andere amerikanische Diplomaten bedienten, wies Colin Power schließlich darauf hin, dass sich das Fenster für Diplomatie schließe – und die »Stunde der Wahrheit anbreche«. Nun bilden militärische Aktionen gewiss einen Gegensatz zu diplomatischen Aktionen, aber das heißt nicht, dass sie deshalb für die Wahrheit stehen. Zutreffender scheint da der

Spruch, dass »die Wahrheit das erste Kriegsopfer« ist. Ich halte es zudem für unangemessen, Diplomatie als Gegensatz von Wahrheit zu begreifen – sie als Lüge oder Illusion darzustellen. Die diplomatische Sprache bedient sich oft der Untertreibung, um vorhandene Differenzen herunterzuspielen und sie so leichter zu überbrücken, aber Lügen haben in der Diplomatie nichts zu suchen – zumindest nicht, wenn es sich um gute Diplomatie handelt.

Die wichtigste Wahrheit, an die alle Sprecher der Vereinigten Staaten dachten und deren Enthüllung sie erwarteten, war zweifelsohne die Existenz von Beständen an biologischen und chemischen Waffen sowie anderen verbotenen Gegenständen, samt der dazugehörigen Programme und Personen.

Abzug des UN-Personals.
Vorlage des Arbeitsprogramms im Sicherheitsrat

Am Dienstag, dem 18. März, rief mich Dimitri Perricos morgens um sieben Uhr an, um mir mitzuteilen, dass unser erstes Flugzeug aus Bagdad in Zypern gelandet und das zweite im Anflug sei. Alles habe geklappt! Es sei sogar gelungen, Teile der empfindlichen Ausrüstung mitzunehmen. Während der ganzen Operation hätten sich die Iraker als sehr kooperativ erwiesen. Was für eine Erleichterung. Unsere Inspekteure würden nun ein paar Tage in Larnaka zubringen und dann in ihre Heimatländer entlassen werden. Da sie formell weiterhin unter Vertrag standen, würden sie für den unwahrscheinlichen Fall, dass die UNMOVIC im Rahmen der Besetzung zur Verifizierung verdächtiger Funde herangezogen werden sollte, zur Verfügung stehen. Ich war froh, dass unser Personal aus der Gefahrenzone war, fühlte mich aber auch leer, wie nach einer Schulaufgabe, auf die man alle Kräfte verwendet hat, und ich war enttäuscht, dass man uns nicht ausreichend Zeit gelassen hatte, um die uns übertragene Aufgabe zu erfüllen.

Ich hatte mich vor drei Jahren bereit erklärt, die neue Organisation für die Waffeninspektion aufzubauen und zu leiten. Daraus war eine kompetente und gut ausgerüstete Truppe geworden und alle waren der Meinung, dass sie als unabhängiges und wirksames Instrument des Sicherheitsrats gute Arbeit geleistet hatte – dreieinhalb Monate lang.

Unter dem starken militärischen Druck der Vereinigten Staaten und Großbritanniens versuchten unsere irakischen Ansprechpartner gegen Ende fast krampfhaft, neues Material und Belege beizubringen und uns Gesprächspartner für Interviews zu vermitteln. Es wäre übertrieben, wenn ich sagte, dass diese Anstrengungen uns und die Welt wirklich überzeugten und für Klarheit sorgten, aber wir waren auf einem hoffnungsvollen Weg.

Mein Eindruck war, dass das militärische Vorgehen nicht zu den Entscheidungen passte, die der Sicherheitsrat vor fünf Monaten gefällt hatte. Er hatte sich nicht auf eine Inspektionszeit von dreieinhalb Monaten festgelegt. War uns von den Irakern der Zutritt verwehrt worden, hatten sie mit uns Katz und Maus gespielt? Nein. Waren die Inspektionen nicht vorangekommen? Zwar war keine der offenen Fragen bezüglich der Entwaffnung geklärt worden, aber meiner Meinung nach ging alles viel zu gut voran, als dass man die Bemühungen abbrechen und zu militärischen Mitteln hätte greifen sollen. Während die Iraker krampfhaft, wenn auch ziemlich erfolglos versuchten, Belege für ihre Unschuld zu finden, suchten die Amerikaner ebenso krampfhaft und genauso erfolglos überzeugende Belege für eine Schuld des Irak.

Die Regierung Bush hatte die Politik der Eingrenzung, die auf der Resolution vom Dezember 1999 basierte und die Inspektionen, Überwachung, Sanktionen und militärischen Druck vorsah, lange Zeit als ineffektiv kritisiert: Man werde den Irak auf diese Weise nicht zur Zerstörung seiner Massenvernichtungswaffen bewegen. Nun wurde auf die Schnelle eine Kampagne zur bewaffneten »Counter-Proliferation« (Angriff auf ein Land, um dessen ABC-Waffen-Potenzial zu zerstören) gestartet, die, so die Behauptung, durch die Resolution des Sicherheitsrats vom Dezember 2002 gedeckt sei und von der man sich den Durchbruch bei der Zerstörung der Massenvernichtungswaffen im Irak verspreche.

Was wäre geschehen, wenn die US-Regierung sich bereit erklärt hätte, auf dem traditionellen Weg der Politik weiterzugehen? Ohne den militärischen Aufmarsch der Amerikaner im Sommer 2002 hätte der Irak der Wiederaufnahme der Inspektionen möglicherweise nicht zugestimmt. Ausgehend von diesem Aufmarsch und einer Rückkehr der Inspekteure wäre es jedoch vorstellbar gewesen, dass eine *maßvolle* Erhöhung des militärischen Drucks und die Weiterführung der uneingeschränkten Inspektionen geklärt hätte, dass es keine Massenvernichtungswaffen gab. Sicherlich wäre es schwer gewesen, die Inspekteure und die Weltöffentlichkeit davon zu überzeugen, von den Vereinigten Staaten ganz zu schweigen. Doch waren gerade die großflächig angelegten Gespräche mit technischen Experten im Irak ein vielversprechender Ansatz in diese Richtung. Hätten dann bis Juli 2003, also nach Ablauf der 120-Tage-Frist, keine Erfolg versprechenden Ergebnisse vorgelegen, wäre vermutlich eine Mehrheit im Sicherheitsrat für eine militärische Aktion eingetreten, und diese hätte, von den Vereinten Nationen legitimiert, nach dem Ende der sommerlichen Hitzeperiode beginnen können – um herauszufinden, dass es keine Waffen gab.

Ich persönlich war damals der Meinung, dass die Unfähigkeit oder Unwilligkeit, den Beweis für die Nichtexistenz von Massenvernichtungswaffen anzutreten, den Irak zu einem unsicheren Kandidaten machte, gegenüber dem man die Sanktionen aufrechterhalten sollte. Andererseits schien es mir nicht gerechtfertigt, nachdem man jetzt mit den Inspekteuren viel besser kooperierte als beim letzten Mal, nach nur dreieinhalb Monaten einen Krieg zu beginnen.

In der wirklichen Welt aber gab es keine allmähliche Erhöhung des militärischen Drucks, sondern nur den unbarmherzigen Aufmarsch einer vollwertigen Invasionsarmee. Sieht man von einer Kehrtwende oder einer »strategischen Entscheidung« Saddams ab, so blieb den Amerikanern keine andere Wahl – vorausgesetzt, sie zogen eine solche überhaupt in Betracht.

War der Krieg geplant?

Viele Beobachter waren der Meinung, der Krieg sei im Sommer 2002 in Washington beschlossen worden und die Inspektionen der Vereinten Nationen sollten nur die Zeit bis zum vollständigen militärischen Aufmarsch überbrücken. Die *International Herald Tribune* zitierte die *Washington Times* in einem Artikel vom 4. September 2003, in dem die Rede von einem »militärischen Bericht« an den Generalstab der Armee der Vereinigten Staaten war und in dem es hieß, Präsident Bush habe die globale Kriegsstrategie gegen den Irak im August 2002 gebilligt. Irgendwann wird der Lauf der Zeit, wird das Ablaufdatum der Geheimhaltungsfrist klassifizierter Dokumente, werden politische Biografien die Wahrheit ans Licht bringen.

Ich vermute – und es handelt sich dabei um nicht mehr als eine Vermutung –, dass die Regierung Bush im Sommer 2002 beschloss, man müsse nach den Terroranschlägen vom 11. September 2001 für einen Präventivschlag gegen einen möglichen Feind, der die Vereinigten Staaten bedrohen könnte, gerüstet sein. In Saddam Hussein sah man das personifizierte Böse, dem es gelungen war, die Suche nach Massenvernichtungswaffen und deren Zerstörung durch die UN-Inspekteure erfolgreich zu verhindern, der möglicherweise dem internationalen Terrorismus Unterschlupf gewährte und mit Terroristen kooperierte und der sich vehement gegen einen Frieden mit Israel stellte. Daraus zog man – so vermute ich – den Schluss, dass der Präsident, nun, da er dem Terrorismus den Krieg erklärt hatte, vor den nächsten Präsidentschaftswahlen diese als bedrohlich wahrgenommene Gefahr beseitigen müsse. Militärisch waren die Vereinigten Staaten dazu in der Lage, da ihr Engagement in Afghanistan sich dem Ende zuneigte und die Aufgaben dort zum Teil von der NATO übernommen wurden.

Was bedeutete dies für die Vereinten Nationen und die Inspektionen? Von Dick Cheney, dem amerikanischen Vizepräsidenten, stammt das Zitat vom August 2002, die Inspektionen seien im besten Fall nutzlos. Vermutlich teilte auch Verteidigungsminister

Donald Rumsfeld diese Sichtweise, wurde er doch mit dem Satz zitiert, dass bei den Inspektionen »die Funde [im Irak] nicht auf Entdeckungen, sondern auf Informationen durch Überläufer zurückgingen« *(Washington Post,* 5. Dezember 2002). So oder so nimmt ein Aufmarsch der amerikanischen Streitkräfte einige Zeit in Anspruch und ich vermute, man dachte sich, ein Engagement der Vereinten Nationen bei einem letzten und erfolglosen Versuch der Entwaffnung des Irak könnte keinen allzu großen Schaden anrichten. Sollte der Irak die erneute Einreise der UN-Inspekteure verweigern, erschiene eine militärische Aktion der Amerikaner nicht nur als Verteidigung amerikanischer Sicherheitsinteressen, sondern ließe sich auch als Durchsetzung der Forderungen der Vereinten Nationen darstellen. Würde der Irak die Inspekteure ins Land lassen und ihnen wieder den Zutritt zu den Anlagen verweigern oder sich auf sonstige Weise unkooperativ zeigen, könnte man ebenfalls auf amerikanische Sicherheitsinteressen und die Forderungen der Vereinten Nationen verweisen. Würde der Irak die Inspekteure ins Land lassen und diese fänden verbotene Waffen – umso besser! Saddam bliebe an der Macht – leider –, aber es wäre dann ein anderer Saddam.

In den folgenden Kapiteln werde ich den Verlauf der Ereignisse beschreiben, die sich ein Stück weit in die erwartete Richtung entwickelten, und zeigen, wie das Ganze am Ende entgleiste. Der Irak akzeptierte erneute Inspektionen. Im Sicherheitsrat wurde im Dezember 2002 einstimmig eine von den Vereinigten Staaten eingebrachte Resolution verabschiedet, die dem Irak Verpflichtungen auferlegte und, sollten diese nicht erfüllt werden, einen Militärschlag rechtfertigte. Einige Beobachter vertraten die Position, den Amerikanern sei an einem Scheitern der Inspektionen gelegen gewesen und die wenig Erfolg versprechenden Vorschläge der amerikanischen Geheimdienste vom November und Dezember 2002 für die Auswahl möglicher Inspektionsstätten seien in diesem Licht zu verstehen. Ich kann mich dieser Sichtweise nicht anschließen. Wie sich zeigen wird, hatten die Vereinigten Staaten zu diesem Zeitpunkt ein großes Interesse an den Inspektionen und drängten uns, die

Maßnahmen sehr schnell auszudehnen und »aggressiv« durchzuführen – möglicherweise in der Hoffnung, oder zumindest mit der
Erwartung, dass der Irak uns den Zugang verweigern, damit gegen
die Resolution verstoßen und sich so zum Ziel »ernsthafter Konsequenzen« machen würde. Vom Standpunkt der Amerikaner aus entwickelte sich die Lage
im Jahr 2003 problematisch. Zwar entdeckten die Inspekteure
Flugkörper, die über etwas mehr als die erlaubte Reichweite verfügten, und überwachten deren Zerstörung, doch fanden sie weder verbotene Waffen noch glaubwürdige Erklärungen für deren
Nichtvorhandensein. Die Iraker waren nicht gerade frohgemut,
verhielten sich aber akzeptabel. Sie boten nicht einmal ernsthaft
Widerstand bei der Inspektion zweier Präsidentenanlagen – in
ihren Augen wahrscheinlich die geheiligtsten Stätten im ganzen
Irak.

Die daraus erwachsende Situation war für die Vereinigten Staaten die denkbar schlechteste Konstellation: Weder wurde eine Entwaffnung erzielt, noch gab es einen guten Grund für ein militärisches Eingreifen. So war es nicht erstaunlich, dass sich die Mehrheit im Sicherheitsrat und die Weltöffentlichkeit, einschließlich
der Vereinigten Staaten, gegen eine Militäraktion aussprachen und
mehr Zeit für die Inspektionen forderten. Es kam zu diplomatischen
und politischen Kontroversen zwischen den Vereinigten Staaten
und der Mehrheit der UN-Mitgliedsstaaten, zu Auseinandersetzungen innerhalb der NATO und unter den Europäern. Interessanterweise handelte es sich dabei nicht um eine Konfrontation der
Großmächte bezüglich der Frage, *ob* der Irak entwaffnet werden
sollte, sondern es ging um die Frage, *wie* dies zu bewerkstelligen
sei. Ich glaube, am Ende gaben der massive Aufmarsch einer gut
dreihunderttausendköpfigen Armee in der Nachbarschaft des Irak
und die herannahende Hitzeperiode den Ausschlag. Weder hätte
man die Streitkräfte wegen der unspektakulären Vernichtung von
gut siebzig Flugkörpern wieder abziehen können, noch ging es
an, die Soldaten bei steigenden Temperaturen einfach in der Wüste
sitzen zu lassen und zu warten, bis ein eindeutiger und überzeu-

gender Anlass für den Einmarsch vorlag. Also mussten sie einmarschieren.

Ich kam damals zum Schluss – und bleibe dabei –, dass man mit dem militärischen Vorgehen rechnete, dieses aber nicht unwiderruflich vorab geplant war.

KAPITEL 2

Inspektionen – weshalb, wie, wann?

Abschied von der IAEO.
Zeit, über die Inspektionen nachzudenken

Nach sechzehn Jahren als Generaldirektor der Internationalen Atomenergiebehörde (IAEO) trat ich im November 1997 ab und kehrte aus Wien nach Stockholm zurück. Hauptsächlich hatte ich mich in dieser Zeit mit Fragen der friedlichen Nutzung der Kernenergie befasst, aber natürlich auch damit, die Inspektionen der IAEO zu organisieren und mit den damit verbundenen Problemen fertig zu werden. Dazu gehörten die Verstöße des Irak, die eine Weile nicht entdeckt worden waren, sowie die vom Weltsicherheitsrat angeordneten Inspektionen nach dem Golfkrieg, die sich als schwierig erwiesen hatten. Problematisch war auch gewesen, die Demontage des südafrikanischen Kernwaffenprogramms zu überwachen; und als die Behörde festgestellt hatte, dass Nordkorea mehr Plutonium besaß als deklariert, hatte das eine Krise ausgelöst.

1997 war ein sehr erfolgreiches Jahr gewesen, in dem man mehrere Konventionen verabschiedet hatte. Ich freute mich, dass das Netz internationaler Regeln im nuklearen Bereich ausgebaut und verstärkt wurde. Von großer Bedeutung war auch, dass die Behörde nach vier Jahren Vorbereitung ein Zusatzprotokoll vorgelegt hatte, das die Schutzbestimmungen des Atomsperrvertrags stärkte. Hatten alle Länder diese Vereinbarung einmal akzeptiert und ratifiziert, würde sie die Kontrollmöglichkeiten verbessern. Angesichts der Schwächen, die nach dem Golfkrieg von 1991 im Fall des Irak zum Vorschein gekommen waren, eine unbedingte Notwendigkeit.

Einige Monate vor mir war bereits meine Frau Eva Kettis nach Stockholm zurückgekehrt, um eine Aufgabe beim schwedischen Außenministerium zu übernehmen. In den zehn Jahren, die sie in

Genf und Brüssel für internationale Organisationen gearbeitet hatte, waren wir aus beruflichen Gründen getrennt gewesen, und nun war es schön, wieder zusammenleben zu können. Auch im Ruhestand engagierte ich mich weiter im Bereich der nuklearen Sicherheit, des globalen Umweltschutzes und der Nichtverbreitung von Kernwaffen. Eva wurde im Ministerium zur Beauftragten für Fragen der Arktis und Antarktis ernannt. Nach dem Zusammenbruch der Sowjetunion, meinten wir scherzhaft, seien das die letzten Gegenpole, die es auf der Welt noch gebe. Eva liebte ihre Arbeit. In einem Punkt überschnitten sich unsere Interessen ganz konkret: dem entmilitarisierten Status der Antarktis und dem Recht, in der Region Inspektionen durchzuführen.

Internationale Vertrauensbildung durch Inspektionen: Der Antarktis-Vertrag von 1959 als Markstein für den Beginn und der Atomsperrvertrag von 1968 für den Durchbruch

Während ich auch weiterhin die laufenden Inspektionen im Irak und in Nordkorea verfolgte, bereitete ich ein Buch über die Erfahrungen vor, die ich bei der IAEO im Umgang mit diesen beiden Ländern gemacht hatte. Nun hatte ich endlich Zeit, über die Gesetzmäßigkeiten von Krieg und Abrüstung nachzudenken und zu schreiben. Weshalb hatten souveräne Staaten internationale Inspektionen eingeführt, und bis zu welchem Grad waren sie bereit, sich in die Karten schauen zu lassen?

Schon lange vor dem Zweiten Weltkrieg gab es Verträge, die die Verwendung bestimmter Waffen oder Arten der Kriegführung untersagten. Im Haager Abkommen des Jahres 1899 zum Beispiel wurden unter anderem drei Dinge verboten: die Verwendung der so genannten Dumdumgeschosse, die sich beim Auftreffen auf den Körper verflachen und furchtbare Wunden reißen, die Verwendung von »Geschossen mit erstickenden oder giftigen Gasen« und – für einen Zeitraum von fünf Jahren – »das Werfen von Geschossen und

Sprengstoffen aus Luftschiffen oder auf ähnlichen neuen Wegen«. Nach dem Ersten Weltkrieg, in dem Kampfgas häufig und mit entsetzlichen Folgen eingesetzt worden war, legte das Genfer Abkommen von 1925 ein »Verbot der Anwendung von Giftgasen und bakteriologischen Mitteln« fest. Keines dieser Abkommen sah irgendwelche Kontrollmechanismen vor. Man war der Meinung, wenn es Verstöße gäbe, dann würden diese auch bemerkt werden. Als Abschreckung galt nicht zuletzt das Risiko von Vergeltungsmaßnahmen, und das dürfte auch der Grund gewesen sein, weshalb im Zweiten Weltkrieg kein Giftgas an den Fronten zum Einsatz kam. 1959 wurde der Antarktis-Vertrag abgeschlossen. Es war ein bedeutender Versuch, den alles umfassenden Wettbewerb zwischen den beiden ideologischen Lagern einzuschränken. Nach seinen Bestimmungen durften in der Antarktis keinerlei Militärstützpunkte errichtet, Manöver abgehalten und Waffen getestet werden. Auch Atomtests waren verboten. Aus meiner Sicht war die Vereinbarung von besonderem Interesse, dass alle Regionen der Antarktis einschließlich sämtlicher Stationen und Einrichtungen »Beobachtern« jederzeit zur Inspektion offen stehen sollten. Diese Vorkehrung war ein bescheidener erster Schritt zum Einsatz internationaler Inspektionen, um Vertrauen zu schaffen, dass ein Vertrag – der in diesem Falle der Entmilitarisierung diente – nicht durch irgendwelche Aktivitäten verletzt wurde.

Der Atomsperrvertrag von 1968 und Inspektionen im Irak

Was die Atommächte betraf, stellte die Gefahr der so genannten »gegenseitig gesicherten Zerstörung« während des Kalten Krieges eine wirksame Abschreckung vor der Verwendung von Kernwaffen gegeneinander dar. Was andere Staaten betraf, so hielt man es für die beste Garantie, wenn sie solche Waffen *gar nicht erst besaßen*. Da zwar nicht die Verwendung, aber der Besitz geheim gehalten werden konnte, brauchte man Inspektionen, um dafür zu sorgen, dass kein angeblich atomwaffenfreies Land eines Tages mit einer unwillkommenen Überraschung aufwartete. Für die Nichtnuklearstaaten, die dem Atomwaffensperrvertrag beitraten, waren solche »Sicherheitsinspektionen« Pflicht; mit ihrer Durchführung wurde die IAEO beauftragt. In Übereinstimmung mit einem von den Mitgliedsstaaten gebilligten Modell wurden Sicherheitsrichtlinien eingeführt. (Ähnliche Überlegungen führten 1993 zum Abschluss des Chemiewaffenabkommens, das die Herstellung, Lagerung und Verwendung solcher Waffen untersagte und ein Inspektionssystem einführte.) Obwohl das 1968 etablierte Inspektionssystem schon deswegen einen dramatischen Sprung nach vorn darstellte, weil es als erstes weltweit vor Ort betrieben wurde, und obwohl es den Weg für Inspektionen in anderen Bereichen der Rüstungskontrolle (zum Beispiel zwischen europäischen Staaten) ebnete, zeigte sich mit der Zeit doch auch, wie schwierig es war, ein Verfahren zu entwerfen, das alle Seiten zufrieden stellte und dennoch sein Mandat erfüllte.

Will man ein Kontrollsystem aufbauen, das maximale Sicherheit bietet, dann muss es sehr engmaschig und eindringlich sein. Dazu gehört das Recht der Inspekteure, jederzeit fast überallhin vorzudringen und alle Arten von Unterlagen zu verlangen. Einem solchen System haften dennoch einige Nachteile an: So kann es unter Umständen wesentlich mehr kosten, als eine Regierung zu zahlen bereit ist; ein Land kann gezwungen sein, den Inspekteuren Zugang zu ebenso unterschiedlichen wie sicherheitsempfindlichen Einrichtungen zu gewähren, und es kann oft falschen Alarm geben. Ende der sechziger Jahre, als das System eingeführt wurde, waren die Staaten wesentlich stärker auf die Wahrung ihrer Souveränität bedacht als heute und nicht bereit, ein derart eindringliches Verfahren zuzulassen. So fehlten dem System von 1968 die Zähne. Die Inspekteure hatten kein Recht, im Land umherzureisen und nach nichtdeklarierten Anlagen Ausschau zu halten. (Ohne nachrichtendienstliche Unterstützung seitens der Mitgliedsstaaten wäre dies auch gar nicht sinnvoll gewesen, und entsprechende Kanäle gab es damals noch nicht.) Auch konnte der zu überprüfende Staat einzelne Inspekteure ablehnen, ein Recht, von dem viele Gebrauch machten. Aus all diesen Gründen war das System der Sicherheitsinspektionen in dieser Form also zu schwach, um in totalitären Staaten die Entdeckung geheimer Anlagen zu gewährleisten.

Eine weitere Schwäche lag darin, dass das ursprüngliche Verfahren in erster Linie fortschrittliche Industriestaaten im Blick hatte und Gewähr dafür bieten sollte, dass keine »signifikante« Menge (25 Kilogramm Uran oder acht Kilogramm Plutonium) an radioaktivem Material aus deklarierten Atomanlagen zu militärischen Zwecken abgezweigt wurde. (Hier ging es um Länder wie die Bundesrepublik, Japan und Schweden, die technisch in der Lage gewesen wären, Kernwaffen herzustellen.) Mit der Zeit erwies es sich, dass ein solches System zu schwach war, um in totalitären Staaten die Entdeckung geheimer Anlagen zu gewährleisten. Das schließlich entdeckte, illegale irakische Programm hat dies bewiesen, auch wenn es nur gelungen war, etwa zweieinhalb Gramm Plutonium und weniger als ein halbes Kilogramm Uran mit einem durchschnittlichen Anreicherungsgrad von vier Prozent herzustellen; der für die Herstellung von Bomben erforderliche Anreicherungsgrad beträgt mindestens 80 Prozent. Die Iraker hatten also herausbekommen, wie man Uran anreichert, aber ihr industrielles Potenzial war noch sehr gering

Der OSIRAK-Zwischenfall 1981:
Zweifel an der Zuverlässigkeit der Sicherheitsvorkehrungen

1981 demonstrierte ein Land unmissverständlich, dass es kein Vertrauen zu den Inspektionen hatte, die von der IAEO im Irak durchgeführt wurden. Bei einem spektakulären Luftangriff zerstörten israelische Kampfflugzeuge den irakischen Forschungsreaktor OSIRAK, der noch nicht in Betrieb war. Israel wurde von der IAEO dafür verurteilt, und in einer einstimmig angenommenen Resolution verurteilte auch der Weltsicherheitsrat die Aktion am 19. Juni 1981 als »ernste Bedrohung des gesamten Sicherungssystems«.

Die Vereinigten Staaten, damals unter der Präsidentschaft von

Ronald Reagan, schlossen sich der Verurteilung an. Als Grund dafür erklärte die amerikanische UN-Botschafterin Jean Kirkpatrick, Israel habe es versäumt, »friedliche Mittel zur Lösung dieses Disputs« auszuschöpfen. In ihrer langen Rede zeigte Kirkpatrick allerdings auch viel Verständnis für das israelische Vorgehen. So sei es »sicher nicht unvernünftig, ernste Bedenken an der Wirksamkeit des Sicherungssystems für den Atomsperrvertrag anzumelden«. Die Inspekteure seien keine Polizisten und könnten nur untersuchen, was vorab offen gelegt worden sei.

Trotz solcher Zweifel an der Zuverlässigkeit des Systems ergriffen weder die USA noch andere Länder in den achtziger Jahren die Initiative, entsprechende Stärkungsmaßnahmen einzuleiten. Damals hätte es allerdings auch einen unüberwindbaren Widerstand gegen offensivere Inspektionen gegeben.

Trotz des Verdachts gegen den Irak hatte niemand konkrete Beweise für große, geheime Industrieanlagen gesehen, in denen der Irak Uran anreicherte und Waffen baute. Solche Anlagen waren weder der IAEO bekannt noch, wie es scheint, irgendwelchen Geheimdiensten. Jedes Jahr berichtete unsere Behörde, bei den Inspektionen im Irak sei keinerlei illegale Verwendung einer signifikanten Menge spaltbaren Materials entdeckt worden. Das war durchaus korrekt, muss aber im Lichte der Einschränkungen interpretiert werden, unter denen die Inspekteure arbeiteten. Auf Regierungsebene war man sich darüber zweifellos im Klaren, während die Öffentlichkeit womöglich doch in eine trügerische Sicherheit gewiegt wurde.

Hätte unsere Behörde mehr tun können? Ja, sie hätte die offiziellen Anlagen im Irak öfter kontrollieren können, als es aus Kostengründen geschah. Sie hätte in den Medien systematisch nach Informationen suchen können und womöglich verdächtige irakische Importe entdeckt. Hätte auch die Staatengemeinschaft wachsamer sein können? Ja, man hätte schärfere Exportkontrollen durchführen und bessere Geheimdienstinformationen sammeln können. Während des irakisch-iranischen Kriegs richtete sich die Besorgnis vieler Regierungen jedoch eher gegen den vom Fundamentalismus beherrschten Iran, und deshalb legte man wahrscheinlich keinen Wert darauf, dem Irak auf die Zehen zu treten, indem man unangenehme Fragen stellte. Nun ist es zwar unwahrscheinlich, dass irgendeine Maßnahme unserer Behörde etwas zutage gebracht hätte, aber möglicherweise wären nützliche Kontroversen entstanden – wir wären alarmiert worden.

März 1991: Der Sicherheitsrat führt ein neues Inspektionsregime für den Irak ein. UNSCOM und IAEO

Mit voller internationaler Unterstützung und mit dem Segen des Weltsicherheitsrats wurde während des kurzen ersten Golfkriegs Kuwait befreit und die irakische Armee in die Flucht geschlagen. Der Krieg endete mit einem Waffenstillstand, der durch die am 3. April 1991 verabschiedete Resolution 687 des Sicherheitsrats bestätigt wurde. In derselben Resolution wurde ein Inspektionsregime angekündigt, unter dem der Irak seinen ganzen Besitz an Massenvernichtungswaffen sowie Anlagen und Programme zu deren Herstellung deklarieren musste. Was den nuklearen Bereich betraf, sollten die Angaben von der IAEO verifiziert werden; mit biologischen und chemischen Kampfstoffen sowie Langstreckenraketen sollte sich eine neue UN-Sonderkommission (UNSCOM) befassen. Dem Irak wurde ein starker Anreiz zur Zusammenarbeit aufgezwungen: Kein Land sollte irakisches Öl importieren dürfen, bis der Sicherheitsrat aufgrund der Berichte der Inspekteure beschlossen hatte, dass alle verbotenen Güter und Programme restlos beseitigt waren.

Bei der Annahme dieser Resolution wusste ich nicht, dass es in der ersten Regierung Bush unterschiedliche Ansichten darüber gegeben hatte, ob die IAEO mit den Nuklearinspektionen betraut werden sollte oder nicht. Mit einiger Begründung argumentierten offenbar einige, dass ein Ausschluss von dieser Aufgabe unsere Autorität und Glaubwürdigkeit untergraben würde; außerdem sei die IAEO in der Lage, fast unverzüglich mit den Inspektionen zu beginnen. Auch einige andere Länder warfen ihr Gewicht zugunsten der IAEO in die Waagschale. Die Gegenseite dürfte argumentiert haben, es sei wünschenswert, eine spezielle, schlagkräftige Inspektionsbehörde einzurichten, deren Vorgehensweise sich radikal von den Methoden der IAEO unterscheide. Dabei dürfte man auch an die Einschätzung gedacht haben, die die amerikanische UN-Botschafterin Kirkpatrick 1981 vorgetragen hatte.

Tatsächlich war das in der Resolution 687 aus dem Jahr 1991 vom Sicherheitsrat beschlossene Inspektionssystem anders als das der früheren Sicherheitsinspektionen. Vor allem sollten die Inspekteure uneingeschränkt Zutritt zu Anlagen und Personen haben, und nicht nur zu deklarierten Anlagen. Darüber hinaus wurde erwogen, der neuen Kommission die Unterstützung nationaler Geheimdienste zukommen zu lassen. Falls nötig, konnten sich die Inspekteure auf Überwachungsflüge, Abhöranlagen und eventuell sogar Agenten vor Ort stützen. Finanziert werden sollte das System nicht aus dem regulären Budget der Vereinten Nationen, weil sonst die Gefahr bestanden hätte, dass sich der Haushaltsausschuss der Vollversammlung einmischte. Die neue Kommission unterstand direkt dem Sicherheitsrat und erhielt dadurch eine gewisse Unabhängigkeit vom Generalsekretär.

Personal und Ausrüstung sollten auf freiwilliger Basis von den Mitgliedsstaaten gestellt werden. Was die Auswahl der Inspekteure und weiterer Mitarbeiter betraf, brauchte die geographische Basis nicht so breit zu sein wie bei anderen UN-Institutionen. Das Personal sollten die Mitgliedsstaaten kostenlos zur Verfügung stellen, eine Vorkehrung, die in der Praxis zu einer ziemlich engen Beziehung zwischen manchen Mitarbeitern und der militärischen oder sonstigen Institution führte, von der sie kamen. Außerdem wurde das System dadurch sehr abhängig von jenen Mitgliedsstaaten, die bereit waren, Geheimdienstinformationen, Personal und andere Ressourcen zur Verfügung zu stellen. Die UNSCOM erhielt dadurch viele hoch qualifizierte Mitarbeiter und einige wichtige Informationen, aber es entstand auch eine Abhängigkeit von den Vereinigten Staaten und wenigen anderen Ländern. Langfristig reduzierte dies die Legitimation durch die Vereinten Nationen, deren die Kommission bedurft hätte, beträchtlich, und man war gemeinhin der Meinung, sie werde von wenigen Staaten gewissermaßen ferngesteuert.

Unter dem Sicherheitssystem, nach dem die IAEO arbeitete, wurden Informationen, die während der Inspektionen von den betreffenden Mitgliedsstaaten geliefert wurden, als industrielle und kommerzielle Geheimnisse betrachtet und vertraulich behandelt. Während unter bestimmten Umständen der Vorstand der Behörde unterrichtet werden konnte, durften die Erkenntnisse unter keinen Umständen irgendwelchen Geheimdiensten als Gegenleistung für andere Informationen übermittelt werden. Außerdem hätte man keinerlei Verbindungen zwischen den IAEO-Inspekteuren und den nationalen Behörden hingenommen, von denen sie gekommen waren. Die Inspekteure sollten ausschließlich einer internationalen Organisation verpflichtet sein. Das Verfahren, nach dem die IAEO ihre bisherigen Inspektionen durchgeführt hatte, passte nicht zu der neuen Vorgehensweise, die man für den Irak plante. Allerdings hatte die IAEO kein institutionelles Problem, auch andere Arten von Inspektionen durchzuführen. Zwar wurde in den meisten Ländern nach den Regeln des Atomsperrvertrags verfahren, aber teilweise, zum Beispiel im Falle Israels, Indiens und Pakistans, gab es andere, nicht alle Bereiche abdeckende bilaterale Vereinbarungen. Im Irak ließen sich deshalb problemlos wieder andere Methoden nach den vom Sicherheitsrat aufgestellten Regeln anwenden. Trotzdem hielten wir es für das Beste, ein spezielles Team für unsere Arbeit im Irak zusammenzustellen.

Nach der Resolution des Sicherheitsrats war die UNSCOM für alle logistischen Fragen zuständig und sollte dem Generaldirektor der IAEO »Unterstützung und Zusammenarbeit« gewähren. Auf der Grundlage von Informationen, die sie durch ihre Verbindungen zu nationalen Geheimdiensten erhielt, sollte sie auch Objekte zur Inspektion bestimmen, die der Irak von sich aus nicht genannt hatte.

Mein Landsmann, der schwedische UN-Botschafter Rolf Ekeus,

wurde zum Leiter dieser Sonderkommission ernannt. Er hatte immer einen amerikanischen Stellvertreter mit engen Beziehungen zu Washington, am Anfang war dies Robert Galluci. Zum Chef des IAEO-Teams bestimmte ich Professor Maurizio Zifferero aus Italien, einen meiner früheren Stellvertreter. Er kannte sich hervorragend im nuklearen Brennstoffkreislauf aus und besaß außerdem viel Führungserfahrung. Dimitri Perricos, eines der fähigsten und erfahrensten Mitglieder unserer Sicherheitsabteilung, unterstützte ihn. Der US-Amerikaner David Kay, der zwar nicht als Inspekteur ausgebildet war, sich aber schriftlich gut ausdücken konnte und als tatkräftig galt, sollte sich um die Verwaltung kümmern.

Bald entstanden allerhand Reibereien, weil das IAEO-Personal das Gefühl hatte, die UNSCOM wolle seine Behörde wie einen Hund an die Leine nehmen. Wahrscheinlich lag das an den Kreisen in Washington, die von Anfang an dagegen gewesen waren, die IAEO an den Inspektionen zu beteiligen. Als ich erfuhr, dass die UNSCOM in New York damit beschäftigt war, Mitglieder für ein Inspektionsteam der IAEO zu rekrutieren, hatte ich das Gefühl, dass an die Stelle der mir zugesagten »Unterstützung und Zusammenarbeit« ein deutliches »Kontrollbedürfnis« getreten war. Noch schwerwiegender war der unterschiedliche Inspektionsstil der beiden Organisationen. Aus der Sicht der UNSCOM verhielten sich die IAEO-Inspekteure zu sehr wie brave Beamte, während es uns so vorkam, als würden einige der UNSCOM-Inspekteure eine Art Rambo-Stil pflegen.

Vor und nach jeder Inspektion versammelten sich die UNSCOM-Teams auf dem amerikanischen Militärstützpunkt in Bahrain, wo sie instruiert wurden und später Bericht erstatteten. Dies, wie auch das Verhalten der Teams vor Ort, trug dazu bei, dass viele Inspektionen ein wenig an eine militärische Operation erinnerten. Diesen Eindruck hatten nicht nur wir. Die UN-Mitarbeiter, die in verschiedenen humanitären Funktionen in Bagdad arbeiteten, bezeichneten die UNSCOM-Leute als »Cowboys«, während diese sich für den delikaten Spitznamen rächten, indem sie das UN-Personal als »Bunny-Huggers« bezeichneten, ein amerikanischer Spottname für radikale Tierschützer. Zu diesen rechneten sie wahrscheinlich auch die meisten IAEO-Mitarbeiter.

Keine dieser Reibereien hat je die Effizienz der Inspektionen beeinträchtigt, aber die Zusammenarbeit, die eigentlich hätte erfreulich und spannend sein können, wurde dadurch gelegentlich etwas unangenehm.

IAEO-Inspektionen im Irak 1991

Die ersten Ergebnisse der Atominspektionen waren spektakulär. Dimitri Perricos, der die erste, vom 15. bis 21. Mai 1991 durchgeführte Inspektion leitete, hat sie zehn Jahre später ebenso ausführlich wie spannend am Washingtoner Institut für Wissenschaft und Internationale Sicherheit beschrieben. Nach Geheimdienstinformationen war eine Anlage in Tarmija eventuell zur Urananreicherung mit Zentrifugen verwendet worden, eine Annahme, die die Inspekteure auf jeden Fall für falsch hielten. Die Iraker behaupteten, sie hätten dort chemische Prozesse wie Galvanisierung durchgeführt. Die Anlage lag in Trümmern, von denen die Inspekteure Hunderte von Aufnahmen machten. Als sie mit den Bildern nach Wien zurückkamen und die Hilfe amerikanischer Experten in Anspruch nehmen konnten, die während des Zweiten Weltkriegs am Bau der ersten Atombombe beteiligt gewesen waren, kamen diese zum Schluss, dass die Anlage tatsächlich für die Anreicherung von Uran benutzt worden war, wenn auch unter Anwendung der »Dinosaurier«-Methode Elektromagnetische Isotopentrenntechnik (EMIS), die man fast fünfzig Jahre zuvor auch beim so genannten Manhattanprojekt eingesetzt hatte. Damals waren die Separatoren nach dem amerikanischen Bundesstaat Kalifornien als »Calutronen« bezeichnet worden, während die Iraker, wie später herauskam, ihre Trenngeräte »Bagdadtronen« nannten.

Am 15. Juli 1991 fragte mich der sowjetische UN-Botschafter Yuli Vorontsov bei inoffiziellen Beratungen im Sicherheitsrat, ob ich sicher sei, dass das irakische Anreicherungsprogramm nicht doch friedlichen Zwecken diene. Ich erwiderte, es sei nicht plausibel, dass ein Entwicklungsland eine Milliarde Dollar zur Anreicherung von Uran für Reaktoren verschwende, wenn es auf dem Weltmarkt mehr als genug angereichertes Uran zu günstigen Preisen gebe und darüber hinaus keine solchen Reaktoren gebaut würden. Meine Antwort verwies indirekt auf unsere Vermutung, dass der Irak eine Atombombe bauen wollte. Im selben Monat schrieb ich in einem Bericht an den Vorstand der Atomenergiebehörde, man könne nicht darauf vertrauen, dass die drei Anreicherungsprogramme, die der Irak inzwischen eingestanden hatte, friedlichen Zwecken dienten.

Die Enthüllung der Tatsache, dass der Irak insgeheim Uran angereichert hatte, ohne dabei entdeckt worden zu sein, erschütterte die ganze Welt. Im Vorstand der IAEO stimmte man meiner Folgerung zu, dass das Sicherheitssystem verschärft werden müsse. Das wurde nun auch politisch machbar, was es früher kaum gewesen wäre.

Die Rolle von David Kay

Bevor die Berichte im Juli 1991 dem Sicherheitsrat und dem IAEO-Vorstand vorgelegt wurden, hatte eine dramatische zweite IAEO-Mission stattgefunden. Als Professor Zifferero diese Mission verließ, weil er an einer Sitzung des Sicherheitsrats teilnehmen musste, ernannte er David Kay an seiner Stelle zum Chefinspekteur. Mit entscheidender nachrichtendienstlicher Unterstützung gelang es Kay und seinem Team in einer beherzten Aktion, die irakischen Aufpasser zu überlisten und ein Lastwagendepot zu erreichen, wo die Inspekteure eine Reihe von Lastwagen ausmachten, die mit Calutronen beladen waren. Sie verfolgten die Fahrzeuge und fotografierten deren Ladung, bis das irakische Wachpersonal in die Luft feuerte. Daraufhin sandte der Sicherheitsrat eine hochrangige Mission, der Rolf Ekeus als UNSCOM-Chef, Yasushi Akashi, der Leiter der UN-Abteilung für Abrüstung, und ich angehörten, nach

Bagdad, um gegen die Schießerei zu protestieren. Dabei zeigten wir den Irakern die Fotos, um sie dazu zu zwingen, ihr Anreicherungsprogramm offen zu legen. Zwei Wochen später erklärte der Irak tatsächlich, er habe versucht, mithilfe mehrerer unterschiedlicher Methoden Uran anzureichern. Das war ein Durchbruch bei der Erfassung des irakischen Kernwaffenprogramms.

Dennoch dauerte es bis zur sechsten IAEO-Mission, bis es einem wieder von David Kay als Chefinspekteur geleiteten Team am 23. September durch Wagemut, Geschick, Schläue und Intelligenz gelang, ein Dokument mit der Beschreibung des geplanten irakischen Atomwaffenprogramms zu entdecken und außer Landes zu schaffen. Damit war der schlüssige Beweis erbracht, dass der Irak ein solches Programm verfolgte. Beim zweiten Teil derselben Inspektion fand das Team eine große Menge weiterer relevanter Unterlagen und wurde von den Irakern mehrere Tage lang auf einem Parkplatz festgehalten. Bei diesem berühmt gewordenen Vorfall war es wohl David Kays und Bob Gallucis cleverem Schachzug zu verdanken, vom Parkplatz aus ständig Kontakt mit den Medien zu halten, dass die Iraker sich einigermaßen zurückhielten.

Als das Team nach Wien zurückkehrte, kamen alle Mitarbeiter am 4. Oktober im Vorstandssaal zusammen, und ich verlieh David Kay die IAEO-Auszeichnung für besondere Verdienste, »in Anerkennung seiner außergewöhnlichen Führungsqualitäten, seiner Entschlossenheit und seines Mutes während der sechsten IAEO-Mission im Irak«. Einige Tage später erstattete ich mit Kay an meiner Seite dem Sicherheitsrat Bericht über die entdeckten Vorgänge.

Clever und nassforsch, wie er ist, muss David Kay eine wesentlich größere Affinität zu den »Cowboys« der UNSCOM verspürt haben als zur IAEO, der er eigentlich diente. Beim US-Geheimdienst CIA soll man ihm, als er im Sommer 2003 eine amerikanische Mission zur Suche nach Massenvernichtungswaffen anführte, den Spitznamen »Rammbock« gegeben haben. Ich war nicht allzu überrascht, als Kay im Januar 2003 einen Artikel für die *Washington Post* schrieb, in dem er sich als ehemaligen Inspekteur der UNSCOM bezeichnete, was er nie gewesen ist. Überrascht war ich allerdings, dass er im selben Artikel behauptete, es sei immer eine »Dummheit« gewesen, nach »rauchenden Colts« zu suchen. Schließlich war er 1991 damit bekannt geworden, dass er zwei ausgezeichnete »rauchende Colts« gefunden hatte, nämlich die mit Nukleargeräten beladenen Lastwagen und die Dokumente, die bewiesen, dass der Irak in der Tat versuchte, eine Atomwaffe zu bauen.

Leider hat David Kay die ihm 1991 von mir und der Atomenergiebehörde entgegengebrachte Anerkennung nicht erwidert. Über zehn Jahre lang hat er kaum eine Gelegenheit ausgelassen, die IAEO und mich zu kritisieren. Dabei ist er nicht davor zurückgeschreckt, Mohammed el Baradei und mir Worte in den Mund zu legen, die wir nie gesagt haben.

In einer Hinsicht muss ich zugeben, dass David Kay und die UNSCOM 1991 einen besseren Instinkt hatten als ich, nämlich bei der Einschätzung, wie wichtig die Suche nach relevanten Dokumenten ist. Ich legte den entsprechenden Nachforschungen zwar keine Hindernisse in den Weg, war jedoch der Ansicht, wir sollten im Irak nach Waffen suchen und dass Dokumente keine Waffen seien. Die reiche Ausbeute an Unterlagen, die Kay 1991 machte, zeigte mir, dass solche Aktionen sehr lohnenswert sind, vorausgesetzt, man besaß gute Geheimdienstinformationen darüber, wo man suchen musste. Zum Vorschein waren zwar keine Waffenlager noch überhaupt irgendwelche Waffen, aber doch ebenso entscheidende wie schlüssige Beweise für das irakische Atomwaffenprogramm gekommen.

Ich habe keine Zweifel, dass es nach diesen Erfolgen, aus denen die Iraker bestimmt ihre Lehren gezogen hatten, unsinnig gewesen wäre, ohne spezifische Hinweise in Ministerien oder sonst wo nach Unterlagen zu suchen. Schließlich kann es nicht schwer sein, perfekte Verstecke für Dokumente und Disketten zu finden.

In einem anderen Punkt glaubte ich schon damals, die klügere Ansicht zu haben, und glaube es noch heute. Inspekteure sollten es vermeiden, die Inspizierten zu erniedrigen. Ich glaube, mit einem Rambo-Stil bringt man die Betroffenen eher gegen sich auf, als dass man sie einschüchtert. Inspektion bedeutet nicht Kriegführung mit anderen Mitteln; Inspekteure sind keine Besatzer und sollten sich den Weg weder freischießen noch freibrüllen. Viele Inspekteure haben mir gesagt, die irakischen Wissenschaftler und Techniker hätten mehr Informationen geliefert, wenn man ruhig mit ihnen sprach, als wenn man sie unter Druck setzte. In einem brutalen Polizeistaat, in dem einen möglichen Zeugen Folter und Tod erwarten, hat man allerdings wohl mit keiner der beiden Methoden große Aussichten, Informationen zu gewinnen.

Für die Iraker wurde David Kay zum roten Tuch. Nachdem er die IAEO verlassen hatte, sandte der irakische UN-Botschafter dem Generalsekretär einen Brief, in dem er behauptete, Kay sei ein amerikanischer Agent gewesen und »von der IAEO auf dramatische Weise entlassen« worden. Die letzte Behauptung war ebenso unwahr wie jene, die der Irak zehn Jahre später bezüglich meiner Person aufstellte. Statt Kay zu entlassen, hatte ich ihm ja eine Auszeichnung verliehen und ihm eine Empfehlung für seinen neuen Posten mit auf den Weg gegeben! Also schickte ich dem Sekretär ebenfalls einen Brief, in dem stand:

»Mr. Kay wurde von der Behörde nicht entlassen. Mr. Kay hat die Behörde am 15. Januar 1992 aus völlig freien Stücken verlassen, um Generalsekretär des Uraninstituts zu werden, […] ein Posten, für den Mr. Kay sich lange vor September 1991, als sein Name bei dem Vorfall auf einem Bagdader Parkplatz weltweit das Interesse der Medien auf sich zog, beworben hatte.«

Ohne Zweifel hatte David Kay im Zusammenhang mit den von ihm geleiteten Inspektionen Kontakt zu amerikanischen Geheimdiensten; das gehörte zur Unterstützung der Inspektionen. Doch ich hielt ihn damals nicht für einen amerikanischen »Agenten«. Er stammte nicht aus dem IAEO-Stamm professioneller Inspekteure, sondern war Mitarbeiter eines eher harmlosen – wenn auch nuklearen – technischen Hilfsprojekts unserer Behörde. Vielleicht habe ich mich getäuscht, aber ich konnte mir einfach nicht vorstellen, dass ein amerikanischer Geheimdienst einen Agenten – oder auch nur einen freien Mitarbeiter – für einen solchen Posten verschwendete.

Ich kann nur schwer einschätzen, wie viel Einfluss David Kay mit seiner nicht enden wollenden Kritik an der IAEO und der UNMOVIC sowie der Verleumdung meiner Person über die Jahre hinweg hatte. Wahrscheinlich war seine Wirkung auf das Außen- und das Energieministerium der USA beschränkt, die gut über die IAEO und mich informiert waren und dreimal meine Wiederwahl als Generaldirektor unterstützt hatten. Bis kurz vor den erregten Diskussionen im März 2003 hatte kein einziger amerikanischer Regierungsbeamter die Inspektionen der IAEO unter dem Mandat des Sicherheitsrats kritisiert. Allerdings war David Kay im Umfeld der Militär- und Geheimdienstkreise Washingtons tätig. Ich zweifle nicht daran, dass seine Ansichten und Fabeln jene Kräfte in diesen Zirkeln stärkten, die die Rolle der Inspektionen im Allgemeinen und der IAEO-Inspektionen im Besonderen ohnehin schon skeptisch betrachteten. Nach seiner Zeit als Star-Inspekteur war David Kay zur Ansicht gelangt, dass eine militärische Besetzung des Irak die einzige Möglichkeit sei, die irakischen Massenvernichtungswaffen zu beseitigen.

Er wusste gar nicht, wie viel Erfolg den durch militärischen Druck unterstützten Inspektionen und Sanktionen beschieden war.

Inspektionen im Irak 1992–1998

Im Dezember 1998 wurden alle Inspekteure abgezogen, nachdem die Iraker ihre Arbeit im Herbst stark behindert hatten. Ein ameri-kanisch-britischer Luftangriff stand bevor.

Die lange Inspektionsrunde von 1992 bis Ende 1998 hatte viele Einblicke in irakische Rüstungsprogramme geboten, aber keine nennenswerten Funde versteckter Waffen erbracht. In dieser Zeit hatten sich die Methoden und Techniken stark entwickelt, nicht zuletzt durch die Entnahme von Umweltproben. Dabei können selbst kleine Partikel, die in Anlagen, Geräten oder der Luft gefunden werden, Aufschluss über das frühere Vorhandensein nuklearer, chemischer und biologischer Stoffe geben.

Verglichen mit 1991 war diese Zeit aus der Sicht der IAEO, für die ich verantwortlich war, ziemlich ereignislos. Wir hatten zwar ebenfalls unter der Sturheit der Iraker zu leiden, doch verhielten sie sich unserer Behörde gegenüber etwas weniger feindselig als gegenüber der UNSCOM. Gleich zu Anfang dieser Periode sorgten wir dafür, dass alles spaltbare Material aus dem Irak geschafft wurde. Es wurde nach Russland geflogen. Außerdem überwachte die IAEO die Zerstörung vieler großer Anlagen, die zur Waffenproduktion benutzt worden waren. Zum großen Teil waren diese Maßnahmen Ende 1992 abgeschlossen. Anschließend gelang es unseren Atomexperten allmählich, sich einen vollständigen Überblick über das irakische Rüstungsprogramm und die aufgebaute Infrastruktur zu verschaffen. Sie erfuhren auch, wie sich der Irak das technische Wissen verschafft hatte, das zur Urananreicherung in Zentrifugen nötig ist. Dieses Thema trat in den Vordergrund.

In einem Bericht an den Sicherheitsrat, für den ich verantwortlich zeichnete, erklärte die IAEO am 8. Oktober 1997, es habe sich ein »technisch zusammenhängendes Bild« des früheren irakischen Kernwaffenprogramms ergeben, das keine bedeutenden Unterschiede zur letzten Deklaration des Irak aufweise. Allerdings fügten wir hinzu, sei »in jedem landesweiten technischen Verifikationsprozess, der zum Ziel hat, das Nichtvorhandensein leicht versteckbarer Objekte und Aktivitäten zu beweisen, eine gewisse Unsicherheit unvermeidlich«. Zu diesem Zeitpunkt waren sich die Regierungen der Staatengemeinschaft generell darüber einig, dass es im nuklearen Dossier keine wichtigen weiteren »Abrüstungspunkte« mehr zu klären gebe, sondern höchstens noch einige »Fragen«.

Für die UNSCOM war derselbe Zeitraum ein ständiges Ringen. Wie die IAEO überwachte auch diese Kommission die Zerstörung einer umfangreichen Infrastruktur, die im Zusammenhang mit Rüstungsprogrammen bemängelt worden war. Außerdem sorgte sie für die Verschrottung von Raketen und beteiligte sich bei beherzten

Aktionen an der Vernichtung großer Mengen von Chemikalien. Sie nahm sogar für sich in Anspruch, unter der Aufsicht ihrer Inspekteure seien mehr Waffen vernichtet worden als während des Golfkriegs. Allerdings ist mir nicht bekannt, dass man je eine nennenswerte Anzahl Waffen oder nuklearer Stoffe in Verstecken, also an nicht deklarierten Orten, gefunden hätte. Angesichts der unzulänglichen irakischen Buchführung war Ende 1998 trotzdem nicht auszuschließen, dass irgendwo noch immer undeklarierte Raketen und chemische wie biologische Kampfstoffe lagerten.

1995: Die Affäre Hussein Kamal

Es war eine Sensation mit dramatischen Auswirkungen, als sich der irakische General Hussein Kamal, ein Schwiegersohn von Saddam Hussein, 1995 nach Jordanien absetzte. Er war Industrieminister und früher als Direktor der Military Industrial Corporation (MIC) für die gesamte irakische Waffenproduktion zuständig gewesen. Als er in Jordanien vernommen wurde, behauptete er, auf seinen Befehl hin seien 1991 alle chemischen und biologischen Kampfstoffe vernichtet worden. Zweifellos war diese Aussage von großer Bedeutung, doch ohne Beweise konnte man ihr keinen Glauben schenken. Wichtiger war die Tatsache, dass der Irak der UNSCOM und der IAEO daraufhin eine große Menge Unterlagen zu Verfügung stellte, die sich auf verbotene Rüstungsprogramme bezogen. Wie das Regime in Bagdad behauptete, hatte Hussein Kamal sie auf der so genannten Hühnerfarm versteckt.

Die Affäre Kamal ist bis heute undurchsichtig geblieben. Möglicherweise hatte das irakische Regime Angst, er könnte allerhand Informationen über verbotene Rüstungsprogramme preisgeben, weshalb man ihm rasch die Schuld zuschob, sie versteckt zu haben. Durch die Affäre kamen mindestens zwei wichtige Tatsachen ans Licht, die sich anschließend bestätigten. Zum einen hatte der Irak, wie die UNSCOM bereits herausbekommen hatte, nicht nur biologische Kampfstoffe hergestellt, sondern auch tatsächlich einsatzbereite Waffen damit ausgerüstet. Zum anderen hatte Hussein Kamal im August 1990 ein Sofortprogramm zur Herstellung einer Atombombe angeordnet. Verwendet werden sollte dabei spaltbares Material aus einem Forschungsreaktor, der von der IAEO überwacht wurde. Der Versuch scheiterte. So bedeutsam diese Erkenntnisse für das Verständnis der irakischen Rüstungsanstrengungen auch waren, sie führten nicht zur Entdeckung und Vernichtung weiterer Waffen.

Im Februar 1996 wurde Kamal zur Rückkehr in den Irak gedrängt, wo er vom Regime aus Rache umgebracht wurde.

Katz-und-Maus-Spiele

Ein Programm zur Herstellung von Atomwaffen unterliegt einer bestimmten industriellen und physikalischen Logik, und die spektakulären Entdeckungen in den ersten sechs Monaten der Inspektionen ermöglichten es der IAEO, bis Ende 1992 den Großteil der relevanten Objekte zu erfassen und zu beseitigen. Biologische Kampfstoffe zu erfassen, was in die Zuständigkeit der UNSCOM fiel, war schwieriger, weil die Iraker versuchten, die Fakten zu verschleiern und die Untersuchungen zu verschleppen. Natürlich wurde dieses Verhalten von der UNSCOM und der Weltöffentlichkeit dahin gehend interpretiert, dass das Regime sich alle Mühe gebe, verbotene Waffen zu verstecken und zurückzuhalten.

Der Widerstand gegen Transparenz und Inspektionen nahm viele Formen an. Zu den frühesten Taktiken gehörte es, unvollständige oder falsche Informationen zu liefern, was den Sicherheitsrat dazu veranlasste, eine »vollständige und endgültige, alle Aspekte umfassende Offenlegung« der irakischen Rüstungsprogramme zu verlangen. Als dann immer neue Deklarationen als unzulänglich zurückgewiesen wurden und eine »endgültige« Deklaration auf die andere folgte, wie es im Falle der biologischen Kampfstoffe geschah, wurde die Sache schon fast komisch. Eine weitere Form des Widerstandes richtete sich gegen die Luftüberwachung, vor allem gegen Flüge von amerikanischen U-2-Jets im Dienst der UNSCOM. In einigen Fällen kam es zu einer Gefährdung der Flugsicherheit, weil die Iraker Aufnahmen aus U-2-Jets durch Hubschrauber behindern wollten. In anderen Fällen wurden ferngesteuerte Überwachungskameras abmontiert, die in einer ehemaligen Anlage zum Bau von Raketentriebwerken montiert waren.

Manchmal richtete sich der Widerstand gegen US-amerikanische oder britische UNSCOM-Mitarbeiter. Im November 1997 führte das zu einer Krise, während deren die Sonderkommission fast ihr gesamtes Personal aus Bagdad abzog.

Verweigerung des Zutritts zu sicherheitsempfindlichen Einrichtungen und die Vereinbarung von 1996

Der stärkste Widerstand bestand darin, den Inspekteuren den Zutritt zu bestimmten Anlagen und Örtlichkeiten zu verweigern, die von den Irakern als sicherheitsempfindlich bezeichnet wurden, zum Beispiel Ministerien und Gebäude der Republikanischen Garde oder der Polizei. Gelegentlich gab es auch Einwände gegen Inspektionen am muslimischen Ruhetag.

1996 beauftragte der Sicherheitsrat den UNSCOM-Chef Rolf Ekeus, nach Bagdad zu reisen, um Zutritt zu allen Einrichtungen zu erreichen, die von seiner Kommission zur Inspektion vorgesehen waren. Nach Gesprächen zwischen ihm und Tarik Asis, dem stellvertretenden irakischen Ministerpräsidenten, wurde am 22. Juni eine gemeinsame Erklärung abgegeben. Der Irak verpflichtete sich, der Kommission und der IAEO »sofortigen, bedingungslosen und uneingeschränkten Zugang zu allen Einrichtungen« zu gewähren, die sie untersuchen wollten, während die Kommission sich verpflichtete, »mit voller Rücksicht auf die legitimen *Sicherheitsbedenken* des Irak« vorzugehen (Hervorh. d. A.).

Der Anreiz für den Irak, diese Verpflichtung einzugehen, bestand in der Übereinkunft beider Seiten, ihre Bemühungen zu intensivieren, auf dass irgendwann der Tag komme, an dem die Kommission berichten konnte, dass der Irak seinen Verpflichtungen nachgekommen sei, woraufhin der Sicherheitsrat die Wirtschaftssanktionen aufheben würde. Wie aus dem Bericht hervorgeht, den Rolf Ekeus dem Sicherheitsrat am 24. Juni 1996 vorlegte, hatte er den Irakern die Zustimmung etwas leichter gemacht, indem er Verständnis für ihre Empfindlichkeit bei Inspektionen von Einrichtungen zeigte, bei denen Fragen der Souveränität und der nationalen Sicherheit betroffen waren. Er sagte Tarik Asis, er könne den irakischen Bedenken entgegenkommen, indem er besondere »Modalitäten für die Inspektion solcher Einrichtungen« bestimme, deren Zahl er als klein einschätzte. Die Chefinspekteure sollten angewiesen werden, sich in solchen Fällen an eine besondere Vorgehensweise zu halten, die Rücksicht auf die legitimen Sicherheitsbedenken des Irak nehme, ohne die Rechte der Kommission zu beschneiden.

Im Wesentlichen liefen diese »Modalitäten« auf Folgendes hinaus: Kamen die Inspekteure zu einer Einrichtung, die der Irak als sicherheitsempfindlich bezeichnete, so mussten sie eine »angemessene Zeitspanne« auf den Zutritt warten. Währenddessen konnte die irakische Seite einen hochrangigen Beamten schicken, der »die Inspektion der sicherheitsempfindlichen Einrichtung mit dem Team koordinierte«. Anschließend sollten höchstens vier Inspekteure die Untersuchung durchführen und sich bemühen, in möglichst kurzer Zeit fertig zu werden.

Die Vereinigten Staaten und einige andere Mitglieder des Sicherheitsrats hielten von dieser Lösung nichts. Sie waren der Meinung, dadurch würden die vom Sicherheitsrat festgelegten Rechte der Inspekteure beschnitten. Der Irak dürfte die Vereinbarung gewiss ebenfalls so interpretiert haben, aber in Wirklichkeit war Rolf Ekeus dem Sicherheitsrat ein wenig auf die Zehen getreten, um eine Krise zu vermeiden, die womöglich zu einem Militärschlag geführt hätte. Offiziell nahm er klugerweise die Position ein, bei den Modalitäten handle es sich nur um interne Anweisungen, die er in seiner Funktion als Kommissionsleiter erteilt habe. Problematisch daran war allerdings, dass jedes Zugeständnis bei der Durchsetzung einer Sicherheitsresolution eine heikle Sache war. Ansonsten konnte man es kaum als katastrophal bezeichnen, wenn die Inspekteure eine Stunde – manchmal auch etwas länger – auf den Zutritt zu einer Einrichtung warten mussten. Sicher, kleine Gegenstände wie Reagenzgläser, Disketten und Unterlagen ließen sich in dieser Zeit verstecken, aber ein Lager verbotener Waffen oder Anlagen zu deren Produktion konnte man nicht so rasch entfernen.

Die »Butler-Modalitäten« und das Memorandum über Präsidentenanlagen

In vielen Fällen funktionierte die von Rolf Ekeus entwickelte Vorgehensweise gut, gelegentlich gab es jedoch Probleme. Eine berühmte UNSCOM-Anekdote berichtet von einem bizarren Fall, bei dem die Inspekteure nach langem Hin und Her endlich in eine als sicherheitsempfindlich bezeichnete Anlage eingelassen wurden. Als sie dort ein Gebäude betraten, fanden sie niemand anderen vor als den stellvertretenden Ministerpräsidenten Tarik Asis, der genüsslich seine Zigarre paffte. Manchmal war es schwer verständlich, weshalb es ein stundenlanges Feilschen um die Zahl der Inspekteure gab, die ein Gebäude betreten durften, wenn sich dieses als leer herausstellte. Abgesehen davon hat man offenbar bei keiner der vielen Inspektionen von Einrichtungen, die der Republikanischen Garde oder Sicherheits- und Geheimdienstorganen gehörten, irgendetwas Bedeutsames gefunden.

Vielleicht war die Vermutung, dass die gefährlichen verbotenen Waffen im Besitz der von Saddam Hussein begünstigten Militäreinheiten seien, gar nicht so unvernünftig. Fraglich scheint allerdings, in wie vielen Fällen die Auswahl sicherheitsempfindlicher Einrichtungen tatsächlich auf Geheimdiensterkenntnissen und damit einem echten Verdacht beruhte, verbotene Güter zu finden.

In dieser Zeit war eine von dem amerikanischen Inspekteur Scott Ritter geleitete UNSCOM-Kampagne im Gange, die zum Ziel hatte, den »Verbergungsmechanismus« aufzudecken, also die Methode, wie der Irak das Verstecken von Waffen, Unterlagen und Daten organisierte. Hinter dieser Kampagne stand offenbar folgender Gedanke: Wenn man keine Waffen fand, dann konnte man doch wenigstens genau aufzeigen, wie die Iraker den Widerstand gegen die Inspektionen organisierten, und ihnen dadurch einen Verstoß gegen die UN-Resolutionen nachweisen. Diese Vorgehensweise erforderte eine intensive Zusammenarbeit mit Geheimdiensten und das Abhören der irakischen Kommunikationssysteme. Viele dieser Inspektionen erinnerten an kleine militärische Operationen. In der amerikanischen Zeitschrift *The New Yorker* erschien am 9. November 1998 ein Artikel mit dem Titel »Scott Ritters Privatkrieg«, der diese Phase anschaulich schildert.

Im Sommer 1997 wurde der australische UN-Botschafter Richard Butler als Nachfolger von Rolf Ekeus zum Leiter der UNSCOM ernannt. Der Weg blieb weiterhin steinig. Die Kommission wie die Weltöffentlichkeit interpretierten das Verhalten des Irak dahin gehend, dass er offensichtlich Waffen verstecke. Diese Reaktion war verständlich – schließlich konnten die Inspekteure mit Videoaufnahmen demonstrieren, wie Akten weggeschleppt und Unterlagen verbrannt wurden, während man sie zwang zu warten.

Ende Oktober 1997 teilte die irakische Regierung dem Sicherheitsrat mehrere Entscheidungen mit. Unter anderem hieß es, man würde keine amerikanischen UNSCOM-Inspekteure mehr akzeptieren. Natürlich kam es zur Krise. Die Kommission und die IAEO stellten alle Inspektionen ein.

Interessanterweise richteten sich die irakischen Maßnahmen sowohl zu diesem Zeitpunkt als auch bei einer etwa ein Jahr später schwelenden Krise nur gegen die UNSCOM, nicht jedoch gegen die IAEO. Im Oktober 1997 teilte der Irak uns mit, man habe keine Einwände dagegen, bei IAEO-Teams mit amerikanischen Inspekteuren zusammenzuarbeiten: »Alle IAEO-Mitarbeiter, Inspekteure und Experten werden wie üblich willkommen sein«, hieß es. Nun waren die Beziehungen zwischen dem Irak und der IAEO tatsächlich weniger gespannt, denn inzwischen hatten wir erkennen lassen, dass im nuklearen Bereich nur noch wenige Fragen zu lösen waren. Ungeachtet der Tatsache, ob der Irak durch die unterschiedliche

Behandlung einen Keil zwischen die beiden Behörden treiben wollte oder ob sie der Tatsache zu verdanken war, dass die IAEO zu ihren Teams weniger Inspekteure von außerhalb heranzog und sich nicht an Scott Ritters Privatkrieg beteiligte, beschlossen wir, im Einklang mit der UNSCOM zu handeln.

Durch intensive diplomatische Bemühungen, vor allem von Seiten Russlands, und durch militärischen Druck der Vereinigten Staaten wurde die Krise beendet. Als Richard Butler im Dezember 1997 Bagdad besuchte, kam er erneut auf das Thema der Inspektionen von sicherheitsempfindlichen Einrichtungen zu sprechen. Was die Modalitäten anging, erreichte er einige Zugeständnisse der Iraker, zum Beispiel bezüglich der Zahl der Inspekteure, die eine solche Einrichtung betreten durften, und einer Verkürzung der Wartezeit. In einem Punkt waren die Iraker jedoch keinen Millimeter zurückgewichen – der Inspektion der so genannten »Präsidentenanlagen«. Im Februar 1998 entsandte UN-Generalsekretär Kofi Annan eine technische Mission, um acht derartige Präsidentenanlagen zu vermessen, zu denen der Irak den Zutritt verweigerte. Nach Abschluss dieser Mission und nach Beratungen mit Mitgliedern des Sicherheitsrats flog Kofi Annan persönlich in den Irak, um sich mit Präsident Saddam Hussein und Vizepremier Tarik Asis zu treffen.

In die festgefahrenen Verhandlungen kam wieder Bewegung, und am 23. Februar 1998 wurde eine Vereinbarung unterzeichnet. Die Inspekteure sollten Zutritt zu den acht nun exakt definierten Präsidentenanlagen erhalten. Im Falle dieser Anlagen sollte die UNSCOM jedoch nicht nur die legitimen irakischen Sorgen um die nationale Sicherheit und Souveränität ihres Landes respektieren, sondern auch dessen »Würde«. Eine spezielle Vorgehensweise wurde festgelegt, nach der eine Gruppe ranghoher Diplomaten die Inspekteure begleiten sollte, gewissermaßen als Anstandsdamen. Außerdem erhielten die Inspektionen die würdevollere Bezeichnung »Einlass«.

Ende der Inspektionen und »Operation Wüstenfuchs«. Spionagevorwurf gegen die UNSCOM

Nach einer Zeit entspannterer Beziehungen kühlte sich das Klima im Frühjahr 1998 wieder erheblich ab. Im Juli kam eine internationale Expertengruppe von Biologen zum Schluss, die irakische Deklaration biologischer Kampfstoffe sei nicht nachprüfbar. Außerdem gab es Kontroversen im Zusammenhang mit dem Nervengift VX. Anfang August beschlossen der irakische Revolutionsrat und die Baath-Partei, die Zusammenarbeit mit der UNSCOM und der IAEO einzustellen, bis der Sicherheitsrat die Sanktionen aufhob, die UNSCOM neu organisierte und deren Zentrale nach Genf oder Wien verlegte, eine Entscheidung, die der Sicherheitsrat Anfang September und Anfang November einstimmig verwarf.

Inzwischen fanden in New York Diskussionen über ein »umfassendes Resümee« statt, was den Irakern offenbar Hoffnungen auf ein Ende der Sanktionen machte. Mit einer neuen Wendung ließ der Irak Mitte November erkennen, er sei wieder zur vollen Zusammenarbeit bereit. Bevor der Sicherheitsrat jedoch ein solches Resümee zog, wollte er hören, dass die Zusammenarbeit tatsächlich befriedigend war. Im Dezember 1998 legte UNSCOM-Leiter Richard Butler dem Rat jedoch einen Bericht vor, der zum Schluss kam, dass die irakische Zusammenarbeit *nicht* so vollständig gewesen sei wie versprochen. In Erwartung eines Bombenangriffs amerikanischer und britischer Kräfte ordnete Butler den Rückzug des mit Inspektionen beschäftigten UNSCOM-Personals an. Während es in großer Hast evakuiert wurde, blieben andere UN-Mitarbeiter im Irak.

Vom 17. bis 20. Dezember führten die Amerikaner und Briten einen Militärschlag unter dem Decknamen »Operation Wüstenfuchs« durch, bei dem sie etwa hundert Marschflugkörper auf etwa ebenso viele Ziele im Irak abfeuerten. Am 19. Dezember erklärte der irakische Vizepräsident Ramadan die UNSCOM-Mission für beendet.

Trotz der Bombardierung war die irakische Regierung womöglich mit dem Geschehen gar nicht so unzufrieden. Die Wirkung der

Sanktionen, die die irakische Wirtschaft in der ersten Hälfte der neunziger Jahre gelähmt und den Lebensstandard der Bevölkerung erheblich gesenkt hatten, hatte sich durch das UN-Hilfsprogramm »Öl für Lebensmittel« allmählich abgeschwächt. Im Rahmen dieses Hilfsprogramms durfte der Irak zunehmende Mengen Öl verkaufen, um ebenfalls steigende Mengen Lebensmittel und andere Produkte zu importieren, die der Sanktionsausschuss der Vereinten Nationen genehmigt hatte. Nun wollten die Iraker die Sanktionen endlich loswerden und frei über ihre Importe und ihre Wirtschaft bestimmen. Jedes Mal, wenn sie aus ihrer Sicht Zugeständnisse an die Inspekteure gemacht hatten, hatten sie die sprichwörtliche, vor der Nase baumelnde Möhre in Form eines UNSCOM-Berichts vor Augen, der die vollständige Abrüstung bescheinigte, sodass der Sicherheitsrat die Sanktionen aufheben konnte.

Wenn Saddam Hussein jedoch die Statements der amerikanischen Regierung hörte, dürften ihm allerdings Zweifel gekommen sein, ob eine Zusammenarbeit mit den Inspekteuren überhaupt sinnvoll sei, sah es doch ganz danach aus, als würden die USA einer Aufhebung der Sanktionen nur unter der Voraussetzung zustimmen, dass er selbst von der Bildfläche verschwand. Wieso sollte er sich dann überhaupt die Mühe machen, die Inspekteure zu unterstützen? Wieso nicht gleich Katz und Maus spielen und die Vereinten Nationen wie die Vereingten Staaten an der Nase herumführen? Als die Inspekteure nach der »Operation Wüstenfuchs« nicht mehr ins Land geschickt wurden, war Tarik Asis angeblich zufrieden: Sanktionen allein reichten schon aus. Sich auch noch mit Inspekteuren herumschlagen zu müssen sei zu viel gewesen. Welchen Erfolg hatte der amerikanisch-britische Militärschlag also erzielt? Man hatte den Irak bombardiert, um eine bessere Zusammenarbeit mit den Inspekteuren zu erzwingen, und stattdessen jede irakische Bereitschaft zur Zusammenarbeit verloren. Natürlich war weiterhin Luftüberwachung möglich, aber auf sämtliche Informationen aus Inspektionen musste man verzichten.

Zu diesem Zeitpunkt machte das irakische Regime sich wahrscheinlich gewisse Hoffnungen, das Sanktionsregime würde ausgehöhlt und womöglich sogar aufgehoben. Obwohl die Sanktionen seit 1990 in Kraft waren, hatte das Regime mit dem Erlös umfangreicher illegaler Ölexporte alles importieren können, was die Elite und ihre Gefolgschaft brauchten, von einigen Waffen ganz zu schweigen. Doch die Meinung der Weltöffentlichkeit wandte sich allmählich gegen die Sanktionen. Sie schadeten nicht dem Regime, hieß es, sondern nur dem irakischen Volk – nicht zuletzt den Kindern.

Auch einige Dinge, die Anfang Januar 1999 in New York ans Licht kamen, müssen dem Regime in Bagdad Genugtuung bereitet haben. Plötzlich gab es allerhand Medienrummel um das Gerücht, die UNSCOM sei von Geheimagenten mehrerer Länder unterwandert, vor allem von solchen aus den Vereinigten Staaten und Großbritannien. Als Mitglieder der Inspektionsteams, wurde berichtet, seien sie in der Lage gewesen, ihren Diensten Informationen über die Aufenthaltsorte der irakischen Führung und über militärische Ziele zu liefern, um spätere Bombenangriffe vorzubereiten. Außerdem habe es nach Medienberichten eine Art elektronischen Huckepackverkehr gegeben. Geheimdienstmitarbeiter hätten die Teams und die ferngesteuerten Überwachungsvorrichtungen der UNSCOM angeblich mit Abhörgeräten versehen.

Im Großen und Ganzen war der Sicherheitsrat damit einverstanden, dass die UNSCOM mit den Erkenntnissen nationaler Nachrichtendienste versorgt wurde, um ihr dabei zu helfen, die irakischen Massenvernichtungswaffen zu finden und zu beseitigen. Nun hatte es den Anschein, als habe es Aktivitäten gegeben, die unter dem Etikett, aber nicht unter der Kontrolle der UNSCOM stattfanden. Man mutmaßte sogar, ein Teil der gewonnenen Informationen, der sich offenbar auf den Polizeiapparat und den Schutz von Saddam Hussein bezog, sei der Kommission vorenthalten worden. Ihr Leiter Richard Butler und dessen Vorgänger Rolf Ekeus bestritten, jemals Aktivitäten genehmigt zu haben, die nicht dem UNSCOM-Mandat, das heißt der Vernichtung von Massenvernichtungswaffen, dienten.

Beim Lesen all dieser neuen, von unermüdlichen amerikanischen

Enthüllungsjournalisten publizierten Berichte zweifelte ich kaum daran, dass zumindest der größere Teil davon zutraf. Am Anfang war allgemein akzeptiert worden, dass die Geheimdienste den Inspekteuren ihre Erkenntnisse »überließen«, um sie bei ihrem Mandat zu unterstützen. Im Lauf der Zeit lief das jedoch darauf hinaus, dass die Geheimdienste sämtliche UNSCOM-Informationen erhielten, die sie haben wollten, während sie die durch ihre Abhöraktivitäten gewonnenen Erkenntnisse eventuell für sich behielten.

Der Medienrummel um die Geheimdienstaffären fügte der UNSCOM schweren Schaden zu. Nun sahen sie viele als ein Instrument, das weniger vom Sicherheitsrat als von den USA kontrolliert wurde. Auch was Scott Ritter in Interviews und später in Büchern über die US-amerikanische Dominanz der UNSCOM und seine intensive Zusammenarbeit mit dem amerikanischen und israelischen Geheimdienst von sich gab, blieb nicht ohne Wirkung, obwohl seine Behauptungen von Richard Butler und Rolf Ekeus teilweise zurückgewiesen wurden. In manchen Zeitungskommentaren wurde die UNSCOM bereits totgesagt. Das irakische Regime aber, das die Kommission schon lange der Spionage beschuldigt hatte, fühlte sich bestätigt.

Unter den fünf ständigen Mitgliedern des Sicherheitsrats herrschte keine Übereinstimmung, wie es weitergehen sollte. Viele ihrer Mitarbeiter meinten, die UNSCOM sei derart in Misskredit geraten, dass sie aufgelöst werden solle. Manche hatten zumindest den Eindruck, das aggressive Verhalten der Kommission, das selbst die Vereinigten Staaten verschiedentlich zu mäßigen versucht hatten, sei kontraproduktiv gewesen. Sie schlugen vor, eine abgespeckte Version der UNSCOM zu etablieren und die Raketeninspektionen der UN-Abrüstungsabteilung zu übertragen. Um die chemischen Waffen sollte sich die Organisation kümmern, die in Den Haag speziell zu diesem Zweck gegründet worden war. Andere Stimmen wiesen auf die Schwierigkeit hin, etwas Neues zu schaffen und dadurch wieder ganz von vorne anzufangen.

Frankreich vertrat die Meinung, man habe wahrscheinlich bereits alles getan, um alte Waffen aufzuspüren, und könne nun zu einer Überwachungsphase übergehen, um eine zukünftige Wiederaufnahme des Rüstungsprogramms zu verhindern. Außerdem setzten sich die Franzosen stark dafür ein, über eine Aufhebung der Sanktionen nachzudenken. Russland legte ein informelles Arbeitspapier vor, das viele Ideen enthielt, die der französischen Position entsprachen. Die USA jedoch wollten weder die Sanktionen aufheben, noch die UNSCOM abschaffen, schienen allerdings bereit zu sein, im atomaren Bereich von der Abrüstungsphase zur Überwachung überzugehen. Angesichts dieses Durcheinanders beschloss der Sicherheitsrat Ende Januar 1999, drei Ausschüsse unter der Leitung des brasilianischen UN-Botschafters Celso Amorim zu bilden, der in diesem Monat als Ratspräsident fungierte.

Mit bemerkenswerter Geschwindigkeit verfassten Botschafter Amorim und seine Ausschüsse drei Berichte. Der erste bezog sich auf das Thema Abrüstung. Der entsprechende Ausschuss kam zum Schluss, »der Großteil der irakischen Rüstungsprogramme« sei beseitigt worden, und schlug vor, eine ständige Präsenz von Inspekteuren sei die wirksamste Methode, um dafür zu sorgen, dass der Irak keine verbotenen Waffen lagere, erwerbe oder baue. Kein System könne hundertprozentige Gewissheit liefern, weshalb man sich auf jene verbliebenen Aufgaben konzentrieren solle, die vorrangig seien. Die Bandbreite des Systems könne von Routineüberwachung bis zu sehr aufdringlichen Inspektionen reichen. Sämtliche Informationen, warnte der Ausschuss, sollten »streng auf der Grundlage ihrer Glaubwürdigkeit und ihrer Relevanz für das Mandat« bewertet werden und die Beziehung zu Geheimdiensten solle nur in einer Richtung laufen, obgleich ein gewisser Dialog für notwendig erachtet wurde. Der Bericht forderte Wirksamkeit, warnte jedoch vor unnötiger Konfrontation. Der rechtliche Rahmen der UNSCOM lasse sich für eine »erneuerte UN-Sonderkommission« aufrechterhalten.

Die irakische Regierung wies diese Vorstellung sofort zurück und erklärte, eine Rückkehr der Inspekteure käme nur infrage, wenn die Sanktionen aufgehoben würden. Es folgten langwierige Verhandlungen zwischen den Ratsmitgliedern, während deren Richard

Butler und ein großer Teil des UNSCOM-Personals sich verabschiedeten. Die vielen Inspekteure, die die einzelnen Länder zur Verfügung gestellt hatten, brauchten nicht entlassen zu werden. Sie waren ohnehin nur für bestimmte Missionen gekommen und dann wieder nach Hause zurückgekehrt.

Erst im Dezember 1999 war der Weltsicherheitsrat bereit, die neue Resolution 1284 zu verabschieden, die in ihren Hauptpunkten den Empfehlungen des Ausschusses folgte.

Aus der »erneuerten UN-Sonderkommission« wurde die UNMOVIC, die Überwachungs-, Verifikations- und Inspektionskommission der Vereinten Nationen. Während das 1991 eingerichtete System die vollständige Aufhebung der Sanktionen erst dann vorsah, wenn alle verbotenen Rüstungsprogramme vollständig beseitigt waren, eröffnete die neue Resolution die Möglichkeit, die Sanktionen zu suspendieren, wenn der Irak »in jeder Hinsicht« mit der Kommission zusammenarbeitete und dadurch die Lösung der zentralen Abrüstungsaufgaben voranbrachte.

In meiner ruhigen Ecke in Stockholm war ich mit dem Bericht des Amorim-Ausschusses ganz zufrieden gewesen. Für die neue Resolution galt dasselbe. Ich hatte den Eindruck, dass Bericht wie Resolution viele der Grundsätze aufrechterhielten, die wir in den vorangegangenen neun Jahren in der IAEO verfolgt hatten:

• Die Inspekteure sollten aus vielen Ländern stammen und internationale Beamte werden, die nur der UNO verpflichtet waren. Damit wurde das Ende einer Praxis eingeläutet, bei der man vorrangig kostenloses Personal aus wenigen großen Ländern rekrutiert hatte.
• Die Kommission sollte eindeutig als Behörde der Vereinten Nationen erkennbar sein, also von keinem Staat gleichsam ferngesteuert werden, sondern internationale Legitimität entwickeln und aufrechterhalten.
• Es fehlte jeder Hinweis, dass die Kommission im Austausch für Geheimdiensterkenntnisse eigene Informationen preisgeben sollte.

- Die Inspektionen sollten wirksam, ja sogar sehr aufdringlich sein, sollten aber jede unnötige Konfrontation vermeiden.
- Die UNMOVIC sollte alle Rechte und Privilegien der UNSCOM erhalten.

Im Januar 2000 machte sich UN-Generalsekretär Kofi Annan auf die Suche nach einer geeigneten Person, die er zum Leiter der neuen Waffenkontrollkommission UNMOVIC ernennen konnte.

Ich war neugierig, um wen es sich handeln würde.

KAPITEL 3

Aus der Gefriertruhe in die Bratpfanne

Januar 2000: Als Tourist in der Antarktis

In dem einfachen Hotel, in dem wir in Chelten in Patagonien wohnten, konnte man zwar angerufen werden, aber nicht selbst telefonieren. Als dort am 19. Januar 2000 eine Nachricht einging, ich möge das Sekretariat der schwedischen Außenministerin oder die schwedische Botschaft in Buenos Aires anrufen, konnte ich also nicht zurückrufen. Das Personal sah sich außerstande, die Gebühren zu berechnen. Ich bot ihnen zehn Dollar für ein kurzes Gespräch nach Buenos Aires an. Nein. Zwanzig Dollar? Nein. Ich gab auf, marschierte zum öffentlichen Telefonamt und schickte ein Fax, in dem ich Stockholm mitteilte, wann ich am nächsten Tag für einen Anruf bereitstehen würde.

Wir waren vor dem Winter in Stockholm in den arktischen Sommer geflohen und die Reise durch Patagonien lag auf dem Weg. Meine Frau Eva Kettis war im schwedischen Außenministerium für Fragen der Arktis und Antarktis zuständig. Sie wollte mit eigenen Augen sehen, worüber man sonst nur am Konferenztisch sprach. Ich hatte viel über die Schönheit der Antarktis gehört und freute mich, sie begleiten zu können.

Das Fax funktionierte. Am darauf folgenden Morgen erfuhr ich, dass die Vereinten Nationen in New York interessiert seien, mich als Geschäftsführer einer neuen Organisation für die Inspektionen im Irak, die United Nations Monitoring, Verification and Inspection Commission (UNMOVIC), zu verpflichten. Die schwedische Außenministerin hoffe, dass ich bereit wäre und mich zur Verfügung stellen würde. Ich sagte, ich sei skeptisch. Ob es nicht jemand anderen für diese Aufgabe gebe. Sie antwortete, ob ich bereit wäre, mit dem

Staatssekretär im französischen Außenministeriums zu telefonieren, dem sehr daran gelegen sei, mir die Sache zu erklären? Gut, wenn es denn sein müsse, gegen Abend, nach unserer Wanderung ... Wir machten eine wundervolle lange Wanderung vor der beeindruckenden Kulisse des Mount Fitzroy. Die Sonne schien. Ein herrlicher Wald und ein schöner Weg zur Laguna de las Tres. Ich hatte mich im letzten Jahr einer Rückenoperation unterziehen müssen, und es war ein wunderbares Gefühl, jetzt wieder siebeneinhalb Stunden schmerzfrei wandern zu können.

Als wir nach der langen Tour nach Chalten zurückkehrten, nahm ich den Anruf Gerard Erreras, des französischen Staatssekretärs, vom Quai d'Orsay in Paris entgegen. Errera war nicht nur der französische Botschafter bei den Abrüstungsverhandlungen in Genf gewesen, sondern auch ein hervorragender Aufsichtsrat im Gremium der Internationalen Atomenergiebehörde. Ich kannte ihn gut.

Er erklärte mir, wie schwierig es sei, sich im Sicherheitsrat auf einen neuen Geschäftsführer zu einigen. Er halte mich für die vermutlich einzige Person, auf die sich alle einigen könnten ... Es wäre auch nur für anderthalb Jahre ... Ich blieb skeptisch. Es gäbe doch bestimmt eine Menge anderer Kandidaten? Ich genoss meinen Ruhestand und die Wanderungen mit meiner Frau. Ich erwähnte ein paar Namen. Wäre es ein Vorschlag, mich wieder anzurufen, wenn sich kein anderer Kandidat fand? Nun gut, ja.

Ich besprach die Angelegenheit mit Eva. Ich fand, wir hatten zu lange getrennt gelebt in der Zeit, als ich bei der IAEO in Wien und sie in Genf und später in Brüssel arbeitete. Sie war jetzt sehr engagiert bei ihrer neuen Aufgabe und freute sich, dass ich als Rentner aus Wien zurückgekommen war. Ich kümmerte mich um den Haushalt und sie sich um die Polarregionen – soweit Schweden dort Einfluss hatte.

Zu meiner Überraschung schlug Eva die Idee nicht von vornherein aus. Sie wusste, dass der Irak für mich eine unvollendete Geschichte geblieben war, als ich mich 1997 von der IAEO in den Ruhestand zurückzog. Sie kannte auch meine Überzeugung, dass ein weniger aggressives Vorgehen bei den Inspektionen, wie es für die

UNSCOM oft so typisch war, zu besseren Ergebnissen führen könnte. Sie meinte, wenn ich es also noch mal versuchen wollte, hätte sie Verständnis dafür. Wir beließen es dabei und hofften, dass sich das Problem von alleine lösen würde. Hatte nicht einer der berühmtesten Franzosen, de Gaulle, einmal gesagt, die Friedhöfe seien voller unverzichtbarer Männer? (In seiner Generation hatte man noch nicht entdeckt, dass die Friedhöfe auch voller unverzichtbarer Frauen sind.)

Bei unserer Reise durch Patagonien blies uns permanent ein eisiger Wind ins Gesicht, wir fuhren über ungeteerte Straßen, vorbei an Seen, voll mit milchigem Gletscherwasser. Wir waren fasziniert von den Kondoren, die hoch über unseren Köpfen kreisten, und wunderten uns überhaupt nicht, dass eine der Haziendas, auf denen wir übernachteten, den Namen Helsingfors (Helsinki) trug. Ich dachte, dass sich in einer solchen Gegend nur Leute mit der Widerstandskraft der Finnen ansiedeln konnten. Die wenigen Bäume hier wuchsen nicht gerade nach oben, sondern beugten sich der Windrichtung.

Am Samstag, dem 22. Januar, brachte uns der Bus in ein hübsches Städtchen namens Calafate (Blaubeere). Nachdem uns die Fluggesellschaft, die uns nach Ushuaia, der südlichsten Stadt der Welt, hätte bringen sollen, versetzt hatte, drängte sich unsere Gruppe im Tourismusbüro, um zu erfahren, wie es weitergehen sollte. Eine junge Frau rief unsere Namen auf und ich dachte schon, Eva und ich gehörten zu den Glücklichen, die einen Platz im Flugzeug bekommen würden. Nein, meinte die junge Dame, da sei ein gewisser Kofi Annan, der mich bitte, ihn zurückzurufen. Sie hatte offenbar keine Ahnung, dass Kofi Annan der Generalsekretär der Vereinten Nationen war, aber andere, die mit uns in der Schlange standen, kannten den Namen und sahen uns neugierig nach, als wir uns zum zweiten Mal auf die Suche nach einem öffentlichen Telefon machten.

Kofi Annan suchte immer noch nach einem Leiter für die UNMOVIC. Ich kannte einige von denen, die er mir nannte und die man abgelehnt hatte. Rolf Ekeus, der die UNSCOM von 1991 bis 1997 geleitet hatte, hatte Bereitschaft signalisiert, war aber von einigen der ständigen Mitglieder des Sicherheitsrats abgelehnt worden. Ich hatte mich gewundert, dass Rolf zum zweiten Mal antreten wollte. Ich war mir sicher, dass die Amerikaner für ihn waren. Hatten die Iraker den Franzosen und Russen signalisiert, dass sie Rolf nicht akzeptieren würden, oder hatten diese Staaten den Eindruck, dass die UNSCOM unter der Leitung von Rolf, und mehr noch, unter der von Butler, von den USA beeinflusst wurde? Ich wusste es nicht. Es war klar, dass die IAEO für eine weniger erniedrigende Art des Vorgehens bei den Inspektionen stand, aber ich hatte meine Zweifel, dass die Iraker sich über meinen Namen freuen würden. Sie waren sehr erbost, dass wir uns, trotz der allgemein akzeptierten Einschätzung, dass nach siebenjähriger Inspektionstätigkeit durch die IAEO keine nennenswerten Fragen bezüglich der Nuklearproblematik mehr offen waren, geweigert hatten, die Schließung der irakischen Atomakten zu empfehlen.

Ich spürte, wie sich ein bisschen der Ehrgeiz in mir regte. Doch das vorwiegende Gefühl war eher unangenehm. Ich hatte mich zur Ruhe gesetzt und meine Karriere beendet. Ich wollte wandern und ein Buch über die Arbeit der IAEO im Irak und in Nordkorea schreiben. Ich bekam Kofi Annan an den Apparat, der mir erklärte, man habe außer mir keinen Kandidaten, die Aufgabe sei nicht leicht und ich möge ihm sagen, ob ich trotzdem bereit wäre. Ich sei nach wie vor skeptisch, wolle es aber nicht ausschließen, wenn sie wirklich niemand anderen finden könnten.

Wir gehörten nicht zu den Glücklichen, die einen Sitz im Flugzeug ergatterten, und nach einer langen Busfahrt erreichten wir Ushuaia, wo das von den Russen gecharterte Expeditionsschiff *Akademik Joffe* lag; es sollte uns und ein paar hundert weitere Touristen in die Antarktis bringen. Wir hatten Glück mit dem Wetter und genossen den Ausblick auf die phantastische Landschaft, die Vögel, die Millionen von Pinguinen, die Seehunde und Wale.

Leiter der *UNMOVIC:*
Aus der Gefriertruhe in die Bratpfanne

Am 26. Januar erreichte mich Rolf Knutsson aus Kofi Annans Büro
über das INTELMAR-System am Satellitentelefon und erklärte
mir, der Generalsekretär breche jetzt nach Moskau auf und müsse
wissen, ob ich als Leiter der UNMOVIC zur Verfügung stehen würde. Er sagte, es gäbe niemanden sonst, und man sei sich sicher, dass
meine Nominierung im Sicherheitsrat einstimmige Unterstützung
fände. Dann sollte es also sein.

Warum hatte ich zugesagt, meinen Ruhestand rückgängig zu
machen? Ich war fest davon überzeugt, dass die UNSCOM zwar
großes Können in der Analyse und, nun, eine gewisse »Tapferkeit
und Verwegenheit« im Einsatz vor Ort demonstriert hatte, aber auf
lange Sicht hatten sich die »Inspekteure auf dem Kriegspfad« und
die allzu starke Identifikation mit westlichen Geheimdiensten als
kontraproduktiv erwiesen und die Arbeit diskreditiert. Die Iraker
waren provoziert und in ihrer ablehnenden Haltung bestätigt worden, ohne dass man neue Einsichten gewonnen hätte. Oft hatten mir
Inspekteure erzählt, dass sie dachten, die IAEO hätte dank des zu-
rückhaltenderen, professionellen Stils der Vereinten Nationen mehr
Informationen bekommen. Die Versuchung war da, es noch mal zu
probieren.

Ein weiterer Grund war, dass es einfach schwierig ist, nein zu
sagen, wenn einem der Generalsekretär der Vereinten Nationen
sagt, man sei der Einzige, auf dessen Namen sich alle einigen könnten, und zudem mit der Aufgabe sehr gut vertraut ist. Und ein dritter
Grund: Ich fühlte mich gesund und stark, und ich packe Dinge gerne
an. Und nicht zuletzt dachte ich, es sei ja nur für ein oder anderthalb
Jahre.

Nach Konsultationen mit dem Sicherheitsrat ernannte mich der
Generalsekretär, und es wurde beschlossen, dass ich meinen Dienst
zum 1. März 2000 antreten sollte.

Das Expeditionsschiff war der richtige Ort, um in Ruhe ohne
störende Anrufe nachzudenken. Es war schwierig, mich telefonisch

zu erreichen. Bei meiner Rückkehr nach Stockholm rief mich die amerikanische Außenministerin Madeleine Albright persönlich an, gratulierte mir zu meiner Ernennung und versprach mir die volle Unterstützung der Vereinigten Staaten. Auch der britische Premierminister Tony Blair ließ mir eine herzliche Nachricht zukommen.

Interessanterweise war in einer schwedischen Zeitung ein Artikel erschienen, der feststellte, ich sei die denkbar schlechteste Wahl für die Position des Leiters der UNMOVIC. Der Autor, Per Ahlmark, war 25 Jahre zuvor zwei Jahre lang stellvertretender Premierminister von Schweden gewesen und ließ sich noch immer als »ehem. Stellvertretenden Premier« bezeichnen. Die Leute vermuteten, dass es zwischen ihm und mir eine alte Fehde gab. Nein, wir waren damals gute Freunde gewesen und ich hatte ihn seit dieser Zeit kaum getroffen. Es war der erste einer Reihe bösartiger und beleidigender Artikel, die Ahlmark weltweit publizierte, selbst im Wall Street Journal. Als er dabei Äußerungen zitierte, von denen er behauptete, ich hätte sie David Kay gegenüber ausgesprochen, und als er schrieb, Kay hätte für seine Inspektionstätigkeit im Irak den Friedensnobelpreis verdient, vermutete ich, dass Kay ihn großzügig mit Ideen und Material versorgte. Die Presse in Stockholm bat mich, Ahlmarks Artikel zu kommentieren und ich erwiderte, es sei mir wichtiger, das Vertrauen des Sicherheitsrats zu haben.

Ankunft in New York

Am 28. Februar traf ich zu einem inoffiziellen Besuch bei den Vereinten Nationen ein und wurde in den 31. Stock des Hauptgebäudes geführt, wo ich unsere Mitarbeiter begrüßte und Hände schüttelte. Es war erschreckend, wie wenig Platz ein jeder von ihnen hatte. Am Nachmittag kam ich informell für eine halbe Stunde mit dem Generalsekretär zusammen, den ich während meiner Tätigkeit für die Internationale Atomenergiebehörde bereits oft getroffen hatte. Wie immer empfand ich ihn als herzlich und klug. Er war in der gesamten Irakaffäre auf dem Laufenden. Sein Büro hat eine angenehme Größe und einen schönen Ausblick über den East River. Am anderen Ufer fällt der Blick aus dem Fenster auf eine dekorativ platzierte riesige, bunte Pepsi-Cola-Werbung.

Tags darauf, am 1. März, stellte ich mich Kofi Annan noch einmal, diesmal offiziell, vor. Auch stattete ich dem Präsidenten des Sicherheitsrats – in diesem Monat war es der Botschafter von Bangladesch, Anwarul Karim Chowdhury – einen Besuch ab. Ich versprach ihm, dass ich den Kontakt mit allen Mitgliedern des Gremiums halten würde, nicht nur mit den Großmächten, den P5.

Damit war ich nun also für die UNMOVIC verantwortlich und zog in das Büro des Geschäftsführers ein. Als mein persönlicher Assistent saß Torkel Stiernlof im Büro neben mir, und meine persönliche Assistentin Oliva Platon hatte ihren großen Tisch vor meinem Büro. Sie sorgte dafür, dass mit mir, allen anderen und den Dokumenten alles in Ordnung war, und sie tat das mit fester Hand, freundlichem Lächeln und einer guten Portion Humor. Charles Duelfer, der ehemalige stellvertretende Leiter war gegangen. Ich hatte ihn von Stockholm aus angerufen und ihm gesagt, dass ich wisse, wie gut er die Dinge nach dem Abgang von Butler geregelt habe, aber dass die Kommission meines Erachtens einen Neuanfang brauche und ich es ihm nahe legen würde, zurückzutreten. Das tat er, und ich schrieb einen anerkennenden Dankesbrief an ihn für den Generalsekretär. Ein paar Tage nach meiner Ankunft trafen wir uns zum Mittagessen. Nachdem ich ihn um den Rücktritt von der UN-Kommission gebeten hatte, freute es mich, als er im Januar 2004 zum Leiter der von den USA eingesetzten Iraq Survey Group ernannt wurde; er wurde Nachfolger von David Kay, der gerade ausgeschieden war, weil er keine der Massenvernichtungswaffen gefunden hatte, von denen er der Öffentlichkeit ständig erzählt hatte.

Es gab eine Pressekonferenz. Ich sagte, der Irak neige dazu, die Inspektionen als Strafe zu sehen, die er möglichst gering halten wolle. Aus meiner Sicht sollte er aber die Gelegenheit nutzen, um aus den Inspektionen möglichst viel herauszuholen. Die Welt würde dem Irak nicht glauben, aber sie würde glauben, was die Kommission sagt. Der Irak sollte also diese Möglichkeit nutzen und mit uns kooperieren. Auch sagte ich, dass nachrichtendienstliche Erkenntnisse wichtig seien, doch gelte es sie auch kritisch zu beleuchten. Es gebe eine ganze Menge Desinformationen. Wir würden Hinweise von außen gerne entgegennehmen, aber dabei handle es sich um eine Einbahnstraße. Auf eine diesbezügliche Frage antwortete ich, dass sich zwar keine Organisation vollkommen gegen Infiltration schützen könne, aber sollte ich herausfinden, dass jemand für einen anderen Auftraggeber tätig sei, so würde ich diese Person entlassen.

Aufbau der *UNMOVIC*

Eine Abteilung der UNMOVIC, um deren Organisation ich mich nicht zu kümmern brauchte, war das so genannte Kollegium von Fachkommissaren. In der Resolution 1284 aus dem Jahr 1999 wurde der Generalsekretär aufgefordert, ausgewiesene Experten zu benennen, die regelmäßig zusammentreffen, um die Arbeit der Organisation zu überprüfen und deren Leiter mit professionellen Ratschlägen und Hinweisen, auch bei der Abfassung der Berichte an den Sicherheitsrat, zur Seite zu stehen. Für mich war diese Gruppe immer eine gute Möglichkeit, Ideen auszuprobieren. Einige der Mitglieder, etwa Amerikaner, Briten, Russen und Chinesen, waren direkt von der Regierung abgeordnet. Bei den anderen, etwa den Franzosen und Deutschen, handelte es sich um unabhängige Experten, die in Bereichen wie Biologie oder Raketentechnik ausgewiesen waren. Alle aber waren mit der Geschichte der Inspektionen im Irak wohl vertraut. Es war eine ausgezeichnete Truppe. Wir überzeugten sie, auf förmliche Aufzeichnungen zu verzichten, und konnten so immer lebendige und hilfreiche Diskussionen führen. Dank dieser Diskussionen verstanden unsere Mitarbeiter manchmal, welche Fragen ihre Berichte bei den Regierungen auslösen würden, Fragen, die anders gelagert waren als die der Kollegen. Ich fand die Gruppe sehr nützlich und wenn ich sie hinter mir wusste, fühlte ich mich in meiner Position gestärkt. Sam, oder vielmehr Mr. Sanmuganathan, war der Sekretär des Kollegiums und sorgte dafür, dass man dort immer auf dem Laufenden war und die wichtigen Dokumente vorliegen hatte.

Die Resolution 1284 von 1999 legte fest, dass der Leiter einen Organisationsplan für die UNMOVIC aufzustellen habe. Dieser Plan sollte 45 Tage nach meinem Dienstantritt, also am 15. April, auf dem Tisch des Sicherheitsrats liegen. Während ich noch in Stockholm war, schickten mir mehrere Regierungen ihre Empfehlungen und Vorstellungen für die neue Inspektionsbehörde. Die amerikanischen Vertreter, die Staatssekretäre Robert Einhorn und David Welch, sahen von detaillierten Empfehlungen ab und sagten einfach, ich solle den Plan nach meinen Vorstellungen entwickeln, »ohne unangemessenen Druck der Mitgliedsstaaten«.

Vom Irak kam kein Signal, dass man bereit wäre, in absehbarer Zeit Inspektionen zuzulassen, und so konnten meine Kollegen und ich uns darauf konzentrieren, den Organisationsplan zu entwickeln und uns Gedanken über das notwendige Personal, seine Ausbildung und die verbleibenden Abrüstungsfragen zu machen.

Möglicherweise klingen Worte wie Organisation und Verwaltung eher langweilig, und es handelt sich dabei auch nicht um die Dinge, die ich am liebsten erledige. Aber mir ist bewusst, dass man gute Ergebnisse nur mit guten Leuten, einer gewissen Ordnung und in einem vernünftigen Arbeitsklima erzielen kann. Auf Regierungsebene kann die Opposition die Tätigkeit von Ministerien und Behörden überwachen und kritisieren. Internationale Organisationen aber haben kaum natürliche Feinde, dafür stehen sie unter der Aufsicht von über hundert Mitgliedsstaaten, die sich als ihre Vorgesetzten verstehen.

Vom amerikanischen Rat, die UNMOVIC zu einem technischen und nicht einem politisierten Instrument zu machen, fühlte ich mich ermuntert.

Ich war fest entschlossen, der UNMOVIC genau das für die Vereinten Nationen angemessene Profil von Unabhängigkeit zu verpassen, das der Amorim-Bericht, der die Verabschiedung dieser Resolution erst möglich machte, vorgesehen hatte. Wir würden allen zuhören, uns aber nur an die Vorgaben des Sicherheitsrats halten. Dies wurde uns durch eine wichtige Regelung erleichtert: 0,8 Prozent der Einkünfte aus den irakischen Ölverkäufen im Rahmen des Programms »Öl für Lebensmittel« sollten für unsere Ausgaben zur Verfügung stehen. Die Einnahmen würden vom Ölpreis und der Fördermenge abhängen, aber man konnte von etwa hundert Millionen Dollar im Jahr ausgehen, eine Summe, die unseres Erachtens ausreichen würde, auch wenn wir mit voller Besetzung arbeiteten. Wir würden vielfältige Unterstützung der nationalen Regierungen benötigen, wie Geheimdienstinformationen, Satellitenaufnahmen, das eine oder andere ausgefallene technische Gerät und die Zuarbeit von Experten, aber wir waren nicht auf die unentgeltliche Bereitstellung von Personal oder normaler Ausrüstung, Flugzeuge, Hubschrauber oder Kommunikationsanlagen angewiesen. Wir skizzierten den offiziellen Plan für den Aufbau der Organisation und trafen praktische Vorkehrungen:

• Wir lehnten den Vorschlag ab, dem Leiter je einen Assistenten aus jedem der fünf ständigen Mitgliedsstaaten des Sicherheitsrats zur Seite zu stellen. Was hätten wir tun sollen, wenn diese fünf »Assistenten« sich nicht einigen konnten? Gegen Ende der fünfziger Jahre hatte der sowjetische Führer Chruschtschow gefordert, man solle das Generalsekretariat der Vereinten Nationen auf eine Troika aufteilen: ein Drittel für den Ostblock, ein Drittel für den Westen und ein Drittel für die Blockfreien Staaten. Damit hätte man das Veto in das Generalsekretariat eingebaut. Jetzt schlug man uns eine »Pentoika« vor. Hätten wir das übernommen, hätte es zu Politisierung und Paralyse führen können.
• Wir strichen den Posten des stellvertretenden Geschäftsführers, der immer als direkter Kanal nach Washington funktioniert hatte.
• Wir gaben bei den Vertretungen aller Staaten – mit Ausnahme der irakischen – bekannt, dass wir Mitarbeiter suchten, die sich

mit chemischen und biologischen Waffen und Raketen auskannten, und dass wir dankbar wären, wenn man entsprechende Kandidaten auffordern würde, sich zu bewerben; wir würden jedoch auch Bewerbungen berücksichtigen, die nicht über Regierungskanäle kämen.

- Alle Mitarbeiter sollten einen Arbeitsvertrag von den Vereinten Nationen bekommen und von uns bezahlt werden. Wir würden unsere Mitarbeiter ausbilden und eine Liste von Spezialisten anlegen, die wir im Einzelfall unter Vertrag nehmen konnten, um die Inspektionsteams in Bagdad oder im Hauptquartier in New York zu unterstützen.

- Obwohl man uns geraten hatte, reinen Tisch zu machen und keine Mitarbeiter von der UNSCOM zu übernehmen, entschieden wir uns für eine Politik der kontinuierlichen Erneuerung. Ehemalige Mitarbeiter der UNSCOM konnten, wenn sie wollten, bleiben, vorausgesetzt, sie verfügten über hohe Kompetenz und konnten durch ihre Erfahrung das institutionelle Gedächtnis sichern.

- Wir würden permanent eine nennenswerte Anzahl von Mitarbeitern in Bagdad stationieren, sodass täglich mehrere Inspektionen gleichzeitig durchgeführt werden konnten.

- Wir würden uns nicht der Möglichkeiten des so genannten »Brückenkopfs« der amerikanischen Militärbasis in Bahrein bedienen, wo die Teams der UNSCOM zusammengestellt und auf ihre Missionen vorbereitet und wo diese Missionen nachbereitet worden waren.

- Wir würden die Mitgliedsstaaten zwar um Geheimdienstinformationen angehen, vor allen Dingen um Hinweise für die Inspekteure auf vermutete Lagerstätten für Massenvernichtungswaffen, doch sollte dieser Informationsfluss in erster Linie nur in eine Richtung vonstatten gehen. Grundsätzlich sollten alle Funde vertraulich behandelt oder an den Sicherheitsrat weitergeleitet werden.

- Nur ein dafür vorgesehener Mitarbeiter und der Leiter der Kommission selbst waren berechtigt, Geheimdienstinformationen entgegenzunehmen. Sollte eine solche Information im Rahmen einer Inspektion verwendet werden, so war vorgesehen, den Leiter der entsprechenden Operation und den Chef des Inspekteureteams mit hinzuzuziehen, vorausgesetzt, diejenigen, von denen die Information stammte, stimmten zu.

- Es sollte möglichst viel von Satellitenaufnahmen Gebrauch gemacht werden, die entweder von kommerziellen Anbietern erworben oder von den Regierungen zur Verfügung gestellt wurden.
- Abhörmaßnahmen sollten nicht zum Einsatz kommen.

Das Personal

Die Politik der »kontinuierlichen Erneuerung« erwies sich für uns als sehr vorteilhaft. Dank ihr hatten wir Rachel Davies unter uns, eine Engländerin, die als Leiterin und hervorragende Managerin unserer Informationsabteilung den gesamten Datenbestand verwaltete und sich um die Aufgaben im Rahmen des Programms »Öl für Lebensmittel« kümmerte. Rachel war überaus klug und freundlich; sie hatte bei der UNSCOM gearbeitet, verfügte über ein phänomenales Gedächtnis und entlastete mich von fast allen Problemen an diesen Fronten. John Scott aus der Rechtsabteilung der Vereinten Nationen war eigentlich bereits im Ruhestand und ebenfalls für die UNSCOM tätig gewesen. Er blieb uns als Berater erhalten und stellte das institutionelle Gedächtnis der Organisation dar. Wir kannten uns aus unserer Studentenzeit in Cambridge in den fünfziger Jahren, wo wir beide an einem Seminar von Professor Lauterpach teilgenommen hatten, der später Richter am Internationalen Gerichtshof in Den Haag wurde. Auch Alice Hecht, eine langjährige Mitarbeiterin der Vereinten Nationen, übernahmen wir von der UNSCOM. Sie kannte sich im Dschungel der Bürokratie aus, kannte die Personen und die Fallstricke und wusste, an welchen Strippen man ziehen musste, wenn man etwas brauchte. Ihr zur Seite stand eines dieser unglaublichen Arbeitstiere, ohne die derartig große Organisationen zusammenbrechen würden, ohne die weder

72

Reisekosten noch Pensionen oder Gehälter gezahlt würden – bei uns war das Nina Pinzon aus Kolumbien.

Nachdem der Sicherheitsrat unseren Organisationsplan verabschiedet hatte, begannen wir mit der Rekrutierung im größeren Maßstab. Wir holten Kandidaten zu Vorstellungsgesprächen nach New York und sandten Gruppen von zwei oder drei leitenden Mitarbeitern nach Wien, Paris, Bangkok, Dakar, Sydney und Buenos Aires, um dort mit Kandidaten Vorstellungsgespräche zu führen. Während die UNSCOM verpflichtet gewesen war, auf Mitarbeiter aus jenen Ländern zurückzugreifen, die diese kostenlos zur Verfügung stellten, konnten wir frei entscheiden und erreichten so auch eine ausgewogenere Zusammensetzung im Sinne der geografischen Herkunft. Mit Ausnahme Jordaniens nominierte kein arabisches Land Kandidaten. Ich vermute, sie dachten, es würde die Iraker verärgern, wenn sie ihre arabischen Brüder mitten unter den Inspekteuren entdeckten, und man befürchtete vermutlich irakische Vorwürfe.

Die Ausbildung

Nikita Smidovich aus Russland wurde die Verantwortung für die Ausbildung übertragen. Bei ihm handelte es sich um einen der erfolgreichsten und erfahrensten Inspekteure der UNSCOM. Dort hatte man keine Zeit gehabt, die Inspekteure gesondert auszubilden. Man nahm das Personal, das die Regierungen bereitstellten, so wie es kam, brachte die Leute zur Vorbereitung auf den »Brückenkopf« nach Bahrein und dann zu ihrer »praktischen Ausbildung vor Ort«. In der Resolution, in der die Gründung der UNMOVIC beschlossen wurde, war die Ausbildung der Inspekteure ausdrücklich vorgeschrieben. Wir beschlossen, alle Mitarbeiter an einem einmonatigen Kurs teilnehmen zu lassen, in dem ihnen die Anliegen des Sicherheitsrats vermittelt werden sollten, wo sie etwas über die bereits im Irak durchgeführten Inspektionen erfuhren und mit den für die Inspektionen verwendeten Techniken und Geräten vertraut gemacht wurden. Auch lernten sie alles, was bezüglich der verschiedenen Waffentypen bekannt war, sowie das, was man noch nicht wusste. Zudem veranstalteten wir simulierte Inspektionen. Einige Stunden wurden auf die geografischen Bedingungen, die politische Geschichte, die Kultur und die religiösen Verhältnisse im Irak verwendet. Lästermäuler bei der UNMOVIC bezeichneten solche weichen Themen als »Sensitivitätstraining«. Wir führten eine Vielzahl solcher Grundkurse durch und kurze Veranstaltungen für Fortgeschrittene. Dabei achteten wir darauf, dass diese Veranstaltungen immer in verschiedenen Ländern stattfanden. Bei einem dieser Kurse versuchte ich, mit einigen wenigen Adjektiven die mir angemessen erscheinende Haltung der Inspekteure zu umreißen:

• fordernd und dynamisch – aber nicht bösartig und aggressiv
• bestimmt – aber korrekt
• einfallsreich – aber nicht falsch
• ruhig – aber mit einer gewissen Ungeduld
• Distanz wahrend – aber nicht arrogant oder herablassend
• freundlich – aber nicht gemütlich
• Respekt zeigen – aber auch auf Respekt einem selbst gegenüber bestehen
• Und immer dran denken: Ein freundliches Wort oder ein Scherz löst manche angespannte Situation auf.

Dass die Iraker alle meine Auslassungen mitlasen und ihnen nicht alles gefiel, was sie sahen, merkte ich, als die irakische Zeitung *al Thavra* nach einer Vorlesung in einem Ausbildungskurs in Ottawa im Juni 2001 schrieb:
»Wir sagen zu Hans Blix: Die amerikanische und zionistische Sprache, die er spricht, ist sehr deutlich, und der Irak wird ihn oder seine Spione nie akzeptieren ...«

Vorbereitung auf künftige Inspektionen

Manchmal fragte ich mich, was wir getan hätten, wenn der Irak uns zur sofortigen Aufnahme der Inspektionen im Sommer 2000 aufgefordert hätte. Wir verfügten nur über eine begrenzte Kapazität an ausgebildeten Inspekteuren und nur einen begrenzten Überblick über die Unterlagen. Auch ohne Inspektionen hatten wir alle Hände voll zu tun. Wir organisierten Arbeitsgruppen, um herauszufinden, welche Fragen in den verschiedenen Waffenbereichen bisher noch nicht beantwortet waren. Was könnte übrig sein? Das erforderte jede Menge Sucharbeit in den enormen Archiven der UNSCOM; die Datenbank musste neu organisiert werden, sodass man auf die wichtigen Daten Zugriff hatte, sie wiederfand und neue Informationen integriert werden konnten. Andere Mitarbeiter analysierten die bereits inspizierten Anlagen und verglichen die Befunde mit aktuellen Satellitenaufnahmen. Welche Anlagen sollten Priorität haben? Wieder andere Mitarbeiter versuchten herauszufinden, wo wir ohne Verzögerung die benötigte Ausrüstung erwerben konnten. Sie besuchten das große Lager der Vereinten Nationen in Brindisi, um herauszufinden, was schnell geliefert werden konnte, angefangen von Jeeps bis hin zu tragbaren Funktelefonen.

Eine Gruppe entwickelte Verfahren für das Sammeln von biologischen und chemischen Proben – keine unwichtige Angelegenheit, wenn es um das Sammeln von Beweisen geht. Auch mussten Sicherheitsvorschriften für den Umgang mit gefährlichen Stoffen ausgearbeitet werden. Die Juristen setzten Vereinbarungen auf, um Vertraulichkeit zu sichern. Ein ganzes Handbuch wurde zusammengestellt, das systematisch die Rechte und Pflichten erfasste, die den Inspektionsbehörden in den UN-Resolutionen der vergangenen zehn Jahre zugesprochen worden waren. Es gab viel zu tun, und die Stimmung war meistens gut. Während die Beziehungen zwischen der UNSCOM und der übrigen UN-Hauptverwaltung und dem Generalsekretariat eher gemischt waren – insbesondere in der Ära Butler –, kamen wir bestens miteinander zurecht. Wir wurden von erfahrenen Experten wie Iqbal Riza, dem Amtschef von Kofi

Annan, von Jayantha Dhanopala, dem Leiter der Abrüstungsabteilung, und Danilo Turk, dem stellvertretenden Leiter der politischen Abteilung unterstützt und beraten. Man musste uns den Kollegen von der IAEO nicht extra vorstellen. Es gab bereits ausgezeichnete Kontakte und Kooperationen mit Mohammed el Baradei und Jacques Baute, dem erfahrenen Leiter des Irak-Teams bei der Atomenergiebehörde.

Vom Jahr 2000 bis zum 11. September 2001: Irak-Bazar

Mit der Verabschiedung der Resolution 1284 aus dem Jahr 1999 war keineswegs klar, welche Politik der Sicherheitsrat gegenüber dem Irak vertreten wollte. Es gab bei der Abstimmung vier Enthaltungen: China, Frankreich, Malaysia und Russland. Man war sehr daran interessiert, die Inspekteure zurück ins Land zu schicken, gleichzeitig war eine Ermüdung im Hinblick auf die Sanktionen eingetreten. Andererseits sah man keine plausible Alternative, um den Irak unter Druck zu setzen, damit er mit den Inspekteuren kooperierte. Die Bombardierung des Landes durch die Vereinigten Staaten und Großbritannien hatte lediglich den Effekt erzielt, dass die Inspekteure des Landes verwiesen wurden!

Gemäß der Resolution 1284 konnte man die Sanktionen aussetzen – nicht aufheben –, für den Fall, dass es im Irak »Fortschritte« bei den Abrüstungsfragen gab, und zwar nur bei den »Schlüsselfragen«, also nicht bei allen. Dennoch lehnte die irakische Regierung die neue Resolution ab und behauptete, es handle sich um eine Falle. Man argumentierte, die USA würden dafür sorgen, dass die ausgesetzten Sanktionen niemals aufgehoben werden würden. Darüber hinaus sollte der Irak selbst nach Aufhebung der Sanktionen »wirksamen finanziellen und anderen Maßnahmen« unterliegen. Um welche Maßnahmen es sich hier handeln würde und welches denn die verbliebenen »Schlüsselfragen« seien? Seitens des Irak halte man daran fest, dass es keine Massenvernichtungswaffen und daher auch keine Abrüstungsfragen gebe.

Im Jahr 2000 ließ sich der Irak im globalen politischen Bazar nieder und kultivierte eine Haltung des Abwartens, Beobachtens und Palaverns. Die Inspekteure hatten das Land verlassen. Eine breite Mehrheit der Weltöffentlichkeit war gegen die Sanktionen, auch wirkten sie insgesamt nicht mehr so schmerzhaft und zerstörerisch. Die Isolation ließ nach. Es landeten mehr ausländische Flugzeuge. Geschäftsleute kamen nach Bagdad. Die Einnahmen des Programms »Öl für Lebensmittel« spülten Milliarden in die Kassen und es wurden Ankäufe im Ausland getätigt, die einen möglichst großen politischen Profit versprachen. Gelegentlich verurteilte man von irakischer Seite öffentlich die Wiederaufnahme der Inspektionen. Im Juli bezeichnete der damalige Außenminister Sahaf die UNMOVIC als ein Unternehmen, »das amerikanische, britische und israelische Spione in den Irak« zurückbringen würde. Bei anderen Gelegenheiten erweckte die irakische Seite den Eindruck, man könne über »Normalisierungspakete« sprechen, bei denen es um die Aufhebung der von den USA und Großbritannien kontrollierten Flugverbotszonen ging. Die Inspekteure könnten kommen, aber dafür müssten auch die Sanktionen aufgehoben werden, sobald sie ins Land kämen, es müsse einen Fahrplan für ihre Arbeit geben und die Präsidentenanlagen dürften nicht Gegenstand der Inspektionen sein.

Die Franzosen und Russen schienen davon auszugehen, dass gewisse Zugeständnisse notwendig seien, wollte man die Resolutionen überhaupt umsetzen und die Inspekteure zurück in das Land bringen. Sie schlugen eine baldige Vereinbarung über »finanzielle und administrative Maßnahmen« vor, die man bei der Aussetzung der Sanktionen ins Spiel bringen konnte, sodass der Irak sah, was man ihm anbot. Gleichzeitig wünschte man, dass die UNMOVIC detailliert darlegen sollte, was aus Sicht der Inspekteure die verbliebenen »Schlüsselfragen« waren, statt, wie es die Resolution vorsah, zunächst die Möglichkeiten von Inspektionen und Bewertungen vor Ort zu nutzen. Auch waren sie erpicht darauf, dass sich der Generalsekretär zu einem »Dialog« mit den Irakern bereit erklärte, um die Sache in Schwung zu bringen. Ein neues Memorandum gemeinsamer Positionen, das ein Themenpaket enthielt, würde sich als angemessenes Instrument erweisen können, um die Verhältnisse zurechtzurücken.

Bei Zusammenkünften mit US-Außenministerin Madeleine Albright und der nationalen Sicherheitsberaterin Sandy Berger am 22. August 2000 wurde mir mitgeteilt, dass die Resolution aus amerikanischer Sicht nicht »umgeschrieben« werden sollte.

Im Oktober 2000 und, wie sich im weiteren Verlauf zeigen wird, auch im Januar 2001 schien die britische Seite gegenüber der Idee der einen oder anderen Vereinbarung aufgeschlossen, aus der sich die Hoffnung ableiten ließe, dass die Sanktionen innerhalb von sechs Monaten aufgehoben werden könnten.

Im Jahr 2001 gab es zwei den Irak betreffende Themen, die auf der internationalen Bühne für Aufmerksamkeit sorgten, bevor der 11. September alles verdrängte. Einmal ging es um eine Reform des Sanktionssystems, das andere Mal um den Dialog zwischen dem Generalsekretär und der irakischen Regierung.

In einem am 10. Januar 2001 veröffentlichten Bericht warnte der damals gerade zurücktretende amerikanische Verteidigungsminister William S. Cohen, der Irak habe zumindest die Infrastruktur der Waffenproduktion wiederhergestellt und könnte im Verborgenen einige chemische und biologische Kampfstoffe produzieren *(New York Times* vom 22. Januar 2001). Ein Sprecher des britischen Außenministeriums sagte, man teile die amerikanischen Vermutungen, die nicht neu seien, sofern es die nach den alliierten Bombardierungen von 1998 wieder aufgebauten Fabriken betreffe, man habe aber keine eindeutigen Beweise oder Belege, um die Vorwürfe zu untermauern. Etwa zur gleichen Zeit teilte der stellvertretende Außenminister Peter Hain der Nachrichtenagentur Reuters mit: »Der zentrale Punkt ist die Rückkehr der Inspekteure in den Irak und die Aussetzung der Sanktionen, was innerhalb von 180 Tagen nach Eintreffen der Inspekteure geschehen kann« (Reuters am 22. Januar 2001).

Am 3. und 4. April suchte ich Präsident Bushs neue nationale Sicherheitsberaterin Condoleezza Rice und den neuen Außenminister Colin Powell auf. Beide hielten an der Position fest, dass der Irak die Resolution 1284 akzeptieren müsse. Weder sie noch er lieferte den geringsten Hinweis auf eine Verhärtung des amerikanischen Standpunktes. Powell sagte, man überprüfe die Politik mit dem Ziel, sich auf das Thema der Massenvernichtungswaffen zu konzentrieren und der Erosion der Sanktionen Einhalt zu gebieten. Beide versicherten mir die Unterstützung der Vereinigten Staaten für die Arbeit der UNMOVIC, und Colin Powell fügte hinzu, er werde die Frage der Bereitstellung von Geheimdienstinformationen prüfen.

Im März 2001 hatte das Joan-B.-Kroc-Institut für internationale Friedensstudien eine Untersuchung zum Thema »Kluge Sanktionen« im Irak veröffentlicht. Sie erschien zu einer Zeit, da allgemein nach solchen »klugen Sanktionen« geforscht wurde, die nach Möglichkeit die politisch Verantwortlichen, nicht aber die Bevölkerung allgemein treffen sollten. Viele vertraten die Ansicht, die Sanktionen im Irak hätten genau das Gegenteil bewirkt. Anscheinend wurde den amerikanischen Anstrengungen zur Reform der Sanktionen diese Untersuchung zugrunde gelegt, was schließlich am 29. November 2001 zur Verabschiedung der Resolution 1382 im Sicherheitsrat führte. Während die Vereinigten Staaten die Idee verstärkter Grenzkontrollen gegen Schmuggler im Irak aufgeben mussten, befreite die Resolution die USA und Großbritannien von der Verpflichtung, im Sanktionskomitee der Vereinten Nationen gegen eine Reihe von Importen in den Irak zu stimmen, die aus humanitärer Sicht wünschenswert erschienen. Alles, was auf der umfassenden Liste der Importverbote nicht genannt war, durfte nun importiert werden und die mühevolle Aufgabe, die entsprechenden Verträge zu kontrollieren, fiel der UNMOVIC und der IAEO zu. Rachel Davies und ihre Abteilung erledigten diese Aufgabe sehr gekonnt und mit einer nur geringen Aufstockung des Personals. Die Reform war wirksam, aber aus meiner Sicht war das System der Sanktionen über viele Jahre hinweg ein Mechanismus gewesen, der mehr den Import von militärisch wichtigen Gütern verhindern als die Wiederaufnahme der Inspektionen befördern sollte.

Zu diesem Schluss war ich aufgrund einiger Zahlen gekommen:

- Als die Sanktionen 1990 in Kraft traten, betrug das irakische Importvolumen 7,6 Milliarden Dollar.
- In den Jahren von 1991 bis 1996, als die Sanktionen ihre ganze Wirkung entfalteten, war der Wert der Importe auf eine Milliarde Dollar gesunken.
- Als dem Irak 1997 gestattet wurde, im Rahmen des Programms »Öl für Lebensmittel« Öl zu verkaufen und dafür Waren zu importieren, stiegen die Importe auf 4,2 Milliarden Dollar.
- 1999 betrug der Wert der Importe dann 8,52 Milliarden Dollar und stieg im Jahr 2000 auf 13,7 Milliarden (zit. nach NewsEdge Insight vom 19. November 2001).

Natürlich waren die Ölpreise gestiegen und Statistiken können irreführen, aber die Zahlen zeigen meiner Meinung nach, dass die Sanktionen zwar in der ersten Hälfte der neunziger Jahre dem Irak wirtschaftlich und industriell das Genick gebrochen und zu entsprechendem Elend geführt hatten, aber im Jahr 2000, als die Exportbeschränkungen für irakisches Öl aufgehoben worden waren, nur mehr der Kontrolle und nicht mehr zur Unterbindung legaler Einfuhren dienten.

Die Terroranschläge auf New York und Washington am 11. September 2001

Die Terroranschläge vom 11. September 2001 trafen die Vereinigten Staaten wie ein Erdbeben. Eine diffuse Terrorgruppe hatte die einzig verbliebene Supermacht der Welt auf den Kriegspfad geschickt, indem es ihr gelang, Flugzeuge zu entführen und in ihre Macht zu bringen, ohne viel andere Waffen als Teppichmesser zu benutzen. Unmittelbar nach diesen Ereignissen fragte man sich, was wohl passieren würde, wenn Terroristen oder so genannte »Schurkenstaaten« in den Besitz von Massenvernichtungswaffen kämen.

Die Vereinigten Staaten zogen verständlicherweise den Schluss, dass man im Falle eines begründeten Verdachts als Erster – präventiv – zuschlagen müsse. Mangels anderer bedrohlicher terroristischer Bewegungen außer al Qaida richteten sich aller Augen auf die starrköpfige Verkörperung des Bösen – den Irak Saddam Husseins. Man war allgemein davon ausgegangen, dass das irakische Nuklearprogramm erledigt sei, doch Überläufer und Satellitenaufnahmen gaben Hinweise, dass verschiedene Anlagen wieder aufgebaut und dass es neue Wissenschaftlerteams gab. Obwohl nichts über eine Verbindung zwischen dem eher weltlich orientierten Baath-Regime und al Qaida bekannt war, wurde behauptet, Saddam habe Kontakte mit Terroristen unterhalten. Der Blickwinkel änderte sich damals überall auf der Welt nachhaltig, aber nirgendwo stärker als in den Vereinigten Staaten und in der Regierung Bush. Noch am 15. Januar 2004 soll der amerikanische Vizepräsident Dick Cheney im Hinblick auf die Bedrohung Amerikas durch Terrorangriffe gesagt haben, der Kampf gegen den Terrorismus könne sich wie der Kalte Krieg über mehrere Generationen hinziehen und es sei eine neue Mobilisierung erforderlich, bei der man mehrere Militärbasen außerhalb des Landes brauche, um jederzeit in den Krieg ziehen zu können.

Am 10. Januar 2002 reiste ich nach Washington. Die Einstellung dort hatte sich tatsächlich geändert. Colin Powell unterschied nun zwischen einem bilateralen und einem multilateralen Ansatz in der Irakfrage. Die Vereinten Nationen standen für Letzteren. Er bezweifelte, ob das derzeitige Regime des Irak sich jemals den Resolutionen der Vereinten Nationen unterwerfen werde. Immerhin sprach er der UNMOVIC für die Arbeit und die Rolle, die sie ausfüllte, seine Anerkennung aus. Der für Abrüstungsfragen zuständige Staatssekretär John Bolton betonte, die UNMOVIC bedürfe der Unterstützung durch die ständigen Mitglieder des Sicherheitsrats und diese müssten, insbesondere in der Anfangsphase der Wiederaufnahme der Inspektionen im Irak, eine gemeinsame Position vertreten. Die Iraker könnten versuchen, Zugeständnisse zu erreichen; auch schloss er ein erneutes Katz-und-Maus-Spiel nicht aus. Douglas Feith, Staatssekretär im Verteidigungsministerium, äußerte die

Befürchtung, ob nicht einige Inspekteure im Rahmen ihrer Tätigkeit lernen könnten, wie man Dinge am besten vor Inspektionen versteckt. Ich weiß nicht, ob er damit andeuten wollte, dass wir für diese Tätigkeit nur Amerikaner, Briten und Angehörige einiger weniger anderer Nationen einsetzen sollten, aber dann fiel mir ein, dass der Irak die Technologie zur Urananreicherung durch ein paar deutsche Ingenieure bekommen hatte ...

Condoleezza Rice sagte, sie traue Saddam den Einsatz oder die Weitergabe von Massenvernichtungswaffen durchaus zu. Im Moment liege der Schwerpunkt auf al Qaida, aber man hoffe, die internationale Gemeinschaft werde sich weiterhin auf Saddam konzentrieren. Der Krieg in Afghanistan sei eine nützliche Demonstration der militärischen Stärke der USA gewesen, was der Präsident denn auch von Anfang an so gesehen habe. Sie schloss mit dem Hinweis, den auch Colin Powell gegeben hatte, nämlich dass die Regierung nicht glaube, dass Saddam die an ihn gestellten Erwartungen erfüllen werde. Man wäre allerdings froh, wenn er es doch täte.

Am 28. Januar 2002 hielt Präsident Bush seine Rede zur Lage der Nation, in der er den Irak, den Iran und Nordkorea als »Achse des Bösen« bezeichnete.

Kofi Annans Dialog

Der Dialog zwischen dem Generalsekretär und der irakischen Regierung ergab sich, weil die irakische Regierung glaubte, sie habe die Oberhand und könne ein Paket aushandeln, das sie unter anderem von den Sanktionen befreien würde. Zwar unterstützten die Franzosen und die Russen die Idee eines solchen Pakets in Form einer in einem Memorandum festgehaltenen Übereinkunft, aber die Iraker überschätzten fortwährend ihre Position. Und die USA und Großbritannien hielten gar nichts davon; sie betrachteten jedes solcherart vorgeschlagene Paket als Verwässerung des von ihnen in der Resolution 1284 aus dem Jahr 1999 eingegangenen Kompromisses. Frankreich vertrat die Position, dies alles sei möglicherweise notwendig, um den Inspekteuren den Zugang zum Irak wieder zu eröffnen.

Kofi Annan stand ohne Zweifel unter einem gewissen Druck seitens der Entwicklungsländer, einschließlich der meisten arabischen Staaten, die von ihm erwarteten, dass er die Angelegenheit aus der Sackgasse herausmanövrierte. Allerdings konnte er unmöglich – wie der Irak dies verlangte – in einen Dialog »ohne Vorbedingungen« eintreten. Es war klar, dass er von den bindenden Resolutionen des Sicherheitsrats ausgehen musste. Aus seiner Sicht ging es bei dem Dialog in erster Linie darum, den Irak dazu zu bringen, dass er die von den Resolutionen verlangten Inspektionen akzeptierte. Für den Irak war das Thema Inspektionen lediglich ein Hebel, um bei anderen Dingen, etwa den Sanktionen, etwas zu gewinnen. Kofi Annan beschränkte sich klugerweise die meiste Zeit darauf, sich die ausführlich vorgebrachten Beschwerden der Iraker anzuhören.

Am 26. und 27. Februar 2001 kam es zu einem Treffen mit dem irakischen Außenminister al Sahaf, der es 2003 zu Weltruhm brachte, als er – inzwischen zum Informationsminister geworden – im irakischen Fernsehen auftrat und die vernichtende Niederlage der amerikanischen Invasoren verkündete, obwohl die Amerikaner vor den Toren Bagdads standen. Anfang 2001 wollte man von irakischer Seite nichts über die UNMOVIC und die Resolution 1284 hören. Kofi Annan besprach sich mit mir vor dem Treffen, aber ich nahm selbst daran nicht teil. Nach dem Treffen wurde al Sahaf von Journalisten zum Thema UNMOVIC gefragt, und er nannte die Kommission schlicht eine »Null«. Und Blix? – Der sei ein »Fitzchen« davon. Die Journalisten wandten sich an mich mit der Bitte um einen Kommentar und ich gab zur Antwort, das sei doch ein Fortschritt, früher habe es geheißen, ich sei ein Spion.

Ein Jahr später, am 7. März 2002, fand die zweite »Dialog«-Sitzung statt. Diesmal wurde der Irak von einem neuen Außenminister vertreten, von Dr. Naji Sabri, von dem es hieß, er sei auf Intervention von Qasai, des zunehmend an Einfluss gewinnenden jüngeren Sohns von Saddam, ernannt worden. Naji Sabri war zugänglicher – aber kaum weniger propagandistisch – als sein lauter und wenig kultivierter Vorgänger und manchmal sogar freundlich. Es wurde erwartet, dass die Iraker sich diesmal mit ihren Vorträgen etwas zurückhielten und dafür mehr Flexibilität zeigten, möglicherweise sogar im Hinblick auf die Inspektionen. Sie hatten nichts dagegen einzuwenden, dass ich an den Gesprächen mit Kofi Annan teilnahm. Amr Moussa, der Generalsekretär der Liga der arabischen Staaten, hatte Präsident Saddam Hussein im Januar besucht und mit ihm über die Inspektionen gesprochen. Saddam hatte erklärt, die Inspektionen seien eine Beleidigung.

Im Rahmen der Gespräche gab mir Kofi Annan die Gelegenheit darzustellen, wie wir die UNMOVIC aufgebaut hatten und unsere Aufgabe begriffen. Ich betonte, dass glaubwürdige Inspektionen sowohl im Interesse des Irak als auch im Interesse der Vereinten Nationen seien. Laxe Inspektionen würden kaum als glaubwürdig gelten. Ich war regelrecht bestürzt, wie betroffen die Iraker waren – oder sich zumindest gaben. Ich hatte nicht den Eindruck, dass sie es an Ernsthaftigkeit mangeln ließen, sondern eher das Gefühl, es mit Menschen aus einer Welt zu tun zu haben, in der man völlig anders denkt.

Frühjahr 2002: Öffentliche Diskussionen in den USA und in Großbritannien

Mittlerweile fing man in den Vereinigten Staaten an, über die Möglichkeit eines militärischen Vorgehens gegen den Irak zu diskutieren. In einer Stellungnahme vor dem amerikanischen Kongress am 1. März sagte Robert Einhorn, damals Staatssekretär für Abrüstungsfragen im Außenministerium, es sei fraglich, ob weltweit jemand glaube, was Saddam am 7. Februar an den türkischen Premierminister geschrieben habe: »Was Massenvernichtungswaffen anbetrifft, so steht der Irak, der nicht mehr über solche Waffen verfügt und auch nicht die Absicht hegt, sie zu produzieren, in vorderster Front derjenigen, die danach streben, unsere Region zu einer von Massenvernichtungswaffen freien Zone zu machen.« Einhorn fuhr fort, dass »sich in Washington ein Konsens zugunsten eines ›Regimewechsels‹ im Irak abzeichnet, der notfalls auch mit militärischer Gewalt herbeigeführt werden könnte«. Er führte aus, dass Präsident Bush sich für eine Rückkehr der Inspekteure ausgesprochen habe, aber es gab Spekulationen, dass dies nur zu dem Zweck geschah, eine Begründung für ein militärisches Eingreifen zu liefern, sollte der Irak den Inspekteuren, wie erwartet, den Zutritt ins Land verwehren. Auch in Großbritannien gab es rege Debatten. In einem Interview für den Fernsehsender NBC sagte Premierminister Tony Blair vom 5. April über Saddam Hussein: »Wir wissen, dass seine Lager voll sind mit *größeren Beständen chemischer und biologischer Waffen*. Wir wissen, dass er versucht hat, in den Besitz von Nuklearkapazitäten zu kommen.« (Hervorh. d. A.) Das war zweieinhalb Monate nach der Verlautbarung des Außenministeriums, in der es hieß, man habe keine sicheren Belege. Der Blickwinkel änderte sich. Der irakische Außenminister Naji Sabri forderte Großbritannien auf, ein Team britischer Experten in den Irak zu schicken, um die Bestände zu lokalisieren, von denen sie behaupteten, dass es sie gebe. Nach einem Wochenendbesuch bei Präsident Bush in Texas sagte der britische Premierminister vor dem Parlament: »Die Zeit für militärische Aktionen ist noch nicht gekommen«, und fuhr fort, Saddam könne den Zorn der USA und Großbritanniens abwenden, wenn er die Waffeninspekteure der Vereinten Nationen ohne Beschränkungen ins Land lasse. Die Vermutung liegt nahe, dass er und Präsident Bush übereingekommen waren, den Weg der Inspektionen zu beschreiten.

Am 16. April 2002 berichtete Walter Pincus in der *Washington Post,* US-Verteidigungsminister Donald Rumsfeld habe über die Inspekteure gesagt: »Das meiste, was sie gefunden haben, geht auf Hinweise von Überläufern zurück, die ihnen den Weg gezeigt haben.« Pincus berichtete ferner, dass der stellvertretende Verteidigungsminister Wolfowitz im Januar eine Untersuchung der CIA über meine Tätigkeit als Leiter der IAEO von 1981 bis 1997 gefordert hätte. Ich hörte die Anregung meines ehemaligen Untergebenen David Kay förmlich heraus. Als man das Ministerium auf diese Untersuchung ansprach, spielte man dort die Angelegenheit herunter und sagte, man habe vollstes Vertrauen zu mir. In einem anderen Artikel, am 15. April, berichtete Walter Pincus, die CIA sei zu dem Befund gekommen, er (Blix) habe als Leiter der IAEO die Inspektionen »im Rahmen der zur Verfügung stehenden Möglichkeiten« durchgeführt. Man hörte aus dem Verteidigungsministerium, Wolfowitz sei »an die Decke gegangen«, weil der Bericht keine Munition gegen mich und das Inspektionsprogramm der Vereinten Nationen enthielt, mit deren Hilfe unsere Position hätte untergraben werden können. Noch interessanter war der Hinweis in der Berichterstattung von Pincus, dass Wolfowitz und seine Kollegen im amerikanischen Verteidigungsministerium nun befürchteten, neue Inspektionen könnten ihre Pläne für eine Ablösung Saddam Husseins mit militärischen Mitteln »torpedieren«. Er zitierte einen Regierungsvertreter mit den Worten, dass »Inspekteure zugelassen werden, die sich dann nicht *wirklich* anstrengen und nichts finden, sodass man die Sanktionen lockern würde und den Vereinigten Staaten die Möglichkeiten zum Eingreifen nehme, ist für die Falken ein Albtraum«.

Die Dialogrunde im Mai

Die nächste Gesprächsrunde zwischen den Vereinten Nationen und dem Irak fand in New York vom 1. bis zum 3. Mai 2002 statt. Minister Naji Sabri hatte den Vereinten Nationen am Ende des März-Treffens eine Liste mit neunzehn Fragen vorgelegt und ich beantwortete nun jene, die sich auf die Inspektionen bezogen. Bevor ich darauf einging, sagte ich, die irakische Seite habe im März den Eindruck vermittelt, dass das größte Problem der Beziehungen zwischen dem Irak und den Vereinten Nationen aus irakischer Sicht offenbar darin bestehe, wie man Vertrauen in den Sicherheitsrat gewinnen könne. Damit werde das Problem meiner Meinung nach unterschätzt. Es gebe auch noch die andere Seite, dass nämlich der

Irak mit der UNMOVIC und der IAEO so kooperieren müsse, dass der Sicherheitsrat und die ganze Welt wirklich das Vertrauen zur irakischen Behauptung fassen könnten, im Irak habe man alle Massenvernichtungswaffen vernichtet.

Bei diesem Treffen brachten die Iraker zwei wichtige neue Delegationsmitglieder mit: General Dr. Amir al Saadi, der von nun an mein Hauptansprechpartner wurde, und Dr. Jafaar Dhia Jafaar, beides Berater des Präsidenten. Jafaar war ein herausragender Nuklearwissenschaftler, den Saddam erst ins Gefängnis geworfen, dann aber im Austausch gegen seine Dienste wieder freigelassen und am Leben gelassen hatte. Mohammed el Baradei, unsere Experten und ich trafen mit al Saadi, Jafaar und deren Kollegen in einem »technischen Unterkomitee« zusammen. Jafaar war spät in New York angekommen. Er war in Amman aufgehalten worden, weil es eine Weile dauerte, bis er sein Einreisevisum für die USA erhielt, und darüber hinaus sein Gepäck unterwegs verloren gegangen war. Es hieß, er sei auf der Reise von einem Geheimagenten angesprochen worden, ob er bereit sei, überzulaufen, und dass man sein Gepäck zurückgehalten habe, um es zu durchsuchen. Was immer der Fall gewesen sein mag, er war sehr verärgert und kritisierte Mohammed el Baradei aufs Heftigste, weil dieser sich geweigert hatte, dem Irak 1998 im Nuklearbereich eine »Unbedenklichkeitsbescheinigung« auszustellen. Zwar konnte ich ihn verstehen – 1997 und 1998 gab es keine gravierenden Fragen im Atombereich mehr, nur mehr ein paar kleinere Probleme –, aber ich glaube, er verstand nicht, dass es dem Irak nichts geholfen hätte. Auch wenn wir die Atomakten geschlossen hätten: Solange es in den anderen Bereichen noch offene Fragen gab, wären die Sanktionen nicht aufgehoben worden.

Wie zu erwarten war, forderten die Iraker für die Wiederaufnahme der Inspektionen Gegenleistungen. Das »Paket« war immer noch auf dem Tisch, obwohl seine Zeit längst abgelaufen war, falls es überhaupt jemals Chancen hatte. Nun verlangten sie eine Art Zusicherung, dass es keine Aggressionsdrohungen geben würde, wenn sie den Inspektionen zustimmten. In diesem Sinne stellte die Anwesenheit der Inspekteure auch eine Form von Schutz dar. Sie wussten, dass Kofi Annan hier keinen Verhandlungsspielraum hatte und dass ein Einlenken des Sicherheitsrats unwahrscheinlich war.

Von größerer praktischer Bedeutung war ihr Wunsch, von uns vor der Wiederaufnahme der Inspektionen zu erfahren, welche Abrüstungsfragen nach acht Jahren Inspektionen und Abklärungen noch offen stünden. Wir lehnten dieses Ansinnen ab und bestanden darauf, nach den vom Sicherheitsrat vorgegebenen Regeln vorzugehen. Es waren fast vier Jahre lang keine Inspektionen im Irak durchgeführt worden. Wir konnten die noch offenen alten und neuen Abrüstungsfragen erst nach einer ersten Inspektionsrunde im Land bestimmen und dann darüber entscheiden, welche dieser Fragen als Schlüsselfragen behandelt werden sollten. Die Iraker versuchten auch den Umfang der Inspektionen zu begrenzen, noch bevor sie ihnen zustimmten. Wir aber wollten mit ihnen über die praktischen Regelungen für die Wiederaufnahme der Inspektionen diskutieren. Über Fragen des Zutritts, über Hubschrauberflüge und dergleichen hatte es in der Vergangenheit viele Auseinandersetzungen gegeben. Da unsere Rechte in vielen Resolutionen und anderweitig festgelegt waren, gab es hier nichts zu verhandeln. Wir wollten vielmehr möglichst viele Punkte hier vor Ort im direkten Gespräch »abhaken«, um nicht wieder vom ersten Tag nach Wiederaufnahme der Inspektionen mit Auseinandersetzungen konfrontiert zu sein.

Die Dialogrunde im Juli

Obwohl die anhaltende öffentliche Diskussion in der amerikanischen Öffentlichkeit über ein mögliches militärisches Vorgehen gegen den Irak auf der irakischen Seite Besorgnis ausgelöst haben muss, wussten wir nicht, wie viel Saddam Hussein davon vermittelt bekam. Im Juni, vor der nächsten Verhandlungsrunde, gab es keine Anzeichen von Flexibilität. Eher das Gegenteil.

Es war offensichtlich, dass sie sich über einiges, was ich ihnen mitgeteilt hatte, ärgerten. Ein Punkt war, dass ich auf mehr Belegen von ihrer Seite bestand – zum Beispiel in Form von Unterlagen –, aus denen hervorging, was mit den unterschiedlichen Waffenbeständen geschehen war. Man hatte uns gesagt, es gebe keine Unterlagen mehr. Ich bezweifelte das. Genau zu diesem Zeitpunkt gaben die Iraker bekannt, sie hätten ganze Wagenladungen aus dem gestohlenen kuwaitischen Staatsarchiv in Bagdad gefunden und seien bereit, diese Unterlagen an Kuwait zurückzugeben. Ich konnte mir in einem informellen Treffen des Sicherheitsrats die Bemerkung nicht verkneifen, dass sie ja möglicherweise auch noch mehr Unterlagen über die eigenen Waffenprogramme finden könnten. Diese Bemerkung führte zu einem wütenden Brief des irakischen Außenministers an den Generalsekretär. Ich wurde beschuldigt, »die Fortschritte zu blockieren«. Ferner schrieb der Minister:

»Die darüber hinausgehenden Abrüstungsfragen waren lediglich von akademischem und historischem Interesse und haben mit der gegenwärtigen Realität so gut wie nichts zu tun.«

In einem weiteren Brief an Kofi Annan vom 17. Juni im Vorfeld der für Juli geplanten Gesprächsrunde drängte Naji Sabri auf »eine umfassende Lösung«, die vor allen Dingen die »unrechtmäßigen Sanktionen« aufheben sollte. Das Wort »Inspektionen« war ihnen offensichtlich zu nüchtern, um es zu benutzen. So hieß es, man wolle im Rahmen der umfassenden Lösung zu einer »Formel kommen, die für Transparenz sorge, um etwaige Bedenken der Vereinten Nationen auszuräumen, die Anschuldigungen der Vereinigten Staaten könnten auf wahren Tatsachen beruhen«.

Als Zeichen unseres guten Willens gingen wir in Wien im Rahmen eines »technischen Unterkomitees« auf einige wenige Abrüstungsfragen ein. Unsere Gesprächspartner waren von der Gründlichkeit unserer Analysen angetan. Aber sie erwiderten unsere Geste nicht und weigerten sich, irgendeines der praktischen Probleme, auf die wir hingewiesen hatten – Flüge in den Irak, Einsatz von Hubschraubern, Unterbringung, Regionalbüros in Basra und Mossul – mit uns zu diskutieren. Ich hatte drauf hingewiesen, dass die

Wiederaufnahme der Inspektionen mit einem guten, »fliegenden Start« beginnen sollte, und sie hatten dem nicht widersprochen. Dennoch drückten sie sich um diese Fragen und konzentrierten sich ausschließlich auf ihre Bemühungen, den Umfang der Inspektionen einzugrenzen. Ich hatte auch angeregt, dass eine »neue allgemeine Deklaration«, die Licht in einige der früher ungeklärten Fragen bringe oder diese kläre, neuen Schwung in die Sache brächte, sofern sie mit glaubwürdigen Belegen unterfüttert sei. Das war, glaube ich, das erste Mal, dass die Idee einer neuen Deklaration vorgebracht wurde. Ich konnte nicht ahnen, dass sich daraus fünf Monate später ein Dossier von gut 12 000 Seiten entwickeln würde – das uns allerdings bedauerlicherweise kaum voranbrachte.

Als wir uns am 5. Juli 2002 trennten, hatten die Gespräche in Wien keinen Fortschritt gebracht. Kofi Annan konnte daher schlecht einen neuen Termin für eine Sitzung festsetzen, denn das hätte den falschen Eindruck erweckt, dass der Dialog vorankam. Die Medien hatten den Eindruck, es sei zu einer globalen politischen Erwärmung in der Irakfrage gekommen und dass man in Wien auf der Kippe zwischen Krieg und Frieden stand. Unten warteten Hunderte von Journalisten mit Kameras und Mikrofonen. Da wir seitens der UNMOVIC keine Bereitschaft der Iraker sahen, über praktische Fragen der Inspektionen zu verhandeln, wollte ich auch keinem neuen Termin zustimmen und ein Datum für ein weiteres Treffen des »technischen Unterkomitees« festlegen. So formulierten wir eine knapp gehaltene und auf das Minimum beschränkte Erklärung: Der Generalsekretär werde in Kontakt mit dem Sicherheitsrat bleiben und die irakische Delegation werde ihrer Regierung Bericht erstatten. Es sei vereinbart worden, die Kontakte aufrechtzuerhalten »einschließlich fortlaufender Verhandlungen über technische Fragen«.

Bei seiner Rückkehr nach Bagdad sagte der Außenminister Naji Sabri, es sei mehr als klar, dass ich mich dem amerikanischen Druck gebeugt hätte. Indem ich mich geweigert hätte, in gehaltvolle Verhandlungen über das seit Mai 1991 durch Inspektionen Erreichte einzutreten, hätte ich die Rückkehr der Inspekteure nach Bagdad blockiert (Reuters am 9. Juli 2002). Allerdings versuchte er zehn Tage später, den Ereignissen in Wien eine positivere Note zu verleihen. Anlässlich eines Treffens mit den in Bagdad akkreditierten Botschaftern fügte er dem großen Märchenschatz dieser alten Stadt ein weiteres hinzu, als er sagte, es sei in Wien »ein Durchbruch erzielt« worden: Der Generalsekretär werde die irakischen Bedenken im Sicherheitsrat vortragen! Es bestehe sogar etwas Hoffnung an der Inspektionsfront, obwohl der »Leiter der UNMOVIC aufgrund des Drucks der Amerikaner zögerte, den irakischen Vorschlag zu akzeptieren«. Er erwarte, dass die Kontakte auf politischer und technischer Ebene fortgesetzt würden (Irakisches Fernsehen, Bagdad am 18. Juli 2002). Einige Tage später wurde er in der in London erscheinenden arabischen Zeitung *al Hayat* mit den Worten zitiert, die Rückkehr der Inspekteure sei in Verbindung mit den übrigen Elementen der Resolutionen des Sicherheitsrats zu sehen und die Inspektionen auf der Basis durchzuführen, dass »die Suche im vergangenen Jahrzehnt abgeschlossen worden ist« (24. Juli 2002).

Der irakische Standpunkt war verwirrend. In Amerika wurden die Stimmen, die ein bewaffnetes Vorgehen forderten, immer lauter. Noch als wir in Wien waren, veröffentlichte die *New York Times* am 5. Juli einen Artikel über einen Invasionsplan des Pentagons für den Irak. Niemand erwähnte ihn laut, aber alle hatten ihn gelesen und es war wie ein kalter Hauch, der die irakische Haltung hätte aufweichen müssen. Dennoch bestanden die Iraker darauf, Inspektionen nur im Rahmen einer »umfassenden Lösung« zu akzeptieren. Wurde Saddam nicht hinreichend informiert oder war das irakische Verhalten eine Form des normalen Feilschens auf dem Bazar? Was die Iraker benötigten, war doch ganz offensichtlich eine Garantie, dass es im Austausch für die Wiederaufnahme der Inspektionen keine bewaffneten Aktionen gegen das Land geben würde. Und wenn sie der UNMOVIC nicht vertrauten und davon ausgingen, dass es hier nicht wesentlich anders zugehen würde als bei der UNSCOM, dann hätten sie doch auch irgendeine Garantie verlangen sollen, dass die UNMOVIC den Amerikanern keine für einen späteren Angriff zu verwendenden Informationen zukommen lassen würde. In einem

Interview, das Naji Sabri am 24. Juli in Belgien gab, ging er auf diese beiden Punkte ein. Er muss jedoch gewusst haben, dass die Amerikaner niemals eine Garantie abgegeben hätten, dass sie auf einen Angriff verzichten würden, und dass auch ich, selbst wenn ich alles daran setzte, einen Missbrauch der UNMOVIC zu verhindern, dies nicht hundertprozentig garantieren konnte.

In zwei aufeinander folgenden Schreiben an Kofi Annan versuchte Naji Sabri mich Anfang August 2002 zu »technischen Gesprächen« nach Bagdad einzuladen. Auch wenn darin die Möglichkeit angedeutet wurde, man werde über »praktische Vereinbarungen« sprechen können, basierten diese Vorschläge auf der Vorbedingung, dass vor Beginn jeglicher Inspektionstätigkeit geklärt werden müsse, welche Abrüstungsfragen nach wie vor offen seien. Da der Sicherheitsrat keine Beschränkung auf mögliche Fragen durch Vereinbarungen zwischen dem Irak und der UNMOVIC ins Auge gefasst hatte, sondern sich selbst die endgültige Entscheidung vorbehielt, bei welchen Themen es sich um »Schlüsselfragen« der Abrüstung handelte, war das vorgeschlagene Verfahren nicht zu akzeptieren. In mehreren irakischen Verlautbarungen wurde ich für die abschlägige Antwort verantwortlich gemacht, da ich dem Druck der Vereinigten Staaten nachgegeben hätte. Das traf mitnichten zu. Ich hatte in Wien festgestellt, dass die Iraker mauerten und nun auf einem Vorgehen beharrten, das für uns nicht akzeptabel war. Eine kleine Abkühlung war überfällig und auch etwas mehr Verlangen nach Inspektionen, bevor wir uns zu einer neuen Runde trafen. In einem ihrer Schreiben hieß es, der Irak habe Informationen, dass ich alle zwei Wochen nach Washington zu Konsultationen mit dem Außenministerium führe. Dabei war ich seit dem 18. Juli nicht mehr dort gewesen und, wie sich zeigen sollte, würde ich erst wieder am 4. Oktober dort sein.

Der Tonfall bezüglich der Inspektionen schien schärfer zu werden. In einem Interview, das Vizepräsident Ramadan am 27. August in Bagdad gab, wurde für die abschlägige Antwort aus New York der von den Vereinigten Staaten gelenkte »neue Spion« Blix verantwortlich gemacht. »Wir haben betont«, sagte er, »nicht nur jetzt, sondern schon seit Jahren, dass der Irak von Massenvernichtungswaffen frei ist und dass die Teams der Inspekteure, bei denen es sich ja eigentlich um Spionageteams handelt, ihre Aufgabe im Irak erfüllt haben. Es gibt in Sachen Abrüstung nichts mehr zu regeln.«

Hier zeichnete sich für den Irak eine verspielte Chance ab. Hätte man die Inspektionen offen akzeptiert und sich auf die praktischen Arrangements eingelassen, dann wäre das Regime weniger streng geblieben, als jenes, das der Sicherheitsrat wenige Monate später einsetzte.

Aus meiner Sicht wäre das keine schlechte Lösung gewesen.

KAPITEL 4

Inspektionen ja – aber wie?

Mitte August bis Mitte September 2002:
Präventive Invasion oder friedliche Inspektionen?

Von Mitte August bis Mitte September köchelte ein Gebräu mit allerlei Zutaten, Strömungen und Gegenströmungen vor sich hin. Wo stand ich persönlich? Am 18. August hielt ein BBC-Interviewer fest, vieles deute darauf hin, dass die USA gegen den Irak militärisch vorgehen würden, ganz gleich, was bei der Debatte über Inspektionen herauskomme. Wie ich die Lage und meine Einladung nach Bagdad sähe? Ob die Inspektionen überhaupt wieder aufgenommen würden?

Ich gab zur Antwort, dass die Iraker, wenn sie zu der Überzeugung gelangten, ein Militärschlag sei unabwendbar, vermutlich auch zum Schluss gelangten, dass vorausgehende Inspektionen keinen Sinn hätten. Ich hätte jedoch den Eindruck, dass die Sorge, sie könnten im Besitz von Massenvernichtungswaffen sein, ein wichtiger Punkt sei und die Gewährleistung uneingeschränkten Zutritts der Inspekteure eine wichtige Rolle spielen könnte. Welche Funde ich im Irak erwarte? Ich sagte: »Ich gehe nicht davon aus, dass die Iraker Massenvernichtungswaffen zurückgehalten haben. Zugleich wäre es naiv von mir, zu glauben, dass sie keine mehr besitzen … Deshalb sind Inspektionen vor Ort wichtig.« Ob ich denn keine Vorstellung hätte, worüber die Iraker vielleicht noch verfügten. »Nun, wir hören uns an, was verschiedene Nachrichtendienste uns mitteilen, aber die legen keine Beweise auf den Tisch, und es wäre unsere Aufgabe, die zahlreichen Stätten aufzusuchen, die sie uns genannt haben, und vor Ort zu überprüfen, ob etwas da ist oder nicht.«

In derselben Zeit wurde ein wichtiges Dokument veröffentlicht: die Nationale Sicherheitsdoktrin der Vereinigten Staaten. Diese Doktrin sprach sich für so genannte präventive Militärschläge aus.

Ganz offensichtlich unter dem Eindruck der Terrorattacken auf die USA heißt es dort:

»Wir müssen bereit sein, Schurkenstaaten und ihren terroristischen Klienten Einhalt zu gebieten, bevor sie in der Lage sind, Massenvernichtungswaffen gegen die Vereinigten Staaten und unsere Verbündeten und Freunde einzusetzen oder mit deren Einsatz zu drohen.« Und weiter:
»Die Vereinigten Staaten können sich nicht länger, wie in der Vergangenheit, rein reaktiv verhalten ... Wir können nicht zulassen, dass unsere Feinde den Erstschlag führen ...
Um präventive Optionen zu fördern, werden wir

- effizientere, besser integrierte nachrichtendienstliche Kapazitäten aufbauen, die uns rechtzeitig zuverlässige Erkenntnisse über Bedrohungen liefern sollen, wo immer diese auftreten;

- uns eng mit unseren Verbündeten abstimmen, um zu einer gemeinsamen Bewertung der gefährlichsten Bedrohungen zu gelangen; und

- mit dem Umbau unserer Streitkräfte fortfahren, um sicherzustellen, dass wir schnelle und präzise Operationen mit durchschlagendem Erfolg durchführen können.«

In Reden am 26. und 29. August hatte sich US-Vizepräsident Cheney eindeutig für einen präventiven Einmarsch und gegen friedliche Inspektionen ausgesprochen. In der ersten dieser Reden sagte er:

»Eine Rückkehr von Inspekteuren würde keineswegs sicherstellen, dass er [Saddam] die UN-Resolutionen erfüllt. Im Gegenteil, die Gefahr ist groß, dass man sich in der falschen Sicherheit wiegen würde, Saddam sei isoliert.«

Der Vizepräsident hielt Überläufer offenbar für eine bessere Quelle. Er sagte, die Informationen, die Saddam Husseins geflohener Schwiegersohn Hussein Kamal geliefert habe, sowie die Dokumente, die von seiner »Hühnerfarm« stammten, »sollten alle daran erinnern, dass uns Überläufer oft zuverlässigere Informationen liefern als das Inspektionsregime«.

Er erwähnte nicht, dass der übergelaufene Hussein Kamel bei seinen Vernehmungen in Amman gesagt hatte, Saddam habe 1991 die Zerstörung sämtlicher Massenvernichtungswaffen befohlen, und dass tatsächlich in nichtdeklarierten Einrichtungen praktisch keine Waffen gefunden worden waren. Statt dessen behauptete Dick Cheney:

»Um es klar zu sagen: Es kann kein Zweifel daran bestehen, dass Saddam Hussein heute über Massenvernichtungswaffen verfügt ...«

Ganz offensichtlich hatte sich seine Einstellung unter dem Eindruck der Terrorangriffe auf die USA geändert. Er führte zwei Argumente an, die in der öffentlichen Diskussion immer wieder auftauchten: »Die Zeit spielt gegen uns.« Und: »Nichts zu tun birgt viel größere Risiken als entschlossen zu handeln.«

Über präventive Militäreinsätze sagte er:

»Wenn die Vereinigten Staaten den 11. September [2001] hätten verhindern können, dann hätten wir dies fraglos getan. Sollten wir in der Lage sein, einen weiteren, noch verheerenderen Angriff zu verhüten, dann werden wir dies fraglos tun.«

Was die Reaktion der arabischen »Straße« nach einem solchen Militärschlag anlange, so antwortete Cheney mit einem Satz, der oft zitiert worden ist und der seinerseits eine Aussage zitiert, der er vermutlich beipflichtete:

»Die [Menschen auf den] Straßen von Basra und Bagdad werden ›mit Sicherheit ebenso in Jubel ausbrechen, wie die Massen von Kabul die Amerikaner mit offenen Armen empfingen‹.«

Bei einer Europareise in der ersten Septemberwoche machte ich zunächst in Brüssel Halt, dann begleitete ich den deutschen Außenminister Joschka Fischer in seinem Wahlkampfbus, bevor ich, zum Abschluss, eine Unterredung mit Tony Blair in London hatte. Sie alle schienen zu diesem Zeitpunkt eher für Inspektionen als für einen Militärschlag zu sein. In meinem langen Gespräch mit Außenminister Fischer bekam ich den Eindruck, dass die deutsche Regierung wie die meisten anderen Regierungen zwar überzeugt war, dass der Irak noch Massenvernichtungswaffen besitze, aber zugleich befürchtete, dass der Einmarsch von US-Truppen im Irak die gesamte Region destabilisieren könnte.

Vom britischen Außenministerium verlautete, man wolle Saddam Hussein eine Frist für die Zustimmung zu Inspektionen setzen. Eine Fristsetzung sollte vermutlich automatisch einen Militärschlag nach sich ziehen, falls die Forderungen bis dahin nicht erfüllt wurden. In diesem Zusammenhang möchte ich darauf hinweisen, dass Premierminister Blair in seinem Vorwort zu einem Bericht vom September 2002 Inspektionen ursprünglich befürwortete. Er schrieb:

»Die Inspekteure müssen die Erlaubnis erhalten, in den Irak zurückzukehren und ihren Auftrag ordnungsgemäß zu erfüllen; und falls er [Saddam] sich weigert oder wenn er sie, wie früher, bei der Erfüllung ihres Auftrags massiv behindert, dann muss die internationale Gemeinschaft handeln.«

Viele einflussreiche Personen nicht nur in Europa, sondern auch in Amerika, unter ihnen etwa Bent Scowcroft, der Nationale Sicherheitsberater von Bush senior, gemahnten zur Vorsicht. Nur wenige Stunden nach der Rede des Vizepräsidenten sagte der Sprecher des Außenministeriums, Richard Boucher: »Wir tun unser Möglichstes …, um den UN-Inspekteuren die Rückkehr in den Irak zu ermöglichen.«

Man gewann geradezu den Eindruck, die US-Regierung sei stolz auf ihre interne Vielstimmigkeit. Der ehemalige US-Außenminister Henry Kissinger wurde mit der Aussage zitiert, das rhetorische

Säbelrasseln in Washington erhöhe die Wahrscheinlichkeit, dass Saddam umfassenden Inspektionen zustimme, und dass das Ziel einer vollständigen Offenlegung (des Waffenarsenals) durch Inspektionen»ohne Kriegsdrohung nicht zu erreichen« sei. Eine überaus interessante These: Einschüchterung durch Rhetorik. US-Verteidigungsminister Donald Rumsfeld beteuerte am 27. August in Kalifornien:»Der Präsident hat im Hinblick auf den Irak noch keine Entscheidung getroffen … Wie überall auf der Welt wird auch in unserem Land eine Diskussion, eine Debatte, ein Dialog geführt, und das ist gut so.«

Da Rumsfeld versicherte, die Regierung habe es mit der Entscheidung über die Anwendung militärischer Gewalt nicht eilig, liegt indes die Vermutung nahe, dass sich der Präsident zu diesem frühen Zeitpunkt gegen einen Einmarsch entschieden hatte.

Hatte Tony Blair den US-Präsidenten dazu überredet, eine Zeit lang auf die Vereinten Nationen zu setzen, während das Militär, das noch nicht einsatzbereit war, den Druck weiter erhöhte? Vielleicht hofften manche in der US-Regierung, der Irak würde die Wiederaufnahme der Inspektionen ablehnen beziehungsweise, falls er ihnen zustimmte, die Inspektionen behindern und dadurch einen Rechtfertigungsgrund für einen Militärschlag liefern. Die große Frage ist, ob die US-Regierung bereits zu diesem Zeitpunkt intern eine Frist festsetzte, bis zu der die Inspektionen erfolgreich abgeschlossen werden müssten, andernfalls sie militärische Mittel einsetzen würde. Vielleicht vor Beginn der heißen Jahreszeit im April?

Deutliche Worte vor der UN-Vollversammlung der Vereinten Nationen

Am Donnerstag, dem 12. September, hielten sowohl der UN-Generalsekretär als auch der US-Präsident Reden vor der Vollversammlung der Vereinten Nationen. Kofi Annan sprach als Erster und ging auf die brennenden, tagesaktuellen Themen ein. Er sagte über multilaterales Handeln:

»Die Entscheidung darüber, ob man den multilateralen Weg einschlägt oder nicht, sollte nicht allein danach fallen, was gerade politisch opportun erscheint. Denn sie hat Auswirkungen weit über den unmittelbaren Kontext hinaus.«

Annan wies warnend darauf hin, ein präventiver Militärschlag sei allein dann legitim, wenn er von den Vereinten Nationen unterstützt werde:

»Jeder Staat hat gemäß Artikel 51 der UN-Charta im Falle eines Angriffs von außen naturgemäß das Recht auf Selbstverteidigung. Beschließen Staaten indes, Gewalt gegen umfassendere Bedrohungen des Weltfriedens und der internationalen Sicherheit anzuwenden, so gibt es keinen Ersatz für die einzigartige Legitimation, welche die Vereinten Nationen verschaffen.«

Über den Irak sagte er Folgendes:

»Die Bemühungen, den Irak zur Erfüllung der Resolutionen des Sicherheitsrats anzuhalten, müssen weitergehen ... Die Zustimmung zu Waffeninspektionen ist von entscheidender Bedeutung ... Wenn der Irak seine Verpflichtungen weiterhin missachtet, muss der Sicherheitsrat seine Verantwortung wahrnehmen.«

Präsident Bush erinnerte die Vollversammlung der Vereinten Nationen daran, dass Saddam Hussein sich Jahr für Jahr über die Auflagen der Weltorganisation hinweggesetzt habe. Er entwickle weiterhin Massenvernichtungswaffen und stelle eine Bedrohung für die Autorität der Vereinten Nationen dar. Wenn das irakische Regime eine friedliche Lösung wolle, müsse es sofort sämtliche Massenvernichtungswaffen offen legen, sie beseitigen und ihnen in Zukunft abschwören. Der Präsident versprach, dass die USA vertrauensvoll mit dem UN-Sicherheitsrat zusammenarbeiten würden, aber er forderte die Staatengemeinschaft auch zu gezieltem entschlossenen Handeln auf, sofern der Irak weiterhin die Zusammenarbeit verweigere. Es war ein kraftvolle Rede, die positiv aufgenommen wurde. Nur ein Wort kam nicht vor: Inspektion.

Nach der Rede von Präsident Bush dachten die meisten Leute, sehr gut, die US-Regierung ist entschlossen, den multilateralen Weg zu gehen. Andere waren sich da nicht so sicher. Es wurde über eine neue Resolution (bezüglich der Wiederaufnahme der Inspektionen) diskutiert, und es hieß, die USA würden so viele schwer erfüllbare Forderungen darin unterbringen, dass den Irakern gar nichts anderes übrig bleibe, als sie abzulehnen. Dies könnte dann als Rechtfertigung für einen Waffengang herangezogen werden.

Am Sonntag, dem 15. September, bat mich Kofi Annan, ihn im UN-Hauptquartier aufzusuchen. Er sagte, er erwarte, dass sich die Iraker mit der Rückkehr der Inspekteure einverstanden erklären, und wolle, dass baldige Gespräche über praktische Regelungen in Bagdad oder Wien stattfanden. Ausgezeichnet, sagte ich und fügte hinzu, ich würde Wien vorziehen. Wir sollten nicht überstürzt nach Bagdad reisen und in der Weltöffentlichkeit die Erwartung wecken, die Iraker hätten sich rückhaltlos mit der Wiederaufnahme der Inspektionen einverstanden erklärt, nur um anschließend erklären zu müssen, die angebotenen Bedingungen seien unannehmbar. Es könnte so aussehen, als würden wir die Inspektionen blockieren! Wir sollten nur dann nach Bagdad reisen und dem Irak die Chance von Inspektionen anbieten, wenn der Irak den von uns geforderten praktischen Regelungen zustimme: vollständiger und uneingeschränkter Zutritt, Landerechte und eine Vielzahl weiterer Dinge. Ich sagte Kofi Annan, ich wisse, dass die USA die »Sonderregelungen für sicherheitsempfindliche Örtlichkeiten«, die Ekeus eingeführt hatte, und die Grundsatzvereinbarung über den Zugang zu Präsidentenanlagen aufheben wollten. Beide schränkten nach Auffassung der US-Regierung den freien Zutritt ein, der den Inspekteuren zustand. Meiner Meinung nach waren die »Sonderregelungen« nicht bindend, aber die vom Rat abgesegnete Grundsatzvereinbarung konnte ich nicht antasten.

Am Nachmittag des 16. September, eines Montags, erhielt Kofi Annan das amtliche Schreiben Naji Sabris über den Beschluss, »die bedingungslose Rückkehr der UN-Waffeninspekteure in den Irak zu gestatten«. Dies sei, so hieß es weiter, ein unerlässlicher »erster Schritt«, um glaubhaft zu machen, dass der Irak keine Massenvernichtungswaffen mehr besitze, und, ebenso wichtig, der Beginn einer »umfassenden Lösung« der Sanktionsfrage und anderer strittiger Punkte. Die irakische Regierung sei bereit, »über die praktischen Regelungen zu sprechen, die für die sofortige Wiederaufnahme der Inspektionen nötig sind«. Der Brief verwies auf Appelle der Generalsekretäre der Vereinten Nationen und der Arabischen Liga sowie einiger anderer, nicht aber auf den militärischen Druck der USA und die Diskussion über einen Krieg. Ich war erleichtert, dass Kofi Annan die Iraker wohl gedrängt hatte, ausdrücklich die praktischen Regelungen zu erwähnen.

Am Morgen des 17. September, eines Dienstags, rief ich den irakischen UN-Botschafter, Mohammed Alduri, an, um ihm sofortige Gespräche vorzuschlagen: Wir sollten uns die Tatsache zunutze machen, dass sich einige Personen, die auf irakischer Seite für die Inspektionen zuständig waren, in New York aufhielten, insbesondere General Hussein Amin, der Leiter der Nationalen Überwachungsbehörde, jener offiziellen irakischen Dienststelle, die als Ansprechpartner für die Inspekteure fungierte. An jenem Nachmittag führten wir in meinem Büro ein fruchtbares Gespräch. Ich überreichte ihm das Verzeichnis der praktischen Regelungen, über die wir in Wien sprechen wollten, und da sich die Iraker nicht auf Gespräche in New York eingestellt hatten, kamen wir überein, uns in der Woche nach dem 30. September in Wien zu treffen. So hatten sie und wir noch etwas Zeit für Vorbereitungen. General Amin hatte mich an diesem Nachmittag mit »Eure Exzellenz« angesprochen. Was für ein atemberaubender »sozialer Aufstieg«, dachte ich mir, hatte mich doch der ehemalige irakische Außenminister al Sahaf noch 2001 als »Fitzchen« einer »Null« bezeichnet und der irakische Vizepräsident Ramadan noch einen Monat zuvor »Spion« genannt!

Ich unterrichtete den Sicherheitsrat bereits am Donnerstag, dem

19. September, inoffiziell über den Stand unserer Vorbereitungen. Wann wir in Bagdad beginnen könnten? In etwa zwei Monaten, sagte ich, und dies erwies sich, in der Tat, als eine treffende Vorhersage. Es war wie bei einem Flugzeug, das auf dem Rollfeld steht. Vor dem Start muss man die Checkliste durchgehen, um sicherzustellen, dass das Flugzeug funktionstüchtig ist – aber Gott sei Dank hatten wir etwas mehr Zeit als ein Flugzeug. Natürlich hatten wir uns auf den Start vorbereitet. Wir konnten sofort ein Transportflugzeug und Hubschrauber chartern, Ausrüstungsgegenstände kaufen und so weiter. Nach zweieinhalb Jahren im Wartestand, während deren wir uns intensiv auf den »Ernstfall« vorbereitet hatten, verfügten wir nun über alle Leute, die wir brauchten. Sie warteten allerdings nicht auf unserem Flur. Sie mussten sich von ihren Arbeitsstellen beurlauben lassen und das würde etwas dauern.

Die fragwürdige Vorgeschichte der Resolution 1441 (2002)

Großbritannien und die Vereinigten Staaten bedauerten nicht, dass unsere Gespräche mit dem Irak über praktische Regelungen nicht sofort angesetzt waren. Sie bereiteten eine neue Resolution im Sicherheitsrat über die Wiederaufnahme von Inspektionen vor, die dann zu gegebener Zeit bei den praktischen Regelungen zu berücksichtigen sein würde. Ich war mir dessen bewusst und gedachte deshalb sämtliche Absprachen unter den Vorbehalt neuer Beschlüsse des Sicherheitsrats zu stellen.

Die Diskussion über eine neue Resolution zur Wiederaufnahme der Inspektionen im Irak ging auf den Fluren weiter. Die Iraker ließen wissen, dass sie dagegen waren, und deuteten an, sie würden die Einladung zur Wiederaufnahme von Inspektionen vielleicht widerrufen, wenn sich die Bedingungen änderten. Am meisten fürchteten sie vermutlich eine Klausel, die im Falle der Nichtbefolgung zur Anwendung militärischer Gewalt ermächtigte, oder eine Frist, innerhalb deren der Sicherheitsrat feststellen musste, dass der Irak sämtliche Abrüstungsverpflichtungen abgeschlossen habe. Einige waren der Ansicht, es bedürfe keiner neuen Resolution, vielmehr reichten die bisherigen Resolutionen als Grundlage unserer Arbeit aus. Ich persönlich war für einen neuen Text, und ich machte daraus keinen Hehl. Ich hielt es für sinnvoll, wenn wir bei einem neuen Anlauf in einer Atmosphäre, die vom Irak viel mehr forderte als die Resolution 1284 von 1999, jedem neuen Katz-und-Maus-Spiel der Iraker mit dem Hinweis auf eindeutige, bindende Resolutionsbestimmungen würden begegnen können.

In der Woche zwischen dem 23. und dem 27. September erfuhren wir Genaueres über den geplanten Inhalt der Resolution und gegen Ende der Woche wurde mir ein Entwurf zugeleitet, bei dem sich mir die Haare sträubten. Er war unmöglich in der Nähe des East River, wo die UN ihren Sitz hat, abgefasst worden. So etwas konnte man nur am Potomac, nämlich im Pentagon, ausgebrütet haben. So wie die US-amerikanische Initiative zu »intelligenten Sanktionen« sich auf die Studie einer privaten Institution stützte, so fußte dieser Entwurf offenbar auf einer Studie der von mir sonst sehr geschätzten Carnegie-Stiftung für Internationale Friedensforschung, die im April einen Workshop zu den Inspektionen im Irak abgehalten und im August ein Papier über eine »neue Strategie« vorgelegt hatte. Dieses eine Mal stimmte ich nicht mit ihren Vorschlägen überein.

Die Studie verfolgte offenbar die gut gemeinte Absicht, durch einen Kompromiss zwischen den Befürwortern eines militärischen Vorgehens und denjenigen, die das bestehende UN-Inspektionssystem reaktivieren wollten, einen Krieg im Irak zu vermeiden. So wurde das Konzept der so genannten »zwangsbewehrten Inspektionen« aus der Taufe gehoben. An dem Workshop hatten auch einige Militärexperten und ehemalige UNSCOM-Inspekteure teilgenommen. Bei der Lektüre der Zusammenfassung der April-Tagung stolperte ich über einige Punkte, die mich ziemlich sprachlos machten:

- Die UNMOVIC ist ein schwaches Inspektionsorgan, das entweder gestärkt oder abgeschafft werden sollte.
- Ein multilateraler *Deckmantel* würde für Legitimität und interna-

tionale Unterstützung sorgen. In dieser Hinsicht sind Resolutionen wichtig und die Einmütigkeit der fünf ständigen Mitglieder des Sicherheitsrats von zentraler Bedeutung (Hervorh. d. A.).

Ich war sprachlos. Rolf Ekeus, der ehemalige Leiter der UNSCOM, war eines der prominenten Mitglieder der Studiengruppe gewesen, aber er war auch als Kandidat für den UNMOVIC-Vorsitz gehandelt worden. Er wurde mit den Worten zitiert, ein »schwächeres Inspektionssystem« sei »eine gähnende Höhle in der Resolution 1284 und sollte aus dem Fenster geworfen werden«. Wollte er ernstlich Leiter einer Kommission werden, die seines Erachtens ein zahnloser Papiertiger war und ein Inspektionssystem umsetzte, das man besser gleich aus dem Fenster geworfen hätte? Hatte die Resolution 1284 irgendwelche Befugnisse der UNSCOM aufgehoben? Und hätte er sich wirklich nicht gescheut, an einem legitimierenden »multilateralen Deckmantel« mitzuwirken? Hatten der Amorim-Bericht und einige Bestimmungen in der Resolution 1284 es nicht als notwendig erachtet, die internationale Legitimität der Inspektionskommission zu stärken, die er zu leiten bereit war, indem das Personal auf möglichst breiter internationaler Basis rekrutiert wurde und nicht bloß aus Staaten, die gewillt waren, Personal kostenlos zur Verfügung zu stellen? War die UNSCOM letztlich nicht deshalb aufgelöst worden, weil sie ihre internationale Legitimität just dadurch verloren hatte, dass sie zu sehr zu einem »multilateralen Deckmantel« geworden war? Ekeus hatte ein Sonderkapitel zu der Studie beigesteuert, in dem er nachrichtendienstliche »Unterstützung« für die Inspekteure und »Feedback« forderte. Er berichtete, dass die UNSCOM mit Hilfe befreundeter Regierungen »einige Abhörvorrichtungen zur Unterstützung der Inspekteure innerhalb des Irak installiert« habe und dass es für die besagten Regierungen natürlich verlockend wäre, das System für »außerplanmäßige« Zwecke einzusetzen. Tatsächlich hatten viele US-Medien schon Anfang Januar 1999 ausführlich über diese Aktivitäten berichtet. Und auch Interviews mit Ekeus selbst in schwedischen Medien hatten im Sommer 2002 schlagartig verdeutlicht, dass diese Lauschoperationen außer Kontrolle geraten waren und dass die UNSCOM buchstäblich zu einem »*multilateralen Deck-mantel*« verkommen war.

Aus einem frühen Textentwurf, aus dem sechs Wochen später die Resolution 1441 (2002) wurde, griff ich die folgenden Bestimmungen heraus, gegen die ich schwerwiegende Bedenken hatte:

- »Jedes ständige Mitglied des Sicherheitsrats kann Empfehlungen zu den von der UNMOVIC und der IAEO zu inspizierenden Örtlichkeiten, den zu befragenden Personen ... und den zu sammelnden Daten abgeben, *und einen Bericht über die dabei erzielten Ergebnisse erhalten* (Hervorh. d. A.).

- Jedes ständige Mitglied des Sicherheitsrats kann auf Anfrage eigene Vertreter in jedes Inspektionsteam entsenden, welche die gleichen Rechte und den gleichen Schutz genießen wie die übrigen Mitglieder des Teams.

- [Der UNMOVIC und der IAEO] sollen *im gesamten Irak regionale Stützpunkte und Operationsbasen* zur Verfügung gestellt werden (Hervorh. d. A.).

- [Die UNMOVIC und IAEO] haben das Recht, Flug- und Fahrverbotszonen, Ausschlusszonen und/oder Verkehrskorridore am Boden und in der Luft zu errichten [die von Sicherheitskräften der UN *oder von Mitgliedsstaaten* gewährleistet werden] (Hervorh. d. A.).

Was würde geschehen, so fragte ich mich, wenn Vertreter der fünf ständigen Mitglieder des Sicherheitsrats in einem Inspektionsteam mit einem Auftrag nicht einverstanden wären? Da hätten wir dasselbe Problem wie mit der für das UNMOVIC-Sekretariat – allerdings nicht von den USA – angeregten Pentoika. Offensichtlich sollte die Fünfergruppe das Recht haben, »Empfehlungen« abzugeben hinsichtlich der zu inspizierenden Stätten, des Inspektionsprozederes und so weiter, und über die dabei erzielten Ergebnisse unterrichtet zu werden. Auch schien man in Erwägung zu ziehen, Sicherheitspersonal der UN durch Sicherheitskräfte aus den Mitgliedstaaten zu verstärken. Hier waren offenbar auch andere Mitglieder als die fünf ständigen gemeint. Dies war alles andere als der Auftrag, den ich als Leiter der UNMOVIC zu übernehmen eingewilligt hatte. Ich konnte mir nicht vorstellen, dass die fünf ständigen Mitglieder ihn schlucken würden.

Mit dem Entwurf im Gepäck flog ich nach Wien, um praktische Fragen mit den Irakern zu klären.

Praktische Regelungen

Die Gespräche in Wien dauerten zwei Tage, vom 31. September bis zum 1. Oktober. Auch diesmal wimmelte es auf dem Platz vor dem Internationalen Zentrum Wien von Fernseh- und Radioleuten. Es war erstaunlich, dass Fragen zu Inspektionen so genannter »sicherheitsempfindlicher Stätten« oder die Frage, wo unserer Flugzeuge in Bagdad landen durften, die Öffentlichkeit interessierten. Den Medien dämmerte wohl, dass Inspektionen die einzige Alternative zu einem Krieg waren.

Vor dem Beginn des offiziellen Treffens am Montagmorgen überreichten Mohammed el Baradei und ich der irakischen Delegation – General al Saadi, General Hussein Amin und Botschafter Said Hassan – ein kurzes Papier, in dem wir ihnen nahe legten, der Irak solle nicht auf der Anwendung der »Sonderregelungen« und der Grundsatzvereinbarung über die Präsidentenanlagen bestehen. Die Gespräche waren schwierig, aber zu keinem Zeitpunkt vom Scheitern bedroht. Wir verständigten uns insbesondere darauf, dass die von der UNSCOM eingeführten Verfahrensregeln, die sich in der Vergangenheit bewährt hatten, weiterhin gelten sollten.

Ich war in Sorge gewesen, dass die Iraker unter dem Vorwand diverser Sicherheitsgründe darauf bestehen würden, dass unsere Flugzeuge etwa hundert Kilometer außerhalb von Bagdad landen, wie dies bei der UNSCOM der Fall gewesen war. Doch dann verständigten wir uns darauf, dass die UNMOVIC den großen internationalen Flughafen von Bagdad für Flüge in und aus dem Irak und den Rasheed-Flughafen für Hubschrauber benutzen durfte. Das klappte auch recht gut. Bei einer Vielzahl weiterer Fragen hatten wir kaum Schwierigkeiten. Schwieriger war es, die »Sonderregelungen« von Ekeus und Butler für Inspektionen sicherheitsempfindlicher Stätten aus dem Weg zu räumen, aber der starke politische und militärische Druck verhalf uns auch hier zum Durchbruch. Somit verblieben keine »unantastbaren« Sperrgebiete, und lediglich für Präsidentenanlagen gab es ein besonderes Verfahren. Wir konnten unseren Vorschlag, diese Anlagen genauso zu behandeln wie alle anderen Örtlichkeiten, der anderen Seite nur zur Kenntnis bringen. Bei einigen weiteren Punkten, etwa Überwachungsflügen, Befragungen ohne »Aufpasser«, die Gewährleistung der Sicherheit von Flügen in Flugverbotszonen, erhielten wir ebenfalls kein grünes Licht.

Einige Forderungen der irakischen Seite verwunderten mich. In dieser extrem angespannten Situation verlangten sie doch tatsächlich, dass die UNMOVIC den irakischen Begleitern, die den Inspekteuren außerhalb der normalen Arbeitszeiten zur Verfügung gestellt wurden, die Überstunden bezahlen sollte. Dann wären sie »eifriger bei der Sache«. Ich erwiderte nur, es sei Sache der Iraker, sie zu motivieren.

Wieder in New York, erstatteten wir dem Sicherheitsrat am Donnerstag, dem 3. Oktober, Bericht. Die Ratsmitglieder waren mit dem Ergebnis zufrieden und ersuchten uns um eine schriftliche Zusammenfassung aller in Wien erzielten Gesprächsergebnisse. Wir setzten das Dokument auf, und da wir in Wien unser Gesprächsergebnis nicht im Einzelnen protokolliert hatten, schickten wir es den Irakern zur Bestätigung. In einigen wenigen Punkten waren wir mit den Antworten, die wir später erhielten, nicht zufrieden, etwa hinsichtlich von Flugoperationen in Flugverbotszonen, Befragungen von Wissenschaftlern und auch Überwachungsflügen und Regionalbüros.

Die Iraker waren der Meinung, dass die Inspektionen nun, nachdem alle praktischen Fragen geklärt worden seien, umgehend und vor allem innerhalb des rechtlichen Rahmens der vorhandenen Resolutionen – und nicht etwa unter einem neuen Regime – aufgenommen werden sollten. Unsere Vorbereitungen für die Entsendung von

Personal und Ausrüstung waren jedoch nicht abgeschlossen. Wir wussten auch von den laufenden Verhandlungen über eine neue Resolution. Es wäre problematisch gewesen, die Inspektionen unter einem Regime zu beginnen und dieses schon nach kurzer Zeit wegen einer neuen Resolution verändern zu müssen. Und noch schlimmer wäre es gewesen, wenn wir mit den Inspektionen begonnen hätten, und die Iraker hätten dann ein neues, vom Sicherheitsrat beschlossenes Regime abgelehnt.

Die Erarbeitung des Resolutionsentwurfs. Ein Gespräch in Washington

Nachdem Mohammed el Baradei und ich dem Sicherheitsrat am Morgen des 3. Oktober Bericht erstattet hatten, kamen die Botschafter der fünf ständigen Mitglieder am Nachmittag in mein Büro, um über die Resolution zu beraten. Ich bekräftigte noch einmal meine Auffassung, eine neue Resolution könnte ein neues Kapitel aufschlagen und mit dazu beitragen, dass der Irak nicht wieder Katz und Maus mit uns spiele. Tags darauf waren wir nach Washington ins Außenministerium eingeladen. An der wichtigsten Unterredung nahmen eine ganze Reihe hochrangiger Regierungsvertreter teil: Colin Powell, Condoleezza Rice, Paul Wolfowitz, Militärpersonal wie Peter Pace, der stellvertretende Generalstabschef, und Leute aus dem Nationalen Sicherheitsrat sowie dem Büro des Vizepräsidenten. Ich kam in Begleitung von Dimitri Perricos und meines persönlichen Assistenten Jarmo Sareva, eines erfahrenen und unerschütterlichen finnischen Diplomaten. Die IAEO-Delegation bestand aus Mohammed, dem Kernenergieexperten Jacques Baute, der seine Einsatzgruppe leitete, der Rechtsberaterin Laura Rockwood und dem Leiter des New Yorker IAEO-Büros, Gustavo Zlauvinen.

Colin Powell hatte mich gebeten darzulegen, wie das Inspektionsregime meiner Meinung nach gestärkt werden könne. Ich begrüßte diese Bemühungen und unterbreitete bereitwillig einige Kommentare, Vorschläge und Fragen:

- Die Befugnisse der Inspekteure nach dem geltenden Regime seien nicht schwach zu nennen und sollten bestätigt werden. So hätten die Inspekteure etwa jederzeit Zutritt zu den Hauptquartieren der Sicherheitskräfte und den Ministerien. Dennoch hätten wir seit 1994 zwar Informationen erhalten, aber kaum noch Waffen gefunden. Trotz der Informationen von Überläufern und durch Satelliten hüteten die Iraker sorgfältig, was immer sie noch an Geheimnissen hatten.

- Wir würden neue Bestimmungen begrüßen, die uns dabei helfen, eine Wiederholung des Katz-und-Maus-Spiels zu verhindern und an glaubwürdige Informationen zu gelangen.

- Rechtlich gesehen könnten wir die Inspektionen ohne neue Resolution wieder aufnehmen, aber es wäre zweckmäßiger zu warten, bis wir wissen, ob ein neuer Text zusätzliche praktische Regelungen erfordert. Er dürfte auch einige der Streitpunkte ausräumen, die wir in Wien nicht eliminieren konnten.

- Das Einvernehmen im Sicherheitsrat sei von entscheidender Bedeutung. Die Durchführung der Inspektionen sei beeinträchtigt, wenn die Hälfte der Ratsmitglieder dafür und die andere Hälfte dagegen ist.

- Eine Klausel, die ernsthafte Konsequenzen für den Fall der Nichtbefolgung androht, wäre hilfreich. Der Irak bewege sich nur unter starkem Druck, der aufrechterhalten werden müsse. Wirtschaftssanktionen bewirkten nichts.

- Weshalb sich die Iraker eine – von uns abgelehnte – 15-minütige Wartefrist ausbedungen hätten, ehe die Inspekteure »sicherheitsempfindliche Stätten« betreten dürften? Ob dies genüge, um Waffen zu verstecken? Oder ist es eine Frage der Würde?

- Wir würden die Präsidentenanlagen gern genauso behandeln wie alle übrigen Stätten.

- Die Idee, die Inspekteure von Sicherheitskräften begleiten zu lassen, gefalle uns nicht. Sollte es zu einem Zwischenfall kommen, in den bewaffnete irakische Einheiten und bewaffnete Personenschützer verwickelt seien, könnte dies ein Stolperdraht sein, der die Regierungen zum Handeln zwinge. Es sei eine Art halbe

Okkupation ohne echte Kontrolle. Es wäre sinnvoller, Truppen in der Region, aber außerhalb des Irak zu stationieren.

- Ich sei für die Forderung nach einer neuen Deklaration des Irak, ja, ich hätte sie selbst vorgebracht. Das System basiere jedoch auf dem Konzept »sie melden, wir überprüfen«, nicht bloß auf dem Gedanken »sie öffnen die Türen, wir suchen«. Wenn sie noch immer etwas versteckten, fänden sie vielleicht eine weitere »Hühnerfarm« mit Dokumenten; aber ob sie überhaupt noch Massenvernichtungswaffen haben? Al Saadi hat es abgestritten und gesagt, dies wären doch die reinsten »Selbstzerstörungswaffen«.

- Wir bräuchten freien Zugang zu Personen und das Recht, sie ohne Anwesenheit Dritter zu befragen; aber es wäre problematisch, Informanten in unseren Dienststellen in Bagdad zu empfangen. Wie könnten wir sie außer Landes schaffen?

- Die fünf ständigen Mitglieder des Sicherheitsrats könnten – wie andere Mitgliedstaaten – weiterhin »Empfehlungen« hinsichtlich zu inspizierender Stätten und zu befragender Personen an die Inspekteure weiterleiten, aber diese sollten dem Rat und nicht einzelnen Mitgliedern Bericht über ihre Ergebnisse erstatten, und nachrichtendienstliche Erkenntnisse sollten vorwiegend in eine Richtung fließen (nämlich an die Inspekteure und nicht von diesen an Geheimdienste).

- Es wäre unklug, wenn die fünf ständigen Mitglieder »Vertreter« in die Inspektionsteams entsenden würden, und würde zudem ein wichtiges Anliegen der Resolution 1284 (1999) auf den Kopf stellen, nämlich die Stärkung der UN-Identität der Inspektionsteams. Vertreter der Fünfergruppe würden vermutlich Informationen über militärische Anlagen, die sie aufsuchen, an Behörden ihrer Heimatländer weitergeben. Die UNSCOM habe den Regierungen, die sie unterstützten, zu nahe gestanden und dadurch letztlich ihre UN-Identität und -Legitimität verloren.

- Der Sicherheitsrat solle frei über das von ihm gewünschte Inspektionsmodell befinden. Im Juni 1950 habe er den Mitgliedstaaten empfohlen, für den Koreakrieg Streitkräfte unter US-Oberbefehl bereitzustellen (Resolution 84 [1950]). Er könne den Inspektionsauftrag den fünf ständigen Mitgliedern übertragen, aber er solle nicht als bloßes Aushängeschild fungieren.

Mohammed el Baradei betonte ebenfalls, die Einheit des Sicherheitsrats sei unverzichtbar, um den Irak zur Kooperation anzuhalten; die völkerrechtliche Legitimität erfordere eine UN-Identität. Es folgte eine recht lebhafte Diskussion, in deren Verlauf Condoleezza Rice und Paul Wolfowitz eine ziemlich kompromisslose Haltung einnahmen. Wolfowitz fragte mich, ob ich denn nicht glaube, dass der Irak im Besitz von Massenvernichtungswaffen sei. Ich antwortete, ich hätte die jüngste Studie der britischen Regierung gelesen – diejenige, in der es hieß, der Irak könne binnen 45 Minuten Massenvernichtungswaffen einsetzen – und fände sie aufschlussreich, aber es verblüffe mich doch, dass es dort fortwährend heiße,»Geheimdienstinformationen deuten darauf hin ...« oder»nach Einschätzung der Geheimdienste ...«. Dies seien keine Beweise.

Nach dem Treffen diskutierten Colin Powell, Condoleezza Rice, Mohammed el Baradei und ich noch eine Weile weiter. Colin Powell deutete an, dass die USA weitere geheimdienstliche Informationen zur Verfügung stellen könnten, wenn sie sicher wären, dass die Informationen nicht in falsche Hände gerieten. Eine stärkere Präsenz im Zentrum der UNMOVIC wäre ebenfalls hilfreich. Ich sagte, wir würden offen legen, wie wir mit nachrichtendienstlichen Erkenntnissen der USA verfahren, aber wir könnten es uns nicht erlauben, als verlängerter Arm der CIA dazustehen. Ich fragte mich, ob ihm klar sei, dass alle Welt sofort sagen würde:»Jetzt übernehmen die USA auch noch die UNMOVIC«, wenn ich einen weiteren Amerikaner in meinen Stab aufnehmen würde, um geheimdienstliche Erkenntnisse auszuwerten. Vielleicht fragte er sich umgekehrt, ob mir klar war, wie wichtig dem Pentagon eine solche Präsenz war.

Die Unterredung verlief wie immer höflich und professionell. Anschließend ging Powell mit uns ins Erdgeschoss hinunter, wo eine Menge Journalisten warteten, und wir beantworteten ein paar Fragen. Ich verabschiedete mich von ihm und stieg in einen großen Volvo, den der schwedische Botschafter Jan Eliasson geschickt hatte, um mich in seine Residenz zu bringen, wo er mich zu einem Drink empfangen wollte. Beim Abschied dachte ich noch, Colin Powell sollte mir jetzt doch eine gewisse Sympathie entgegenbringen. Ich fuhr nicht nur in einem Volvo davon, der, wie ich wusste, zu seinen Lieblingsautos gehörte. Ich hatte auch einige triftige Argumente gegen verschiedene Formulierungen vorgebracht, die dem Außenministerium im Resolutionsentwurf Kummer bereitet haben dürften. Das meiste davon stellte sich erst später heraus. Vermutlich spielten Mitglieder des Sicherheitsrats dabei eine wichtigere Rolle, aber ich habe wohl auch dazu beigetragen.

Bei Colin Powell am 17. Oktober in New York. Bei Igor Iwanow am 22. Oktober in Moskau

Fast zwei Wochen nach dem Washingtoner Treffen in großer Runde hielt sich Colin Powell in New York auf und bat mich, ihn im Hotel Waldorf Astoria aufzusuchen. Die Signale, die ich damals in der Presse und von diversen Personen aufschnappte, waren widersprüchlich. Einige behaupteten, das Interesse der USA an den Vereinten Nationen sei nur vorgetäuscht und die Kriegspläne lägen bereits fertig in der Schublade. Andere sagten, der Resolutionsentwurf mache Fortschritte. Den militärischen Druck zu erhöhen und die Bereitschaft zur Anwendung von Gewalt zu zeigen schlossen meines Erachtens den Willen zu einer friedlichen Lösung nicht unbedingt aus. Wenn es das war, was die Vereinigten Staaten wollten, dann bedurfte es eines strengen Inspektionsregimes. Der Resolutionsentwurf, den wir in Washington besprochen hatten, war sehr weit gegangen, und es war höchst unsicher, ob er im Sicherheitsrat eine Mehrheit gefunden hätte. Nach dem, was ich über den Fortgang der Verhandlungen hörte, hatten die USA die absurden – und undurchführbaren – Klauseln über UN-Inspektionen fallen lassen, die in dem Fall von den fünf ständigen Mitgliedern des Sicherheitsrats gelenkt worden wären. Die USA wollten sich, nach dem, was ich gehört hatte, auch mit einer verschwommenen Klausel über die Folgen für den Irak zufrieden geben, falls dieser weiterhin gegen seine Verpflichtungen verstieß, die sie allerdings in die Lage versetzte, nötigenfalls einseitige Maßnahmen zu ergreifen.

Ich ging zu Fuß vom UN-Gebäude zum Waldorf Astoria, wo ich eine halbe Stunde lang mit Powell unter vier Augen redete. Er sagte, die USA wünschten sich ernsthaft eine gewaltfreie Lösung, und betonte, es sei nun umso wichtiger, dass wir unsere Inspektionspläne und unseren Inspektionsapparat verstärkten. Die USA würden uns jede erdenkliche Unterstützung gewähren. Ich erläuterte ihm, wie weit unsere Vorbereitungen gediehen waren, aber ich versprach keine schnellen Aufstockungen über unsere Planungen hinaus.

Ein paar Tage nach meinem Gespräch mit Colin Powell hielt ich mich in Moskau auf, wo ich an einer Konferenz über Maßnahmen gegen die Verbreitung von Massenvernichtungswaffen teilnahm, und wurde zu einer Unterredung mit Außenminister Iwanow gebeten. Kann sein, dass er die letzten Resolutionsentwürfe, die zur Diskussion standen, noch nicht erhalten hatte, doch auf die erste Entwurfsfassung reagierte er noch ablehnender als ich. Ich stimmte vielen seiner Kommentare zu, aber ich wies auch auf einige Formulierungen und Bestimmungen hin, die meines Erachtens hilfreich sein könnten – wie ich es gegenüber den Amerikanern in Washington getan hatte.

Besuch im Weißen Haus am Mittwoch, dem 30. Oktober 2002

Am Montag, dem 28. Oktober, erstatteten Mohammed el Baradei und ich dem Sicherheitsrat Bericht über praktische Aspekte des zu diesem Zeitpunkt vorliegenden Entwurfs einer neuen Resolution. Meines Erachtens sollte darin vom Irak eine neue Erklärung verlangt werden, und außerdem wäre eine Bestimmung wünschenswert, dass die Präsidentenanlagen den gleichen Zutrittsbedingungen wie alle anderen Stätten unterliegen sollten. Einigen anderen Bestimmungen gegenüber hatte ich gewisse Zweifel und Vorbehalte.

Wieso wurde uns vorgeschrieben, dass wir die besten verfügbaren Experten als Inspekteure heranziehen sollten? War dies nicht selbstverständlich? Mich beschlich der Gedanke, dass die scheinbar harmlose, ja sogar überflüssig erscheinende Bestimmung das Produkt von Vorschlägen bestimmter Leute war, die glaubten, das frühere UNSCOM-System, bei dem die westlichen Großmächte ihre Sachverständigen kostenlos zur Verfügung gestellt hatten, sei dem UN-Rekrutierungssystem auf breiter geografischer Basis überlegen. Ich wollte nicht auf die Aufhebung dieser Bestimmung drängen, aber sie ärgerte mich. Bekamen wir denn nun ein echtes UN-System oder doch vielmehr einen UN-Deckmantel für eine westliche Operation?

Am Montagabend erhielt ich einen Anruf von Powell, wir sprachen über die Resolution, und er sagte, es wäre sinnvoll, wenn ich mit dem Präsidenten persönlich spräche. Er würde sich wieder bei mir melden. Am Dienstag erfuhr ich dann, dass ich zusammen mit Mohammed el Baradei, der sich gerade in New York aufhielt, nach Washington kommen solle. Präsident Bush und das Weiße Haus leben ganz nach dem Sinnspruch »Morgenstund' hat Gold im Mund«, und so holte uns am Mittwochmorgen um halb neun ein Van im Hotel ab und brachte uns zum Westflügel des Weißen Hauses. Diesmal blieben mir die mehrfachen strengen Sicherheitskontrollen erspart, die man normalerweise vor dem Einlass ins Weiße Haus durchlaufen muss.

Während die übrigen Mitglieder unseres Teams warten mussten, wurden Mohammed und ich zunächst zu Vizepräsident Cheney geführt. Er überließ das Reden weitgehend sich selbst und wirkte auf mich wie ein entschlossener, selbstbewusster – ja, übertrieben selbstbewusster – Topmanager. Sein Ausgangspunkt seien die Sicherheitsinteressen der USA, sagte er. Er spreche von der Welt im Allgemeinen. Nach Ansicht der USA könnten die Inspektionen nicht endlos weitergehen, wenn sie keine Ergebnisse zeitigten. Die USA seien »im Begriff, Inspektionen zugunsten von Entwaffnung zu misstrauen«. Eine ziemlich unverblümte Weise, uns mitzuteilen, dass die USA rundheraus erklären wollten, die Inspektionen brächten nichts, und den Irak mit anderen Mitteln entwaffnen würden, falls wir nicht bald die Massenvernichtungswaffen fanden, von deren Existenz sie überzeugt waren – auch wenn sie nicht wussten, wo. Ich erwiderte, wir wüssten um die begrenzte Wirksamkeit von Inspektionen und es sei schwierig, unterirdische oder mobile Objekte zu finden, wenn man keine nachrichtendienstlichen Hinweise habe. Dennoch könnten wir Produktionsstätten und militärische Anlagen überprüfen, hätten überall Zutritt und könnten das Land überwachen. Bei diesem Treffen ging es wohl von vornherein nicht um einen echten Meinungsaustausch. Vielleicht eher um eine Warnung.

Wir gingen hinüber zum Präsidenten. Sein Verhalten stand in auffälligem Kontrast zu der gemessenen Sprechweise und smarten Selbstbeherrschung des Vizepräsidenten. Der Präsident empfing uns sehr freundlich und sagte uns, dass er »sich geehrt fühle, uns *Gentlemen* zu empfangen«. Er machte einen jungenhaften Eindruck, wirkte agil und änderte im Sitzen ständig seine Haltung. Er erklärte uns, die USA strebten aufrichtig nach einer friedlichen Lösung. Im Gegensatz zu dem, was über ihn kolportiert werde, so fuhr er fort, sei er kein schießwütiger Cowboy und die USA seien nicht auf einen Krieg aus. Der Sicherheitsrat solle über eine neue Resolution beraten, aber nicht mehr lange ... Er erwähnte den Völkerbund. Er sagte, die USA hätten volles Vertrauen in mich und Mohammed el Baradei und sie würden uns in jeder erdenklichen Weise unterstützen. Ich bedankte mich für die Unterstützung der USA und fügte hinzu, dass sie für einen erfolgreichen Ausgang unverzichtbar seien ...

Es war kein substanzielles Gespräch und das sollte es vermutlich auch nicht sein. Vielmehr, so dachte ich, eine Demonstration dafür – besonders da neben Colin Powell auch Dick Cheney, Condoleezza Rice und Paul Wolfowitz zugegen waren –, dass die US-Regierung, zumindest vorläufig, einen multilateralen Kurs fahre und sich ernsthaft darum bemühe, im Rahmen der Vereinten Nationen Fortschritte zu erzielen. Eine Bestätigung, dass die USA einstweilen auf unserer Seite stünden, trotz all der negativen Dinge, die Dick Cheney und andere in der Administration über die Vereinten Nationen und die Inspektionen gesagt hatten. Anschließend erklärte Ari

Fleischer, der Sprecher des Weißen Hauses, Präsident Bush habe betont, dass die USA eng mit den Inspekteuren zusammenarbeiten würden, um die Entwaffnung Saddam Husseins zu gewährleisten. Ein anderer Regierungsvertreter wurde mit der Aussage zitiert, dass »die Administration, nach einem Wink von Blix, ihre Forderung abschwächt, irakische Wissenschaftler, die an Waffenprogrammen arbeiteten, sollten zur Befragung außer Landes gebracht werden. Der revidierte Resolutionsentwurf soll solche Befragungen billigen, aber nicht verlangen.« (AP, 30. Oktober). Die Amerikaner waren in Wirklichkeit von ihrer Haltung in dieser Sache keinen Deut abgewichen. Colin Powell erklärte einmal, die Resolutionsbestimmung sei eine Ermächtigung und keine Weisung. Dennoch bestand in kaum einem anderen Punkt eine derart anhaltende Meinungsverschiedenheit zwischen den USA und uns.

Vom Präsidenten gingen wir hinüber ins Büro von Condoleezza Rice, wo sich Colin Powell und Dick Cheney von uns verabschiedeten. Anfangs waren nur Condoleezza Rice, ihr Stellvertreter, Mohammed und ich anwesend. Und hier kam es zu einem echten Meinungsaustausch. Sie sagte, sie verstehe, dass wir unsere UN-Legitimität aufrechterhalten wollten, und dies sei auch im Interesse der USA. Sie schien sogar unseren Standpunkt zu verstehen, dass geheimdienstliche Informationen grundsätzlich nur in eine Richtung fließen sollten. Sie sagte uns, die USA hätten eine ganze Reihe konkreter Vorstellungen darüber, wie wir unseren Auftrag erledigen sollten und wie sie uns dabei »helfen« könnten. Eine dieser Ideen beunruhigte uns allerdings: Die USA hätten beschlossen, die gewichtige Aufgabe der irakischen Abrüstung den Vereinten Nationen zu übertragen (sic!). Entsprechend bedürfe es einer »Grundlagenvereinbarung über die Vorgehensweise«, eventuell in Form von schriftlichen Absprachen über gewisse praktische Regelungen. Zu diesem Vorschlag äußerte ich mich nicht. Ich dachte, auch wenn es uns nicht verboten war, »Vereinbarungen« – auch schriftlich fixierte – mit Regierungen zu treffen, die uns unterstützten, etwa hinsichtlich der Bereitstellung von Ausrüstungsgütern oder der Erbringung von Dienstleistungen, wie etwa der U-2-Aufklärungsflüge, sei eine

»Grundlagenvereinbarung« doch eine Sache ganz anderer Größenordnung. Die »Grundlage« unserer Arbeit bildeten die Resolutionen des Sicherheitsrats und sie sollte auf keinen Fall durch bilaterale Absprachen ergänzt werden. Es gab später von US-amerikanischer Seite her in der Tat Versuche, uns Empfehlungen hinsichtlich der konkreten Erfüllung unserer Aufgaben zu erteilen, aber wir lehnten die meisten davon ab und trafen keinerlei Absprachen in dieser Sache.

Nach diesem recht substanziellen Meinungsaustausch zwischen uns vier gesellten sich Paul Wolfowitz und die Kollegen, die mit uns aus New York gekommen waren, zu uns, sodass im kleinen Büro des Nationalen Sicherheitsberaters gedrängte Enge herrschte. Die Forderung, Wissenschaftler aus dem Irak auszufliegen und sie im Ausland zu befragen, wurde erneut aufgeworfen. Paul Wolfowitz sagte, dies sei nichts anderes als eine Art Zwangsvorladung von Zeugen. Man müsse den Irakern eben klipp und klar sagen, sie hätten sich damit abzufinden, dass wir ihre Leute ausfliegen. Ich erwiderte, die betreffenden Personen wären wohl kaum bereit, ihr Land zu verlassen, wenn ihre Angehörigen zurückblieben und Repressalien befürchten müssten. Meinte er, wir sollten Leute wie Tarik Asis unter Zwangsandrohung dazu bringen, zu uns überzulaufen?

Was hielt die US-Regierung davon ab, den Irak durch Inspektionen zu entwaffnen? Dies ist vielleicht die falsche Frage. Es gab unterschiedliche Standpunkte innerhalb der Regierung. Einige hofften vielleicht, dass kein Einvernehmen über eine neue Resolution erzielt würde. Der Präsident hatte gesagt, dass er den Vereinten Nationen nicht viel Zeit einräume, und er hatte an den Völkerbund erinnert. Andere erwarteten womöglich, dass sich die Iraker schon bald weigern würden, einige Verpflichtungen aus einer neuen Resolution zu erfüllen, besonders wenn diese drakonische Forderungen enthielt. Doch auch wenn innerhalb der US-Regierung unterschiedliche Standpunkte vertreten wurden, wussten wir, was von uns erwartet wurde und dass die Amerikaner die Inspektionen vorläufig unterstützten.

Zwei Tage nach meinem Besuch in Washington, am 1. November, suchte mich der irakische UN-Botschafter Mohammed Alduri auf, und ich sagte ihm, meiner Meinung nach seien wir nach Washington eingeladen worden, weil uns die US-Regierung deutlich machen wollte, dass sie den Weg über die Vereinten Nationen eingeschlagen habe und sich nachdrücklich für den Inspektionsprozess einsetzen wolle. Präsident Bush habe gesagt, dass er eine friedliche Lösung anstrebe, aber er habe keinen Zweifel daran gelassen, dass der Irak abrüsten müsse. Ich sagte, die Geduld der Vereinigten Staaten sei wahrscheinlich begrenzt und es sei wünschenswert, ein positives Startsignal zu geben. Anschließend sprachen wir über die irakische Deklaration, und der Botschafter meinte, er sei besorgt, dass dies der »eigentliche verborgene Auslöser« sei. Was, wenn der Irak nichts zu deklarieren hätte? Ich erwiderte, die Deklaration müsse plausibel und glaubwürdig sein. Der Irak müsse seine Bestände und Lager sorgfältig überprüfen.

Im Scherz auf die mit Dokumenten vollgestopfte Hühnerfarm des übergelaufenen Schwiegersohns von Saddam, Hussein Kamal, anspielend, meinte ich, vielleicht würden sie ja eine Kamelfarm finden. Mohammed Alduri lachte unfroh, als er ging.

November 2002: Annahme der neuen Resolution. US-Vorschläge zur Durchführung der Inspektionen

Am 8. November verabschiedete der Sicherheitsrat die Resolution 1441 (2002). Nachdem die syrische Delegation in letzter Minute grünes Licht erhalten hatte, der Resolution zuzustimmen, wurde diese einstimmig angenommen. Der Text erklärte unmissverständlich, dass der Irak trotz anhaltender Verletzung der einschlägigen Resolutionen eine letzte Chance erhalte. Der Irak wurde aufgefordert, sofort, bedingungslos und aktiv mit den UN-Inspekteuren zu kooperieren. Jeder weitere »materielle Verstoß« werde den Rat veranlassen, »die Lage zu beurteilen und ernsthafte Konsequenzen ins Auge zu fassen« – das hieß in der Diplomatensprache ein mögliches militärisches Eingreifen. Allerdings wurde der Text sehr unterschiedlich interpretiert, besonders von Frankreich und den USA.

119

Die Franzosen hatten unter der Voraussetzung zugestimmt, dass ein »materieller Verstoß« nur auf der Basis eines Berichts der Inspekteure festgestellt werden könne, worauf der Sicherheitsrat dann über das weitere Vorgehen beschließen müsse. Ich bin fest überzeugt, dass mehrere andere Mitglieder des Sicherheitsrats diese Ansicht teilten. Sie wollten auf keinen Fall eine Blankovollmacht ausstellen. Frankreich äußerte diese Meinung allerdings am deutlichsten. Nach Interpretation der USA enthielt der Resolutionstext keinen derartigen Vorbehalt.

Die Interpretationsunterschiede traten in der allgemeinen Freude darüber, dass sich der Rat zu einer einvernehmlichen, entschlossenen Stellungnahme durchgerungen hatte, in den Hintergrund. Zu diesem Zeitpunkt spielten sie auch tatsächlich keine Rolle. Obgleich der Text im Vergleich zum ersten britisch-amerikanischen Resolutionsentwurf, der Bestürzung hervorgerufen hatte, etwas »entschärft« worden war, enthielt er noch immer drakonische Forderungen, die kein Staat akzeptiert hätte, wenn er nicht unmittelbar von einem bewaffneten Angriff bedroht gewesen wäre. Obendrein erklärte die Resolution alle praktischen Regelungen, die Mohammed el Baradei und ich in unserem gemeinsamen Schreiben an die Iraker aufgeführt hatten, als für den Irak bindend. Es bedurfte also keiner weiteren Gespräche mit den Irakern über diese Punkte! Es war das erste – und vermutlich auch letzte – Mal in meinem Leben, dass ein Schreiben von mir völkerrechtliche Verbindlichkeit erlangte!

Würde der Irak die Resolution innerhalb der gewährten zweiwöchigen Frist annehmen? Vielleicht hofften einige in der US-Regierung auf ein Nein. Doch am 13. November traf ein langes Schreiben in zugleich empörtem und jammerndem Tonfall ein, in dem der Irak seine Bereitschaft erklärte, sich mit der Resolution »zu befassen« (S/2002/1242).

Kaum hatte der Irak erklärt, er werde der Wiederaufnahme von Inspektionen zustimmen, liefen unsere Vorbereitungen auf Hochtouren. Eine Frage, die sehr problematisch hätte werden können, wurde rasch erledigt: unsere Operationsbasis für den Einsatz im Irak. Die UNSCOM hatte ihre Teams in Bahrein zusammengestellt und war von dort aus nach Bagdad geflogen. Wir verfügten zwar dort noch immer über die alten Dienstgebäude, aber es hatte langwierige Gespräche über eine Erneuerung der früheren UNSCOM-Vereinbarung gegeben. Ich hielt die Einwände, die Bahrein darin erhoben hatte, nicht für eine indirekte Form der Ablehnung, aber die Zeit wurde knapp und daher beschloss ich, eine andere Option auszuprobieren. Ich entschied mich für Zypern. Dort hatte man langjährige Erfahrungen mit der Betreuung von UN-Missionen, und das britische Außenministerium und dessen New Yorker Vertreter, Botschafter Sotirios Zackheos, vermittelten uns die Erlaubnis, in Larnaka ein Verbindungsbüro zu eröffnen und ein Transportflugzeug zu stationieren. Da die meisten unserer Leute, die nach Bagdad flogen, aus dem Westen kommen würden, war diese Lösung praktisch. Außerdem stellten wir mit der Zeit fest, dass uns die Flugroute von Larnaka nach Bagdad die Schwierigkeit ersparte, durch die britisch-amerikanischen Flugverbotszonen fliegen zu müssen.

Die Mitgliedstaaten hatten uns seit unserer Gründung Anfang 2000 unterstützt, es aber weitgehend uns überlassen, mithilfe der Ratschläge unseres Kollegiums von Fachkommissaren die künftigen Inspektionen zu planen. Wir wollten etwa zweihundert Personen nach Bagdad entsenden und eine Reihe von je zehnköpfigen Inspektionsteams für biologische und chemische Waffen sowie Raketen, aber auch multidisziplinäre Teams aufstellen. Sollten wir für einige Einsätze ein größeres Team brauchen, konnten wir mehrere normale Teams zusammenlegen. Wir beabsichtigten, einige Hubschrauber mit insgesamt etwa vierzig Mann Bedienungspersonal zu stationieren. Computer, Kommunikationsausrüstung einschließlich abhörsicherer Leitungen und vieles mehr wurden bestellt. Wir kannten bereits sehr viele Örtlichkeiten, die wir inspizieren wollten, und hatten jede Menge Fragen.

Nachdem die USA beschlossen hatten, die Inspektionen zu unterstützen, rechneten wir mit Hilfe, aber schon bald fanden wir die »großzügige« Vereinnahmung durch die USA bedenklich. Wir erfuhren auf unterschiedlichsten Wegen, wie wir unseren Auftrag nach amerikanischer Vorstellung erledigen sollten. Mitglieder der

US-Regierung ließen die amerikanische Presse bereits wissen, dass wir ihren Empfehlungen folgen würden. Steven Weisman berichtete in der *New York Times* (vom 10. November 2002), dass die Inspekteure »Saddams Ernsthaftigkeit frühzeitig auf die Probe stellen wollen, indem sie eine umfassende Liste mit den Standorten von Waffen anfordern werden, um zu überprüfen, ob sie mit einer Liste von über hundert vorrangigen Inspektionsstätten übereinstimmt, die westliche Experten zusammengestellt haben ...« Ach ja?

Weisman durfte auch berichten, dass »viele in der Administration sagen, ihnen wäre eine schroffe Abfuhr durch Saddam lieber als Kooperation ... Tempo sei wichtig, sagen Militärexperten, denn die kühleren Wintermonate, die im Februar oder März enden, wären für einen Angriff auf den Irak optimal«. Dennoch sah man ein Problem darin, raschen Zutritt zu sehr sicherheitsempfindlichen Stätten zu fordern: »Die [US-amerikanischen] Experten sagen, die Inspekteure könnten nicht so zügig arbeiten, dass es wie eine gezielte Provokation des Irak aussehe.« Die Berater, die von Washington nach New York reisten, verloren über all dies kein Wort, aber sie hatten jede Menge Ratschläge parat, darunter sogar manch hilfreichen.

Ein Tipp war die Strategie von oben nach unten. Wir sollten mit den Inspektionen bei den obersten Behörden wie Ministerien beginnen und die dortigen Computer von Experten überprüfen lassen, um Hinweise auf Stätten zu erhalten, wo wir mit hoher Wahrscheinlichkeit fündig würden. Jemand bemerkte dazu, sie bräuchten uns nun wirklich nicht zu sagen, wie man ein Ei ausschlürft. Ich persönlich zog daraus den Schluss, dass die USA selbst nicht wussten, wo etwas zu finden war. Außerdem hatten die Iraker meines Erachtens spätestens 1991 gelernt, dass Dokumente oder Archive nicht in Ministerien gelagert werden sollten, solange Inspekteure vor Ort waren. Mich beschlich auch der Verdacht – der durch den oben zitierten Artikel erhärtet wurde –, hinter diesem Rat könnte die Absicht stehen, wenn schon keine aufschlussreichen Dokumente gefunden wurden, die Iraker doch wenigstens zu provozieren, ja vielleicht sogar dazu zu bringen, dass sie den Inspekteuren den Zutritt zu bestimmten Stätten verweigerten. Wir schlossen die obersten

Behörden zwar als Ziele nicht aus, aber wir hatten andere Prioritäten, und obgleich wir froh über jeden Hinweis auf Anlagen waren, die wir inspizieren sollten, trafen wir die Auswahl selbst, und aus nahe liegenden Gründen weihten wir niemanden ein.

Man gab uns auch den Tipp, die Iraker mit Inspektionen regelrecht zu überwältigen, sodass sie uns gar nicht mehr richtig kontrollieren könnten, und zu diesem Zweck die Zahl unserer Inspekteure in kurzer Zeit zu verdoppeln. Aber das war nicht machbar. Einer gewaltigen Militärmacht, die in ein paar Monaten mehrere Hunderttausend Mann an den Golf verlegen konnte, muss dies völlig unverständlich erschienen sein. Doch unsere Pläne, an die wir uns halten mussten, um nicht im Chaos zu versinken, waren nicht auf eine solche Aufstockung angelegt. Ausrüstung, Unterkünfte, Verkehrsmittel – alles hätte geändert werden müssen. Außerdem wollten wir all unsere Leute selbst schulen. Ich sagte immer wieder, dass wir zuerst gehen lernen müssten, bevor wir laufen könnten. Es wäre uns auch nicht gelungen, die irakischen Aufpasser durcheinander zu bringen, denn der Irak hatte einen riesigen Vorrat an Leuten dieser Spezies. Bei einem meiner Besuche in Bagdad beschwerte ich mich, dass das Verhältnis von Aufpassern zu Inspekteuren mitunter zehn zu eins betrage, und Dr. al Saadi gab zu, dass eins zu eins normal wäre. Sie verfügten also über eine gewaltige Reserve.

Wir sahen voll und ganz ein, dass die USA uns nur dann Geheimdienstinformationen zur Verfügung stellen konnten, wenn Gewissheit bestand, dass diese vertraulich behandelt wurden. Die Vereinigten Staaten hätten es zu diesem Zweck am liebsten gesehen, wenn wir einigen Vertrauenspersonen der US-Behörden hohe Führungspositionen bei uns angetragen hätten. Aber das kam nicht in Frage. Unser Kontaktmann zu den Nachrichtendiensten war Jim Corcoran, ein kanadischer Profi, der bei vielen Diensten gut angeschrieben war. Wir vertrauten ihm, und er legte den Nachrichtendiensten dar, wie er die Vertraulichkeit ihrer Informationen gewährleisten wollte. Ich habe keinerlei Anhaltspunkte dafür, dass nachrichtendienstliche Informationen, die uns zur Verfügung gestellt wurden, weitergegeben worden sind. Unsere Unabhängigkeit war Teil der Legitimität, die der Sicherheitsrat gefordert hatte. Wir widersetzten uns auch Forderungen, unsere Erkenntnisse welchem Nachrichtendienst auch immer zu »überlassen« oder gemeinsame Operationen durchzuführen. Wir wussten, dass solche Aktivitäten Anfang der neunziger Jahre eine reiche Ausbeute erbracht hatten, aber sie hatten auch dazu geführt, dass die UNSCOM zunehmend von den Nachrichtendiensten vereinnahmt worden war, was zu ihrem Niedergang beitrug. Natürlich waren wir bereit, Nachrichtendiensten so viele Informationen zu liefern, wie sie benötigten, um unsere Anfragen sachgerecht zu bearbeiten, und ihnen auch einiges an Feedback über die Ergebnisse zu geben, die wir mit Hilfe ihrer Erkenntnisse erzielt hatten. Zum Beispiel, was wir – wenn überhaupt etwas – an einer von ihnen angegebenen Stätte fanden. Es würde nicht leicht sein, die Grenze zu ziehen. Immerhin wussten wir, dass sie bei der UNSCOM völlig falsch gezogen worden war. Wenn man bedenkt, dass sich ein Großteil der Geheimdienstinformationen letztlich als grob irreführend erwies, kann man zu Recht fragen, ob es nicht ein Segen war, dass wir nicht mehr davon bekamen. Am Ende stellten wir fest, dass an den Örtlichkeiten, die uns die Geheimdienste nannten, keine Massenvernichtungswaffen vorhanden waren.

Über nichts wurde in der Öffentlichkeit und hinter den Kulissen so heftig diskutiert wie über die Frage, ob Iraker, die möglicherweise über sachdienliche Erkenntnisse verfügten, ins Ausland gebracht und dort befragt werden sollten. Ich habe diese Frage bereits erwähnt. Ich hielt zwar Befragungen für ein wichtiges Hilfsmittel, jedoch die Idee, Leute aus dem Irak auszufliegen, nie für realistisch. Irgendwann beschlich mich der Verdacht, man erwarte von uns nur, als Handlanger der US-Nachrichtendienste zu fungieren und unter dem Deckmantel der Vereinten Nationen mutmaßliche irakische Geheimnisträger zum Überlaufen zu bewegen. So hielt ich in aller Öffentlichkeit fest, dass wir uns weder als Entführungs- noch als Überläuferagentur verstünden. Als ich bei einem Treffen einmal erklärte, es könnte zu einem »Unfall« kommen, wenn die Iraker bemerken sollten, dass wir einen solchen Geheimnisträger in unser Flugzeug bringen wollten, entgegnete ein amerikanischer Experte:

»Was soll's, die meisten dieser Leute haben sich doch sowieso der Produktion von Massenvernichtungswaffen verschrieben …« Dieser Kommentar war nicht dazu angetan, meine Bereitschaft zur Zusammenarbeit zu erhöhen. Ich sprach mit anderen Regierungen und Nachrichtendiensten über die Idee und stieß überall nur auf Unverständnis. Die USA waren bereit, nicht nur dem Informanten, sondern auch bis zu zehn ihn begleitenden Angehörigen Asyl zu gewähren, vorausgesetzt, der Name des Informanten stand auf einer ihrer Listen. Leider würde die irakische Regierung zu dieser Person nicht einfach sagen:»Schön, du kannst Kinder, Brüder und Schwestern mitnehmen, aber hast du nicht zufällig noch eine Tante in Kirkuk oder einen Onkel in Basra?«, wenn sie absolut nicht wollte, dass sie den Irak verließ? Ging es vielleicht letztlich nur darum, zu provozieren, in der Hoffnung, dass der Irak die Zusammenarbeit verweigerte und festgestellt werden konnte, dass eine Verletzung der Resolution 1441 (2002) vorlag?

Paris – Larnaka – Bagdad – London – New York, 15.–23. November 2002

Am 15. November flog ich mit meinem neuen »alten« persönlichen Assistenten, Torkel Stiernlof, und einem Team von CNN von New York nach Paris. Dort trafen wir kurz mit dem französischen Außenminister de Villepin und dem brillanten vormaligen Vertreter Frankreichs bei den Vereinten Nationen, Jean David Levitte, zusammen, der als Botschafter nach Washington ging. Ich hatte auch Gelegenheit zu einem Gespräch mit dem mexikanischen Außenminister Jorge Castaneda, dessen Vater – früher ebenfalls Außenminister und ein sehr guter international tätiger Jurist – ein alter Freund von mir war. Nach einer Zwischenlandung in Larnaka flogen wir weiter nach Bagdad.
Als wir am Sonntag, dem 17. November, in Bagdad eintrafen, herrschte ein chaotisches Mediengetümmel am Flughafen. Es war eigens ein Podium für uns aufgebaut worden, aber ehe wir hingelan-

gen konnten, waren wir schon eingekreist. Ich sagte der Presse, wir seien ausschließlich deshalb gekommen, weil die Welt Gewissheit haben wolle, dass es im Irak keine Massenvernichtungswaffen mehr gebe. Wenn die internationale Gemeinschaft diese Zusicherung schon 1991 erhalten hätte, dann wäre dem Irak ein Jahrzehnt der Sanktionen erspart geblieben. Ich hoffte, dass wir es nunmehr packen könnten. Ich versprach »effektive« Inspektionen. Nur solche seien glaubwürdig. Ich versprach auch, dass wir unparteiisch sein würden. Wir wurden in der obersten Etage des Hotels al Rasheed untergebracht. Präsidentenberater al Saadi eröffnete die Gespräche am Montag, dem 18. November, indem er etwas vorlaut erklärte, sie hätten uns schon vor einem Monat erwartet, als der Irak den Inspektionen zugestimmt habe. Ich antwortete, wir wären liebend gern schon vor vielen Monaten gekommen. Nach diesen Sticheleien sprachen wir darüber, wie wir unsere Kooperation auf der Grundlage der für beide Seiten verbindlichen Resolutionen organisieren wollten. Die Fristen in der Resolution 1284 vom Dezember 1999 mussten mit den Fristen in der neuen Resolution 1441 vom November 2002 in Einklang gebracht werden und wir sprachen darüber. Die irakische Seite beschäftigte indessen vor allem die Deklaration, die nach Paragraph 3 der neuen Resolution vom Irak gefordert wurde.

Ich wollte meinerseits mehrere praktische Fragen lösen. Wir wollten die Iraker schon jetzt um Hilfe beim Aufbau eines Büros in der nordirakischen Stadt Mossul bitten und unsere Räumlichkeiten im Hotel Canal erweitern; auch waren einige Fragen im Zusammenhang mit Personalausweisen für unser Personal zu klären. Dann ging es mir um die Zusicherung, dass es während der Inspektionen nicht zu einem Medienrummel kam. Diesmal war es augenfällig, dass die Iraker vorsahen, die Medien den Inspekteuren auf Schritt und Tritt folgen zu lassen. Wir wollten ihnen nicht vorschreiben, was sie den Medien auf ihrem Hoheitsgebiet erlaubten, aber an den Stätten, die wir inspizierten, würden wir die Anwesenheit von Medienvertretern nicht dulden. Damit die Iraker mit den Vorbereitungen beginnen konnten, unterrichtete ich sie auch darüber, dass wir Listen mit den

Namen sämtlicher Personen anfordern würden, die in der Vergangenheit an Waffenprogrammen gearbeitet hatten.

Im Verlauf des Dienstags hatten wir eine Unterredung mit Außenminister Naji Sabri und weitere Gespräche mit irakischen Vertretern, bevor wir das diplomatische Corps über den Auftakt unserer Arbeit informierten und uns mit Vertretern sämtlicher UN-Organisationen trafen, die im Hotel Canal und anderweitig in Bagdad untergebracht waren. Ich wollte ihnen deutlich machen, dass wir Teil der Vereinten Nationen waren und mit diesen zusammenarbeiteten. Deren Ziele seien humanitärer Art – nun ja, Massenvernichtungswaffen zu eliminieren sei schließlich auch eine humanitäre Mission –, und wir gehörten zusammen.

Diesmal hatten unsere eigenen Leute eine Pressekonferenz im UN-Hauptquartier organisiert, bei der es einigermaßen geordnet zuging. Dort kündigte ich an, dass das erste Inspektionsteam um den 25. November herum eintreffen würde und die erste Inspektion am 27. November stattfinden solle. Auf die Frage nach der von den Irakern geforderten Deklaration und den Schwierigkeiten, die es dem Irak bereiten müsse, über so viele Gegenstände und so lange Zeiträume Rechenschaft abzulegen, meinte ich nur: »Senfgas herzustellen ist nicht das Gleiche wie Marmelade einzukochen. Man führt Buch über die Produktionsmengen und den Verbleib solcher Stoffe …«

Auf dem Rückweg nach New York machten wir in London Zwischenstation. Ich wurde zu einer Unterredung mit Premierminister Blair eingeladen. Er war freundlich, erwartete aber offenbar nicht, dass der Irak viel deklarieren würde. Er sprach die Befürchtung aus, dass es den Inspekteuren obliegen werde, nach Waffen zu suchen, und die Gefahr bestehe, dass die Iraker wieder in das alte Katz-und-Maus-Spiel verfielen.

Die erste Inspektion fand planmäßig am 27. November statt, also 25 Tage vor dem Termin, den der Sicherheitsrat in der Resolution festgesetzt hatte. Nach einer Woche hatten wir gut zwanzig Inspektionen durchgeführt, unter anderem im Al-Sajud-Palast, einer Präsidentenanlage am Ufer des Tigris.

Als Dimitri Perricos mit seinem Team dort eintraf, wurden sie zunächst nicht vorgelassen. Perricos ließ Zeichen der Ungeduld erkennen – was bei diesem altgedienten griechischen Inspekteur, der 1991 im Irak für die IAEO zuständig gewesen war und danach in Nordkorea, ziemlich rasch geschah. Nach zehn Minuten Wartezeit setzte er, das Telefon in der Hand, seinen Jeep zurück. In dem Moment gingen die Türen auf und die Inspekteure wurden eingelassen. Das Gebäude stellte sich als luxuröses Gästehaus des Präsidenten heraus. Die Inspekteure fotografieren routinemäßig, was sie zu sehen bekommen, damit sie beim nächsten Mal prüfen können, ob sich etwas geändert hat. Sie halten nach verschiedenen Ausrüstungsgegenständen Ausschau und nehmen oft Staub- und Bodenproben sowie Proben von Flüssigkeiten zur Analyse mit. In diesem Gästehaus gab es weder Archive noch Dokumentablagen, weder Vorräte an chemischen oder biologischen Kampfstoffen noch sicherheitsempfindliche Ausrüstungsgegenstände zu beschildern – dafür eine Menge Marmeladengläser in den Kühlschränken.

Die zahllosen Präsidentenanlagen und -gebäude waren zweifelsohne für illegale Labors oder Lager gut zu gebrauchen, besonders wenn sie für Inspektionen tabu waren. Zur Zeit der UNSCOM galten derartige Inspektionen jedoch als sicherheitsempfindliche Angelegenheiten, verletzten sie doch aus irakischer Sicht die Souveränität und, schlimmer noch, die Würde des Staatsoberhauptes, des Präsidenten. Nun, damals hatte ein entsprechendes Memorandum festgelegt, dass auch diesen Örtlichkeiten keine speziellen Privilegien zustanden, und diesmal hielt die neue Resolution dasselbe fest. Es gab endgültig keine unantastbaren, privilegierten Örtlichkeiten mehr.

Nach der Inspektion der Präsidentenanlage erklärte Vizepräsident Ramadan, wir hätten diese nur vorgenommen, um die Iraker zu einer Verletzung der Resolution zu verleiten, die, wie er sich ausdrückte, »voller Tretminen« sei. Er kritisierte auch, dass wir bei den Inspektionen keine Journalisten vor Ort haben wollten. Dimitri Perricos, der sich während dieser Anfangszeit in Bagdad aufhielt, sagte, wir hätten erste Ergebnisse vorzuweisen. So seien zum Beispiel etwa ein Dutzend mit Senfgas gefüllte irakische Artilleriegranaten in einer – bereits bekannten – militärischen Anlage in der Wüste sichergestellt worden.

Die Inspektionen kamen auf Touren. Je mehr Personal und Ausrüstung eintraf, desto mehr Orte konnten wir inspizieren. Alles lief überraschend gut, auch wenn wir noch immer am Anfang standen. Die Transport- und Überwachungshubschrauber waren noch nicht eingetroffen, und die Labors, in denen Proben von den Inspektionsstätten auf Spuren chemischer oder biologischer Kampfstoffe untersucht werden sollten, noch nicht einsatzbereit. Doch obwohl es in der Regierung Bush Stimmen gab, die monierten, wir hätten nicht genügend Leute vor Ort, konnten wir nun damit rechnen, dass wir bis Weihnachten etwa hundert Inspekteure in Bagdad stationiert hatten.

Unterdessen arbeiteten die Iraker unter Hochdruck an der von ihnen geforderten Deklaration, die sie dem Sicherheitsrat bis zum 8. Dezember vorlegen mussten.

Die Inspektionen kamen bemerkenswert gut voran, es gab ein Zentrum im alten Hotel Canal in Bagdad, eine Luftbrücke zu unserem Büro in Larnaca auf Zypern wurde eingerichtet, wir hatten Hubschrauber, Jeeps, Satellitentelefone und andere Kommunikationsmittel, Labore – sowie einige Inspekteure, die aus dem Personalbestand des Hauptquartiers in New York stammten, die meisten Experten aus dem Bestand an Mitarbeitern, die wir in den letzten zweieinhalb Jahren ausgebildet hatten.

Innerhalb eines Monats nach der Verabschiedung der Resolution 1441 (2002) legte die irakische Seite eine Deklaration vor, wie es die Resolution gefordert hatte, die alle Aktivitäten aus dem chemischen, biologischen und nuklearen Bereich, sowie aus dem Bereich der Raketentechnologie aufführte. Einschließlich aller Anhänge umfasste das Ganze gut 12 000 Seiten und vieles war in Arabisch abgefasst. Diese Deklaration beseitigte keineswegs die Zweifel, die aus der Tatsache herrührten, dass man früher viele Waffenprogramme nicht angegeben hatte.

Die Inspektionen nahmen zu, mehr Teams besuchten mehr Anlagen. Die Vereinigten Staaten hatten ziemlich klare Vorstellungen, wie wir unsere Arbeit durchführen sollten. Und sie teilten sie uns mit. Bis Ende Januar 2003 kooperierten die Iraker zögerlich und machten keine Anstalten, spontan bei der Klärung offener Fragen aus der Vergangenheit zu helfen, sei es bei Anthrax, VX-Viren oder Flugkörpern. Unsere Inspektionen fanden praktisch immer ohne Vorankündigung statt, und immer gewährte man uns ohne zu zögern Zutritt – selbst zu zwei Präsidentenanlagen, die wir besuchten. Natürlich gab es Spannungen und Schwierigkeiten. Offizielle irakische Stellen beschwerten sich über die von den Inspekteuren gestellten Fragen, man vermutete, es handle sich bei ihnen um Spione ... Man versuchte – wie auf dem Bazar – uns für die Erlaubnis, Flugzeuge vom Typ U-2 zu nutzen und unsere Hubschrauber durch die Flugverbotszonen fliegen zu lassen (wozu uns die Resolution ermächtigte), irgendwelche Zugeständnisse abzuhandeln. Aber sie gaben nach. Es war schwer einzuschätzen, ob man wirklich an einer ernsthaften Aufklärung der Vergangenheit interessiert war. Oder ob wir jetzt wieder beim Katz-und-Maus-Spiel angelangt waren?

130

KAPITEL 5

Die Dezember-Deklaration

Eine zentrale Regelung in der Resolution 1441 forderte den Irak auf, »eine genaue, vollständige und endgültige Deklaration« aller Aspekte vorzulegen, die verbotene Waffen und die entsprechenden Zulieferungsprogramme betreffen, sowie jene »aller anderen chemischen, biologischen und nuklearen Programme, einschließlich jener, bezüglich derer der Irak geltend macht, dass sie in keinem Zusammenhang mit der Produktion von Waffen oder waffenfähigem Material stehen«.

Die detaillierte Beschreibung dessen, was in der Resolution unter »alle Aspekte« zu erfassen sei, war so lang, wie die Zeit, die für die Erfüllung dieser Aufgabe zur Verfügung stand, kurz war: dreißig Tage. Die Strafe bei unvollständiger Erfüllung der Forderungen war hart: »Falsche Angaben oder Auslassungen … stellen einen weiteren erheblichen Verstoß dar«, der »ernsthafte Konsequenzen« nach sich ziehen könne – eine freundliche Umschreibung für bewaffnetes Eingreifen.

Der Zweck der neuen Deklaration

Die Idee der Selbstdeklaration ist im Bereich der Waffenkontrolle, was die Steuererklärung für das Finanzamt ist. Der Waffeninspekteur oder Finanzbeamte sollte nicht nachsehen müssen, um herauszufinden, was wirklich vorhanden ist. Vielmehr weiß man, welche Informationen gefragt sind, man verfügt über diese Informationen, stellt die wichtigen Daten zusammen und reicht sie zur Überprüfung ein. Man gibt die Erklärung ab und der Inspekteur verifiziert sie. Allerdings machen Finanzbeamte manchmal mehr, als nur die Zahlen der Steuererklärung nachzurechnen. Sie sehen mit den verschiedensten Methoden nach, ob sie etwas finden, was hätte deklariert werden sollen, dies aber nicht wurde. Das Gleiche gilt für Waffeninspekteure. Sie können etwa bei den Ländern nachforschen, die in das entsprechende Land exportieren, sie können Satellitenbilder nach Anzeichen neuer oder erweiterter Waffenanlagen absuchen, sie können Anlagen besuchen, nicht nur solche, die offiziell deklariert wurden, sondern auch andere, über die sie von Spionen oder Überläufern erfahren haben. Dennoch, Grundlage des Ganzen ist die Deklaration. Und so verhielt es sich auch mit dem Irak.

Nach dem Golfkrieg von 1991 stellte man sich vor, dass der Irak umfassende Deklarationen vorlegen sollte, die Inspekteure diese verifizieren und alle Gegenstände oder Aktivitäten, die sich als verboten herausstellten, unter ihrer Aufsicht eliminiert werden sollten. Danach würde der Sicherheitsrat die Wirtschaftssanktionen gegen den Irak aufheben, und es bliebe nur ein Verfahren zur langfristigen Überwachung in Kraft, um sicherzustellen, dass keine Programme zur Produktion verbotener Waffen neu aufgelegt wurden. Dieser Plan ging nicht so glatt auf, wie in der Resolution vorgesehen. Gewiss, es gab deutlich erkennbare Ergebnisse, so bei der Auswertung der Erklärungen, bei der Darlegung von Programmen und der Zerstörung von Waffen und Anlagen.

Doch spielte der Irak über acht Jahre hinweg mit den Inspekteuren, die Örtlichkeiten durchsuchten und Befragungen durchführten, Katz und Maus. Die eingereichten Erklärungen erwiesen sich als falsch oder unvollständig, und es mussten neue angefordert werden. Das hatte zur Folge, dass eine »genaue, vollständige und endgültige« Erklärung auf die andere folgte – und wenig Vertrauen bestand, dass auch nur eine davon genau, vollständig und endgültig war.

Gab es also im Herbst 2002 einen sinnvollen Grund für die Aufforderung, eine weitere allumfassende Deklaration vor der Wiederaufnahme der Inspektionen zu verlangen? Aus meiner Sicht, ja. Ich hatte im Rahmen des Dialogs, den Kofi Annan im Sommer 2002 mit den Irakern in Wien hatte, vorgeschlagen, man könnte eine solche Deklaration als Aufhänger für einen »Neubeginn« verwenden. Ich dachte, falls die Iraker erneute Inspektionen akzeptieren würden – und »falls« musste zu diesem Zeitpunkt dick unterstrichen werden –, sollten sie es tun, um damit erfolgreich zu sein, und das würde bedeuten, sich von ihren alten Deklarationen und Methoden zu distanzieren. Sämtliche verbotenen Bestände an Waffen und anderen illegalen Gütern und Aktivitäten sollten in der neuen Deklaration aufgelistet werden. Ich war mir sicher, dass sie, um das Gesicht zu wahren, immer erzählen konnten, irgendein General habe das Zeug versteckt gehabt.

Es kann sein, dass die USA andere Vorstellungen hatten, als man die Forderung nach einer neuen Deklaration in die Resolution aufnahm. Sie waren, wie die meisten anderen Staaten auch, der festen Überzeugung, dass der Irak über Waffen und andere Güter verfügte, die er hätte deklarieren müssen. Wenn die Iraker sie nun deklarierten, dann war alles in Ordnung. Doch die Regierung Bush zweifelte wohl daran, dass der Irak illegale Waffen überhaupt deklarieren würde, und suchte angestrengt nach Wegen, um dem Irak einen Nachweis abzuringen, dass er gegen die Auflagen des Sicherheitsrats verstieß. Eine Deklaration, die umfassende Informationen forderte und dem Irak wenig Zeit ließ, war möglicherweise der Stolperstein, um zu sichtbaren Verstößen zu kommen, die dann »ernsthafte Konsequenzen« rechtfertigen könnten. Wenn es solche Überlegungen gab, dann waren sie nicht besonders erfolgreich, obwohl die Vereinigten Staaten es insbesondere kurz vor dem Krieg mit der Behauptung versuchten, es seien einige deklarationspflichtige Objekte gefunden worden (die allerdings gar nicht versteckt waren). Viel später versuchte David Kay, der Chefinspekteur der Vereinigten Staaten im besetzten Irak, die Iraker auf einen Verstoß gegen die Resolution festzulegen, da sie einige Fermentoren, die man zu verschiedenen Zwecken verwenden kann, nicht deklariert hatten. Meine eigene optimistische Annahme, die neue Deklaration könnte die Iraker zu neuen Enthüllungen und einem Neuanfang animieren, erwies sich jedoch ebenfalls als falsch. Die neue Erklärung brachte keine der ungeklärten Abrüstungsfragen einer Lösung näher. Was sie brachte, war jede Menge Arbeit, Papierstöße und einige Ressentiments.

Wie hätte der Irak angemessen auf die Forderung nach einer neuen Deklaration reagieren können?

Ich hatte während der informellen Diskussionen im Sicherheitsrat vor der Verabschiedung der Oktober-Resolution darauf hingewiesen, dass ein Land mit einer bedeutenden petrochemischen Industrie Schwierigkeiten haben dürfte, innerhalb von dreißig Tagen eine Liste aller seiner friedlichen Zwecken dienenden chemischen Programme aufzustellen. Ich fände, dass eine solche Aufforderung im Text dessen Ernsthaftigkeit Lügen strafe. Mit dieser Position traf ich auf einiges Verständnis. Zwar wurde der Text nicht geändert, aber der Botschafter der USA sagte, in Bezug auf diesen Teil der Deklaration sei eine geringe Verzögerung tolerierbar.

Nachdem die Resolution verabschiedet worden war, reisten Mohammed el Baradei und ich im November 2002 nach Bagdad, um die ersten Inspektionen vorzubereiten. Unsere irakischen Gesprächspartner fragten, wie es ihnen gelingen sollte, in so kurzer Zeit die für die Deklaration erforderlichen Informationen zur Verfügung zu stellen. Diese Frage war nicht einfach zu beantworten. Wenn es noch eine Vielzahl verbotener Objekte gab und die Iraker dies wussten, war es relativ einfach, sie zu deklarieren. Natürlich würde es dann überall auf der Welt heißen, dass man Recht hatte mit der Vermutung, die Iraker würden lügen. Auch bestünden weiterhin Zweifel, ob nun wirklich alles vollständig deklariert worden sei, aber es könnte auch neue Hoffnung aufkeimen, dass man sich dem Boden des Fasses nähert, und es wäre schwieriger, einen bewaffneten Angriff gegen den Irak einzuleiten.

Wenn es andererseits, wie die Iraker behaupteten, nichts oder fast nichts mehr zu deklarieren gab – wenn sie also alle biologischen und chemischen Waffen, von denen man annahm, sie seien nicht deklariert worden, wirklich im Sommer 1991 in Abwesenheit der Inspekteure zerstört hatten –, dann stand ihnen eine Riesenaufgabe bevor, wenn sie für diese Behauptung glaubwürdige Beweise finden und präsentieren wollten. Obwohl Mohammed und ich die Schwierigkeiten, mit denen die Iraker konfrontiert waren, verstanden, hüteten wir uns natürlich, ihnen irgendwelche Ratschläge zu geben, auf die sie dann verweisen konnten, um ihre beschränkten Auskünfte zu entschuldigen. Wir antworteten, dass wir nicht ermächtigt seien, im Namen des Sicherheitsrats Erklärungen abzugeben. Immerhin äußerten wir den Hinweis, dass der Sicherheitsrat wohl am meisten Wert auf die Deklaration der im Irak befindlichen Massenvernichtungswaffen legen würde. Sie sollten also ihre Lagerhäuser und Bestände überprüfen. Falls sie erklärten, es sei nichts vorhanden, würde eine ausführliche Dokumentation erforderlich. Was die Programme anbelange, die sich nicht direkt auf die Produktion von Waffen bezögen, könnten sie eine Liste anfertigen, aus der hervorgehe, wo sich die entsprechenden Anlagen befinden, und darauf hinweisen, dass auf Anfrage weitere Informationen zur Verfügung gestellt werden könnten.

Wie lässt sich die Verbreitung von Waffen durch den Sicherheitsrat vermeiden?

In der Resolution 1441 forderte der Sicherheitsrat den Irak auf, seine Deklarationen »der UNMOVIC, der IAEO und dem Sicherheitsrat« zur Verfügung zu stellen. Nichts Besonderes, könnte man denken. Richtig – außer dass man erwartete, dass die Deklarationen so genannte »Kochbücher« enthielten, also Informationen, aus denen hervorgeht, wie man Massenvernichtungswaffen herstellt. Frühere Deklarationen des Irak waren nicht an den Sicherheitsrat, sondern nur an die Inspekteure gegangen. Diesmal würde der Präsident des Gremiums die Deklaration erhalten und Kopien an die fünfzehn Mitglieder verteilen. Sie würden also alle erfahren, wie man beispielsweise VX herstellt, die derzeit modernste tödliche Chemiewaffe, und wie die Iraker vorgingen, um eine Atombombe zu produzieren. Darüber hinaus konnte man davon ausgehen, dass ein Dokument, das an fünfzehn Staaten verteilt wird, bald im Internet zu finden sein würde. Der Sicherheitsrat, der die Aufgabe übernommen hatte, die Verbreitung von Massenvernichtungswaffen zu verhindern, stünde dann vor der schrecklichen Aussicht, selbst zu ihrer internationalen Verbreitung beizutragen!

Obwohl wir seit einiger Zeit versuchten, verschiedene Mitglieder des Sicherheitsrats auf dieses Problem aufmerksam zu machen, wurde das Thema nur bei einem informellen Zusammentreffen des Gremiums, am Freitag, dem 6. Dezember, besprochen – zwei Tage bevor die Dokumente eintrafen. Es war viel die Rede von allen möglichen Konventionen, die staatliche Akteure – natürlich auch die im Sicherheitsrat vertretenen – verpflichteten, nicht zu einer Verbreitung beizutragen.

Man fragte mich, ob die UNMOVIC und die IAEO bei der Untersuchung der Texte im Auftrag des Sicherheitsrats die riskanten Passagen entfernen könnten. Ja, das könnten wir, wenn uns der Sicherheitsrat dazu aufforderte. Nach längerer Diskussion zeichnete sich ein gemeinsames informelles Verständnis ab: Die UNMOVIC und die IAEO sollten die eingereichten Texte untersuchen und zensieren. Wenn das erledigt war – und es würde unweigerlich einige Zeit in Anspruch nehmen –, sollte die gereinigte Version allen Mitgliedern des Gremiums zugänglich gemacht werden.

Die Hölle brach los, als dieses Arrangement in Washington bekannt wurde. Sollten nun also Inspekteure der Vereinten Nationen darüber entscheiden, was man in Washington lesen durfte und was nicht !!?? Überall schwirrten Ideen herum, ob und wie der vollständige Text samt der riskanten Rezepturen, den P5 – also den fünf Großmächten, die einen ständigen Sitz im Sicherheitsrat haben und von denen man annehmen konnte, dass ihnen die »Rezepte« bereits bekannt waren – übermittelt werden konnte, sobald er in New York eingetroffen war, während die übrigen gewählten Mitglieder des Gremiums auf die gesäuberte Version für die Unschuldigen warten mussten. Am Samstagvormittag verweigerte ich mich der Forderung, die am Freitag getroffenen Vereinbarungen einfach zu ignorieren und den vollständigen Text an die P5 auszuhändigen. Ich sagte, ich sei Bediensteter des Sicherheitsrats. Ich hätte Richtlinien während einer Sitzung des Gremiums erhalten und würde mich an ihnen orientieren. Ich würde jedoch alles tun, was der Präsident des Sicherheitsrats im Namen des Gremiums anordne.

Es folgte ein Wochenende heftigen globalen Telefonierens. Colin Powell und andere Außenminister arbeiteten hart und alle nichtständigen Mitglieder des Gremiums wurden bearbeitet, damit sie in die Übergabe einer gekürzten Textfassung der irakischen Deklaration einwilligten. Der Vorsitzende des Sicherheitsrats, der Botschafter und ehemalige kolumbianische Justizminister Alfonso Valdivieso, saß wie auf heißen Kohlen und ich bin mir sicher, dem Präsidenten seines Landes ging es nicht anders. Schließlich teilte mir Botschafter Valdivieso mit, dass man sich auf eine neue Vorgehensweise geeinigt habe. Die P5 sollten die UNMOVIC und die IAEO beraten, welche Teile der Deklaration aus ihrer Sicht entfernt werden sollten. Zu diesem Zweck benötigten die P5 den Text unmittelbar nach seinem Eintreffen in New York. Die anderen bekämen dann später die mit Hilfe der P5 gesäuberte Version. Der Mitgliedsstaat Syrien verweigerte die Zustimmung zu diesem neuen Arrangement, wurde aber ignoriert. Später enthielt sich Syrien eines Kommentars zu einem Text, den einige Mitglieder ganz und andere nur in zensierter Form gesehen hätten. Alle gewählten Mitglieder waren sich in der Ablehnung dieses Verfahrens einig, das einer Ungleichbehandlung der Mitglieder des Sicherheitsrats gleichkam, und ärgerten sich noch lange darüber, dass sie als Staaten zweiter Klasse behandelt worden waren. Der russische Botschafter Sergei Lawrow brachte die Situation auf den Punkt: Das Verfahren sei schlecht, aber das Ergebnis gut.

Die Verteilung der irakischen Deklaration an die Mitglieder des Sicherheitsrats

Bei der Verteilung der irakischen Deklaration ging es zu wie im Zirkus. Das Dokument musste am Sonntag, dem 8. Dezember, in New York und Wien sein und die Iraker teilten uns mit, sie würden einige der wertvollen dreißig Tage verlieren, die ihnen für die Textzusammenstellung zur Verfügung standen, wenn sie das Konvolut selbst nach New York bringen müssten. Da wir im Gegensatz zu den Irakern Bagdad auf dem Luftweg verlassen konnten und über Personal verfügten, das am 8. Dezember aus Bagdad ausflog, boten wir an, die Deklaration am Samstag, dem 7. Dezember, in Bagdad zu übernehmen und am Sonntag nach New York zu bringen. Surya Sinha, ein Mitglied unseres Stabes, der sich nicht nur als guter Anwalt, sondern auch als durchweg kompetenter Teilnehmer bei mehreren unserer Operationen erwiesen hatte, brachte die Taschen mit den Dokumenten von Bagdad nach New York. Zu seiner Unterstützung wurde er von dem erfahrenen UN-Sicherheitsbeamten Eric Brownwell begleitet. Beide waren jung und stark – eine notwendige Voraussetzung, denn die Deklaration, die sie in ihren Taschen hatten und die sie selbst tragen mussten, umfasste rund 12 000 Seiten. Die wertvolle Fracht gelangte mit unserem Flugzeug von Bagdad nach Zypern und von dort ohne Komplikationen über Athen und Frankfurt nach New York, wo die beiden Männer vom Sicherheitspersonal der Vereinten Nationen empfangen und direkt in deren Hauptquartier gebracht wurden.

Dimitri Perricos und ich waren darauf vorbereitet, die Taschen in unseren Büros im UN-Gebäude entgegenzunehmen. Als wir das Gelände abends um fünf vor halb neun betraten, quoll die Eingangshalle über von Kameras und Medienleuten. Mangels fotogener Taschen begnügten sie sich mit Fotos von uns. Wir konnten ihnen nur Small Talk anbieten und waren froh, als Surya und Eric wenige Minuten später müde, aber mit den heiß ersehnten Taschen eintrafen, die dann ordnungsgemäß von Dutzenden von Kameras aufgenommen wurden. Der nächste Akt, den die Medien nicht verfolgen konnten, weil sie keinen Zugang zu den Räumen des Sekretariats hatten, war die Ankunft von zwei jungen Männern in unserem Büro, die die an den Sicherheitsrat adressierte Tasche wie frisch gewechselte Pferde zu ihrer nächsten Station befördern mussten. Es handelte sich einerseits um Mr. Bye, einen freundlichen, tüchtigen Sekretär der britischen Botschaft bei den Vereinten Nationen; er durfte den ungesäuberten Text der irakischen Deklaration im Namen der P5-Staaten entgegennehmen, da Großbritannien in diesem Monat für deren Koordination verantwortlich war. Der zweite junge Mann war Mr. Duffy, ein ebenso freundlicher, tüchtiger Sekretär der US-Botschaft. Er hatte dafür zu sorgen, dass die Deklaration per Hubschrauber nach Washington kam, wo auf schnellstem Wege Kopien der 12 000 Seiten für alle P5-Staaten angefertigt wurden.

Noch fehlte der Zeremonienmeister dieser einmaligen Aktion, der Sicherheitsratsvorsitzende Alfonso Valdivieso. Wir warteten, und die Taschen standen wie Goldklumpen mitten in meinem Büro auf dem Boden. Schließlich erschien der ständige Repräsentant Kolumbiens mit seinen Beratern – ziemlich erschöpft nach sechsunddreißig Stunden neben dem Telefon und einer Vielzahl nicht immer angenehmer Gespräche. In Gegenwart der UNMOVIC-Mitarbeiter legte ich symbolisch seine Hand auf die an den Sicherheitsrat adressierte Tasche und er forderte mich auf, sie dem Vertreter der P5 zu übergeben. Mr. Bye und sein amerikanischer Kollege verschwanden damit, die Großmächte waren zufrieden, und die zehn gewählten Mitglieder grummelten vor sich hin.

Ich habe nie nachgefragt, ob die logistische Kapazität an Fotokopierern in Washington ausreicht, um 12 000 Seiten fünfmal zu kopieren. Wenn man berücksichtigt, wie schnell in dieser Stadt Dokumente in die falschen Hände geraten, vermute ich allerdings, dass man dort über eine reichlich umfassende Kopierkapazität verfügt. Die der Vereinten Nationen hingegen war beschränkt, und wir wussten das. Zum Glück haben wir erfahrenes Personal, das derartige Probleme löst. Aufgabe der UNMOVIC war es, in sehr kurzer Zeit zu entscheiden, was aus dem Text entfernt werden sollte. Um möglichst schnell mit dieser Arbeit beginnen zu können, brauchten wir mehrere Textkopien, damit wir verschiedenen Mitarbeitern einzelne Teile davon aushändigen konnten. Sie würden dann sofort mit Lesen und Analysisieren sowie in manchen Fällen mit der Übersetzung aus dem Arabischen beginnen. Igor Mitrokin, ein ehemaliger Offizier der russischen Armee und ein alter Hase der UNSCOM, war nicht nur ein begnadeter Inspekteur im Bereich chemischer Anlagen, sondern auch ein überaus praktisch veranlagter

Mann. Noch vor Montagabend waren dank der von ihm organisierten Kopierkräfte unter seiner Aufsicht in New York die von uns benötigten Kopien erstellt, und unsere Mitarbeiter machten sich an die notwendigen Arbeiten.

Analyse der Deklaration.
Mein Bericht an den Sicherheitsrat am 19. Dezember 2002

Es stellte sich heraus, dass der Hauptteil der Deklaration etwa 3000 Seiten umfasste und dass ergänzende Dokumente in arabischer Sprache weitere 5000 Seiten füllten. Wie geplant erhielten wir die Empfehlungen der P5 bezüglich der von ihnen angeratenen Streichungen. Alle fünf betonten, es handle sich um Empfehlungen und man werde unsere Entscheidung akzeptieren. Das war zu erwarten gewesen. Schließlich war eine notwendige »Beratungs«-Funktion nur erfunden worden, um den P5-Staaten – hauptsächlich Washington – unmittelbaren Zugang zum vollen Text zu ermöglichen. Dennoch waren wir erleichtert, dass wir keine wertvolle Zeit verlieren würden mit der Abstimmung unterschiedlicher Meinungen über die notwendigen Streichungen. Als wir die Empfehlungen durchgingen, zeigte sich zudem, dass sie nicht sehr voneinander abwichen.

Es gelang uns, eine »gesäuberte« Version des Texts nach einer Woche Arbeit am Abend des 16. Dezember, eines Montags, vorzulegen. Tags darauf wurden Kopien für alle 15 Mitglieder des Sicherheitsrats angefertigt. Wir hielten es für überflüssig, alle der auf Arabisch verfassten ergänzenden Texte zu verteilen, aber auch so waren es immer noch 3500 Seiten, die für jedes Mitglied kopiert werden mussten. Am Dienstagabend, dem 17. Dezember, lag der Text für alle in unseren Büros bereit. Die nichtständigen Mitglieder hatten nur einen Tag Zeit, das Konvolut zu studieren, bevor ich den Text am 19. Dezember bei einem informellen Treffen des Gremiums kommentieren würde. Kaum einem der Mitglieder war es möglich, den Text innerhalb eines Tages in die Hauptstadt seines Landes zu bringen.

Kein Wunder, dass die Iraker in der knapp bemessenen Zeit, die ihnen zugestanden worden war, nicht alles perfekt ordnen konnten. Manche Texte tauchten in dem Dokument zweimal auf, einer fand sich sogar fünfmal an verschiedenen Stellen. Man präsentierte diese Masse an Papier aus der verständlichen Überlegung, auf diese Weise jedem Vorwurf zu begegnen, man habe sich nicht an die Forderungen gehalten, aber ich hatte auch das Gefühl, dass eine gewisse Boshaftigkeit dahinter steckte: Wenn ihr eine unvernünftig große Menge an Informationen wollt, dann überhäufen wir euch eben mit Papier. Dieses Papier nun war im Wesentlichen mit alten Deklarationen bedruckt, die in den Jahren bevor die Inspekteure das Land Ende 1998 verließen, bei der UNSCOM eingereicht worden waren. Die neuen Informationen – einige davon nützlich – bezogen sich in erster Linie auf die Entwicklung von Flugkörpern und zivile Forschungen im Bereich der Biologie von 1998 bis 2002. Man hatte die Deklaration jedoch gewiss nicht für den erhofften Neubeginn genutzt, um mit lange zurückgehaltenen Wahrheiten herauszurücken. Eher sah das Ganze aus wie eine Neuauflage der alten, nicht verifizierten Daten. Mauerten die Iraker jetzt wieder? Zwar stellte man uns ein paar neue Dokumente zur Verfügung, von denen einige der UNSCOM verweigert worden waren, darüber hinaus aber, behauptete die irakische Seite, sie habe nicht mehr zu bieten. Das glaubten wir nicht, konnten das Gegenteil aber nicht beweisen.

In meiner Darstellung des Berichts vor dem Sicherheitsrat am 19. Dezember wies ich darauf hin, dass der Teil über biologische Forschungen im Wesentlichen aus einer neuarrangierten Version einer Deklaration bestehe, die der UNSCOM im September 1997 vorgelegt worden sei. Die Kapitel über Chemie seien eine überarbeitete Version einer 1996 eingereichten Deklaration. Auch die Ausführungen über Raketen hätten den gleichen Inhalt wie eine Deklaration von 1996, ergänzt um ein paar Anmerkungen. Ich teilte dem Gremium mit, dass unsere vorläufige Überprüfung der Deklaration keine Anhaltspunkte liefere, die eine Klärung bisher ungeklärter Abrüstungsfragen ermöglichten. Gleichzeitig wies ich darauf hin, dass zwar einzelne Regierungen erklärt hätten, sie verfügten über

Beweise, die der irakischen Deklaration widersprächen, aber die UNMOVIC sehe sich weder in der Lage, die Aussagen des Irak zu bestätigen, noch verfüge man über Belege, die diese Aussagen widerlegten. Ferner sagte ich, dass die Öffnung der Türen im Irak – die ziemlich gut voranginge – nicht ausreiche. Die vorgebrachten Behauptungen müssten mit Dokumenten oder anderen Beweismitteln belegt werden. Nur so würden sie verifizierbar. Ich beendete meine Ausführungen mit dem Hinweis, dass das zunehmend vergrößerte Arsenal an Inspektionsmöglichkeiten, das der UNMOVIC zur Verfügung stehe, keine Garantie dafür sei, dass alle geheimen Aktivitäten aufgedeckt und zurückgehaltene Güter gefunden würden, aber dass die sehr weit reichenden Rechte, die man der UNMOVIC gewähre, und die Unterstützung des vereinten Sicherheitsrats jeden Versuch, Dinge vor uns zu verheimlichen, erschwere.

In seinem Kommentar führte der amerikanische UN-Botschafter John Negroponte aus, der Irak habe die ihm gegebene Chance nicht genutzt, die Deklaration sei eine Beleidigung des Sicherheitsrats und das Fehlen von Daten sei als Unterlassung zu werten. Insbesondere, so stellte er weiterhin fest, gebe es keine Informationen über die mobilen Anlagen oder die Maßnahmen zur Beschaffung von Uran, auch werde geleugnet, dass die unbemannten Fluggeräte (Drohnen) in irgendeiner Verbindung mit dem Abwurf biologischer Kampfstoffe stünden. Er kam dann zum Schluss, dass der Irak weiterhin eine erhebliche Verletzung seiner Verpflichtungen begehe. (Während der Besetzung nach dem Krieg stellte sich heraus, dass die mobilen Anlagen, auf die sich Botschafter Negroponte vermutlich bezog, wohl eher zur Produktion von Wasserstoff als zur Herstellung biologischer Waffen dienten. Der Hinweis auf die Uranbeschaffung basierte anscheinend auf einem Vertrag, der sich als Fälschung herausstellte, und die entdeckten Drohnen waren eher für Überwachungsflüge als für den Abwurf biologischer Kampfstoffe ausgelegt.) Der französische Botschafter hielt fest, dass die Deklaration wenig neue Informationen enthalte und dass sich die Inspektionen noch in der Anfangsphase befänden. Der russische Botschafter führte aus, die Vereinigten Staaten hätten für ihre Behauptungen keinerlei Beweise vorgelegt, und der mexikanische Botschafter sagte, er sehe keine Anhaltspunkte dafür, dass der Irak über Massenvernichtungswaffen verfüge – finde aber auch keine Hinweise für das Gegenteil.

Aufmarsch der UN-Inspekteure – und der amerikanischen Streitkräfte

Nach dem Treffen des Sicherheitsrats am 19. Dezember ging die Auswertung der Deklaration weiter. Die Kapazitäten der UNMOVIC wurden ausgebaut, es kamen nun mehr ausgebildete Inspekteure, mehr Geräte und Hubschrauber zum Einsatz. Wir hofften, bis Ende des Jahres die Zahl der Inspekteure im Irak auf einhundert Mann erhöhen zu können – mehr, als wir ursprünglich geplant hatten, aber immer noch weniger, als die USA gefordert hatten. Wir wollten einen geordneten Aufmarsch, kein Chaos.

Die Mitglieder der Sicherheitsrats – auch Frankreich und Russland – waren enttäuscht, dass der Irak keine wesentlich neuen Erkenntnisse vorgelegt hatte. Kofi Annan rief mich nach einem Treffen in Washington, bei dem es um den Nahen Osten gegangen war, an. Colin Powell habe ihm gesagt, er sei sehr angetan von der Art und Weise, wie die UNMOVIC und die IAEO mit der Deklaration umgegangen seien. Blix sei so zuverlässig wie ein Volvo, habe er hinzugefügt. Da ich wusste, dass Powell in seiner Freizeit gerne alte Volvomotoren restauriert, nahm ich diesen Hinweis als Kompliment.

In der Zwischenzeit ging der Aufmarsch der amerikanischen Truppen voran, natürlich in einer ganz anderen Größenordnung als der Aufmarsch der Inspekteure. Man erwartete, dass das Kontingent bis Ende Januar etwa 100 000 Soldaten umfassen würde. Die Amerikaner sahen keine Anzeichen dafür, dass der Irak »in die Knie gehen« oder im Angesicht der wachsenden militärischen Drohung ein Bekenntnis ablegen würde, aber andererseits gab es auch keinen offensichtlichen Kriegsgrund. Das muss für sie sehr ärgerlich gewesen sein. In meinem Tagebuch habe ich am Silvesterabend folgenden Eintrag gemacht:

Es war ein intensives Jahr. Der Weg über die Inspektionen muss eine Alternative sein und auch als solche wahrgenommen werden. Er darf nicht zum Vorspiel militärischen Eingreifens werden. Ich glaube nicht, dass die USA zum Krieg entschlossen sind, auch wenn sie alle Schritte in diese Richtung unternehmen. Das Ganze dient dazu, die Iraker einzuschüchtern. Und wenn die Iraker nicht voll umfänglich kooperieren, werden die USA annehmen, der Weg über die Inspektionen sei hoffnungslos. Der gewaltige Truppenaufmarsch dürfte eine Eigendynamik entwickeln. Kann Bush den gespannten Colt wieder entschärfen, ohne das Gesicht zu verlieren? Er braucht etwas Greifbares von den Irakern, damit er nicht abdrückt.

Was im Januar geschah

Im Dezember 2002 hatten wir unsere Inspektionsmöglichkeiten ziemlich ausgebaut und die Kooperation mit den Irakern funktionierte leidlich gut, einschließlich des prompten Zutritts zu allen Anlagen, welche die UNMOVIC zu inspizieren wünschte.

Wir hatten bei der UNMOVIC den Eindruck, die positive Haltung der Iraker im Bereich der Verfahrensfragen gehe mit einer weit weniger zuvorkommenden Haltung bei substanziellen Problemen einher. Einige unserer auf die Inspektionen bezogenen Ersuchen nutzte man als Gelegenheit für einen Tauschhandel. So kam beispielsweise als Reaktion auf unsere Bitte, Flugzeuge vom Typ U-2 für Aufklärungsflüge verwenden zu dürfen, zunächst der Vorschlag, wir sollten dem Irak bei der Beschaffung moderner Radaranlagen für eine Reihe irakischer Flughäfen behilflich sein. Es gab mit Sicherheit kein durchgängiges, spontanes Handeln, das der Welt bewies, dass der Irak diese neue Gelegenheit ergreifen wollte, um mit den Inspekteuren zu kooperieren und die Vergangenheit aufzuklären. In aller Regel wurden unsere Inspekteure korrekt behandelt, aber es herrschte Misstrauen. Man beschwerte sich öffentlich über Kleinigkeiten. Zwar waren wir nicht wieder bei dem Katz-und-Maus-Spiel angelangt, aber wir schienen uns nicht in Richtung einer Lösung des Waffenproblems zu bewegen, was meines Erachtens notwendig war, um einen Krieg zu vermeiden.

Seitens der Vereinigten Staaten ging der militärische Aufmarsch weiter voran, und es wurde zusehends mit dem Einsatz militärischer Gewalt gerechnet. Immerhin schien die amerikanische Seite, obwohl überzeugt, die irakische Deklaration sei unvollständig und entspreche nicht den Forderungen der Resolution 1441, den Zwischenbericht abwarten zu wollen, den Mohammed und ich am 27. Januar, sechzig Tage nach der ersten Inspektion, vorlegen sollten.

Die Sitzung des Sicherheitsrats am 9. Januar 2003

In der Zeit vor dem 27. Dezember bat der Sicherheitsrat mich und el Baradei um eine informelle Präsentation eines »vorläufigen Zwischenberichts«, die dann am 9. Januar stattfand. Mittlerweile hatten alle Mitglieder des Sicherheitsrats ausreichend Zeit für eine Analyse der Deklaration gehabt, und Mohammed el Baradei und ich standen zur Verfügung, um sie auf einer solideren Basis zu kommentieren, als es im Dezember möglich gewesen war.

In meinen Notizen für die Vorbereitung dieses Treffens hielt ich fest, dass uns bisher der Zutritt nie verweigert worden war und dass wir auch keine »rauchende Colts« – ein umgangssprachlicher Ausdruck, mit dem eindeutig verbotene Güter oder Aktivitäten bezeichnet wurden – gefunden hatten. Ich brachte meine Enttäuschung zum Ausdruck, indem ich unsere allgemeine Einschätzung formulierte, die Deklaration sei »zwar umfangreich, enthalte aber wenig Informationen über die Problematik der Waffen und biete absolut keine neuen Beweise in dieser Hinsicht an«. Im Stillen fragte ich mich, ob wir jetzt wieder bei dem früheren Gerangel angelangt waren, da man den Irakern jede Erklärung einzeln aus der Nase ziehen musste.

Die UNMOVIC, so führte ich an, behaupte nicht, dass es im Irak verbotene Güter und Aktivitäten gebe, aber aus der Tatsache, dass in den inspizierten Anlagen keine Belege dafür gefunden worden seien, könne man nicht schließen, dass dies auch für alle anderen Anlagen gelte. Wenn es sie aber gebe, dann müssten sie deklariert und unter unserer Aufsicht zerstört werden. Diesen Satz habe ich immer und immer wieder geäußert. Er stand im Gegensatz zu den platten amerikanischen und britischen Behauptungen, dass verbotene Güter und Aktivitäten tatsächlich *existierten* und dass sie jederzeit zum Einsatz kommen könnten. Noch sei Zeit dafür. Wenn dies nicht geschehe, bestehe keine Aussicht, dass die Inspekteure die Akten unter dem Vorwand schlössen, der Irak könne eben das Gegenteil nicht beweisen.

Bei diesem Stand der Dinge wurde ich von Journalisten manchmal gefragt, was denn mein Gefühl bezüglich der irakischen Waffen sei. Ich habe mich standhaft geweigert, solche Fragen zu beantworten, und sagte jeweils nur, es sei als Leiter der Inspektionsorganisation nicht meine Aufgabe, Gefühle zum Ausdruck zu bringen, sondern Ergebnisse zu präsentieren, die auf Inspektionen oder Analysen basieren. Wenn ich das vor mir liegende Material mit den Augen eines Anwalts betrachtete, konnte ich die Möglichkeit nicht ausschließen, dass die Iraker sowohl die Waffen als auch die Dokumente vernichtet hatten und dass nichts oder fast nichts mehr übrig war. Mein Gefühl, das ich für mich behielt, sagte mir indessen, dass der Irak immer noch in illegale Aktivitäten verwickelt war und auch über verbotene Gerätschaften verfügte und dass er Dokumente hatte, die das belegen konnten.

Keine Belege vorhanden

Obwohl ich den amerikanischen Verteidigungsminister Donald Rumsfeld nicht als Autor zitierte, stimmte ich inhaltlich mit einer früheren Äußerung von ihm überein, dass »nichtexistierende Beweise keine Beweise für Nichtexistenz« sind. Ich mochte diese Formulierung und nutzte sie gerne, denn sie war sowohl pfiffig als auch zutreffend, und es gab wenige Situationen, in denen ich mit Rumsfeld übereinstimmte. Er verlangte handfeste Beweise, um von der Nichtexistenz verbotener Waffen im Irak überzeugt zu werden. Das wollten wir alle, und der Irak beeindruckte kaum jemanden mit dem strafrechtlichen Argument, bis zum Beweis des Gegenteils sei jeder als unschuldig zu betrachten. Wer würde dem Regime eines Saddam Hussein eine Unschuldsvermutung zusprechen? Das Inspektionsregime war auch kein Strafprozess. Es war ein Verfahren, mit dessen Hilfe die Welt die Überzeugung gewinnen wollte, dass sich der Irak von allen Massenvernichtungswaffen auch tatsächlich getrennt hatte. Wer vor Gericht mangels Beweisen freigesprochen wird, hat damit noch lange nicht das Vertrauen der Gesellschaft wieder erworben. Wollte der Irak in die internationale Gemeinschaft zurückkehren, musste er die Weltöffentlichkeit überzeugen, dass er über keine verbotenen Waffen verfügte. Dazu war es erforderlich, den Inspekteuren klare Belege vorzulegen. Geschah dies nicht, würden die Inspekteure zwar nicht zum Schluss gelangen, die Waffen seien nach wie vor vorhanden, wären aber auch nicht in der Lage, diese Möglichkeit auszuschließen, und als Ergebnis würde die Welt nicht darauf vertrauen, dass es keine Waffen gab. Ein anderes Problem lag darin, dass viele offenbar keine Schwierigkeiten hatten, den Irak aufgrund früherer Verfehlungen einfach für schuldig zu erklären. Darin würde ich ihnen nicht folgen. Ich wollte niemandem etwas unterstellen.

In meinen Gesprächen mit den Irakern und in meinen Reden versuchte ich immer zu erklären, dass es ganz unterschiedliche Arten von Belegen und Beweisen gibt – etwa Rechnungen und Haushaltspläne, Kreditverträge, Unterlagen über Produktion und Vernichtung, glaubwürdige Interviews mit kompetenten Personen –, dass aber reine Behauptungen und Deklarationen der Regierung als Beweis nicht taugten. Obwohl die irakische Seite einige wenige neue Dokumente fand und auch einige Unterlagen vorlegte, die man der UNSCOM früher vorenthalten hatte, brachten sie nichts zu Tage, was als neuer dokumentarischer Beleg für die Klärung offener

Fragen hätte dienen können. Die Namen von Personen, die man hätte interviewen und deren Aussage hilfreich hätte sein können, wurden erst in der allerletzten Phase unserer Inspektionen genannt – zu spät, um noch hilfreich zu sein.

Die USA und Großbritannien hatten bereits ihre Schlussfolgerungen gezogen: Das Versäumnis, relevante Dokumente vorzulegen, bedeutete, dass es »Unterlassungen« gab. Für diesen Fall und für das Vorlegen nicht korrekter Dokumente sah die Resolution drakonische Strafen vor. Sie schienen allerdings zu merken, dass die von ihnen präsentierten Fälle noch auf wackligen Beinen standen, und bestanden daher nicht mit allem Nachdruck darauf, dem Irak einen »materiellen Verstoß« zu unterstellen. Ich fragte mich, was geschehen würde, wenn der Irak wirklich über keine weiteren Dokumente verfügte, die als Beleg dienen konnten. Ein absurder Gedanke, aber macht man sich, wenn man leugnet, Dokumente zu haben, die man wirklich nicht hat, einer »Unterlassung« schuldig?

Der Zeitrahmen der Resolutionen

Bei meinem Auftritt am 9. Januar äußerte ich Verständnis für den Wunsch des Sicherheitsrats nach häufigeren Berichten und merkte in aller Unschuld an, dass gemäß der Resolution 1284 aus dem Jahr 1999, in der die Gründung der UNMOVIC beschlossen und ihre Aufgaben beschrieben wurden, unser nächster vierteljährlicher Bericht erst am 1. März fällig sei. Weder hätten die Inspektionen am 8. November mit der Verabschiedung der Resolution 1441 begonnen, noch endeten sie mit dem Zwischenbericht vom 27. Januar. In Übereinstimmung mit der älteren Resolution sei die UNMOVIC verpflichtet, im März vor dem Sicherheitsrat mit dem Entwurf eines Arbeitsprogramms zu erscheinen, in dem die wichtigsten noch verbliebenden Abrüstungsaufgaben aufgelistet waren.

Es war aufgrund der Kommentare des amerikanischen UN-Botschafters Negroponte zu meinen Ausführungen bald klar, dass die Vereinigten Staaten von Dingen, die in so ferner Zukunft lagen, nichts hören wollten. Er sagte, der Sicherheitsrat beschäftige sich jetzt mit der »letzten Chance« für den Irak, die ihm unter der Resolution 1441 noch verbleibe. Wir dürften nun nicht in den gemütlichen Zeitplan der Resolution 1284 »abgleiten«. Ihm war klar, dass in Washington, wo man sich an der jüngsten Resolution orientierte, die Uhren schneller tickten.

Bei der UNMOVIC orientierten wir uns an den Zeitvorgaben aller Resolutionen und waren verpflichtet, sie nach Möglichkeit in Einklang zu bringen. Die beiden Resolutionen – die eine vom Dezember 1999, die andere vom November 2002 – standen nebeneinander, jedoch für jeweils verschiedene Perspektiven und Möglichkeiten, den Irak zu beeinflussen. Ende 1991 war der Sicherheitsrat in der Irakfrage gespalten gewesen und man war dieses Problem nach neun Jahren ohne Hoffnung auf eine befriedigende Lösung leid. Die Wirtschaftssanktionen, die den Irak zur geforderten Abrüstung hätten zwingen sollen, schienen durch zunehmende Kritik, sowohl von Regierungen als auch in der öffentlichen Meinung gefährdet. Man suchte einen Ausweg aus der Sackgasse und hielt der irakischen Regierung eine neue Möhre vor die Nase: Der Irak müsse nicht alle Abrüstungsfragen von früher aufklären. Die Lösung einiger Schlüsselfragen und eine Phase wirklicher Kooperation würden genügen, um die Aufhebung der Sanktionen zu bewirken. Überwachung und Inspektionen würden danach weiterlaufen, bis der Sicherheitsrat einen neuen Beschluss fasste. Sollten die Inspekteure über mangelnde Kooperationsbereitschaft berichten, sähen die Regelungen die sofortige Wiederaufnahme der Sanktionen vor. Dahinter stand der Gedanke der Eingrenzung: wirksame und fortlaufende Überwachung und Inspektionen sowie, hoffentlich, die Bereitschaft, im Fall eines versuchten irakischen Ausbruchs zu reagieren.

Die neue Resolution hingegen war etwa ein Jahr nach den Terroranschlägen des 11. September 2001 auf die Vereinigten Staaten verabschiedet worden. Die Erschöpfung des Jahres 1999 war gewichen, und die Wut der Amerikaner hatte jeglichen Toleranzspielraum weggefegt. Jede Abweichung von den strengen Forderungen der Resolution musste sofort gemeldet werden, da es sich dabei um einen »materiellen Verstoß« handeln könnte, der zu einem bewaffneten Angriff führen würde. Eingrenzung und Zuckerbrot waren vorbei; überall regierte jetzt die Peitsche.

Wir dachten, der amerikanische Militäraufmarsch würde die Iraker kooperativer stimmen. Doch lag die Entscheidung beim Sicherheitsrat, ob man mit der Peitsche reagieren oder weiter auf Inspektionen setzen wollte in der Hoffnung, dass die Kombination aus militärischem Druck und Inspektionen in Kürze zu einer verifizierten Zerstörung aller Massenvernichtungswaffen führen würde.

In meinem Tagebuch notierte ich am Abend nach der Diskussion im Sicherheitsrat am 9. Januar die folgenden Gedanken:

Die Amerikaner könnten Schwierigkeiten bekommen. Wenn man uns den Zutritt verwehrt oder uns Bestände von VX oder Anthrax in die Finger kommen, ist es leicht, einen materiellen Verstoß [zu konstatieren]. Wenn aber nichts Dramatisches passiert, werden die Amerikaner Schwierigkeiten haben, Unterstützung für einen bewaffneten Angriff zu mobilisieren. Ich habe meine Zweifel, ob die Amerikaner überhaupt eine Mehrheit für eine Resolution bekämen, die militärisches Eingreifen autorisiert. Und ohne eine solche Resolution, wenn sie alleine losmarschieren, hätten sie weniger Unterstützung im eigenen Land und könnten ihren Aufmarsch weder über die Türkei noch über Saudi-Arabien durchführen.

Treffen mit Condoleezza Rice in New York am 14. Januar 2003

Am 14. Januar kam Condoleezza Rice, die nationale Sicherheitsberaterin des Präsidenten der Vereinigten Staaten, nach New York, und man fragte mich, ob ich sie zu einem Gespräch treffen könne. Normalerweise wenden sich Regierungsvertreter an das Generalsekretariat, so wie Botschafter in Hauptstädten sich an das Außenministerium wenden. Ich habe viele Außenminister und sogar einen

Premierminister in meinem nicht sonderlich repräsentativen Büro im 31. Stock des Hauptgebäudes der Vereinten Nationen empfangen. Zwar bot es einen schönen Blick auf das Chrysler Building, aber es war so klein, dass ein irakischer Minister einmal sagte, es sei »nicht groß genug, um darin ordentlich herumzubrüllen«.

Da die Anwesenheit von Condoleezza Rice im Gebäude der Vereinten Nationen Anlass zu Spekulationen geben konnte, was man vermeiden wollte, schlug sie diesmal vor, dass ich auf die andere Straßenseite in das Büro des amerikanischen Botschafters Negroponte kommen sollte. Das tat ich denn auch. Er hat ein schönes, mittelgroßes Büro – wesentlich größer als meines – mit einem Ausblick auf das Gebäude der Vereinten Nationen. Für Besprechungen gibt es zwei Sofas und ein paar Stühle. Oft wird Tee serviert. Aus früheren Gesprächen mit Condoleezza Rice wusste ich, dass sie sich eher auf rationale Argumente als auf die Autorität ihrer Position verlässt. Das habe ich stets geschätzt. Sie ist vom intellektuellen Typ, und unsere Diskussionen waren immer sehr direkt. Sie waren nie unangenehm, auch dann nicht, wenn unsere Meinungen voneinander abwichen.

Condoleezza Rice zeigte im Gegensatz zu Negroponte im Sicherheitsrat keine sichtbaren Reaktionen auf meine Darstellung eines möglichen Zeitplans gemäß der Resolution aus dem Jahr 1999. Vielleicht war sie der Meinung, es sei nicht erforderlich, ihre Meinung kundzutun, oder sie hatte das Gefühl, der amerikanische Zeitplan stehe noch nicht endgültig fest. Ich neige zur zweiten Alternative, denn ich hatte nicht den Eindruck, dass sie die Möglichkeit ausschloss, das irakische Regime könnte unter dem wachsenden militärischen Druck in die Knie gehen und alle Waffenbestände offenlegen. Auch ich hoffte auf diese Möglichkeit. Ich hatte immer noch das unbestimmte Gefühl, dass der Irak Massenvernichtungswaffen zurückhielt. Die jüngste Möglichkeit, diese Waffen zu deklarieren, hatte er bedauerlicherweise auf 12 000 Seiten nicht genutzt. Vielleicht war stärkerer militärischer Druck die Lösung? Ich hatte nichts dagegen, den Inspektionen auf diese Weise Nachdruck zu verleihen, aber wie weit konnte dieses Pokerspiel gehen?

Ich berichtete Condoleezza Rice die Neuigkeiten von der Inspektionsfront. Früher hatten wir das Gefühl gehabt, die amerikanischen Geheimdienste versorgten uns nicht gerade zuvorkommend mit Informationen über mögliche Inspektionsobjekte. In einem Interview hatte ich die Geheimdienste einmal mit Bibliothekaren verglichen, die auf ihren Büchern sitzen und sie nicht ausleihen wollen. Ich sagte ihr, dass wir in dieser Hinsicht nunmehr keine Beschwerden hätten. Wir benötigten Informationen, die sich auf bestimmte Anlagen bezogen, und wir hätten nun welche. Wir seien dabei, in zwei solchen Fällen vorzugehen.

Ich erzählte ihr ferner, wir hätten herausgefunden, dass die Iraker illegal Raketentriebwerke eingeführt hätten. Aber solche Triebwerke seien noch keine Massenvernichtungswaffen. Es habe auch Tests mit Raketen gegeben, die weiter als 150 Kilometer flogen. Obwohl wir keine Beweise hätten, die dies einwandfrei belegten, vermuteten wir außerdem, es existiere im Irak die Bereitschaft, aus dem Stand verbotene Waffen zu produzieren. Auch sei es uns nicht gelungen, mit dem Irak zu einer verbindlichen Lösung für den sicheren Einsatz der amerikanischen Flugzeuge vom Typ U-2 zu kommen. Die Liste der ehemals in verbotenen Waffenprogrammen tätigen Leute, die uns die Iraker gegeben hätten, sei kürzer als jene, die wir aus unserem Archiv zusammengestellt hätten, und wir würden um Ergänzung nachsuchen. Wir führten gute Interviews in den Anlagen selbst, aber die Bedingungen für die Durchführung vertraulicher Interviews in Bagdad seien nach wie vor unbefriedigend, und wir hätten noch keine gute Lösung gefunden, wie wir unsere Interviewpartner nach Zypern ausfliegen könnten, ohne sie und ihre Familien in Gefahr zu bringen. Bezüglich des letzten Punktes zeigte Condoleezza Rice, wie andere Amerikaner auch, wenig Verständnis für unsere Skrupel. Sie betonte, dies sei möglicherweise der einzige Weg, um an ehrliche Aussagen zu kommen. Ich äußerte meine Bedenken: Auch wenn ein Wissenschaftler mit einer zwölfköpfigen Familie außer Landes käme, konnte es immer noch sein, dass irgendwo im Irak ein Onkel lebte, den man bedrohen konnte. Zudem könnten irakische Fernsehberichte über Leute, die von den Vereinten Nationen genötigt wurden, für Befragungen ihr eigenes Land zu verlassen, unserem Ansehen schaden.

Es erstaunte mich immer wieder, wie die Medien unsere Gespräche in New York verarbeiteten. Man gewann hinterher den Eindruck, Rice habe dem Mitarbeiter der Internationalen Behörde in unmissverständlichen Worten mitgeteilt, was er zu tun habe, nämlich beispielsweise irakische Wissenschaftler außerhalb ihres Landes zu bringen, um sie zu interviewen. Obwohl sie und auch Colin Powell mir oft mitteilten, was sie für wünschenswert hielten, empfand ich den Ton in den Diskussionen mit den beiden nie als herrisch. Diese Gespräche fanden immer in einer freundlichen Atmosphäre gegenseitigen Respekts statt.

Inspektionsergebnisse

Nach meinem Treffen mit Condoleezza Rice machten unsere Inspekteure zwei wichtige Entdeckungen. Beim Besuch eines großen Munitionslagers, das die Iraker deklariert hatten und das bereits mehrfach inspiziert worden war, fanden sie eine Transportkiste mit Sprengköpfen, die für chemische Waffen ausgelegt waren. Es befanden sich zwar keine chemischen Kampfstoffe darin, aber man hätte sie deklarieren müssen. Die große Frage war nun, ob das die Spitze eines Eisbergs war oder der übrig gebliebene Rest des ausgedehnten Chemiewaffenprogramms von früher? Die Iraker beriefen unmittelbar danach eine offizielle Kommission ein, die nach weiteren möglicherweise »übersehenen« Waffen suchen sollte. Es gab weitere Funde, unsererseits wie auch ihrerseits. War diese neue Kommission Ausdruck ernsthaften Bemühens oder war es nur eine Show? Wir wussten es nicht.

Beim zweiten Fund handelte es sich um ein Versteck mit Dokumenten über Forschungen zur Urananreicherung mit Hilfe von Lasertechnik, das in der Wohnung eines Atomwissenschaftlers gefunden wurde. Unser Team hatte Probleme, in die Wohnung zu gelangen, und auf der Straße gab es Demonstrationen gegen dieses Eindringen in ein Privathaus. Es hätte noch schlimmer kommen können, wenn unser Team mit Kay Mereish nicht eine hervorragende Inspekteurin dabeigehabt hätte. Es waren nur Frauen zu Hause, und wir hätten höchst ungern männliche Inspekteure in die Wohnung geschickt. Die große Frage war nun, ob es sich bei diesem Fund von Dokumenten in einer Privatwohnung tatsächlich um ein Muster handelte, nach dem sie vor uns versteckt wurden, wie es uns die Geheimdienste nahe legten. Oder ob es so war, wie die Iraker behaupteten, dass hier ein Wissenschaftler Unterlagen mit nach Hause genommen hatte, die er eigentlich in seinem Büro hätte aufbewahren müssen? Wieder richteten die Iraker eine Kommission mit weitreichenden Kompetenzen ein, die überall im Irak nach Dokumenten suchen und sie beschlagnahmen sollten. Und wieder fragten wir uns, ob es ernst gemeint oder nur eine Geste war.

Die in den Unterlagen enthaltenen Informationen über Kerntechnik waren der IAEO bekannt. Sowohl Mohammed el Baradei als auch ich hatten das Gefühl, dass die von den Irakern eingesetzten Kommissionen als positiver Schritt zu werten waren. Sollten die Iraker wirklich noch über versteckte Waffen und Unterlagen verfügen, so bestünde für sie die Möglichkeit, das Gesicht zu wahren, wenn sie diese selbst fanden und dann aushändigten. Wir wollten Aufklärung, keine Erniedrigung. Im Rückblick ist festzustellen, dass die beiden Kommissionen nie etwas fanden, außer ganz am Anfang einen Sprengkopf für chemische Kampfstoffe, einer von insgesamt vier weiteren.

Die Iraker waren erstaunlicherweise sehr schroff in ihren Urteilen, wenn es um das Benehmen der Inspekteure ging. Einmal beschwerte sich General Hussein Amin, der Vorsitzende der Nationalen Überwachungsbehörde, schriftlich, ein Inspekteur mit »provokativem und unangemessen pompösem Gang« habe gesagt: »Sie haben hier anscheinend nichts Biologisches oder Chemisches, aber es riecht nach irgendwas.« Dennoch schloss General Amin seinen Brief an den Leiter unseres Büros in Bagdad mit der Versicherung: »Wir werden trotzdem mit Ihnen kooperieren und dieses Benehmen [der pompöse Gang usw.] wird keinen Einfluss auf das Ausmaß unserer Kooperationsbereitschaft haben.«

Es gab häufige Beschwerden der Iraker, die Fragen unserer Inspekteure seien unangemessen und könnten nur als Provokation oder versuchte Spionage verstanden werden: Ein Inspekteur habe nach der Telefonnummer eines Luftwaffenstützpunkts, nach dessen organisatorischem Aufbau usw. gefragt. Ein andermal wurde einem unserer Inspekteure die Antwort auf die Frage nach den Investoren in der Freihandelszone von Ninive verweigert. Wir waren besorgt, dies könnten die ersten Anzeichen einer allgemeinen Haltung sein, dass die Iraker darüber entscheiden wollten, welche Fragen sie erlaubten. Das hätten wir nicht akzeptieren können. Es war unsere Aufgabe zu bestimmen, welche Fragen wichtig waren.

Von unserer Seite aus hatten wir durchaus Verständnis dafür, dass die Iraker angesichts der ehemals oft engen Beziehungen, die viele Inspekteure der UNSCOM mit verschiedenen Geheimdiensten (insbesondere mit den US-amerikanischen) unterhielten, und angesichts des drohenden militärischen Eingreifens der Amerikaner nicht viel für Fragen übrig hatten, die über das hinausgingen, was unmittelbar mit den Massenvernichtungswaffen zu tun hatte, besonders wenn es um Fragen der konventionellen Verteidigung ging. Wir sahen auch ein, dass nicht jede Frage, die hundert oder mehr Inspekteure stellten, wichtig sein konnte. Wir sagten das den Irakern und versicherten ihnen, dass wir keine Spionage betrieben. Wir würden keine Information an irgendeine Regierung weiterleiten, auch hätten wir keine Inspekteure gefunden, die so handelten – wäre dies der Fall gewesen, dann wäre diese Person entlassen worden. Selbstverständlich unternahmen wir die entsprechenden Schritte, um die Inspekteure zu relevanten Fragen anzuhalten. Obwohl der Irak in der Öffentlichkeit immer wieder den Spionagevorwurf gegen uns erhob, selbst Vizepräsident Taha Yassin Ramadan, wurden diese Beschwerden nie zu einem großen Thema. Mein Eindruck war, dass der Ärger über die Inspektionen irgendwie abgelassen werden musste und dass die Iraker fleißig Dossiers über diese Vorkommnisse anlegten für den Fall, dass sie eines Tages beschließen sollten, die Inspektionen zu stoppen.

Es gab einige Demonstrationen gegen die Inspekteure, aber keine war wirklich bedrohlich. Es gab welche vor unserem Büro in Bagdad, vor einer Klinik und bei der Durchsuchung der Privatwohnung, in der sich die Atomunterlagen fanden. Besonders abstrus war eine groß aufgebauschte Beschwerde, die bis in höchste Kreise für Aufregung sorgte. Sie betraf einige Inspekteure, die privat eine Moschee in Bagdad besichtigt hatten. Sie waren vom Scheich der Moschee freundlich empfangen und in aller Unschuld herumgeführt worden. Kurz danach rief ein Imam alle moslemischen Geistlichen der Welt auf, die »Inspektion« einer Moschee zu verurteilen, und der Chef der Nationalen Überwachungsbehörde behauptete, es seien Fragen gestellt worden, ob es unterirdische Schutzräume gebe und in welchem Verhältnis die Moschee zur Regierung stehe usw. Ich bezweifelte, dass diese Beschwerden ernst gemeint waren, und vermutete, man nutzte den religiösen Bezug der Angelegenheit, um möglichst viel Krach zu schlagen.

Als ich den Sicherheitsrat am 27. Januar unterrichtete, sagte ich, dass »Demonstrationen und anderer Aufruhr dieser Art im Irak ohne die Initiative oder Unterstützung der Behörden sehr unwahrscheinlich sind. Sie erleichtern unsere ohnehin schwierige Aufgabe nicht. Wir versuchen, effektiv, professionell und gleichzeitig korrekt vorzugehen. Wenn unsere irakischen Partner eine Beschwerde vorbringen möchten, können sie dies auf ruhigere und weniger unangenehme Art tun.«

Ende Januar waren noch zwei wichtige Angelegenheiten ungelöst: unsere von den Amerikanern unterstützten U-2-Flüge und die Befragungen in Bagdad.

Flüge mit der U-2 und anderen Aufklärungsflugzeugen

Mohammed el Baradei und ich hatten das Thema von U-2- und anderen Aufklärungsflugzeugen bei unseren Gesprächen mit den

Irakern in Wien Ende September 2002 angesprochen. Wir kamen damals nicht sehr weit, obwohl die UNSCOM, unsere Vorläuferorganisation, solche Flugzeuge eingesetzt hatte und es entsprechende Routineverfahren für den Umgang damit bereits gab. Die UNMOVIC kaufte jetzt Satellitenaufnahmen vieler Anlagen von kommerziellen Anbietern. Diese Fotos hatten eine hohe Auflösung und lieferten ausgezeichnete aktuelle Informationen, die wir mit den Informationen über die jeweiligen Anlagen in unserer großen Datenbank vergleichen konnten. Die Flugzeuge flogen jedoch niedriger als Satelliten und hatten zudem einige Möglichkeiten, die den Satelliten abgingen. Daher wollten wir sie haben. Eine amerikanische U-2, eine französische Mirage, eine russische AN 30 und eine deutsche oder französische Drohne wären zudem eine sichtbare politische Demonstration der Unterstützung, die wir von den Großmächten erhielten.

Das Recht, solche Flüge durchzuführen, war eindeutig in der Resolution vom November festgeschrieben. Nachdem wir uns versichert hatten, dass die Amerikaner bereit waren, die Flüge mit der U-2 für uns durchzuführen, und dass auch die Franzosen und Russen ihre Spezialflugzeuge anbieten würden, informierten wir die Iraker über das Verfahren, nach dem wir vorgehen wollten. Sie lehnten unsere Pläne weder ab – denn das wäre ein Verstoß gegen die Resolution gewesen –, noch nannten sie irgendwelche genauen Bedingungen, vermutlich im Bewusstsein, dass sie sich der Resolution »bedingungslos« unterwerfen mussten. Stattdessen brachten sie den Einwand vor, dass die Fortsetzung der täglichen Luftangriffe der Briten und Amerikaner in den Flugverbotszonen zu Problemen führen könnte. Sie sagten, die irakische Luftabwehr müsse zur Selbstverteidigung gegen diese täglich wiederkehrende Aggression, die nicht vom Sicherheitsrat sanktioniert sei, vorgehen. Um unsere Flugzeuge zu schützen, müssten wir dafür sorgen, das die alliierten Bombardierungen in den Flugverbotszonen eingestellt würden, wenn unsere Überwachungsflugzeuge in der Luft waren. Des Weiteren benötige der Irak, wiederum zum Schutz unserer Flugzeuge, unsere Hilfe bei der Beschaffung moderner ziviler Radaranlagen für Basra und Mossul.

Die Vereinigten Staaten hätten den Abschuss einer U-2, die im Auftrag der UNMOVIC unterwegs war, mit Sicherheit als Zeichen trotzigen Widerstands gedeutet. Auf der anderen Seite war den Irakern klar, dass der Abschuss einer amerikanischen U-2, trotz des Triumphs, den ein solcher Akt angesichts der Erniedrigung durch die Flugverbotszonen darstellen würde, sehr wahrscheinlich einen Krieg auslösen würde. Das wollten sie mit Sicherheit vermeiden. Möglicherweise pokerten sie mit uns, um aus unserer Anfrage einen Vorteil für sich herauszuschlagen, obwohl sie keine guten Karten hatten. Aber was war mit »Unfällen«, ausgelöst durch irakische Luftabwehrmannschaften, die den Finger zu schnell am Drücker hatten?

Obwohl ich den Eindruck hatte, die Amerikaner hätten uns ihre U-2 geschickt, ohne dass die Iraker für die Sicherheit der Flugzeuge bürgten, wollten wir das Risiko, so gut es ging, minimieren und so schleppte sich die Diskussion hin. Es war klar, dass der irakische Standpunkt nicht von meinem jeweiligen Gegenüber festgelegt wurde. Das Ganze hing mit dem Widerstand der Iraker gegen die Flugverbotszonen zusammen. Das Regime wollte das Thema U-2 als Hebel für die Frage der Flugverbotszonen nutzen. Das war jedoch vergeblich. Die Angelegenheit mit den Überwachungsflugzeugen war in der Resolution geregelt. Ich fand jedoch, dass der Widerstand etwas schwächer wurde, als wir über unsere Absicht sprachen, neben den amerikanischen auch französische und russische Überwachungsflugzeuge einzusetzen. Es war, als würde der Einsatz von Flugzeugen aus weniger feindlich gesinnten Ländern die Erniedrigung durch die Gegenwart amerikanischer Flugzeuge mildern.

Das Problem mit den Überwachungsflugzeugen löste sich nicht vor Februar. Es würde keine Aufhebung der Flugverbotszonen geben und auch keine Radaranlagen für Basra und Mossul. Wir würden nach dem gleichen Verfahren vorgehen, wie seinerzeit die UNSCOM. Bevor wir unsere Inspektionen einstellen mussten, gab es eine Reihe von amerikanischen U-2-Flügen in großer Höhe, aber nur einen niedrigeren der französischen Mirage. Die russische AN, die am niedrigsten fliegen sollte und die auch für Nachtaufklärung ausgerüstet war, kam zu spät, um noch eingesetzt werden zu können. Die Russen wollten sich ihre Dienstleistungen zuerst bezahlen lassen, aber wir lehnten ab, denn die anderen Flugzeuge hatten wir umsonst bekommen. Nicht dass wir finanzielle Schwierigkeiten gehabt hätten – unsere Rechnungen wurden ja mit dem Geld aus den irakischen Ölverkäufen bezahlt –, aber wir versuchten immer, die Kosten möglichst tief zu halten. Nach einigen Diskussionen und politischen Interventionen auf höchster Ebene in Moskau teilte mir Botschafter Lawrow mit, die russische Regierung habe versprochen, das Flugzeug für uns kostenlos einzusetzen. An diesem Punkt standen wir vor dem Problem, wo wir die Maschine stationieren sollten. In Kuwait wollte man sie nicht. Ich vermute, sie hatten dort genug vom Aufmarsch des amerikanischen Militärs auf ihrem Territorium. Als sich eine Lösung des Problems abzeichnete, da Syrien Bereitschaft zur Aufnahme des Flugzeugs signalisierte, hatte sich die Angelegenheit so lange hingezogen, dass es zu spät war.

Das Problem der Befragungen in Bagdad

Die UNMOVIC musste sich auch mit irakischem Widerstand bei dem in der Resolution vom November festgeschriebenen Recht zur Durchführung von Interviews auseinander setzen. Als Mohammed el Baradei und ich während unseres Treffens in Wien im September 2002, bevor die Resolution verabschiedet wurde, das erste Mal auf dieses Thema zu sprechen kamen, sagten unsere irakischen Gesprächspartner, man habe kein Problem damit, wenn wir irakische Wissenschaftler und anderes Personal befragten. Unschuldig fügten sie hinzu, es läge natürlich im Ermessen jedes Einzelnen, ob er sich befragen lassen wollte. Es sei früher ab und zu vorgekommen, dass die Befragten sich von den Interviewern der UNSCOM eingeschüchtert und manchmal auch missverstanden gefühlt hätten. Daher hätten sie vielleicht gerne einen Vertreter ihrer eigenen Behörde dabei, der eventuelle Missverständnisse korrigieren könne. Aus ihrer Sicht war das ebenso normal wie die Anwesenheit eines Konsularbeamten seines Landes, wenn man in einem fremden Land eine Zeugenaussage macht.

Wir wiesen darauf hin, dass während der von der UNSCOM durchgeführten Interviews gelegentlich eine ganze Gruppe offizieller irakischer »Aufpasser« anwesend gewesen sei und die befragten Zeugen sich offensichtlich eher durch diese als durch die Inspekteure eingeschüchtert gefühlt hätten. Nach Aussagen der UNSCOM hätten die Aufpasser die Zeugen oft unterbrochen und darauf hingewiesen, ihre Erinnerung täusche sie oder sie hätten etwas falsch verstanden.

Unsere Wiener Diskussionen zu diesem Punkt blieben in der Schwebe und erübrigten sich dann durch die Resolution der Vereinten Nationen, die deutlich festhielt, dass wir das Recht auf privaten Zugang zu jeder Person hatten, also auf Gespräche ohne die Anwesenheit irakischer Aufpasser. Damit war das Problem aber noch nicht ganz gelöst. Als wir anfingen, Leute für die Interviews in Bagdad zu bestellen, gab es Weigerungen, zu uns ins Büro zu kommen, und in einem Fall den Wunsch, einen irakischen Zeugen mitzubringen oder zumindest die Erlaubnis zu bekommen, das Interview auf Band aufzunehmen. Nachdem wir über diese Forderungen nachgedacht hatten, kamen wir zu dem Schluss, dass sie vermutlich auf Anweisung der Behörden zurückzuführen waren und wir sie daher ablehnen mussten. Aber wie konnten wir die Leute dazu bewegen, uns aufzusuchen und mit uns zu sprechen, wenn sie sich weigerten? Konnten wir einfach die Nationale Überwachungsbehörde auffordern, uns die gewünschten Personen zu bringen, und dann dafür sorgen, dass sie ohne Zeugen und Tonbandgerät sprechen konnten? Das schlugen in der Tat die Amerikaner vor. Und sollte es nicht funktionieren, dann hätte der Irak eben gegen die Resolution verstoßen. Natürlich wäre es in einem totalitären Staat kein Problem gewesen, uns die Leute zuzuführen. Aber durften sich die Vereinten Nationen auf die unkontrollierte Macht eines totalitären Staates verlassen? Ohne ihnen zu sagen, was wir vorhatten, machten wir den Irakern klar, dass wir es als eine sehr ernste Angelegenheit betrachten würden, sollten wir das uns vom Sicherheitsrat zugesprochene

Recht nicht ausüben können. Darüber hinaus, gaben wir zu bedenken, könnten sich die Interviews doch nur positiv für sie auswirken,
wenn es denn nichts zu verstecken gäbe, umso mehr, wenn deren
Glaubwürdigkeit weder durch offizielle Vertreter des Irak noch
durch Tonbandgeräte geschmälert werde.

Noch im Januar hatte uns die irakische Seite versprochen, die
entsprechenden Personen zu »ermuntern«, unseren Bitten um ein
Gespräch nachzukommen, und nach einer Zeit, in der wir die
Gesprächskandidaten wieder nach Hause schickten, wenn sie forderten, einen »Freund« dabeihaben zu dürfen oder ein Tonbandgerät laufen zu lassen, gelang uns in einigen wenigen Fällen die
Durchführung von Einzelbefragungen. Einige der Interviews erwiesen sich als informativ, aber wir gaben uns nie der Illusion hin,
dass die Befragten wirklich frei sprachen.

Die Frage, ob man Wissenschaftler oder andere Personen, die
möglicherweise über für uns interessante Informationen verfügen
könnten, im Ausland befragen sollte, war von Anbeginn umstritten,
schon als sie im Entwurf auftauchte, aus dem später die November-
resolution wurde; sie wurde nie gelöst. Obwohl in der Resolution die
Rede von einem Recht und nicht von einer Pflicht der UNMOVIC
war, bestanden die Amerikaner in zunehmendem Maße darauf, dass
dieses Recht auch genutzt werde. Andere Mitgliedsstaaten teilten
unsere Skepsis. Beharrten die USA wirklich darauf, weil sie glaubten, dies sei ein Weg, um an wichtige Informationen zu kommen?
Oder ging es eher darum, bestimmten Leuten die Möglichkeit zum
Überlaufen zu erleichtern oder eine Zurückweisung durch die Iraker
zu provozieren? Später während der Besetzung durchgeführte Interviews mit irakischen Wissenschaftlern legen den Schluss nahe, dass
einige von ihnen ihr Land nicht verlassen wollten, während andere
sich gar nicht getraut hätten. Dies war eine der wenigen Gelegenheiten, bei denen ich einen starken Druck seitens der Amerikaner
empfand.

Eine Bilanz Mitte Januar
und ein Gespräch mit Kofi Annan

Mohammed el Baradei und ich waren vor dem für den 27. Januar geplanten Zwischenbericht für den Sicherheitsrat zu einer Bestands-
aufnahme und zur Klärung offener praktischer Fragen nach Bagdad
eingeladen. Unser Besuch wurde auf den 19. und 20. Januar gelegt.
Vor diesem Besuch führten wir eine Reihe wichtiger Gespräche.

Direkt vor unserem Abflug aus New York hatten wir ein langes
Gespräch mit Kofi Annan. Wir besprachen die Zeitpläne der beiden Resolutionen des Sicherheitsrats und stellten fest, dass eher
der Sicherheitsrat als die UNMOVIC von den unterschiedlichen
Zeithorizonten betroffen war. Mein Bericht am 27. Januar über
ungelöste Abrüstungsfragen, illegale Einfuhren und den Stand der
irakischen Kooperation würde keineswegs das Ende der Arbeit der
Kommission markieren.

Es lag beim Sicherheitsrat, sich Gedanken über unsere Berichte
und die weiteren Optionen zu machen. Ich sagte zu Kofi, die Optionen aus meiner Sicht seien entweder Entwaffnung durch Inspektionen *oder* Entwaffnung durch Krieg. Fortlaufende Inspektionen,
unterstützt durch militärischen Druck und gefolgt von langfristig
angelegter Beobachtung der Entwicklung, könnten dem Irak die
Wahrheit entlocken, Abrüstung garantieren und die Wiederaufnahme der Waffenprogramme verhindern. Das Problem sei, den Druck
auf den Irak über die Zeit hinweg aufrechtzuerhalten. Es bestehe offensichtlich das Risiko, dass der Irak die Inspekteure eines Tages auf
spektakuläre Art und Weise rausschmeißen oder ihre Möglichkeiten
ganz allmählich beschränken könnte. Die auf längere Sicht ein-
setzende Ermüdung des Sicherheitsrats sei ein weiteres Problem.
Die amerikanische Regierung halte nichts mehr von einer Politik der
Eingrenzung. Und die Wahl zwischen Inspektion und Krieg stelle
sich nicht nur für die Mitglieder des Sicherheitsrats, sondern auch
für den Irak. El Baradei und ich würden Bagdad übermitteln, dass
jetzt gehandelt werden müsse und man sich nicht mehr mit Schein-
problemen wie der vermeintlichen Spionage herumschlagen dürfe.

Ich unterbreitete Kofi Annan bei dieser Gelegenheit auch mein Anliegen, Dimitri Perricos zu meinem Stellvertreter zu ernennen. Ich wollte, dass er damit einverstanden war und mich unterstützte. Dimitri hatte ungeheuer viel Erfahrung aus den Inspektionen im Irak von 1991, er war an den Inspektionen in Nordkorea und bei der Abrüstung in Südafrika beteiligt gewesen. Und nun war er Leiter unserer operativen Abteilung und sowohl für die Mitarbeiter verantwortlich, die in New York die Einsätze planten, als auch für jene, die sie vor Ort durchführten. Er hatte ausgezeichnete Arbeit geleistet und sich voll eingesetzt. Er war kein umgänglicher Mensch, konnte grob sein, und oft schüchterte er andere mit seinen scharfen Argumenten ein. Er zögerte auch nicht, mir zu widersprechen, obwohl er mir gegenüber gewöhnlich freundlicher war als anderen gegenüber. Er hatte es nie an Kompetenz, Urteilskraft und Engagement fehlen lassen. Ich sagte immer, er sei das perfekte Gegenstück zu der mir völlig fehlenden Ungeduld. Ich respektierte ihn nicht nur, sondern mochte ihn auch und mag ihn immer noch, und ich war froh, als Kofi Annan sich meinem Vorschlag anschloss und ihn zu meinem Stellvertreter ernannte. Er verdiente diese Position und er brauchte sie auch, besonders gegenüber den Irakern. Als ich im Sommer 2003 zurücktrat, ernannte Kofi Annan Dimitri zu Recht zum Leiter der UNMOVIC.

KAPITEL 6

Nach Bagdad und zurück

Eskortiert von einem Schwarm Motorradpolizisten, wurden Mohammed el Baradei und ich am Morgen des 17. Januar zum Élysée-Palast zu einem Treffen mit Präsident Chirac chauffiert. Die Vorstellung, die ich mir von diesem Mann machte, der sich gerade als wichtiger Gegner eines Militärschlags gegen den Irak profiliert hatte, war die eines energischen Berufspolitikers, der sowohl in der Rhetorik hoher Prinzipien wie im etwas weniger prinzipientreuen Alltag der französischen Politik brillierte. Ich kam ohne übermäßige Bewunderung, ging jedoch mit dem Gefühl, dass die Haltung des französischen Präsidenten zum Irakproblem offenbar weder von dem Wunsch bestimmt wurde, sich als Friedensbringer zu präsentieren, noch von der Reaktion auf die mehrheitliche Meinung seiner Wähler, was bei jedem Politiker verständlich gewesen wäre. Seine Position gründete wohl eher auf der Überzeugung, dass der Irak keine Bedrohung darstellte, die eine militärische Intervention gerechtfertigt hätte.

In meinem Bericht sagte ich zu ihm, die Situation sei heikel. Die Zusammenarbeit des Irak, zum Beispiel was den unverzüglichen Zutritt der Inspekteure zu bestimmten Anlagen betraf, sei eher verfahrenstechnischer als substanzieller Natur. Bislang habe das Regime wenig echte Anstrengungen unternommen, die ungelösten Abrüstungsfragen anzugehen. Mehrere Geheimdienste seien davon überzeugt, dass es im Irak noch Massenvernichtungswaffen gebe, aber wir hätten keine Beweise dafür. Möglicherweise gebe es mobile Labors und unterirdische Anlagen, was untersucht werden müsse. Allerdings sei auch vorstellbar, dass nur noch wenige Massenvernichtungswaffen zurückgehalten würden. In jedem Fall brauche man mehr Zeit, um eine Anzahl offener Fragen zu klären.

Chirac erwiderte, Frankreich besitze keine »ernsthaften Hinweise«, dass der Irak verbotene Waffen zurückhalte. Da ich mit

Mitarbeitern des französischen Geheimdienstes gesprochen hatte, fand ich es äußerst interessant, dass Chirac ihre Meinung über den Irak nicht teilte. Gelegentlich »berauschten« sich die Geheimdienste gegenseitig, sagte er. Persönlich sei er nicht der Meinung, dass der Irak Massenvernichtungswaffen besitze. Seiner Ansicht nach hätten die Inspektionen bis 1998 eine Menge ans Licht gebracht, wodurch der Irak de facto abgerüstet sei. Das beweise, dass Inspektionen eine wirksame Methode darstellten. Ein Krieg sei nun die schlechteste Lösung, weil er in der muslimischen Welt eine antiwestliche Stimmung schüren werde. Frankreich sei nicht bereit, sich in einen solchen Krieg hineinziehen zu lassen. Allein der Weltsicherheitsrat habe das Recht, über ein militärisches Vorgehen zu entscheiden.

Mohammed el Baradei bemerkte, die Anwesenheit von Inspekteuren stelle eine Abschreckung für den Irak dar, seine Rüstungsprogramme wieder aufzunehmen. Wenn man die Inspektionen im Irak nun einfach beiseite wische, ohne ihnen Zeit für Erfolge zu lassen, sei die gesamte Methode internationaler Inspektionen in Gefahr. Zwar sei nicht einfach anzunehmen, dass der Irak unschuldig sei, aber man brauche positive Anreize, nicht nur Drohungen. Der Irak müsse sich auf jeden Fall entgegenkommender zeigen und uneingeschränkt und aktiv mit uns zusammenarbeiten. Diese bittere Pille müssten die Iraker schlucken. Mohammed gab seiner Besorgnis darüber Audruck, dass der Irak die Inspekteure als »Spione« bezeichnet, keine privaten Befragungen zugelassen und noch keinerlei Gesetze verabschiedet habe, die die Herstellung verbotener Waffen untersagten.

Bevor wir hinuntergingen, um der Presse entgegenzutreten, meinte Chirac, Saddam Hussein sei »in einem intellektuellen Bunker eingesperrt«. Seine Umgebung wage nicht, ihm die Wahrheit zu sagen, dass ein Krieg unweigerlich zu seinem Sturz führen würde. Nun müsse er sich ein paar positive Gesten abringen, was zwar unangenehm für ihn wäre, aber doch wesentlich angenehmer als ein Krieg.

Auf unserem Weg zur lebhaften Pressekonferenz fiel mir im Flur ein Plakatständer ins Auge, auf dem für Coca-Cola geworben wurde – und das im Élysée, dem Amtssitz des französischen Staats-präsidenten! Ich konnte mir die Frage nicht verkneifen, ob es sich um ein Werk der französischen Pop-Art handle, doch der Präsident schien sich an diesem schon fast archetypischen Symbol der USA nicht zu stören und erklärte, es habe mit einem Kinderfest zu tun.

Bei der Pressekonferenz schien er ebenso entspannt zu sein, während er den Antworten lauschte, die ich auf Französisch gab, aber mir war nicht klar, ob seine Haltung vorgetäuscht war oder echt.

Nach einem kurzen Gespräch mit Außenminister Dominique de Villepin in seinem Ministerium trennten sich Mohammeds und meine Wege. Er kehrte über Wien zu seiner Basis in Larnaka zurück, während ich nach London flog, um mit Premierminister Blair zu sprechen. Als ich merkte, dass ich erst vierzig Minuten vor meinem Flug im Stadtzentrum von Paris abgeholt werden sollte, wurde ich nervös, staunte dann aber, wie schnell wir durch die Stadt zur Autobahn gelangten. Die Motorradpolizisten benahmen sich wie in der Zirkusmanege. Im Allgemeinen bin ich nicht besonders begeistert davon, dass VIPs mit Höchstgeschwindigkeit durch die Gegend chauffiert werden und andere Leute behindern, es sei denn aus Sicherheitsgründen, aber diesmal war es unbedingt nötig.

In Heathrow führten uns britische Geheimdienstleute durch Hintertüren rasch zu einem Wagen. Auf der Fahrt nach Checkers, dem Landsitz des Premierministers, erfuhren wir von ihnen die letzten Neuigkeiten. Tony Blair begrüßte uns vergnügt im Jogginganzug und bestand darauf, sich vor unserem Gespräch umzuziehen, obwohl ich meinte, das sei völlig unnötig. Zum Nachmittagstee wurde etwas serviert, was ich seit meiner Studentenzeit in Cambridge vor fast fünfzig Jahren nicht mehr gegessen hatte: Crumpets, eine Art veredelter Muffin. Ein guter Anfang und etwas weniger förmlich als meine Begegnung mit Präsident Chirac.

Ich begann mit einem Bericht, wie ich ihn auch in Paris vorgetragen hatte. Die Zusammenarbeit des Irak müsse aktiver werden, sagte ich. Das voluminöse Dossier vom 8. Dezember habe keine Informationen enthalten, die irgendwelche Abrüstungsfragen beantwortet hätten. Zudem sei es nicht gelungen, mögliche Zeugen zu befragen, ohne dass diese sich bedroht gefühlt hätten. Wir hätten illegal importierte Raketentriebwerke entdeckt und erst kürzlich elf leere Sprengköpfe für chemische Kampfstoffe, außerdem in einem Privathaus versteckte Unterlagen. Das seien Tatsachen, die genauer untersucht werden müssten, vorher wolle ich sie nicht an die große Glocke hängen. Wir gingen nicht weiter ins Detail, abgesehen davon, dass der Premierminister sagte, er halte Privatgespräche mit irakischen Beamten für wichtig. Ich fragte mich, ob er das wirklich für eine wichtige und realistische Methode hielt, sich Informationen zu verschaffen, oder ob er – wie die Amerikaner – glaubte, bei diesem Thema werde das irakische Regime abblocken, worauf man ihm einen Verstoß gegen die Resolution, also eine erhebliche Verletzung seiner Verpflichtungen, vorwerfen könnte.

Blair meinte, er mache sich Sorgen wegen eines »verlängerten Zeitrahmens«. Gebe es keinen besonderen Vorfall und seien die Entdeckungen der Inspekteure von »geringerer Bedeutung«, dann stehe man vor einem Dilemma. Militärischer Druck sei wichtig, um die Iraker zur Zusammenarbeit zu zwingen – womit ich übereinstimmte –, doch die Vereinigten Staaten könnten ihre Truppen nicht monatelang untätig in Bereitschaft halten. Der Irak habe die Pflicht, aktiv mitzuwirken und sich in die Karten schauen zu lassen. Weiteres Zögern sei nicht tolerierbar. Wie es denn auf ein Land wie Nordkorea wirken würde, wenn die Weltgemeinschaft nach mehreren Monaten unzureichender irakischer Zusammenarbeit mit den Inspekteuren von dem deutlichen Signal zurückscheute, das sie sich durch den Sicherheitsrat verschafft und mit einer glaubhaften militärischen Drohung untermauert hatte? Bei einem weiterhin andauernden Mangel an »aufrichtiger Kooperation« müssten um den ersten März herum ernsthafte Entscheidungen fallen.

Ich war nicht sicher, ob er damit einen gemeinsamen Standpunkt der Briten und Amerikaner darstellte oder mich dazu veranlassen wollte, meinen Gesprächspartnern in Bagdad die Lage später in ausreichend düsteren Farben zu schildern, um sie zu einer aktiveren Mitwirkung zu bringen. Aus Blairs Bemerkungen wurde außerdem deutlich, dass sein Denken stark von dem Bewusstsein geprägt war, welch brutaler und bösartiger Natur das irakische Regime war. Der Terror, den das Regime von Saddam Hussein verbreitete, war tatsächlich berüchtigt und gut dokumentiert, nicht zuletzt durch offizielle Berichte an die UN-Vollversammlung. Als Grund für den von ihnen geforderten »Regimewechsel« hatten die Regierungen Clinton und Bush jedoch nie angeführt, ein derartiges Regime dürfe man nicht auf Erden dulden. Vielmehr hatte es geheißen, ein Wechsel wäre die beste Methode, die Vernichtung sämtlicher Massenvernichtungswaffen zu gewährleisten. Hätte man ein militärisches Eingreifen mit dem Terror des Regimes begründen wollen, so hätte man sich die Frage gefallen lassen müssen, weshalb man nicht vorhabe, *alle* diese Regime zu beseitigen. Als religiöse Menschen fühlten Blair und Bush sich in ihrem politischen Entschluss jedoch vielleicht durch das Gefühl bestätigt, dass sie nicht nur die Verbreitung von Waffen, sondern auch das Böse an sich bekämpften. Da man im jetzigen besetzten Irak bislang keinerlei Massenvernichtungswaffen entdeckt hat, ist es nicht weiter erstaunlich, dass die beiden Regierungschefs sich nun auf die Schreckensherrschaft des Regimes konzentrieren, die ihnen wohl schon immer wichtig war, auf die sie sich vor Kriegsbeginn jedoch nicht groß berufen haben.

Zu Tony Blairs Worten über die terroristische Natur des Saddam-Regimes äußerte ich mich nicht, sondern sagte einfach, es lasse sich nicht ausschließen, dass der Irak für lange Zeit höchstens zu einer »unaufrichtigen Kooperation« bereit sei. Würden die Iraker hingegen uneingeschränkt und aktiv mitwirken, könnte man ziemlich rasch Fortschritte erzielen – innerhalb weniger Monate.

Nach unserem Gespräch war Blair so freundlich, mit mir und meinem persönlichen Assistenten Torkel Stiernlof einen kleinen Rundgang durchs Haus zu machen. Er zeigte uns ein Rubens-Gemälde, das Churchill mit einigen Pinselstrichen hatte verbessern wollen, was man erst bei der Restaurierung merkte. Die ganze Begegnung verlief herzlich und konzentriert. Um das Thema der Geheimdienste ging es diesmal noch nicht. Es tauchte erst bei späteren Gesprächen auf.

Über Larnaka nach Bagdad

Am Samstag, dem 18. Januar, einen Tag nach meinem Gespräch mit Tony Blair, flogen wir nach Zypern, um uns dort in Larnaka mit Mohammed el Baradei zu treffen und gemeinsam mit ihm nach Bagdad zu reisen. Ich wohnte in dem hübschen, bescheidenen Flamingo Beach Hotel, wo wir ein Regionalbüro eröffnet hatten und von wo es nicht weit bis zum Flughafen war. Der Name des Hotels war durchaus passend, denn in einem seichten See in der Nähe lebte eine große Schar Flamingos. Ich erfuhr, dass die Vögel ihre rote Farbe vom Panzer der Cochenille-Läuse haben, die zu ihren Nahrungsquellen zählen. Das war mir neu, aber als Liebhaber von Orientteppichen wusste ich, dass dieselben Läuse zur Herstellung des tiefroten Farbstoffs in vielen Teppichen verwendet werden.

Der Besitzer des Hotels hatte mit den Inspektionen (und später mit dem Krieg) das große Los gezogen. In der Wintersaison kamen meist nur wenige Touristen, doch seit Oktober 2002 fielen UN-Beamte und Inspekteure buchstäblich vom Himmel. Als die Inspektionen im März eingestellt wurden, blieb die große Schar hin und her fliegender Inspekteure zwar aus, aber weil unser Büro im Hotel weiterhin geöffnet war, tauchten andere Beamte auf. Außerdem brachten viele weitere UN-Behörden, die nach dem Krieg im Irak tätig wurden, ihre Leute im »Flamingo« unter.

Am 19. Januar kamen Mohammed el Baradei und ich in Bagdad an. Wir fuhren in die staubige, etwas heruntergekommene Stadt und mieteten uns im komfortablen Hotel Rasheed ein. Dabei mussten wir aufpassen, nicht auf Präsident George Bush senior zu treten, der uns von einem ostentativ am Eingang platzierten Teppich anblickte. Schon am Nachmittag hatten wir unser erstes Gespräch im Außenministerium. Die irakische Delegation wurde von Dr. Amir al Saadi geleitet, der uns von früheren Gesprächen her gut bekannt war.

Zu Beginn der Unterredung sagte ich, wir kämen mit frischen Eindrücken von der UNO in New York, der EU in Brüssel und

Besuchen in Moskau, Paris und London. Überall werde die Situation als kritisch empfunden. Wir hätten den Auftrag, dem Sicherheitsrat am 27. Januar Bericht zu erstatten, wobei man unseren Worten sehr aufmerksam lauschen werde. Ein Krieg sei meiner Meinung nach zwar vermeidbar, aber doch absolut möglich, während eine glaubhafte, durch Inspektionen bestätigte Abrüstung eine Alternative zum Krieg darstelle, kein Vorspiel. Der Sicherheitsrat müsse von den Inspekteuren davon überzeugt werden, dass der Irak abgerüstet habe, und damit die Inspekteure davon überzeugt seien, bräuchten sie Transparenz und Beweise. Vorläufig gingen wir weder von Schuld noch von Unschuld aus, aber wir seien auf eine aktive – oder, wie man neuerdings gern sage, *proaktive* – und ehrliche Bereitschaft zur Mitarbeit angewiesen. Keine strategischen Spielchen! Die Inspektionen seien keine Bestrafung, sondern böten dem Irak eine Gelegenheit, die er ergreifen sollte. Abgesehen davon gebe es mehrere praktische Probleme, die dringend zu lösen seien. Wir wollten mit Hubschraubern ungehindert in Flugverbotszonen eindringen und U-2-Jets zu Überwachungsflügen einsetzen. Die Zahl der Bewacher, die bei Inspektionen anwesend seien, müsse verringert werden. In einigen Fällen habe es fünf irakische Aufpasser für einen Inspekteur gegeben! Das sei doch nichts anderes als reine Schikane. Außerdem müsse klar sein, dass wir bei den Inspektionen nicht von irgendwelchen Journalisten gestört würden.

Mohammed el Baradei fügte hinzu, in den elf Jahren seit 1991 habe sich viel Ungeduld angesammelt. Nun müssten wir innerhalb des kommenden Monats zu schlüssigen Ergebnissen gelangen. Es habe Fortschritte gegeben, vor allem im Hinblick auf die Wartezeit der Inspekteure, aber wir bräuchten konkrete Beweise, Unterlagen, Privatgespräche. Und wieso, fragte el Baradei, man die Gesetze zum Verbot der Waffenproduktion noch nicht in Angriff genommen habe? Außerdem hätten einige Statements, zum Beispiel jenes, in dem man die Inspekteure als Spione bezeichnet habe, der Welt ein falsches Bild der irakischen Haltung zu den neuen Inspektionen vermittelt.

Dr. al Saadi brachte die Frage der Beweislast aufs Tapet. Wie der Irak denn überhaupt beweisen könne, dass er keine mobilen Einheiten für verbotene biologische Forschungen unterhalte, und wie er beweisen könne, dass er keinerlei Natur-Uran (Yellow Cake) aus Niger importiert habe? Dem folgten allerhand Klagen über meine Beurteilung der irakischen Deklaration vom 8. Dezember. Obwohl daraus hervorgehe, dass einige Raketen bei Testflügen die erlaubte Distanz von 150 Kilometern überschritten hätten, sei das kein Verstoß gegen die Resolutionen. Einer der Leiter des Raketenprogramms informierte uns anschließend weitschweifig über dieses Thema. Während einer Teepause sprach ich mit al Saadi darüber, dass wir uns über ein Verfahren einig werden müssten, Lastwagen auf der Straße anzuhalten und zu überprüfen, unter anderem wegen der angeblichen Existenz mobiler Produktionseinheiten für biologische Kampfstoffe. Wir hatten uns zwar schon von Polizeivertretern beraten lassen, aber wir brauchten einen Kontrollmodus, an dem die Iraker beteiligt waren. Al Saadi zeigte sich aufgeschlossen, meinte jedoch, der Vorwurf, man betreibe mobile Bakterienfabriken, sei ziemlich töricht. Schon das Risiko eines Verkehrsunfalls würde eine solche Idee verbieten.

An diesem Sonntagnachmittag dauerten die Verhandlungen etwa zweieinhalb Stunden, am Montagmorgen noch einmal so lange. Am Ende konnten wir einige der strittigen Fragen klären, andere wurden vorerst ausgeklammert. Wir waren uns einig, dass das Verhältnis von Aufpassern und Inspekteuren normalerweise eins zu eins betragen sollte. Wir durften von nun an mit unseren Hubschraubern in Flugverbotszonen eindringen; da unsere irakischen Aufpasser das mit ihren Hubschraubern nicht durften, würden wir sie an Bord nehmen. Journalisten hingegen würden nicht mit an Bord sein. Was die Frage neuer Beweismittel, also weiterer Unterlagen, anging, gab es keinen Durchbruch, und auch die Überwachungsflüge durch U-2-Flieger blieben ungeklärt.

Mohammed hatte durch verschiedene Kanäle zu verstehen gegeben, man solle uns zu einem Besuch bei Saddam Hussein einladen, aber nach den Gesprächen am Sonntag wurden wir nur zu Vizepräsident Ramadan gebeten. Mit ihm sprachen wir über die-

selben Probleme wie mit der Delegation al Saadis, über den Zeitdruck, die angebliche Spionage und die noch ausstehenden Gesetze.

Nach dem Treffen mit Ramadan riefen wir alle in Bagdad tätigen
Mitarbeiter der UNMOVIC und der IAEO im UN-Büro im Hotel
Canal zusammen, um ihnen von unseren Gesprächen mit den Irakern zu berichten. Wir wollten ihnen das Gefühl geben, dass wir alle
am selben Strang zogen, und ihnen noch einmal einschärfen, wie
wichtig und heikel ihre Arbeit war.

Am Montag einigten wir uns zum Abschluss der Verhandlungen
mit den Irakern auf eine zehn Punkte umfassende Liste, die wir bei
getrennten Pressekonferenzen vorstellten. Eine gemeinsame Pressekonferenz war nicht angebracht, da sie eventuell den falschen Eindruck vermittelt hätte, dass alles in schönster Ordnung sei, während
die Ergebnisse in Wirklichkeit recht mager waren. Bevor ich den
Raum voller Medienvertreter betrat, schlug Dimitri Perricos vor, ich
solle vor dem Verlesen der geklärten Punkte auf eine Frage verweisen, über die noch keine Einigkeit herrschte. Bei meinen einleiten-
den Worten sagte ich also, bedauerlicherweise hätten wir uns in
mehreren Punkten nicht einigen können, vor allem, was den Einsatz
von U-2-Flugzeugen anginge.

In den zehn Punkten stand, die irakische Regierung werde ihre
Bürger dazu »ermuntern«, den Inspekteuren Zutritt zu Privathäu-
sern zu gewähren und sich ohne Aufpasser mit ihnen zu unterhalten.
Da wir eine Reihe von Sprengköpfen für chemische Kampfstoffe
entdeckt hätten, würde der Irak eine Kommission zur Suche nach
nicht dokumentierten Waffen einsetzen. Die technischen Diskussionen mit der IAEO sollten fortgeführt werden, um die verbliebenen Fragen zu klären, darunter den Import der angeblich für
Zentrifugen vorgesehenen Aluminiumröhren und den angeblichen
Versuch, Natur-Uran zu importieren.

Seit dem Wiederbeginn der Inspektionen war das unsere erste
Reise nach Bagdad. Wir hatten die Iraker warnend darauf hingewiesen, dass die Zeit knapp werde und dass spektakuläre Fortschritte
angebracht seien. Trotzdem hatten unsere Gesprächspartner viel
Zeit damit vergeudet, ihre Verstimmung zum Ausdruck zu bringen.

Teilweise hatte ich Verständnis dafür, aber dies war nicht der rechte Zeitpunkt für langatmige Beschwerden oder für Versuche, mit uns um Überwachungsflüge, Hubschrauber in Flugverbotszonen und Privatgespräche zu schachern. Wir hatten keine Gelegenheit erhalten, mit Saddam zu sprechen und ihm zu erklären, wie ernst die Lage war. Ein solches Treffen fand er offenbar unter seiner Würde. War er nicht gut genug informiert, oder glaubte er, er könne sich wieder einmal aus einer heiklen Situation herauswinden? Etwas enttäuscht reisten wir ab. Eine Gelegenheit war nicht gut genutzt worden.

Am Montagnachmittag ließen wir uns von unserer Hercules-Transportmaschine direkt nach Athen fliegen, um uns mit dem griechischen Außenminister Georgios Papandreou zu treffen, dem amtierenden Präsidenten des EU-Außenministerrates. Griechenland hatte soeben die EU-Präsidentschaft übernommen. Der riesige Bauch der Hercules war ungeheizt, und wir kamen steif gefroren in Athen an, wo wir dann aber warm und freundlich empfangen wurden. Zwischen Papandreou und mir kam sofort ein guter Kontakt zustande, nicht nur, weil er fließend Schwedisch spricht. Nach dem Putsch der Militärjunta, die in Griechenland Ende der sechziger Jahre die Macht übernommen hatte, war seine Familie in meine Heimat geflohen und er hatte dort einen Teil seiner Jugend verbracht. Auch sein bescheidenes Auftreten und seine intelligente, konstruktive Einstellung gefielen mir.

Mit Papandreou waren wir uns rasch einig, dass der europäische Beitrag zum Problem der Massenvernichtungswaffen nicht allein darin bestehen konnte, sich gegen die Anwendung von Gewalt zu sträuben. Die Vereinigten Staaten traten schon seit langem leidenschaftlich gegen die Weiterverbreitung solcher Waffen ein. Deshalb musste der Widerstand der europäischen Länder gegen einen Militärschlag von einer aktiveren Rolle in anderen Fällen begleitet sein, zum Beispiel, was Länder wie den Iran und Nordkorea anging. Tatsächlich einigten sich Papandreou, die schwedische Außenministerin Anna Lindh – die später im Jahr bei einem Attentat erstochen wurde – und ihre europäischen Kollegen auf ein solches Vorgehen. Im Juni 2003 wurde in Thessaloniki eine Erklärung verabschiedet, begleitet von einem Prinzipienkatalog und einem EU-Aktionsplan gegen die Verbreitung von Massenvernichtungswaffen. Wie die Vereinigten Staaten schlossen die Europäer Gewaltanwendung als letzten Ausweg nicht aus. Die Frage war allerdings, wann man andere Mittel für erschöpft und diesen letzten Ausweg für unvermeidlich hielt.

Vorbereitungen für die Sitzung des Sicherheitsrats am 27. Januar

Gleich nach unserer Rückkehr nach New York begannen wir, uns auf den Bericht vorzubereiten, den wir dem Weltsicherheitsrat am 27. Januar vorlegen mussten.

Wir waren uns bewusst, dass viele Regierungen unsere Worte nach allen Aussagen abklopfen würden, mit denen sie ihre Argumente untermauern konnten. Das war selbstverständlich. Aber hat irgendeine Regierung Druck auf uns ausgeübt, bestimmte Aussagen zu machen? Diese Frage hat man mir später oft gestellt, und ich habe sie immer verneint. Alle Regierungen und ihre Botschafter haben sich damals in New York vollkommen korrekt verhalten. Niemand ist an mich herangetreten und hat mich gedrängt, dies oder jenes zu sagen. Dass man die gegensätzlichen Standpunkte nicht nur untereinander, sondern auch öffentlich geltend machte, steht auf einem anderen Blatt. So traten die Vereinigten Staaten mit ihrem Urteil schon vor dem 27. Januar an die Öffentlichkeit, statt erst einmal unsere Einschätzung abzuwarten.

Wenige Tage vor der Ratssitzung publizierte das Weiße Haus eine Broschüre mit dem Titel »Wie sieht Abrüstung aus?«. Sie enthielt das bekannte Argument, es käme darauf an, ob der Irak eine »strategische Entscheidung« gefällt habe, seine Massenvernichtungswaffen aufzugeben. Davon, dass der Irak den Inspekteuren bislang immer prompt Zutritt zu allen Anlagen gewährt hatte, war nicht die Rede. Stattdessen wurde plausibel, aber ohne irgendwelche Beweise behauptet, der Irak unternehme noch immer »hoch organisierte Anstrengungen«, Waffen zu verstecken. Dass große Mengen Waffen »unauffindbar« seien, stimmte prinzipiell, verleitete den Leser jedoch zu dem Schluss, diese unauffindbaren Güter existierten tatsächlich, was aber durchaus unsicher war. Außerdem stützte der Text sich auf mehrere Behauptungen, die sich später als unbegründet oder falsch herausstellten, zum Beispiel auf den Vorwurf, der Irak habe versucht, sich im Ausland Uran zu verschaffen. Das Dokument, mit dem dieser Vorwurf begründet wurde, erwies sich später als Fälschung.

Die in der Broschüre erläuterte Position wurde etwa zur selben Zeit auch von dem stellvertretenden US-Verteidigungsminister Paul Wolfowitz propagiert. In einer Rede vor dem New Yorker »Council on Foreign Relations« griff er die von den Regierungen Clinton und Bush vertretene Ansicht auf, im Irak müsse ein »Regimewechsel« stattfinden. Das war eine Forderung, die in UN-Resolutionen nie aufgestellt worden und von anderer Seite sogar kritisiert worden war, weil sie dem Regime keinen Anreiz bot, sich zu fügen. Mit einem bewundernswerten rhetorischen Salto gelang es Wolfowitz, die Positionen der USA und der Vereinten Nationen in Einklang zu bringen. Um sich einem Regimewechsel zu entziehen, sagte er, habe das Regime nur eine einzige Möglichkeit – seinen Charakter zu ändern. Im Klartext: Die Beseitigung von Saddam sei keine unerlässliche Bedingung, er müsste nur einen »deutlichen Sinneswandel« zeigen. Es ist anzunehmen, dass Wolfowitz davon überzeugt war, es werde weder einen solchen Wandel noch eine strategische Entscheidung geben.

Bei alledem wurde ein Krieg nicht direkt befürwortet. Stattdessen brachten die USA zwei Hauptargumente dafür vor, dass der Irak ständig gegen die Resolution 1441 verstoße, die ihm einige Monate vorher eine »letzte Chance« eingeräumt hatte, seinen Abrüstungsverpflichtungen nachzukommen.

Das erste Argument lautete, die irakische Deklaration vom 8. Dezember sei »ungenau und unvollständig« gewesen. Wie schon gesagt, konnte das durchaus stimmen, hing aber zum großen Teil davon ab, ob es tatsächlich weitere Waffen gab, die nicht offen gelegt worden waren. Zweifellos war in sehr vielen Fällen nicht belegt, was aus den verbotenen Waffen des Landes geworden war, und außerdem bestand der Verdacht, dass Unterlagen zurückgehalten wurden. Aber was war, wenn es tatsächlich keine weiteren Waffen und relevanten Unterlagen gab, wie der Irak beteuerte?

Das zweite und wichtigste Argument lief darauf hinaus, der Irak habe es versäumt, die sofortige, bedingungslose und aktive Kooperation mit der UNMOVIC und der IAEO zu leisten, die in der Resolution gefordert wurde. Dabei handelte es sich klar um eine wesentlich allgemeinere Anschuldigung, die etwas schwerer zu widerlegen war. Was die Luftüberwachung und die Frage der privaten, unbeobachteten Gespräche anging, hatten die Iraker tatsächlich abgeblockt. Die USA erklärten außerdem, wenn Abrüstungsanstrengungen stattfänden, würde man sie auch erkennen. Als Beispiel wurde angeführt, wie Südafrika, die Ukraine und Kasachstan ihr Kernwaffenarsenal unter Aufsicht der IAEO beseitigt hatten. Ich selbst hatte dem Irak Südafrika mehrfach als gutes Beispiel angepriesen, und es war offenkundig, dass das Regime sich in Verfahrensfragen zwar leidlich kooperationsbereit zeigte, vom Thema Abrüstung aber nicht gerade begeistert war.

Trotz alledem machte die irakische Regierung sich Sorgen wegen der bevorstehenden Sitzung des Sicherheitsrats. In einem langen Brief an Kofi Annan führte der irakische Außenminister Naji Sabri an, die UN-Inspekteure unter Richard Butler hätten schon im April 1998 bestätigt, über das verbotene Waffenarsenal des Landes sei »nicht mehr viel unbekannt«. Außerdem habe man unsere Inspekteure uneingeschränkt walten lassen, obgleich manche von ihnen »unzumutbare Handlungen« begangen hätten. Trotz des amerikanischen Truppenaufmarsches an den Grenzen des Irak hatte das Regime seine scharfe Zunge offenkundig noch nicht eingebüßt.

Die Sitzung am 27. Januar

Die Erwartungen an die Sitzung des Sicherheitsrates waren hoch. Würde man entscheiden, dass die Abrüstung mittels Inspektionen funktionierte, oder gab es Krieg? Hier ging es nicht um einen Routinebericht des Sekretariats. Die Außenminister der meisten Ratsmitglieder hatten sich angekündigt, und die Sitzung sollte öffentlich sein. In ihrer ganzen Geschichte, sagte man uns, hätten die Vereinten Nationen noch nie ein derartiges Medieninteresse auf sich gezogen.

Wir waren erst am 21. Januar, einem Dienstag, via Athen aus Bagdad zurückgekehrt, und da die Sitzung schon für den folgenden Montag anberaumt war, blieb mir nur wenig Zeit, meine Rede vorzubereiten. Auf dem Flug von Athen hatte ich mir bereits einige Notizen gemacht, und als ich am Mittwochmorgen ins Büro kam, bat ich sofort einige Mitarbeiter, Papiere über bestimmte Inspektionsergebnisse und technische Beurteilungen zusammenzustellen. Vom Nachmittag bis in die Nacht hinein arbeitete ich an meiner Rede. Den ganzen Donnerstag musste ich dem beratenden Gremium der UNMOVIC, ihrem Kollegium von Fachkommissaren, widmen. Die Hauptarbeit an der Rede wurde von Freitagnachmittag bis zum späten Sonntagabend geleistet. Beteiligt waren ein halbes Dutzend Mitarbeiter: meine engsten Berater, technische Experten und ein Anwalt. Daheim in meiner Wohnung arbeitete ich an einer Diskette, die ich morgens ins Büro mitnahm, wo der Text für den Rest des Teams kopiert und ausgedruckt wurde. Da ich mit Computern auf Kriegsfuß stehe, hatte ich immer Angst, mir könnten Passagen verloren gehen, denen ich mehrere Stunden meiner knappen Zeit geopfert hatte. Glücklicherweise blieben solche Katastrophen in dieser Woche aus.

Als am Montagmorgen die letzten Korrekturen eingefügt waren, wurde eine ausreichende Anzahl Kopien für die Übersetzer angefertigt. Der Sitzungssaal des Sicherheitsrats war bis zum Bersten gefüllt, und angesichts der vielen Fernsehkameras und Mikrofone, die sich auf die Arena richteten, knisterte die Luft buchstäblich vor

Elektrizität. In der Mitte stand der hufeisenförmige Tisch, an dem die Vertreter der 15 Ratsmitglieder saßen, an diesem Tag größtenteils die Außenminister. Für Mohammed und mich waren Plätze an der Seite reserviert, bis wir vom amtierenden Ratspräsidenten, dem französischen UN-Botschafter Jean-Marc de la Sablière, aufgefordert wurden, am Tisch Platz zu nehmen.

Ich hatte verschiedentlich bemerkt, Inspektionen seien keine Strafe, sondern eine Gelegenheit – eine Chance, sich als glaubwürdig zu erweisen. Im Gegensatz zu Südafrika hatte der Irak die Gelegenheit, die man ihm geboten hatte, leider nicht ergriffen. In diesem Bewusstsein sagte ich schon im ersten Teil meiner Rede: »Selbst jetzt hat der Irak die Abrüstung, die man von ihm verlangt hat und die er vorantreiben muss, um das Vertrauen der Welt zu gewinnen und in Frieden zu leben, offenbar immer noch nicht wirklich akzeptiert.«

Anhand einer Unterscheidung, die Mohammed el Baradei zwischen verfahrenstechnischer und substanzieller Kooperation gemacht hatte, stellte ich fest, prinzipiell habe sich der Irak schon zur Zusammenarbeit entschieden, vor allem, was die Bewegungsfreiheit der Inspekteure betreffe. Nun müsse unbedingt eine ähnliche Entscheidung zur substanziellen Zusammenarbeit fallen, um die Abrüstung durch den friedlichen Prozess der Inspektionen zu vollenden. Im Wesentlichen stimmte ich mit den Amerikanern überein, die eine »strategische Entscheidung« verlangten. Ich hätte den Eindruck, dass eine solche Entscheidung schon zur Hälfte gefallen sei, und träte energisch dafür ein, dass die andere Hälfte baldmöglichst auch noch gefällt werde.

Was die Substanz betreffe, hätte ich Mängel registriert. In den Resolutionen des Sicherheitsrats war die Rede von »ungelösten Abrüstungsaufgaben«, und ich hatte es fast als ein wenig arrogant empfunden, als die Iraker behauptet hatten, die »so genannten ›ungelösten Abrüstungsfragen‹« hätten »keine greifbare Bedeutung«. Deshalb sagte ich in meiner Rede, man müsse die ausstehenden Fragen ernst nehmen, statt sie als »üble Machenschaften« abzutun. Leider enthalte das 12 000 Seiten umfassende Dossier offenbar keine neuen Hinweise, die diese Fragen klärten oder deren Zahl verminderten.

Unsere Berichte, stellte ich fest, behaupteten weder, dass im Irak Massenvernichtungswaffen existierten, noch schlössen sie es aus. Hingegen verwiesen sie auf mangelnde Beweise und auf Fragen, die geklärt werden müssten, bevor man die Akten schließen könne. Als Beispiel führte ich eine Reihe konkreter Probleme an, wie die Frage des Nervengiftes VX. Außerdem gebe es »deutliche Hinweise«, dass der Irak mehr Anthrax hergestellt habe als angegeben, und dass ein Teil davon immer noch vorhanden sei. Weiter ins Detail ging ich nicht. Von Experten hatte ich erfahren, dass bei der Vernichtung des Anthrax-Bestandes 1991 wahrscheinlich eine gewisse Menge zurückgehalten worden sei, und wenn es den Irakern gelungen sei, die Substanz zu trocknen, sei sie womöglich immer noch wirksam. Auch hierfür waren die Hinweise zwar eindrucksvoll, aber nicht zwingend.

Anschließend berichtete ich von zwei neuen Funden. In einer deklarierten Anlage hatten wir leere Sprengköpfe für chemische Kampfstoffe entdeckt, im Privathaus eines Wissenschaftlers Unterlagen über das Atomprogramm. In diesem Zusammenhang hätten die Iraker einen speziellen Untersuchungsausschuss eingesetzt, der vier weitere Raketen für Chemiewaffen aufgestöbert habe.

Ein weiteres Thema waren die Einwände gegen Überwachungsflüge von U-2-Jets. Zwar hätten die Iraker unser Recht, solche Flugzeuge einzusetzen, nicht bestritten, aber sie hätten in propagandistischer Absicht darauf hingewiesen, es gebe nur dann keine Gefahr für »unsere« U-2-Maschinen, wenn die USA und Großbritannien ihre Bombenangriffe in den Flugverbotszonen einstellten. Diese und verschiedene andere Reaktionen seien unklug für ein Land, das seine Entscheidung, den Inspekteuren prompt und ungehindert Zutritt zu allen Anlagen zu gewähren und in jeder Hinsicht »proaktiv« mit ihnen zusammenzuarbeiten, unbedingt wahr machen müsse. Es reiche nicht aus, sagte ich vor dem Rat, wenn der Irak die Türen öffne; Inspektionen seien kein Katz-und-Maus-Spiel.

Zum Abschluss berichtete ich dem Sicherheitsrat von der raschen Organisation der Inspektionen. Wir hätten 260 Mitarbeiter aus sechzig Ländern in den Irak entsandt, die alle im Dienst der Vereinten Nationen stünden und niemand anderem verpflichtet seien. In den vergangenen zwei Monaten hätten wir über 300 Inspektionen von mehr als 230 unterschiedlichen Örtlichkeiten und Anlagen durchgeführt. Über 20 dieser Objekte seien vorher noch nie untersucht worden.

Die Infrastruktur, die wir in kurzer Zeit aufgebaut hätten, sei nun in Funktion und stehe dem Sicherheitsrat zur Verfügung, sagte ich schließlich. Wie der Rat halte auch die UNMOVIC es für dringend geboten, durch Inspektionen »in einem angemessenen Zeitraum« eine nachprüfbare Abrüstung des Irak zu erreichen. Was »angemessen« sei, könne jedoch nur der Rat entscheiden, nicht ich. Mir sei jedoch klar, dass die Zeit knapp werde. Niemand solle glauben, wir Inspekteure seien der Meinung, dass jahrelange Inspektionen eine annehmbare Option darstellten.

Mohammed el Baradei hatte mit seinem Nukleardossier weniger und kleinere Probleme und zögerte nicht, den Rat um mehr Zeit für Inspektionen zu bitten. In seiner Rede erinnerte er daran, dass die IAEO bis 1992 alle irakischen Anlagen und Apparaturen zur Herstellung von Atomwaffen abtransportiert oder unschädlich gemacht habe. Bis 1994 sei alles angereicherte Uran und Plutonium aus dem Irak entfernt worden. 1998, als die Inspektionen eingestellt wurden, hätten der IAEO keine Hinweise vorgelegen, dass der Irak noch über irgendwelche praktischen Möglichkeiten verfügte, waffenfähiges Nuklearmaterial herzustellen. Abgesehen davon, sagte Mohammed, gebe es auch einige Schwierigkeiten. Die IAEO habe erfolglos versucht, Privatgespräche mit Wissenschaftlern zu führen. Erst vor drei Tagen sei eine solche Bitte abgelehnt worden. Die Mitgliedsstaaten des Rates müssten mehr konkrete Informationen liefern, während der Irak von einer »passiven Unterstützung« der Inspekteure dazu übergehen müsse, ihnen freiwillig Dokumente und anderes Beweismaterial zur Verfügung zu stellen.

Abschließend stellte Mohammed fest, die Arbeit der IAEO mache ständig Fortschritte, weshalb man ihr erlauben solle, ihren natürlichen Lauf zu nehmen. Eine ständige, proaktive Unterstützung durch den Irak vorausgesetzt, werde man wahrscheinlich »innerhalb der nächsten Monate« in der Lage sein, glaubwürdige Hinweise dafür vorzulegen, dass der Irak kein Atomwaffenprogramm betreibe. Diese wenigen Monate seien »eine wertvolle Investition in den Frieden, weil sie uns helfen könnten, den Krieg zu vermeiden«.

Einerseits waren die substanziellen Probleme, mit denen Mohammed im atomaren Bereich zu kämpfen hatte, tatsächlich relativ harmlos, weshalb er weniger kritisch sein konnte und musste, als ich es gewesen war. Andererseits hätte ich es wohl nicht über mich gebracht, um einige zusätzliche Monate zu bitten, wenn ich nicht garantieren konnte, dass sich in dieser Zeit auch befriedigende Ergebnisse einstellten.

Die Reaktionen nach der Sitzung

Gleich nachdem wir gesprochen hatten, wurde der öffentliche Teil der Sitzung beendet. Es folgte eine nichtöffentliche Sitzung, bei der es keine Diskussion gab. Mohammed und mir wurden lediglich einige Fragen gestellt. Auch bei privaten Gesprächen mit Botschaftern und anderen Regierungsvertretern hörten wir vorläufig weder positive noch negative Kommentare. Die anwesenden Politiker sollten nicht reagieren, sondern Bericht erstatten.

Ich hatte gehofft, unsere irakischen Verhandlungspartner mit meinen offenen Worten aufzurütteln, um sie von weiterem Zögern und Feilschen abzubringen. Nicht vorhergesehen hatte ich hingegen, dass sich die Falken in Washington derart über die ziemlich harsche Bilanz freuen würden, als die sie meinen Bericht interpretierten.

Schließlich hatte ich weder den Behauptungen der Amerikaner und Briten beigepflichtet, es gebe Massenvernichtungswaffen im Irak, noch hatte ich von groben Verstößen gegen die November-Resolution gesprochen. Ich hatte lediglich bestätigt, dass es noch ungelöste Abrüstungsfragen gab und dass die substanzielle Zusammenarbeit des Irak leider noch zu wünschen übrig ließ.

In den Tagen nach der Sitzung fragten mich Journalisten, ob mir klar sei, dass ich den Falken in die Hände gespielt hätte. Ich erwiderte, ich hätte überhaupt nicht gespielt, sondern nur die Absicht gehabt, einen korrekten Bericht abzuliefern. Darum habe man uns gebeten, und das könnten wir beitragen. Es sei Aufgabe des Sicherheitsrats, die Lage zu bewerten und zu entscheiden, ob die Inspektionen fortgesetzt werden sollten oder ob es Krieg gebe.

Raghida Dergham, eine scharfzüngige, engagierte und kenntnisreiche Korrespondentin (der wir in Anspielung auf ihre Religionsangehörigkeit scherzhaft den Beinamen »Druze missile« gaben), schrieb in der arabischen Zeitung *al Hayat* zunächst, mein Bericht könne durchaus als »Verbeugung vor der amerikanischen Position und als Munition für die Falken« interpretiert werden. »Beim zweiten Lesen«, fuhr sie fort, »zeigt sich jedoch, dass Blix dem Irak vielleicht sogar einen Dienst erweist, indem er wenige Wochen vor dem Beginn militärischer Operationen den Druck erhöht, weil er hofft, Bagdad könnte die Lücken in seinen Erklärungen schließen und seine Wissenschaftler und Beamten auffordern, sich befragen zu lassen.« Das traf zu. Obwohl ich in erster Linie beabsichtigt hatte, einen korrekten Bericht vorzulegen, hatte ich auch diese Hoffnung gehegt.

Nun hatte ich Angst, dass die Iraker wieder zu wenig und zu spät reagierten. Schließlich hätten sie neuen Inspektionen schon im Sommer 2002 zustimmen können statt erst im Herbst; und dann wären die Bedingungen wahrscheinlich wesentlich milder gewesen als die drakonische Vorgehensweise, zu der uns die Resolution 1441 verpflichtet hatte. Obwohl die Iraker sich inzwischen wesentlich vernünftiger verhielten als in den Jahren 1991 bis 1998, gingen sie ein großes Risiko ein. Wahrscheinlich lag es daran, dass die Belästigung, die selbst die korrekteste Inspektion mit sich bringt, ihrem ausgeprägten Stolz zuwiderlief und es ihnen schwer machte, sich so zu verhalten, wie ich es einmal scherzhaft Dr. al Saadi vorgeschlagen hatte – wie ein Patient auf dem Zahnarztstuhl, der bereitwillig den Mund aufsperrt und sich einredet, dass es nicht wehtut, sondern sich nur so anfühlt.

Die offizielle irakische Reaktion auf meine Rede war vorhersehbar gewesen. Außenminister Naji Sabri beschwerte sich in einem Schreiben an Kofi Annan darüber. Am 30. Januar erhielten Mohammed el Baradei und ich jedoch einen Brief, in dem er uns zu einer neuen Gesprächsrunde nach Bagdad einlud. Hatten die Iraker erkannt, dass die Zeit endgültig knapp wurde und sie sich auf die Hinterbeine stellen mussten? War dies die letzte Gelegenheit für eine Wende?

Ich spürte, wie wichtig neue Gespräche waren, weil sie in letzter Minute vielleicht doch noch eine Chance boten. Allerdings durften wir uns nicht den Anschein geben, naiv nach Bagdad eilen zu wollen und das Wagnis einzugehen, mit leeren Händen zurückzukehren. Es lag im Interesse der Iraker, uns und den Sicherheitsrat davon zu überzeugen, dass sie sich nun Mühe geben und ihre Abrüstung substanziell vorantreiben wollten.

Mohammed und ich diskutierten darüber, ob wir versuchen sollten, uns abzusichern, indem wir unseren Besuch mit einigen Bedingungen verknüpften, zum Beispiel damit, dass die Iraker grünes Licht für die U-2-Flüge gaben oder irgendein anderes drängendes Problem lösten. Ohne andere Stimmen zu Rate zu ziehen, beschlossen wir schließlich, unseren Erwartungen an den Besuch Ausdruck zu geben, statt Bedingungen zu stellen. Im Einvernehmen mit Mohammed sandte ich Dr. al Saadi eine positive Antwort, in der ich betonte, »die vielen offen gebliebenen Fragen« müssten »ernst genommen und prompt gelöst werden«.

Kapitel 7

Auf des Messers Schneide

In den Tagen zwischen der Präsentation unserer Arbeit vor dem Sicherheitsrat und unserer Abreise nach Bagdad meldeten sich weitere wichtige Akteure zu Wort, und hochrangige Vertreter aller Länder diskutierten die politischen Alternativen. Die Gräben im Sicherheitsrat und auf der Weltbühne vertieften sich zusehend.

Am Dienstag, dem 28. Januar, hielt Präsident Bush seine Rede zur Lage der Nation. Ich verfolgte seine Ansprache im Fernsehen und war verblüfft, wie sehr sie sich von vergleichbaren parlamentarischen Auftritten in Europa unterschied. Trotz der parteipolitischen Orientierung im amerikanischen Kongress wurde der Präsident alle paar Minuten von Applaus unterbrochen, Zuhörer erhoben sich von ihren Sitzen – wie es aussah, Gegner und Anhänger gleichermaßen. Ich konnte mir nicht vorstellen, dass Ähnliches bei einer Rede Chiracs vor dem französischen Parlament oder einer Ansprache Blairs vor dem britischen Unterhaus hätte passieren können. Hier fand eine Art patriotische Feierstunde statt, eine nationale Versammlung mit dem Staatsoberhaupt mittendrin, obwohl dieses ja nur die Position der einen Partei vertrat. Den größten Teil seiner Rede widmete der Präsident wirtschaftlichen Themen, offensichtlich um den Eindruck zu vermeiden, dass es ihm nur um die militärische Potenz des Landes gehe. Doch wendete er sich am Ende der Ansprache den Themen Irak und Nordkorea zu und auf diesen Teil konzentrierten sich die Medien, insbesondere auf jene Aussage, die später zu – trauriger – Berühmtheit gelangen sollte, dass »die britische Regierung Erkenntnisse darüber hat, dass Saddam Hussein vor kurzem versuchte, in Afrika größere Mengen an Uran zu erwerben«. Sie sollte den Schluss nahe legen, der Irak wolle Nuklearwaffen produzieren. Diese Aussage des amerikanischen Präsidenten vor dem Kongress basierte, wie ich noch darstellen werde, auf einem gefälschten Vertrag zwischen dem Irak und Niger.

Viele deuteten die Rede von Präsident Bush als Hinweis darauf, dass der Krieg gegen den Irak beschlossene Sache sei. Über Monate hinweg waren in den Vereinigten Staaten planmäßige Vorbereitungen für eine Invasion im Irak getroffen worden, aber man glaubte dennoch nach wie vor, dass diese, je nach der Entwicklung der Umstände, abgebrochen, gestoppt oder verschoben werden könnte. Ich dachte, die amerikanische Regierung, oder zumindest ein Teil davon, rechne immer noch damit, dass Saddam Hussein unter der Last des wachsenden militärischen, politischen und diplomatischen Drucks »in die Knie gehen« werde. Offensichtlich erhöhte der Präsident den Druck auf den Irak und bereitete zugleich den Kongress und die Öffentlichkeit auf einen Krieg vor.

Bei einem Treffen von Bush und Blair am 31. Januar wurde die Reise, die el Baradei und ich nach Bagdad unternahmen, als sinnloses Unterfangen und Schlimmeres bezeichnet. Präsident Bush hatte die Mission als »Verhandlung« hingestellt und gesagt, dass »die Vorstellung, Inspekteure zu Verhandlungen einzuladen, ein lächerliches Scheinmanöver« sei. Immerhin schien sich Bushs Zorn aber hauptsächlich gegen Saddam Hussein zu richten, so wenig er von unserer Mission auch begeistert war. Die amerikanische Regierung wollte keinerlei Hoffnung aufkommen lassen, dass es einen anderen Ausweg als Krieg gebe, gleichzeitig aber sollte eine direkte Kritik an den Inspekteuren vermieden werden.

Im Februar 2003 ging der militärische Aufmarsch der Amerikaner im Golf weiter, und man rechnete gegen Ende des Monats mit einem Kontingent von etwa 200 000 Mann. Es war nun offensichtlich, dass der Einsatz militärischer Gewalt nur noch durch eine äußerst spektakuläre Entwicklung zu vermeiden war, die sowohl die Vereinigten Staaten als auch die übrige Welt von der Entwaffnung des Irak überzeugen konnte. Die Vereinigten Staaten konnten ihre militärische Präsenz nicht abbauen, nur weil der Irak das Land für die Inspekteure öffnete und ihnen überall Zugang gewährte. Die Amerikaner – und alle anderen – waren sich sicher, dass der Irak nennenswerte Mengen an Massenvernichtungswaffen zurückhielt. Auch wir bei der UNMOVIC hielten das für plausibel und prüften alles verfügbare Material sehr kritisch. Es war uns nicht möglich, guten Gewissens eine klare Aussage zu machen. Noch viel weniger leuchtete uns allerdings ein, dass wir unter dem Zwang stehen sollten, schnell zu einer eindeutigen Schlussfolgerung zu kommen. Der einzige Zeitdruck ging von den Vereinigten Staaten selbst aus.

Hätte man die amerikanische Einstellung ändern wollen, so hätte es dazu einer greifbaren Übergabe irakischer Waffenbestände oder sonst eines unzweifelhaften Belegs ihrer Zerstörung bedurft. Man konnte die Truppen nicht ewig in der Wüste sitzen und warten lassen. Bei der UNMOVIC fragten wir uns, wie lange man sie warten lassen würde, und wie viele andere gingen wir davon aus, dass ein endgültiger Termin irgendwann im Frühjahr bereits festgelegt war. Wenn die amerikanischen Soldaten in Schutzanzügen gegen Angriffe mit chemischen Waffen kämpfen müssten, wäre dies bei dem heißen Wetter eine schreckliche Tortur. Tony Blair hatte bei unserem Treffen im Januar erwähnt, dass im Falle weiterer Verweigerung »aufrichtiger Kooperation« seitens des Iraks mit ernsthaften Entscheidungen um den 1. März herum zu rechnen sei. Bei ihrem Zusammentreffen am 31. Januar sagten Bush und Blair, das Thema Irak werde sich im Lauf von Wochen, nicht von Monaten entscheiden.

Von amerikanischer Seite schien man wenig Hoffnung auf die Ergebnisse der Inspektionen zu setzen. Niemand kommentierte die Tatsache, dass die Arbeit der UNMOVIC erst zweieinhalb Monate dauerte, man zog es vor, darauf hinzuweisen, dass die Inspektionen der UNSCOM von 1991 bis 1998 ohne greifbares Ergebnis geblieben seien.

Wir wissen nicht, was Saddam dachte. Es war ihm in der Vergangenheit mehrmals gelungen, den Kopf aus der Schlinge zu ziehen, besonders 1991, als er die irakische Niederlage überlebte und weiterhin an der Macht blieb. Möglicherweise erzählten ihm seine Berater nur das, was sie ihrer Meinung nach hören wollte: etwa die Tatsache der weltweit wachsenden Antikriegshaltung. Möglicherweise rechnete er damit, dass es genügte, die Kooperation des Irak mit den Inspekteuren geringfügig zu verbessern, um durch die globale öffentliche Meinung einen bewaffneten Schlag gegen sein Land zu verhindern.

Bei der UNMOVIC konnten wir über die amerikanischen und irakischen Absichten zwar Vermutungen anstellen, aber derlei Spekulationen hatten auf unsere Arbeit keinen Einfluss. Wir waren voll mit Analysen und Inspektionen beschäftigt, besuchten immer weitere Örtlichkeiten, versuchten sinnvolle Interviews mit wichtigen Irakern zu führen, hielten Ausschau nach dem, was man vor uns versteckte, oder wollten uns Klarheit darüber verschaffen, warum wir nichts fanden.

Erfordert ein bewaffneter Angriff eine Resolution des Sicherheitsrats?

Die US-amerikanische Regierung stand einer Unterstützung durch den Sicherheitsrat der Vereinten Nationen im Fall eines bewaffneten Angriffs keineswegs indifferent gegenüber. Meinungsfragen zeigten deutlich, dass die amerikanische Öffentlichkeit eher für einen von den Vereinten Nationen unterstützten Angriff war. In meinem Bericht vor dem Sicherheitsrat am 27. Januar hatte ich zwar die Kooperation der Iraker hinsichtlich unseres Vorgehens positiv erwähnt, aber zugleich darauf hingewiesen, dass man auf irakischer Seite noch keineswegs von einer vollen Zustimmung bezüglich der geforderten Entwaffnung ausgehen könne. Einige Vertreter der amerikanischen Seite erwarteten offenbar, dass bei meinem nächsten Bericht mit einer ähnlichen Aussage zu rechnen sei. Käme dann noch der erhoffte Meinungsumschwung in Europa hinzu, so wäre der Sicherheitsrat zu der angestrebten – zweiten – Resolution zu bewegen und mit dieser ein bewaffneter Angriff gerechtfertigt.

Trotz alledem wollten die Vereinigten Staaten sich, auch wenn sie eine Resolution des Sicherheitsrats begrüßt hätten, mit ihren Plänen nicht von Entscheidungen dieses Gremiums abhängig machen. Offiziell wurde der Standpunkt vertreten, ein bewaffneter Angriff gegen den Irak erfordere keine Unterstützung durch den Sicherheitsrat. Erstens konnte man sich auf Artikel 51 der Charta der Vereinten Nationen berufen, der Staaten zu individueller oder kollektiver Selbstverteidigung »im Falle eines bewaffneten Angriffs« berechtigt. Die USA, so hieß es, müssten nicht warten, bis der Irak alle Vorbereitungen für einen Angriff auf die USA beendet habe. Mit dem Aufkommen von Massenvernichtungswaffen sei eine Lesart von Artikel 51 notwendig, die auch Präventivschläge rechtfertige. Wir müssen nicht hier sitzen und warten, bis der Atompilz aufsteigt, sagte Condoleezza Rice, und Präsident Bush ergänzte, die Vereinigten Staaten müssten auf eine Bedrohung reagieren, bevor das amerikanische Volk davon betroffen sei. Weder sie noch er erwähnte allerdings, dass es noch Jahre dauern würde, bis (dem Irak) eine nukleare Erstschlagskapazität zur Verfügung stünde; auch war noch nicht durchgesickert, dass es sich bei dem berüchtigten Uranvertrag um eine Fälschung handelte.

Zweitens wurde argumentiert, der Irak habe gegen eine Vielzahl von Resolutionen des Sicherheitsrats verstoßen, und besonders die letzte, die November-Resolution (Nr. 1441 vom November 2002), gebe den Vereinigten Staaten das Recht zum militärischen Eingreifen. Möglicherweise dachte man, diese juristischen Überlegungen würden die Verabschiedung einer Resolution durch den Sicherheitsrat erleichtern – wie überflüssig und unnötig sie angeblich auch wäre. Sollten die Mitglieder des Sicherheitsrats sich einer Resolution anschließen, die den Einsatz bewaffneter Kräfte rechtfertigte, würden der Sicherheitsrat und seine Mitglieder eine tragende Rolle spielen und könnten auf die Formulierung des Texts Einfluss nehmen. Weigerten sie sich hingegen, käme keine Resolution zur Abstimmung. Der militärische Angriff würde erfolgen und der Rat wäre bedeutungslos.

Dieser Logik zu folgen hieße übersehen, dass andere Mitglieder des Sicherheitsrats ihre Bedeutung möglicherweise nicht darin erschöpft sehen wollten, dass sie die amerikanischen Vorschläge abnickten. Gewiss schwebte dem Rat der europäischen Außenminister nicht diese Vorstellung von Bedeutsamkeit vor, als er in einer Erklärung vom 27. Januar auf die Rolle des Sicherheitsrats hinwies. Er schloss zwar den Einsatz militärischer Gewalt zu einem späteren Zeitpunkt nicht aus, begriff jedoch den Sicherheitsrat als Forum, auf dem sich die Welt versammeln, ihre Überlegungen zusammenbringen, aufeinander zugehen und über ein gemeinsames Vorgehen zu angemessener Zeit entscheiden sollte.

Die amerikanische Lesart, dass es für ein bewaffnetes Vorgehen keiner Unterstützung des Sicherheitsrats bedürfe, wurde von vielen abgelehnt. Sie widersprach vor allen Dingen dem Verständnis, das die Franzosen aus den Verhandlungen über die Resolution vom November 2002 gewonnen hatten: dass ein Bericht der Inspekteure vorliegen müsse, aus dem eine Weigerung des Irak ersichtlich sei, bevor ernsthafte Konsequenzen erwogen werden könnten, und dass der Einsatz militärischer Gewalt eine entsprechende Entscheidung des Sicherheitsrats voraussetze.

Bei der britischen Regierung, die sich mit großen Widerständen gegen ein bewaffnetes Vorgehen in der Öffentlichkeit konfrontiert sah, genoss die Unterstützung durch den Sicherheitsrat hohe Priorität, auch wenn man sie nicht für unbedingt erforderlich hielt. Es erstaunt daher wenig, dass es unter den Mitgliedern des Sicherheitsrats England war, das am nachdrücklichsten für einen Konsens warb, um eine Resolution für ein bewaffnetes Vorgehen zu erhalten.

Bei der UNMOVIC waren wir uns der Tatsache bewusst, dass ein »gerechtfertigter Krieg« – als Reaktion auf einen eindeutigen Akt der Aggression wie im Falle der Besetzung Kuwaits durch den Irak – von einem oder mehreren Staaten ohne vorherige Zustimmung des Sicherheitsrats erklärt werden konnte. Würden die Vereinigten Staaten behaupten, dass sie sich allmählich auf einen solchen Krieg vorbereiteten, oder würde man auf der Freiheit zu einem »Krieg nach eigenem Gutdünken« bestehen – gegen potenzielle, ungewisse und möglicherweise weit entfernte Bedrohungen? Wie weit entfernt und verschwommen durfte der Atompilz sein, von dem Condoleezza Rice sprach? Bestünden die Vereinigten Staaten auf einer weit ausgelegten Berechtigung für eine einseitige Entscheidung über einen Präventivschlag, nähmen andere Staaten sicherlich das gleiche Recht für sich Anspruch und dies würde zu einer Aufweichung der Gewaltbeschränkung durch die Charta der Vereinten Nationen führen.

Wann liegt ein »materieller Verstoß« gegen UN-Resolutionen vor?

Unabhängig von den wichtigen politisch-juristischen Fragen, ob und wie notwendig der Sicherheitsrat bewaffnete Aktionen billigen sollte, bestand für diejenigen, die eine solche Aktion wünschten, die Notwendigkeit, gegenüber der Öffentlichkeit konkret zu belegen, dass der Irak wirklich gegen jene Resolution verstoßen hatte, in der ihm eine »letzte Gelegenheit« eingeräumt worden war. Die Resolution selbst wies auf zwei wesentliche Arten von – »materiellen« – Verstößen hin, nämlich unterlassene oder falsche Angaben über die Waffenprogramme sowie Verweigerung des »sofortigen, bedingungslosen und aktiven« Gehorsams oder ebensolcher Kooperation mit der UNMOVIC und der IAEO. In beiden Fällen konnte der Sicherheitsrat bei den Inspekteuren mit sofortigen Berichten über die Nichteinhaltung rechnen. Allerdings wendete sich weder die UNMOVIC noch die IAEO je mit einer solchen speziellen Stellungnahme an den Sicherheitsrat.

In einer Fernsehsendung wurde ich einmal gefragt, was denn aus unserer Sicht eine solche Stellungnahme rechtfertigen würde. Obwohl mir klar war, dass wir den Sicherheitsrat nicht wegen jeder Kleinigkeit benachrichtigen würden, wollte ich eine Antwort vermeiden, die den Irakern den Eindruck vermittelte, dass sie die Kooperation selbst in kleinen Dingen folgenlos verweigern könnten. Also gab ich zur Antwort: Wenn ein Inspektionsteam unterwegs durch eine Reifenpanne aufgehalten wird, ist das ein Unfall, aber wenn es bei einer Reise zu zwei oder drei Reifenpannen kommt, kann das etwas Ernstes sein ... Wo ich denn die Grenze ziehen würde, wurde ich daraufhin gefragt und ich antwortete: Irgendwo zwischen einer und zwei Pannen ... Eine etwas kecke Reaktion auf eine Frage, für die es keine gute und kurze Antwort gab, besonders keine, die für irakische Ohren bestimmt war.

Natürlich hätten beinahe beliebig viele Dinge uns zu einem Bericht veranlassen können, aber wir wollten uns vorab nicht festlegen und ich glaube auch nicht, dass man beim Sicherheitsrat an Berichten über die verschiedenen Missgeschicke interessiert war, die passieren konnten und dies auch taten. Unsere Schwierigkeiten beim Versuch, die Iraker zur Kooperation zu bewegen, wurden in den allgemeinen – schriftlichen und mündlichen, formellen und informellen – Berichten an den Sicherheitsrat ohne weitere Dramatisierung aufgelistet. Aus heutiger Sicht, da wir mit ziemlicher Sicherheit davon ausgehen können, dass es im Irak keine Waffen zu verstecken gab, müssen für das Zögern der Iraker bei diesen beiden Punkten, wie bei vielen anderen auch, neue Erklärungen gefunden werden. Als wir, mit dem Problem der zögerlichen Zurückhaltung konfrontiert, darüber berichteten, empfanden die Iraker dies angesichts der von ihnen propagierten uneingeschränkten Kooperation sicherlich als eine unangemessene Reaktion. Warum aber zeigten sie sich so zögerlich? War es Selbstachtung, war es Stolz?

Im Januar kamen die Vereinigten Staaten anscheinend zum Schluss, dass die Konzentration auf »rauchende Colts« ein riskantes Unterfangen war. David Kay, der später von der CIA zum Chef der Iraq Survey Group ernannt wurde, schrieb in einem Artikel für die *Washington Post* vom 19. Januar 2003:

»Wenn es um die Inspektionen der Vereinten Nationen im Irak geht, dann ist die Suche nach einsatzfähigen Waffen irrig, heute ebenso wie damals vor elf Jahren, als ich die Inspektionen der Vereinten Nationen leitete.«

Und weiter: »Denn die Antwort ist bereits klar. Der Irak hat gegen die Forderungen der Vereinten Nationen, seine Massenvernichtungswaffen abzurüsten, verstoßen.«

Und schließlich: »Wir sollten ihnen keine Zeit mehr für weitere Lügen und einen Rückzug lassen.«

Eine solche Aussage ist bestürzend, insbesondere von jemandem, der als Leiter mehrerer Inspektionsteams der IAEO im Jahr 1991 gezielt nach »rauchenden Colts« suchte und sie auch stolz präsentierte – Lastwagen mit einschlägiger nuklearer Ausrüstung und entlarvenden Dokumenten. David Kay ahnte zu dieser Zeit im Januar 2003 wohl kaum, dass er selbst, noch im selben Jahr, krampfhaft nach weiteren rauchenden Colts suchen würde.

Ferner wurde von Paul Wolfowitz, dem stellvertretenden US-Außenminister behauptet, dass die Inspekteure keine Untersuchungen, sondern nur Stichproben durchführen könnten. Der Irak müsse alle seine Bestände deklarieren, und die Inspekteure könnten dies lediglich verifizieren. Das traf insofern zu, als der Irak in der Tat verpflichtet war, alle Anlagen, Produktionsstätten und Dokumente für eine Verifikation durch die Inspekteure offen zu legen, aber es war zugleich hinterhältig formuliert, ließen sich auf diese Weise doch die Möglichkeiten gut vorbereiteter Inspektionen und Befragungen herunterspielen, die von professionellen Experten mit neuestem technischem Gerät, genauen Kenntnissen und freiem Zutrittsrecht durchgeführt wurden. Beschränkte man die Inspektionen auf den Status von Stichproben, so ließ man die Möglichkeiten außer Acht, Vollständigkeit und Wahrheit der ihnen gegenüber gemachten Angaben durch die Auswertung von Satellitenbildern und anderen Luftaufnahmen, durch unangekündigte Besuche in nicht deklarierten Anlagen sowie durch die Untersuchung von Wasser-, Pflanzen- und Bodenproben nach neuesten wissenschaftlichen Methoden zu überprüfen.

Im Vorfeld der Präsentation unseres »Arbeitsberichts« vom Januar brachten die Vereinigten Staaten zwei weitere Argumente ins Spiel: Der Irak zeige nicht die geforderte »sofortige, bedingungslose und aktive Kooperationsbereitschaft«, und zudem fehle es im Irak an einer hochrangigen »strategischen Entscheidung« zur Abrüstung, wie sie seinerzeit in Südafrika getroffen worden sei. Der Irak habe keinen »Sinneswandel« erkennen lassen, was die ungenaue und angeblich unvollständige Erklärung vom 7. Dezember auch demonstriere. Obwohl sie es einerseits nicht für erforderlich hielten, »rau-

chende Colts« in Form direkter Waffenfunde zu präsentieren, um
dem Irak einen »materiellen Verstoß« nachzuweisen, merkten die
Vereinigten Staaten und Großbritannien also andererseits, dass
sie die Welt und die Öffentlichkeit nur dann von der Notwendigkeit
einer bewaffneten Aktion gegen den Irak überzeugen konnten, wenn
es ihnen gelang, konkrete Fälle eines solchen Verstoßes nachzuweisen – am besten eben durch den Fund von rauchenden Colts!

Colin Powell legt Geheimdiensterkenntnisse im Sicherheitsrat vor

Dem amerikanischen Außenminister Colin Powell fiel die Aufgabe
zu, dem Sicherheitsrat und der Welt konkrete Belege für die Verfehlungen des Irak und dessen fortlaufende Fehlinformation zu
präsentieren. Es gab Vorbilder für eine derartige Präsentation. Die
Bilder, die Adlai Stevenson, damals amerikanischer Botschafter bei
den Vereinten Nationen, dem Sicherheitsrat 1962, im Jahr der
Kubakrise, gezeigt hatte, waren ein großer Erfolg und überzeugten die Weltöffentlichkeit. Bei einem weiteren Fall, mit dem ich
persönlich sehr vertraut war, ging es um unsere Präsentation amerikanischer Satellitenbilder vor dem Direktorium der Internationalen
Atomenergiebehörde (IAEO) im Jahr 1994, auf denen geheime
Anlagen einer koreanischen Atomfabrik in Yong Byon zu erkennen
waren.

Es hieß, Colin Powell habe über mehrere Tage hinweg mit der
CIA verhandelt, welches Material er in seine Präsentation einbauen
sollte, und habe einen großen Teil als wenig überzeugend abgelehnt.
Bei dem, was letztlich übrig blieb, muss es sich also um das Beste
gehandelt haben, was sie vorzuweisen hatten. Das Ganze wurde mit
Bravour von einem Mann vorgetragen, der im Verlauf seiner heraus-
ragenden, langen Karriere beim Militär wohl mehr Gelegenheiten
hatte als jeder Diplomat, mit Hilfe einer Powerpoint-Präsentation
eine anspruchsvolle Zuhörerschaft zu informieren.

Knapp eine Woche vor seinem Auftritt im Sicherheitsrat hatte

Colin Powell die Freundlichkeit, mich bezüglich der geplanten Präsentation anzurufen. Er sagte, er wolle das zeigen, was wir sehen müssten. Es handle sich jedoch nicht um eine »entscheidende« Präsentation und es würden keine Inspektionsziele zu sehen sein. Die Vereinigten Staaten würden unsere Arbeit weiterhin unterstützen. Man werde die Reaktion im Sicherheitsrat bewerten und die Vereinten Nationen um die Festsetzung eines Zeitlimits bitten. Ich verstand das als ein Ultimatum an den Irak, entweder »reinen Tisch zu machen« oder sich auf eine militärische Intervention vorzubereiten. Was er zu mir sagte, klang wie eine Botschaft an die Öffentlichkeit, keine allzu großen Erwartungen bezüglich der geplanten Präsentation zu hegen. Doch all diese Signale waren vergeblich. Am 5. Februar waren die Räumlichkeiten des Sicherheitsrats voll mit Diplomaten und Medienvertretern, die Colin Powell vor zwei großen Bildschirmen beobachteten und – auf »rauchende Colts« warteten!

Während ich Colin Powell – hinter dem CIA-Chef George Tenet saß – zuhörte und mir die Bilder ansah und den Tonbandaufnahmen lauschte, beschlich mich keineswegs ein ungutes Gefühl – was in diesem Moment angemessen gewesen wäre, doch das ging mir erst später auf. Ich hielt die beschriebenen Fälle für interessant und fand, dass man alle einer kritischen Untersuchung durch unsere Experten unterziehen müsste. Es wurden Gespräche auf Tonband vorgespielt, in denen angeblich irakische Regierungsvertreter zu hören waren, die darlegten, wie bestimmte Gegenstände entfernt worden und entlarvende Anweisungen zu vernichten waren. Ich begann mich zu fragen, ob diese Aufnahmen echt waren. Nach der Besetzung des Irak habe ich nichts mehr über diese Aufnahmen gehört, die uns überzeugen sollten, dass es dort Nervengas gab. Woher kamen diese Tonbänder? Aus amerikanischen Abhörmaßnahmen? Von der irakischen Opposition? Bevor ich irgendetwas davon als Beleg für die Existenz von Massenvernichtungswaffen akzeptieren konnte, musste ich mehr wissen.

Ich kam mir eher vor wie ein unparteiischer Richter, der die ihm vorgelegten Beweise würdigt, und nicht wie ein junger Staatsanwalt, dem es nicht gelungen war, die Belege beizubringen, die sein Vorgesetzter ihm vorenthalten hatte. Was mir während Colin Powells Ausführungen glücklicherweise nicht auffiel, war die Tatsache, dass trotz seiner freundlichen Versicherung, die Amerikaner würden die Inspektionen unterstützen, eben diese Amerikaner jetzt durch ihn und durch die Ausnutzung seiner Glaubwürdigkeit der Welt vorführten, was sie »sehen musste« – und was die Inspekteure übersehen hatten. Meine Schlussfolgerung hatte gelautet, dass der Irak »die Entwaffnung« noch nicht »in vollem Umfang akzeptiert« habe, aber ich hatte auch gesagt, dass unsere Berichte keineswegs bestätigten, dass es im Irak noch Massenvernichtungswaffen gebe. Nun lieferten die Vereinigten Staaten diese Bestätigung in der Hoffnung, sie werde im eigenen Land und in der ganzen Welt akzeptiert, ebenso wie die Frist für den Beginn einer militärischen Aktion. Wenn das die »Diskreditierung« der Inspekteure war, von der Vizepräsident Cheney gegenüber Mohammed el Baradei und mir gesprochen hatte, dann hatte sie sehr indirekt und auf eine sehr höfliche Art stattgefunden.

In einer eigenen Analyse des Materials schrieben die Russen, dass die präsentierte Information nicht zu dem Bild passe, das sie über Jahre hinweg aus der Inspektionstätigkeit der Vereinten Nationen und der Atomenergiebehörde (IAEO) gewonnen hätten. Sie regten an, die Informationen einer detaillierten Auswertung zu unterziehen, die zunächst von der UNMOVIC und der IAEO durchgeführt werden sollte. Darüber hinaus bezweifelten sie die Stichhaltigkeit einer Reihe angeführter Beispiele, einschließlich der Vermutung, der Irak verfüge über mobile Labors zur Produktion biologischer Kampfstoffe. Sie seien aufgrund eigener Erfahrungen mit den Problemen eines solchen Unternehmens vertraut. Hier sei angemerkt, dass nach dem Krieg einige Lastwagen beschlagnahmt wurden und man zunächst erklärte, es könne sich hierbei nur um die vermuteten mobilen Biowaffenlabors handeln. Diese Behauptung ließ sich indessen nicht lange halten, und die meisten Experten kamen zu der Überzeugung, dass diese Lastwagen zur Produktion von Wasserstoff für Wetterballons dienten – was die Iraker bereits vorher angegeben hatten.

Ein Großteil des Materials aus der Präsentation war uns von den Vereinigten Staaten und anderen Ländern zugänglich gemacht worden. Wir hatten die meisten der Örtlichkeiten, auf die Colin Powell Bezug genommen hatte, inspiziert, hatten Proben genommen und sie auf mögliche Spuren chemischer oder biologischer Kampfstoffe untersucht. Wir hatten die vorhandenen Aufzeichnungen untersucht und die Mitarbeiter interviewt. In keinem Fall waren wir auf überzeugende Anhaltspunkte für verbotene Aktivitäten gestoßen. Bei den Lastwagen mit Geräten zur »Dekontamination«, die amerikanische Experten für Bildauswertung glaubten identifiziert zu haben und die sie mit dem Abtransport chemischer Waffen kurz vor dem Eintreffen der Inspekteure in Verbindung brachten, konnte es sich aus der Sicht unserer Experten ebenso gut um Trinkwassertransporter handeln, wie wir sie in eben dieser Anlage gesehen hatten. Darüber hinaus war es durchaus möglich, dass diese Fahrzeuge schon seit mehreren Tagen dort standen und nicht erst unmittelbar vor der Ankunft der Inspekteure eintrafen.

Die »Lastwagenkolonne« in der Nähe einer »mit biologischen Waffen in Verbindung stehenden Anlage«, aufgenommen zwei Tage vor Beginn der Inspektion, konnte nach der Analyse unserer Experten genauso gut mit der in dieser Jahreszeit stattfindenden Auslieferung von Impfstoffen in Verbindung gebracht werden, die dort für den gesamten Irak gelagert wurden. Früher war diese Anlage nicht mit der Produktion von biologischen Kampfstoffen, sondern mit der Lagerung von Saatgut in Verbindung gebracht worden. Unsere Inspektionen ergaben, dass dort keine Geräte zur Fermentierung vorhanden waren, wie sie für die Produktion biologischer Kampfstoffe unabdingbar sind.

Auf einem der Bilder sah man eine Fabrik für ballistische Flugkörper, wo zwei Tage vor Beginn der Mission fünf große Tieflader vorgefahren waren, um Raketen abzuholen. Diese Anlage hatte die UNMOVIC seit November 2002 viermal aufgesucht. Hier wurden die Al-Samud-Raketen montiert, und die von den Amerikanern berichteten Aktivitäten stimmten mit den irakischen Angaben offenbar überein. Auf eine entsprechende amerikanische Anfrage hin hätten wir für den fraglichen Zeitraum Einsicht in die Frachtpapiere verlangen können. Die UNMOVIC kam im weiteren Verlauf des Februar zu dem Schluss, dass die Reichweite der Al-Samud-Raketen über der vom Sicherheitsrat gesetzten Grenze lag, und ordnete daher deren Zerstörung an. Zur Zeit der Satellitenaufnahmen, auf denen zu sehen ist, wie die Rakteten verladen werden, waren sie noch nicht für verboten erklärt worden.

Colin Powell verzichtete auf die von Präsident Bush ein paar Tage zuvor im Kongress aufgestellte Behauptung, der Irak habe versucht, in Afrika Uran zu kaufen. Hatte man ihn über den Verdacht, dass es sich um eine Fälschung handelte – der sich später bestätigte –, informiert? Allerdings erwähnte er die Aluminiumröhren, von denen es hieß, sie dienten zum Bau von Zentrifugen zur Urananreicherung. Nach einer Untersuchung in den Vereinigten Staaten und einer Überprüfung durch die Atomenergiebehörde blieb von diesem Fall nichts Nenneswertes mehr übrig.

Wie begründet waren die Beweise, die der Außenminister vorlegte, um zu beweisen, dass der Irak Massenvernichtungswaffen zurückhielt? Lag damit ein materieller Verstoß gegen die Resolution des Sicherheitsrats vor, der »ernsthafte Konsequenzen« nach sich ziehen müsse? Unmittelbar nach dem Auftritt waren einige skeptische Stimmen zu vernehmen, und ein Jahr später kann man sich des Eindrucks nicht erwehren, dass man Colin Powell die undankbare Aufgabe zugewiesen hatte, jene rauchenden Colts vorzuführen, von denen es im Januar hieß, sie seien unerheblich, und von denen sich in der Zeit nach März herausstellte, dass es sie gar nicht gab.

Wert, Nutzen und Schwächen
geheimdienstlicher Informationen

Verschiedene Länder, darunter auch die Vereinigten Staaten, hatten uns reichlich Stätten für mögliche Inspektionen genannt, und an keiner der inspizierten Örtlichkeiten haben wir Hinweise auf verbotene Aktivitäten gefunden. Und dabei war, was man uns angab, vermutlich das Beste, was die jeweiligen Geheimdienste zu bieten hatten! Ich war schockiert. Wenn dies das Beste war, wie sah dann bloß der Rest aus? Natürlich konnte ich nicht ausschließen, dass es begründete Informationen gab, die man uns nicht preisgab und die nichts mit einem bestimmten Ort zu tun hatten, aus denen sich die Existenz von Massenvernichtungswaffen im Irak aber schlüssig folgern ließ. Doch konnte es wirklich hundertprozentige Gewissheit über die Existenz von Massenvernichtungswaffen geben, ohne dass man auch nur das Geringste über deren Verbleib wusste?

Ich hätte mich nicht zur Schlussfolgerung verstiegen, dass es keine Massenvernichtungswaffen gab, aber aufgrund der Erfahrungen aus den Inspektionen und der Untersuchung der von Colin Powell präsentierten Fälle fühlte ich mich verpflichtet, im Sicherheitsrat ein paar Worte über die Hinweise zu verlieren, die aus Geheimdienstquellen stammten.

Mir war klar, dass Geheimdienste Gefahr laufen, in ihr Material mehr hineinzulesen, als es in Wirklichkeit enthält. Wenn sie es versäumen, darauf hinzuweisen, und sich später herausstellt, dass eine Gefährdung vorlag, oder gar ein Unglück geschieht, macht man sie verantwortlich. Wenn sie hingegen einmal zu viel berichten, wird man sie dafür vermutlich nicht allzu sehr kritisieren. Ein weiteres Risiko ergibt sich aus der oberflächlichen Art, mit der politische Entscheidungsträger solche Geheimdienstberichte lesen. Ein Gericht setzt sich gründlich mit den Beweisen auseinander, bevor es einen Angeklagten zu einer Gefängnisstrafe verurteilt. Ist davon auszugehen, dass Regierungen ebenso kritisch urteilen, bevor sie einen bewaffneten Angriff gegen irgendein Ziel anordnen? Es hat hier bedauerliche Fehlentscheidungen gegeben. Eine davon war die Bombardierung der chinesischen Botschaft in Belgrad im Mai 1999. In einem anderen Fall war im August 1998 ein amerikanischer Marschflugkörper auf eine chemische Fabrik in Kharthoum abgefeuert worden, von der man fälschlicherweise annahm, sie stehe mit al Qaida in Verbindung. Wie groß war in der jetzigen Situation das Risiko, dass Regierungen – auf der Basis halbwegs plausibler Annahmen –, von der Existenz nicht vorhandener Waffen im Irak überzeugt, einige solcher Waffen auf höchst schwankender Grundlage identifizierten?

Mir war – in aller Bescheidenheit – klar, dass Regierungen im Gegensatz zu uns Inspekteuren, die wir nur Tatsachen zu ergründen, diese zu analysieren und darüber zu berichten haben, oft auch handeln müssen und sich dabei nicht immer den Luxus leisten können, zu warten, bis sie über eine gesicherte Basis für ihre Entscheidungen verfügen. Würden sie das tun, liefen sie Gefahr, zu spät zu handeln, wie es Condoleezza Rice in einer Rede formuliert hatte. Dennoch, wenn es um Entscheidungen zwischen Krieg und Frieden geht, wäre zu erwarten, dass die Regierungen der mächtigsten und am besten ausgerüsteten Staaten über Mechanismen und Verfahren verfügten, die eine Qualitätskontrolle des Materials sichern, das ihre Experten für sie vorbereiten. Es wäre anzunehmen, dass zumindest sie selbst dieses Material mit kritischem Auge und gesundem Menschenverstand untersuchten.

New York – London – Wien

In dem gemeinsamen Brief, in dem Mohammed el Baradei und ich die Einladung nach Bagdad annahmen, hatten wir ausgeführt, dass das geplante Treffen sinnvoll wäre, wenn der Irak diese Gelegenheit nutzen würde, um dem Sicherheitsrat und uns zu zeigen, dass eine ernsthafte Absicht bestehe, die bisher ungeklärten Abrüstungsfragen anzugehen. Wir machten in diesem Schreiben klar, dass wichtige Fragen des Vorgehens, etwa die uneingeschränkte Verwendung der U-2 und anderer Überwachungsflugzeuge geklärt werden sollten, und zwar möglichst noch vor unserer Ankunft.

Schnelles Eingehen auf unsere bekannten Forderungen wäre für den Irak die beste Strategie gewesen; leider versteifte man sich jedoch auf kleinliches Gezänk und eine eher mürrische Befolgung der Vorgaben.

Am Tag vor Colin Powells Auftritt im Sicherheitsrat hatte ich im

Presseclub der Vereinten Nationen gesagt, es sei fünf vor zwölf. Nach Powells Auftritt hörte man die Uhr noch lauter ticken. Nachdem ich ihn am Morgen des 5. Februar gehört hatte, verließ ich New York Richtung London in angespannter Stimmung. Meine drei Begleiter waren Torkel Stiernlof, mein Assistent für besondere Aufgaben, unser Pressemann Ewen Buchanan und Eric, der für uns zuständige Sicherheitsbeamte der Vereinten Nationen. Wir hatten Sicherheitsschutz und standen jetzt dermaßen im Rampenlicht, dass uns British Airways in der für die Concordeflüge vorgesehenen Lounge abfertigte. So konnten wir noch vor dem Abflug zu Abend essen und hatten im Flugzeug mehr Zeit, uns auszuruhen.

Nach fünf Stunden Schlaf im Flieger landeten wir in Heathrow, wo ich mich rasierte und umzog. Von dort ging es über einen Zwischenstopp im Außenministerium in die Downing Street, wo ich mit Mohammed el Baradei zusammentraf.

Bei unserem Treffen mit Tony Blair und seinem Außenminister Jack Straw konnte ich keine Spur des kritischen Tons bezüglich unserer Reise nach Bagdad entdecken, der das kürzlich stattgefundene Treffen zwischen Bush und Blair in Washington geprägt hatte. Uns war allen bewusst, dass der Irak schnellstmöglich mehr unternehmen musste, um möglicherweise noch vorhandene Waffen zu präsentieren beziehungsweise deren Verbleib plausibel zu erklären. Die Zeit für riskante Spielchen und Feilschereien war für den Irak vorbei. Ich hatte den Eindruck, Blair habe uns nicht zuletzt zu diesem kurzen Aufenthalt eingeladen, um unsere Position in Bagdad zu stärken, indem er demonstrierte, dass wir mit politischer Unterstützung rechnen konnten. Zugleich konnte er der britischen Öffentlichkeit gegenüber Zurückhaltung demonstrieren, bevor man sich für eine militärische Lösung entschied.

Beim anschließenden Imbiss mit Mitarbeitern des Außenministeriums und des Geheimdienstes erfuhren wir, dass Großbritannien an einem Resolutionsentwurf arbeitete, der den Irak zum Handeln innerhalb einer festgelegten Zeit aufforderte. Sollte der Irak diesen Forderungen nicht nachkommen, würde die Resolution implizit den Einsatz militärischer Gewalt erlauben.

Nach dem Mittagessen stieg Mohammed in den Flieger nach Zypern, während ich nach Wien flog. Trotz knapper Zeitpläne wollte ich dort meine Vorlesung für die Teilnehmer des siebten allgemeinen Ausbildungskurses für Inspekteure halten. Ich hatte bei allen vorhergehenden Kursen zu den Teilnehmern gesprochen und wollte auch diesen Kurs nicht versäumen. Mein Zwischenstopp in Wien und mein zweistündiges Auftreten vor den Kursteilnehmern in dieser kritischen Phase sollte ihnen vermitteln, wie wichtig es aus meiner Sicht war, dass sich Inspekteure angemessen verhalten, wie bedeutsam ein professionell wirkungsvolles und korrektes Auftreten war. Ich erinnerte sie daran, dass sie nicht für einen einzelnen Staat, sondern für den Sicherheitsrat der Vereinten Nationen tätig werden würden.

Auf dem Flug von Wien nach London traf ich zufällig den iranischen Außenminister Kharzai. Wir sprachen über die Idee einer von Massenvernichtungswaffen freien Zone im Nahen Osten. Er sagte, der Iran habe die Idee einer atomwaffenfreien Zone bereits vor langer Zeit in die Diskussion eingebracht und würde sie nach wie vor befürworten. Ich sagte ihm, dass eine solche Zone, die explizit auch in mehreren den Irak betreffenden Resolutionen des Sicherheitsrats erwähnt war, auf die politische Tagesordnung für den Friedensprozess im Nahen Osten gehöre. Die Region müsse sich auf eine Politik der Entspannung zubewegen und es bedürfe dazu wirkungsvoller Inspektionen. Auch wies ich darauf hin, dass es im Interesse des Iran wäre, das Zusatzprotokoll zum Atomwaffensperrvertrag zu unterzeichnen, das Inspektionen der Nuklearanlagen vorsah.

Bei dieser Unterhaltung kam mir eine verrückte Idee. Man erwartete vom Irak »proaktives« Handeln. Doch die Iraker ließen sich nur zögerlich auf eine Entwaffnung ein, was ihnen wenig half. Wäre es nicht viel eher in ihrem Interesse, die Idee der Abrüstung dynamisch in einem positiven Sinne aufzugreifen? Natürlich wäre der wichtigste und zentrale Punkt die Herausgabe von möglicherweise existierenden Waffen oder der Nachweis, dass es keine solchen gab. Aber könnten sie nicht noch ganz andere, weiter reichende Schritte im Bereich Abrüstung unternehmen? Warum sollte der Irak nicht ein

Paket präsentieren, das etwa die lange überfällige gesetzliche Regelung enthielt, die den irakischen Bürgern Produktion, Besitz und Lagerung von Massenvernichtungswaffen verbot; das die Unterzeichnung des Chemiewaffenabkommens enthielt, die der Irak bisher verweigert hatte; das die Zustimmung zum Zusatzprotokoll der IAEO zum Abkommen über nukleare Sicherheitsstandards enthielt? Da die Auflagen des Sicherheitsrats bezüglich der Inspektionen im Bereich nuklearer und chemischer Waffen viel rigoroser waren als das Zusatzprotokoll und die regulären Inspektionen auf der Grundlage des Chemiewaffenabkommens, hätte ein solcher Schritt für die Iraker im Moment keine weiter reichenden Verpflichtungen zur Folge. Dafür könnten sie auf diese Weise guten Willen demonstrieren, und sie würden freiwillig dauerhafte vertragliche Verpflichtungen eingehen. Ich besprach die Idee mit meinem Assistenten Torkel und wir beschlossen, diesen Vorschlag Mohammed vorzulegen.

Wien – Larnaka – Bagdad

Nach meinem Zwischenaufenthalt in Wien und dem Vortrag vor den Teilnehmern des siebten Trainingskurses für unsere Inspekteure landete ich am Freitagabend in Larnaka. Ich suchte Mohammed in seinem Hotel auf, teilte ihm meine wilden Gedanken mit, aber er ließ sofort die Luft aus meinem wunderbaren Ballon. All das wirke wie ein Manöver, um von den eigentlichen Aufgaben abzulenken. Vielleicht hatte er Recht. In der aktuell sehr gespannten Atmosphäre konnte die Reaktion auf ein solches Paket durchaus höhnisch ausfallen; man würde die Inspekteure daran erinnern, dass es nicht ihre Aufgabe sei, sich in derlei internationale Vereinbarungen einzumischen. Ich gab Mohammed Recht und ließ die Idee fallen. Wir hatten den Irakern zu vermitteln, dass man drastische Schritte von ihnen erwartete – nun ging es weniger um zukünftige Verpflichtungen als ausschließlich um die Umsetzung bereits existierender Forderungen.

Ich habe später zweimal überlegt, ob diese Idee wirklich so verkehrt war. Das erste Mal kam mir dieser Gedanke in den ersten Märztagen, als die Briten am Vorabend des Kriegs bei informellen Gesprächen im Sicherheitsrat eine Resolution vorschlugen, die Saddam zu einer Fernsehansprache aufforderte, um sich offen und nachhaltig zur Abrüstung zu bekennen und sich bereit zu erklären, fünf genau spezifizierte Abrüstungsschritte zu vollziehen. Das zweite Mal musste ich im Dezember 2003 daran denken, als Oberst Gadafi mit großem Pomp erklärte, sein Land Libyen werde auf alle Versuche, in den Besitz von Massenvernichtungswaffen zu gelangen, verzichten und sei bereit, Abrüstungs- und Inspektionsauflagen zu akzeptieren, die man bisher abgelehnt hatte. Die Verhandlungen mit Gadafi hatten, so hieß es, unter britischer Führung bereits im März begonnen. Ich fragte mich, was wohl passiert wäre, wenn mir die Idee mit dem Irak ein wenig früher gekommen wäre und ich sie Tony Blair und Jack Straw in London unterbreitet hätte. Vielleicht hätten die beiden oder jemand wie Amr Moussa, der Generalsekretär der Arabischen Liga, Verwendung dafür gefunden. Mohammed hatte wohl Recht, man hätte mich kritisiert, hätte ich die Idee in Bagdad ins Spiel gebracht. Aber auf Regierungsebene wäre ein solches Vorgehen möglich gewesen. Wenn man berücksichtigt, dass der Irak wahrscheinlich nicht über Massenvernichtungswaffen verfügte und dass ein solch spektakuläres Projekt Saddam einen ehrenvollen Ausweg eröffnet hätte und er sich die Friedensfeder an den Hut hätte stecken können. Wer weiß?

Gespräche in Bagdad am 8. und 9. Februar

Wir kamen am 8. Februar um die Mittagszeit in Bagdad an und verbrachten den ganzen Nachmittag im irakischen Außenministerium mit Dr. al Saadi, der von einer großen Delegation begleitet wurde; dieser gehörte auch General Hussein Amin an, der Chef der nationalen irakischen Überwachungsbehörde.

In der Eröffnungsrunde wiesen wir darauf hin, dass die Uhr

für die Resolution 1441 vom November 2002 laut und deutlich ablaufe. Ein Nein zum Krieg müsste auf einem klaren und verbindlichen Ja zu den Inspektionen basieren. Zwar gebe es im Sicherheitsrat Differenzen, aber alle Mitglieder wünschten sich mehr Kooperationsbereitschaft vom Irak. Die Vereinigten Staaten seien davon überzeugt, dass der Irak nicht nur über chemische, sondern auch über biologische Waffen verfüge. Aufgrund des Verdachts, der Irak verfüge in seinem Arsenal von biologischen Waffen über Pockenvirenstämme, plane man in den Vereinigten Staaten die flächendeckende Impfung der Mitarbeitenden im Gesundheitswesen. Frankreich schlage eine drastische Ausdehnung und Verstärkung der Inspektionen vor.

Von unserer Seite aus bauten wir die Inspektionen aus, indem wir Außenbüros eröffneten. Wir erinnerten die Iraker daran, dass wir die Existenz von Massenvernichtungswaffen im Irak keineswegs bestätigt hätten, dass wir diese Möglichkeit aber auch nicht ausschließen könnten. Der Irak solle aufhören, die ungelösten Abrüstungsfragen zu verharmlosen – wie er es noch im Januar getan habe –, und sich solchen Themen ernsthaft zuwenden. Die Iraker wussten, welche Themen wichtig waren, und sie wussten auch, dass sie Belege beibringen mussten, die mit unseren Experten diskutiert werden konnten. Unser mit hochrangigen Vertretern besetztes Treffen war nicht der Ort für solche Detaildiskussionen, aber wir hatten unsere Fachleute dabei, und die waren bereit zuzuhören. Möglicherweise gab es jetzt eine Ergänzung zu der wenig aufschlussreichen Erklärung vom Dezember.

Ich glaube, dass Dr. al Saadi wusste, dass wir einen kritischen Punkt erreicht hatten, und tat, was er konnte. Aber ihm waren die Hände gebunden. Vermutlich hatte er auch das Gefühl, unfair behandelt zu werden, und war der Meinung, wir hätten nicht alle zur Verfügung gestellten Informationen berücksichtigt. Er begann die Gespräche mit ausführlichen mündlichen Erklärungen, die sich auf einige der wichtigen Punkte bezogen: Anthrax, VX und Raketen. Auch präsentierte er Dokumente, die neue Auswertungen enthielten – aber keine neuen Belege. Er wies zu Recht darauf hin, dass seitens der UNSCOM anerkannt worden war, dass der Irak biologische und chemische Kampfstoffe im Sommer 1991 entsorgt – beziehungsweise einfach ausgeschüttet – hatte. Unklugerweise, fügte er hinzu, seien bei dieser Aktion keine internationalen Inspekteure anwesend gewesen und alle diesbezüglichen Unterlagen vernichtet worden. Aus diesem Grund hatten die UNSCOM und die UNMOVIC die entsprechenden Vorgänge als »unbestätigt« klassifiziert. Die irakische Seite habe sich viele Gedanken gemacht, wie die Menge der vernichteten Substanzen zum jetzigen Zeitpunkt noch wissenschaftlich ermittelt werden könnte. Es gebe zwar moderne Methoden für solche Zwecke, aber dafür benötige man hochkomplizierte Apparaturen, über die der Irak nicht verfüge. Dennoch hätten sie einige Voruntersuchungen angestellt und die Ergebnisse sähen vielversprechend aus. Ob wir bei der Beschaffung der notwendigen Geräte behilflich sein und die Untersuchung gemeinsam durchführen könnten? Die irakischen Teams seien zu einem Gespräch mit unseren Experten bereit.

Dieser Vorschlag al Saadis klang anders als jene letzte Forderung nach einer modernen Radarausrüstung, angeblich um die Sicherheit der U-2-Flüge besser gewährleisten zu können. Der jetzt vorgebrachte, neue Vorschlag war für unsere Experten tatsächlich diskutabel. Unser Expertenteam bestand aus Fachleuten dreier Disziplinen: der Biologie, der Chemie und der Raketentechnik. Sie verfolgten unsere Gespräche aus der zweiten Reihe. Während wir, die wir in der ersten Reihe saßen, am Abend auf Einladung des irakischen Außenministers Naji Sabri an einem traditionellen Essen mit gegrilltem Fisch aus dem Tigris, Kebab aus Bagdad und – für die Ungläubigen – Wein teilnahmen, studierten sie die neuen Dokumente. Am nächsten Morgen trafen sie sich mit ihren irakischen Kollegen, zu denen auch die berühmte Dr. Taha Rihab gehörte – besser bekannt als Dr. Bakterie, deren Ehemann General Amer Mohammed Rasheed Ölminister war. Bevor wir uns wieder zu einer Plenarsitzung zusammensetzten, erstatteten unsere Experten uns einen ziemlich positiven Bericht. Die Diskussionen seien sehr professionell gewesen und es hätten sich neue Aspekte ergeben, wenn auch leider keine wirklich neuen Belege. Bezüglich der vorgeschlagenen Verfahren zur quantitativen Bestimmung der vernichteten Substanzen waren sie eher skeptisch. Auch ich hatte meine Zweifel. Wenn man hundert Liter Milch verschüttet, dann ist es fraglich, ob die genaue Menge der seinerzeit verschütteten Flüssigkeit durch die Analyse von Bodenproben selbst mit Hilfe eines noch so komplizierten Verfahrens nach zehn Jahren nachzuweisen ist. Wollten die Iraker wirklich offene Fragen klären, oder wollten sie uns nur Sand in die Augen streuen?

In anderen Bereichen ging es um einfachere Fragen. So bekamen wir genauere und ausführlichere Informationen über die Produktion der Raketen vom Typ al Samud und al Fatah als noch im Januar. Der Irak hatte von sich aus von Testflügen berichtet, bei denen die vom Sicherheitsrat vorgegebene Reichweite überschritten worden war, und wir hatten bereits angeordnet, diese Testflüge einzustellen. Die Iraker waren wohl darauf gefasst, dass wir die Zerstörung dieser Raketen anordnen würden, wo sie doch gegen die Vorgaben der Vereinten Nationen verstießen, und wollten uns ihre besten Argumente gegen eine solche Maßnahme präsentieren. So schlugen sie auch vor, die Raketentests gemeinsam durchzuführen. Auf diese Idee gingen wir nicht ein.

Man teilte uns mit, dass der Untersuchungsauftrag der irakischen Sonderkommission zur Suche nach noch vorhandenen chemischen Waffen erweitert und auf alle verbotenen Güter ausgedehnt worden sei. Es gebe nun noch eine weitere Kommission, unter der Führung von General Rasheed, mit der Aufgabe, nach entsprechenden Dokumenten zu suchen. Dies war begrüßenswert und von möglicher Bedeutung – vorausgesetzt, es handelte sich dabei nicht nur um kosmetische Operationen. Im Rückblick ist anzumerken, dass diese Kommission keinen einzigen Fund vorweisen konnte.

Wir sprachen über das Thema Interviews mit Zeugen und Experten, und es wurde uns erneut versichert, die irakischen Behörden würden solche Personen »ermuntern«, zu den Gesprächen ohne Aufpasser und Kassettenrecorder zu erscheinen. Ich wies darauf hin, dass Interviews wichtig wären, sofern es nicht gelinge, entsprechende Dokumente vorzulegen, allerdings müssten sie unter Bedingungen stattfinden, die ihre Glaubwürdigkeit garantierten. Auch teilte ich Dr. al Saadi während einer Teepause mit, dass wir vorhatten, Interviews außerhalb des Irak zu führen, und dass entsprechende Vorbereitungen in Larnaka im Gange seien.

Verwunderlich war, dass die Frage der Aufklärungsflüge mit der U-2 ungeklärt blieb. Weder hatte man hier vor unserer Ankunft etwas unternommen, noch kam es während des Treffens und danach zu einer Einigung. Das Thema lag seit Oktober auf dem Tisch. Dr. al Saadi hatte offensichtlich keine Instruktionen erhalten, die es ihm erlaubten, sich in dieser Angelegenheit zu bewegen.

Mohammed el Baradei hatte über verschiedene Kanäle einmal mehr seinen Vorschlag übermittelt, wir sollten uns mit Präsident Saddam Hussein treffen. Ich habe ihn nie nach diesen Kanälen gefragt – arabische vielleicht, oder der irakische Botschafter in Wien? Ich stand dieser Idee mit etwas gemischten Gefühlen gegenüber. Saddam verstand sich als Herrscher von Mesopotamien und sah in uns wahrscheinlich zwei untergeordnete internationale Beamte, deren Anfragen er stattgeben konnte oder auch nicht. Aber schließlich waren wir weder als Bittsteller noch als Verhandlungspartner hier. Was konnten wir also tun? Ihm die Resolutionen des Sicherheitsrats vorlesen? Mir war die Vorstellung eines Treffens, aus dem man ohne greifbare Ergebnisse herauskommt, unangenehm. Aber das Problem löste sich von selbst, da Mohammeds Anfrage auch diesmal abgelehnt wurde.

Stattdessen empfing uns Vizepräsident Ramadan. Der Saal in einem Riesenpalast, in dem das Treffen stattfand, war düster und öde. Ramadan, ein kleiner Mann in Uniform mit Revolver im Gürtel und einem Barett auf dem Kopf, wirkte wie ein alter Revolutionär, nicht wie ein Intellektueller, aber klar denkend und sehr kontrolliert. Er hielt meinen Arbeitsbericht vor dem Sicherheitsrat am 27. Januar für unfair, brachte diese Beschwerde aber in ruhigem Ton vor: »Sie müssen tun, was Sie für richtig halten ...«

Er fühlte sich bemüßigt, uns mitzuteilen, der Irak habe Anlass zu einer Beschwerde, weil unsere Inspekteure eine Moschee aufgesucht und unpassende Fragen gestellt hatten. Dennoch werde der Irak weiterhin mit uns zusammenarbeiten. Ich gab zur Antwort, die Situation sei sehr angespannt. Wir benötigten dringend Ergebnisse. Unsere Inspekteure seien keine Spione, und das sollte den irakischen Behörden auch bekannt sein.

Mohammed el Baradei sprach ihn auf Arabisch an und sagte, man sollte sich doch besonders für die Inspektionen einsetzen, schließlich sei das der friedliche Weg zur Abrüstung. Es sei unverständlich, dass der Irak bis jetzt noch nicht die geforderten Landesgesetze verabschiedet habe. Ramadan erwiderte, der Gesetzgebungsprozess brauche eben seine Zeit. Mohammed wies ihn darauf hin, sie hätten bis jetzt dreizehn Jahre Zeit gehabt. Ich hatte nicht das Gefühl, einem mächtigen Mann gegenüberzusitzen. Zwar erhielt Dr. al Saadi seine Instruktionen von ihm und er autorisierte seine Positionen, aber der Vizepräsident handelte und redete auf der Grundlage der Befehle von Saddam Hussein. Von Ramadan kam kein Hinweis, dass der Irak vorhabe, irgendetwas Neues zu unternehmen. Man habe keine Waffen, dafür aber den Verdacht, dass Teile der Inspektionen geheimdienstlichen Zwecken dienten, und man werde weiter mit uns zusammenarbeiten. Bei einem Angriff werde man sich verteidigen.

Wir trafen auch mit einer Gruppe aus Südafrika zusammen, die von der dortigen Regierung geschickt worden war, um mit der irakischen Regierung über den erfolgreichen Verlauf der in Südafrika unter internationaler Aufsicht durchgeführten nuklearen Abrüstung zu sprechen. Es ging um einen freundschaftlichen Rat, aber in der Einstellung der Iraker schien er nichts zu bewirken.

Was gab es für uns bei der anstehenden Pressekonferenz zu berichten? Wir hatten uns mit der irakischen Seite nicht auf eine gemeinsame Presseerklärung geeinigt. Dies hätte vielleicht den Eindruck erweckt, die Krise sei gelöst, und das war mit Sicherheit nicht der Fall. Wir wollten nicht naiv erscheinen. Wir hatten weit weniger erreicht, als uns notwendig erschien, und mussten in unserer zusammenfassenden Darstellung vorsichtig sein. Von dem Treffen hatten wir den Eindruck gewonnen, dass unsere irakischen Gesprächspartner am Ende waren. Wenn sie wirklich weder Waffen noch

Beweise vorlegen konnten, so hatten sie auf jeden Fall einsehen müssen, dass fast die gesamte Welt dachte, dass sie über beides verfügten und keine gute Figur machten, wenn sie von »so genannten Abrüstungsproblemen« sprachen.

Sie hatten sich auf die wichtigen Themen konzentriert und sowohl mündliche als auch schriftliche Ausführungen dazu vorgebracht. Sie hatten keine neuen Belege präsentiert, aber neue – wenn auch nicht besonders vielversprechende – wissenschaftliche Methoden angeregt, um die frühere einseitige Vernichtung chemischer und biologischer Waffen zu verifizieren.

Die beiden von den Irakern eingerichteten Kommissionen konnten sich als sinnvoll erweisen – falls man sie nicht nur deswegen ins Leben gerufen hatte, um Eindruck zu schinden. Bei der U-2 und der Verabschiedung der geforderten Gesetze handelte es sich um Themen, die bereits lange auf der Tagesordnung standen und von denen wir angenommen hatten, dass die Iraker sie vor unserer Ankunft geregelt hätten. In dieser Angelegenheit konnten wir nur unsere Erwartungen bezüglich baldiger Fortschritte formulieren, aber keine Ergebnisse vorweisen. Das war miserabel. Die Iraker unternahmen zu wenig und das Wenige zu spät.

Wir informierten die Medien dementsprechend über den Stand der Dinge. Wie beim letzten Mal waren auch diesmal Hunderte von Journalisten anwesend, aber im Gegensatz zu den chaotischen Veranstaltungen mit den irakischen Journalisten ging hier alles in geregelten Bahnen und unter der Kontrolle unserer Pressesprecher vonstatten. Die Fragen vermittelten nicht den Eindruck, als sei das Spiel nun zu Ende, sondern zielten vielmehr auf den Fortschritt, den wir erzielt hatten. Wir erwähnten den einen oder anderen Punkt, versuchten dabei aber, weder zu optimistisch noch verzweifelt zu klingen. Mohammed el Baradei fand die passende Formulierung, als er sagte, es sei ein »drastischer Wandel« erforderlich und wir hätten einen beginnenden »Sinneswandel« wahrgenommen. Ich äußerte »vorsichtigen Optimismus«, entgegnete aber auf eine Nachfrage, dass es »keinen Durchbruch« gegeben habe. Ich nutzte die Gelegenheit, um einen Fehler zu korrigieren, den wir gemacht hatten: Nach dem Fund der 12 chemischen Sprengköpfe hatten wir gesagt, diese seien in einem nach 1991 errichteten Bunker gelagert gewesen, woraus zu schließen war, dass man diese Sprengköpfe zu einer Zeit dorthin gebracht hatte, als sie vom Sicherheitsrat bereits verboten gewesen waren und hätten abgeliefert werden müssen. Inzwischen hatten wir jedoch herausgefunden, dass das Lager, in dem sich die Gefechtsköpfe befanden, aus der Zeit vor dem Golfkrieg stammte und es daher nicht auszuschließen war, dass sie dort bereits seit dieser Zeit lagen. Ich hielt diese Klärung für notwendig, nicht nur aus Gründen der Fairness, sondern auch um unsere eigene Glaubwürdigkeit zu stärken.

Wir verließen Bagdad am Morgen des 10. Februar Richtung Larnaka. Dort erhielten wir die aktuellen Presseüberblicke und lasen sie auf dem Weiterflug nach Athen. Wir sahen, dass Ari Fleischer, der Sprecher des Weißen Hauses, mitgeteilt hatte, die Zeit werde knapp. Von Athen flog Mohammed weiter nach Wien ins Hauptquartier der IAEO, und ich flog mit Delta Airlines direkt weiter nach New York. Während des Flugs von Bagdad nach Athen war mir aufgefallen, dass mein Gesicht durch die ganze Presseberichterstattung bekannt geworden war; die Flugbegleiter baten mich um ein Autogramm. Auch wurde ich in der Maschine der Delta für ein Telefongespräch ins Cockpit gerufen, bei dem es um eine Verabredung mit Condoleezza Rice am nächsten Tag in New York ging.

Der Pilot der Delta-Maschine erzählte mir, er habe früher selbst U-2-Maschinen geflogen. Er war sich sicher, dass die Iraker sie nicht abschießen konnten. Doch warum weigerten sie sich dann, grünes Licht für die Flüge zu geben, und nahmen dafür in Kauf, dass man sie für unkooperativ hielt, wenn das zutraf? Hatte Saddam Hussein derartige Probleme, seinen Stolz hinunterzuschlucken, oder war es keinem seiner Berater gelungen, ihm zu vermitteln, dass die Zeit für Verzögerungstaktiken vorüber war? In vier Tagen musste ich dem Sicherheitsrat Bericht erstatten. Als ich in New York landete, kam aus Bagdad – endlich – grünes Licht für die Flüge der U-2.

Bei Condoleezza Rice, 11. Februar:
Die Sache nähert sich einem schnellen Ende

Am Tag nach meiner Rückkehr nach New York ging ich zuerst ins Hotel Pierre, um dem australischen Premierminister Howard Bericht zu erstatten. Er kam aus Washington und stimmte mit der US-amerikanischen Regierung hinsichtlich der Haltung gegenüber dem Irak überein. Er hörte sich meine Ausführungen freundlich an, ebenso meine Einschätzung, dass ich hoffte, der Irak sei durch Inspektionen zur Abrüstung zu bewegen, aber letztlich schien er der Überzeugung, dass die Iraker uns betrogen.

Vom Hotel Pierre ging ich zur amerikanischen UN-Botschaft, wo ich Condoleezza Rice traf. Wir saßen wie beim letzten Mal im Büro des UN-Botschafters John Negroponte. Außer ihm war noch John Wolf anwesend, der für Atomwaffenkontrolle zuständige Verantwortliche im Außenministerium. Die Unterhaltung dauerte etwa eine Stunde, und wir begannen mit dem Thema U-2. Ich informierte Condoleezza Rice, dass die soeben erteilte Genehmigung der Iraker nach meinem Verständnis an keine Bedingungen geknüpft sei und wir gerne möglichst bald mit den Flügen beginnen würden. Über das Treffen in Bagdad berichtete ich, dass wir Anzeichen für ernsthafte Kooperationsbemühungen gefunden hätten, aber nicht ausschließen könnten, dass es sich dabei um ein gezieltes Ablenkungsmanöver handle. Die uns überreichten Dokumente seien interessant, könnten aber nicht als Beweise gelten.

Ich fuhr fort, dass mich die uns aus verschiedenen Mitgliedsstaaten zur Verfügung gestellten Geheimdienstinformationen bisher nicht »schrecklich beeindruckt« hätten. Die UNMOVIC habe einige der in diesen Quellen genannten Örtlichkeiten aufgesucht, und nur einer dieser Besuche habe Anhaltspunkte für das Mandat der UNMOVIC geliefert. Ich sagte, ich hätte auch vor, dies bei meiner Darstellung im Sicherheitsrat Ende der Woche zu erwähnen. Condoleezza Rice gab zur Antwort, Geheimdienstinformationen veralteten schnell. Die Vereinigten Staaten würden uns keine Informationen vorenthalten, aber solche Erkenntnisse könnten nicht als

Ersatz für die freiwillig von den Irakern beizubringenden Informationen dienen. Schließlich sitze hier der Irak auf der Anklagebank, nicht die Geheimdienste. Sie fuhr fort, das Ziel der Resolution 1441 vom November 2002 sei gewesen, den Irak zu einer strategischen Entscheidung für die Abrüstung zu zwingen, aber Saddam gebe sich weiter einem »Verfahrensspiel« hin. Man dürfe ihm das nicht durchgehen lassen. Der Sicherheitsrat habe die Verpflichtung, sich an seine Resolutionen zu halten, und leider gebe es Anzeichen für ein Nachlassen. Die Sache »nähert sich einem schnellen Ende«. Es sei drei Minuten vor zwölf. Auf meine Frage, ob es eine neue Resolution des Sicherheitsrats geben werde, erwiderte sie, man überlege dies und schließe es nicht aus. Abschließend bemerkte sie, die Vereinigten Staaten seien sich der Notwendigkeit bewusst, für die Sicherheit der Mitarbeiter der Vereinten Nationen im Irak zu sorgen – ein Hinweis, dass mit einer Empfehlung zum Rückzug der Inspekteure, zumindest der amerikanischen, zu rechnen war.

Condoleezza Rice machte keine Anstalten, mich im Hinblick auf meinen vier Tage später angesetzten Bericht zu beeinflussen. Auch gab es keine Anzeichen, dass sie mich von einer Erwähnung der Probleme mit den Informationen der Geheimdienste abhalten wollte. Ich war dementsprechend erstaunt, am darauf folgenden Tag in der *Washington Post* einen Artikel zu finden, in dem Folgendes zu lesen stand:

»Die Nationale Sicherheitsberaterin Condoleezza Rice ist heute nach New York geflogen, um den Leiter der UN-Waffeninspekteure, Hans Blix, unter Druck zu setzen, bei seinem Auftritt im Sicherheitsrat am kommenden Freitag anzuerkennen, dass der Irak nach Auskunft von Diplomaten der Vereinigten Staaten und der Vereinten Nationen die Verschrottung der verbotenen chemischen, biologischen und atomaren Waffensysteme absichtlich verweigere …
Das unangekündigte Treffen von Rice und Blix unterstreicht die Besorgnis der Regierung Bush, der Bericht des schwedischen Diplomaten vor dem Sicherheitsrat am Freitag könnte,

bei aller Kritik am Irak, nicht entschieden genug ausfallen, um die noch unentschlossenen Mitglieder des Gremiums von der Unterstützung für einen Waffengang gegen den Irak zu überzeugen.

Wie aus gut informierten Kreisen zu hören war, wird der Bericht von Blix kürzer ausfallen als bei seinem letzten Auftritt am 27. Januar und nach dem heutigen Stand der Erkenntnisse keine Erklärung enthalten, dass der Irak seine Verpflichtungen verletzt habe, worauf die Vereinigten Staaten jedoch besonderen Wert legen.«

Ich hatte nach unserem Treffen nicht mit Medienleuten gesprochen; aber es ist durchaus denkbar, dass einige Leute in Washington befürchteten, mein Auftritt vor dem Sicherheitsrat in drei Tagen werde nichts enthalten, was die zögernden Mitglieder dazu bewegen könnte, für eine Resolution zu stimmen, die ein militärisches Vorgehen rechtfertige. Dem Artikel war nicht direkt zu entnehmen, dass Condoleezza Rice mich unter Druck gesetzt hatte. Die Formulierung lautete, sie sei nach New York geflogen, *um* mich unter Druck zu setzen. Sollte sie dies vorgehabt haben oder sollte jemand gedacht haben, sie hätte es vor, dann hat sie ihre Absicht jedenfalls nicht umgesetzt. Gab der Artikel möglicherweise Erwartungen Ausdruck, die andere Akteure in Washington an sie stellten? Wurde hier gezielt ignoriert, was wirklich passiert war, um im Interesse eines Dritten einen falschen Eindruck zu erwecken? Manipulation? Strategie? Wie konnte die Zeitung sich über die Länge und den Inhalt meines Berichts auslassen, wo ich doch noch nicht einmal einen ersten Entwurf der Rede geschrieben hatte, die ich halten sollte? Einige Teile schrieb ich nachmittags nach meinem Treffen mit Condoleezza Rice nieder. Den größten Teil aber verfasste ich am Donnerstag und fertig war die Rede gegen elf Uhr abends, weniger als zwölf Stunden vor dem Zeitpunkt, zu dem ich sie im Sicherheitsrat halten sollte.

In dem Artikel der *Washington Post*, in dem mein Treffen mit Condoleezza Rice ohne Rücksicht auf die Tatsachen den Erfordernissen der Kampagne eines Dritten angepasst worden war, fanden sich ferner einige Sätze von Colin Powell. Kann sein, dass er sich im Senat vor dem Haushaltsausschuss tatsächlich in der ihm von der Zeitung unterstellten und nicht als Zitat ausgewiesenen Art geäußert hat:

>Klar ist, dass die Stunde der Wahrheit kommt, für den Irak wie für den Sicherheitsrat, der seine Verantwortung wahrnehmen muss. Es geht hier nicht um eine theoretische Angelegenheit oder darum, ob die Vereinigten Staaten pikiert sind. Wir sprechen hier von wirklichen Waffen. Wir sprechen hier von Anthrax. Wir sprechen hier vom Gift Botulin. Wir sprechen über Kernwaffenprogramme.«

Liest man dies mehrere Monate nach dem Krieg, so kann man durchaus zustimmen, dass es hier nicht um eine theoretische Frage ging. Möglicherweise ist der Ausdruck »pikiert« auch nicht ganz angemessen, aber die Bestimmtheit, mit der die Vereinigten Staaten hinter dem Irak her waren, hatte nichts mit dem zu tun, was der Irak getan hatte, sie erwuchs aus den Verletzungen, die al Qaida den Vereinigten Staaten zugefügt hatte. Die bekräftigenden Hinweise auf »wirkliche Waffen«, auf »Anthrax«, »Botulin« und »Kernwaffenprogramme«, waren seinerzeit eine erfolgreiche rhetorische Strategie. Aus heutiger Sicht, nach der »Stunde der Wahrheit«, sind sie traurige Erinnerungen an falsche Geheimdienstinformationen. Man kann sich auch fragen, ob der Sicherheitsrat seine »Verantwortung« nicht gerade dann »wahrgenommen« hat, als sich eine Mehrheit seiner Mitglieder trotz enormen politischen Drucks gegen den Resolutionsentwurf stellte, der grünes Licht für einen sofortigen Kriegsbeginn geben sollte. Der Widerstand war so deutlich, dass die Befürworter es vorzogen, ihn nicht zur Abstimmung zu stellen.

Andere Signale

Andere Akteure auf der Weltbühne sandten in dieser Situation andere Signale aus. Die Franzosen verteilten ein so genanntes »Non-Paper«, ein in der Diplomatie gebräuchlicher Begriff für einen Vorschlag, den man aufwirft, um zu sehen, ob er Unterstützung findet. Der französische Außenminister Villepin hatte die meisten der darin enthaltenen Ideen bereits bei früheren Diskussionen im Sicherheitsrat eingebracht. Anstelle eines bewaffneten Vorgehens schlug das Papier eine weitere Ausdehnung der Inspektionen vor. Man könnte die Anzahl der Inspekteure verdoppeln und dabei Zoll- und Buchhaltungsexperten heranziehen. Neue Sicherheitseinheiten könnten eingesetzt werden, um bestimmte verdächtige Örtlichkeiten zu beobachten. Man könnte systematisch alle Lastwagenkolonnen kontrollieren und die Luftüberwachung verbessern. Auch ließe sich der Informationsfluss zwischen nationalen Sicherheitsdiensten und einem neu zu schaffenden Zentrum für Inspektionen verbessern. Die UNMOVIC und die IAEO könnten alle ungeklärten Abrüstungsfragen in der Reihenfolge ihrer Bedeutung auflisten, und in Bagdad ließe sich ein Koordinator für die Entwaffnung stationieren, um an Blix und el Baradei zu berichten.

Einen Punkt des französischen Vorschlags habe ich nachdrücklich und ernsthaft unterstützt: die Inspektion des Straßenverkehrs. Wir mussten etwas gegen die Vorwürfe unternehmen, der Irak bewege seine Massenvernichtungswaffen im Lande hin und her, und die Iraker verfügten über mobile Labors zur Produktion biologischer Kampfstoffe. Wir hatten versucht, hier einen Ansatz zu finden, aber die Ratschläge, die wir von den verschiedenen Polizeiorganisationen erhielten, waren nicht praktikabel.

Ich verstand die französischen Ideen als einen verzweifelten Versuch, den Eindruck zu vermeiden, man versteife sich auf die Position eines harten Nein gegenüber den Vereinigten Staaten und wolle etwas beitragen, das wie eine positive Alternative aussah. Wir hatten unsere Organisation sehr schnell aufgebaut und vor zwei Monaten die US-amerikanische Anregung, die Anzahl unserer Inspekteure zu verdoppeln, ignoriert. Nun waren die Amerikaner über die französischen Vorschläge verärgert, obwohl diese genau in die Richtung wiesen, die sie selbst früher eingeschlagen hatten. Doch inzwischen war Zeit vergangen. Für die USA neigte sich die Phase der Inspektionen dem Ende zu.

Kofi Annans Plädoyer

Noch während Mohammed und ich Gespräche in Bagdad führten, plädierte Kofi Annan in einer Rede am 8. Februar für einen vernünftigen, multilateralen Umgang mit dem Irakproblem. Wir alle, und allen voran die Führer des Irak, hätten die Pflicht, den Krieg nach allen Möglichkeiten zu vermeiden, sagte Kofi Annan. Die Gründer der Vereinten Nationen seien keine Pazifisten gewesen. Sie hätten die Organisation mit starken Rechten und Möglichkeiten zur Durchsetzung ihrer Beschlüsse versehen und diese Möglichkeiten seien beim irakischen Einmarsch in Kuwait genutzt worden. Dies sei und bleibe eine bedeutsame Lektion. Zwar habe der Irak die Anforderungen des Sicherheitsrats noch nicht erfüllt, denn er habe seine Massenvernichtungswaffen noch nicht vollständig abgerüstet; aber hier gehe es um eine Angelegenheit, die nicht einen Staat allein betreffe, sondern die internationale Gemeinschaft insgesamt.

Und als hätte er die im Verlauf dieses Jahres aufkommende Debatte über »notwendige Kriege« und »Kriege nach eigenem Gutdünken« vorhergesehen, fuhr er fort:

»Wenn Staaten sich zur Gewaltanwendung entschließen, nicht um sich selbst zu verteidigen, sondern um eine allgemeine Bedrohung des internationalen Friedens und der internationalen Sicherheit abzuwenden, gibt es für die einmalige Legitimation, die der Sicherheitsrat der Vereinten Nationen bietet, keinen Ersatz. Die Staaten und Völker der Welt messen dieser Legitimation und der internationalen Rechtsordnung grundlegende Bedeutung bei.«

217

Als Beispiel für eine solche allgemeine Bedrohung nannte er den Schrecken, der von den Massenvernichtungswaffen ausgehe – keineswegs nur von denen des Irak –, und sagte dann, dass nur ein kollektiver, multilateraler Ansatz die Verbreitung solcher Waffen wirkungsvoll begrenzen könne. Die Resolution 1441 vom November 2002 habe dem Irak eine letzte Chance eingeräumt. Wenn er diese Chance nicht nutze und sich weiterhin widerspenstig zeige, werde der Sicherheitsrat eine weitere schwerwiegende Entscheidung »auf der Basis der Inspektionsergebnisse« treffen müssen. Kofi Annan vertrat hier aus meiner Sicht keineswegs eine Position der Passivität, auch schloss er einen Präventivschlag keineswegs aus, vielmehr votierte er gegen ein einseitiges, *unilaterales* Vorgehen und für gemeinsames Handeln und ein wenig Geduld. »Wenn die Zeit gekommen ist«, sagte er, »muss sich der Sicherheitsrat seiner Verantwortung stellen.« Nichts war mehr in meinem Sinne. Als Untergebener des Sicherheitsrats konnte ich derlei nicht aussprechen. So war ich froh, dass Kofi Annan aufstand und es auf diese gelungene Art und Weise tat. Auch ich war kein Pazifist und wollte die Inspektionen nicht über Jahre hinweg weiterlaufen lassen, wie es in den neunziger Jahren geschehen war. Aber aus meiner Sicht war es noch zu früh, sie bereits jetzt abzubrechen. Als ich von Journalisten in Bagdad zu einem Statement von Bush gefragt wurde, der gesagt hatte: »Das Spiel ist gelaufen«, antwortete ich: »Noch sind wir im Spiel ...« Das traf zwar zu, aber es war der Präsident, der die Punkte zählte.

Die Vorbereitung der Rede vor dem Sicherheitsrat am 14. Februar 2003

Mein Terminkalender war in den Tagen vor der Zusammenkunft des Sicherheitsrats dermaßen voll, dass mir kaum Zeit blieb, mir über die wachsenden Spannungen und die steigende Aufmerksamkeit Sorgen zu machen. In den drei Tagen zwischen meiner Rückkehr aus Bagdad am Montagnachmittag und dem Treffen des

Sicherheitsrats am Freitagmorgen fanden am Dienstag die bereits erwähnten Treffen mit dem australischen Premierminister Howard und mit Condoleezza Rice statt. Außerdem hatte ich einen halben Tag eine Sondersitzung der Beratergruppe der UNMOVIC zu leiten, das so genannte Kollegium der Fachkommissare, dem wir über unsere Diskussionen in Bagdad Bericht erstatteten, und musste an einem Treffen mit externen Experten in New York teilnehmen, die uns bei der Bewertung des irakischen Raketenprogramms unterstützten. Bei diesem Treffen erhielten wir die Einschätzungen und Empfehlungen, die dazu führten, dass wir die Zerstörung der Al-Samud-Raketen forderten.

Den Text der möglicherweise wichtigsten Rede in meinem Leben für den Sicherheitsrat musste ich in der zwischen diesen Verpflichtungen verbleibenden Zeit und in den späten Abendstunden abfassen.

Es trifft zu, dass ich mit den ersten Notizen auf dem Rückflug von Bagdad begonnen hatte, wie James Bone, der Korrespondent der Londoner *Times*, berichtete. Aber das war eher eine Liste der wichtigen Punkte als ein Text, und ich schrieb sie, entgegen der Vermutung des Journalisten, nicht auf Schwedisch auf. Die eigentliche Arbeit erledigte ich in den drei Tagen in New York. Mr. Bone vermutete zu Recht, dass ich die Formulierung »materieller Verstoß«, die seiner Einschätzung nach »das Ende für Saddam Hussein einläuten« würde, auf jeden Fall vermeiden würde. Er wusste aus meinen Bemerkungen gegenüber Journalisten, dass ich darauf bestand, es stehe dem Sicherheitsrat zu, darüber zu bestimmen. Der Sicherheitsrat habe mich angewiesen, über jede »Einmischung des Irak in die Aktivitäten der Inspekteure unmittelbar zu berichten« und ebenso jede »Weigerung«, den Abrüstungsvorgaben Folge zu leisten, sofort mitzuteilen. Verständlicherweise behalte sich der Sicherheitsrat die Aufgabe vor, selbst zu bestimmen, wann ein Vergehen oder eine Weigerung als »materieller Verstoß« zu werten sei.

Da wir keine gesonderten Berichte über irakisches Fehlverhalten vorgelegt hatten, war es bei den verhärteten Fronten zwischen den beiden Parteien im Sicherheitsrat nicht verwunderlich, dass jede Seite meinen Bericht genau studierte, um Anhaltspunkte für die Unterstützung der eigenen Position zu finden. Je differenzierter und nuancierter diese Berichte waren, desto glaubwürdiger waren sie – aber desto weniger waren sie für kategorische Urteile zu gebrauchen.

KAPITEL 8

Auf der Suche
nach einem Kompromiss

Die Sitzung des Sicherheitsrats am 14. Februar 2003

Auf der Sondersitzung des Sicherheitsrats am Freitag, dem 14. Februar, waren fast alle Mitgliedsstaaten durch ihre Außenminister vertreten – die USA durch Colin Powell, Großbritannien durch Jack Straw, Frankreich durch Dominique de Villepin, Russland durch Igor Iwanow und China durch Tang Jiaxuan. Der deutsche Außenminister Joschka Fischer leitete die Sitzung. Sie war öffentlich, was bedeutet, dass sich die Mitglieder des Sicherheitsrats an die Weltöffentlichkeit einschließlich der Bürger ihres jeweiligen Landes wenden konnten. Alle Regierungsvertreter hatten eine recht genaue Vorstellung von dem – aus ihrer Sicht – erwünschten Fortgang der Ereignisse, und sie waren ganz versessen darauf, ihren jeweiligen Standpunkt darzulegen und, soweit dies möglich war, andere mit ihren Argumenten zu beeinflussen.

Im Sitzungssaal des Sicherheitsrats drängten sich UN-Diplomaten. Medienvertreter aus aller Welt waren da, und auf den Gehsteigen rings um das UN-Gebäude standen dicht an dicht Ü-Wagen mit riesigen Parabolantennen, welche die Reden im Sicherheitsrat live in jeden Winkel der Erde übertrugen. Um den Reportern zu entgehen, die das UN-Gebäude belagerten und mir für ein paar Worte regelrecht auflauerten, wurde ich mit einem Auto in die Garage gefahren und so in das UN-Gebäude gebracht. Unser Pressereferent Ewen Buchanan hatte kaum ein Auge zugetan, weil sein Telefon die ganze Nacht hindurch nicht stillgestanden war. Nun erhielt er praktisch pro Minute eine E-Mail, einen Anruf oder ein Fax, und er bemühte sich, alle Länder und alle Medien – ob groß oder klein – gleich zu behandeln. Im Erdgeschoss schritt ich derweil

221

auf dem Weg zum Sitzungssaal des Sicherheitsrats an Spalieren von Presseleuten vorbei und rief ihnen zu, dass ich erst im Sicherheitsrat sprechen würde – nicht eher.

Man hatte den Eindruck, als würde im Sicherheitsrat innerhalb der nächsten Stunde die Entscheidung über Krieg oder Frieden im Irak gefällt und als würden die Berichte der Waffeninspekteure über die Kooperation des Irak die Ampel zum Krieg auf Rot oder Grün stellen. Obgleich weder das eine noch das andere der Fall war, war es eine sehr wichtige Sitzung.

Mohammed el Baradei und ich wurden vom Präsidenten des Sicherheitsrats aufgefordert, an einem Ende des hufeisenförmigen Tischs Platz zu nehmen und die Aussprache zu eröffnen. Später wurde ich immer wieder gefragt, ob ich nicht nervös gewesen sei, wo mir doch gewissermaßen die ganze Welt zuhörte und zuschaute. Aber ich war es nicht, und ich glaube, das gilt auch für Mohammed. Ich habe die Kameras und die Mikrofone in den Glaskabinen im Hintergrund gar nicht wahrgenommen, sondern konzentrierte mich auf den Präsidenten, der mir das Wort erteilte, und die Sitzungsteilnehmer, an die sich mein Vortrag richtete. Bei informellen Sitzungen des Sicherheitsrats musste ich oft ohne schriftliche Vorlage reden, aber dies war eine öffentliche Sitzung mit Protokollführern, und da wollte ich nicht vom Thema abschweifen. Schwer war gewesen, die Rede aufzusetzen, nicht aber, sie zu halten. Bei einem Interview in Schweden wurde ich später gefragt, weshalb ich einen zerknitterten Anzug getragen hätte, wo mich doch die ganze Welt gesehen habe. Ich brauchte eine Weile, bis mir als Antwort einfiel zu sagen, es wäre wohl schlimmer gewesen, wenn ich eine zerknitterte Rede gehalten hätte.

Ich begann meine Ausführungen mit der Beschreibung der Inspektionskapazitäten, die wir aufgebaut hatten, und der Art und Weise, wie wir sie nutzten. Ich hielt es für sinnvoll, die Mitglieder des Sicherheitsrats über das Instrument der Inspektionen zu informieren, das ihnen zur Verfügung stand und das sie entweder weiterhin benutzen konnten – oder einzupacken beschlossen. Ich berichtete dem Sicherheitsrat dann, die UNMOVIC habe keinerlei

222

Massenvernichtungswaffen gefunden, nur eine kleine Zahl leerer Granathülsen für chemische Kampfstoffe. Wir hätten keine »rauchenden Colts« – unwiderlegbare Beweise – vorzuweisen. Ein anderer – nicht minder wichtiger – Punkt, so sagte ich, sei, dass der Irak viele verbotene Waffen und sonstige verbotene Ausrüstung »nicht dokumentiert« habe.

Und ich fuhr fort:

> »Man sollte daraus freilich nicht den voreiligen Schluss ziehen, dass der Irak in deren Besitz ist. Diese Möglichkeit ist jedoch auch nicht auszuschließen. Wenn sie vorhanden sind, sollten sie deklariert und zerstört werden. Wenn sie nicht vorhanden sind, sollte der Irak dies durch stichhaltige Beweise glaubhaft machen.«

Viele nationale Geheimdienste seien überzeugt, so fuhr ich fort, dass der Irak über verbotene Waffen und Rüstungsprogramme verfüge, und ich wolle ihren Schlussfolgerungen nicht widersprechen. Sie hätten viele Informationsquellen, die uns nicht zur Verfügung stünden. Ich verwies auf die guten Arbeitsbeziehungen zwischen der UNMOVIC und diversen Nachrichtendiensten, aber aus meinen Darlegungen ging auch unmissverständlich hervor, dass die UNMOVIC an den Örtlichkeiten, die uns von Nachrichtendiensten genannt worden waren, keine verbotenen Güter gefunden hatte.

Als das vom Sicherheitsrat eingesetzte Inspektionsorgan würden wir jedoch unsere Berichte nur auf Beweise stützen, die wir selbst prüfen und öffentlich vorlegen könnten. »Ohne Beweise«, so sagte ich, »kann kein Vertrauen entstehen.« Diese Bemerkung richtete sich in erster Linie an die Iraker, die keine glaubwürdigen Beweise für ihre Behauptung vorgelegt hatten, Güter, zu denen sie keine Angaben gemacht hätten, seien zerstört worden oder hätten nie existiert. Aber sie galt auch für die Beteuerungen der Vereinigten Staaten, Großbritanniens und anderer Länder, der Irak besitze noch immer verbotene Waffen und sonstige verbotene Güter – Behauptungen, an deren Wahrheitsgehalt schon lange vor der Sitzung des

Sicherheitsrats Zweifel aufgekommen waren, die sich seither immer weiter verfestigt haben.

Anschließend nahm ich Stellung zu einem der Punkte, die Colin Powell in seiner Rede vor dem Sicherheitsrat angesprochen hatte. Er bezog sich auf eine Örtlichkeit, die wir sehr gut kannten. Wie bereits erwähnt, hatten wir aus dem vorgelegten Material nicht den Schluss gezogen, dass sich bis unmittelbar vor dem Eintreffen der Inspekteure vor Ort dort chemische Waffen befunden hatten. Ich hatte Condoleezza Rice angekündigt, dass ich Vorbehalte gegen geheimdienstliche Informationen anmelden würde, und sie hatte nicht versucht, mich davon abzubringen. Colin Powell, mit dem ich in der Mittagspause sprach, schien mir meine Stellungnahme nicht im Geringsten zu verübeln. Manche Medien dagegen vermittelten den Eindruck, ich hätte mir einen Affront gegen die Vereinigten Staaten geleistet. Sie wollten von mir Argumente für einen Waffengang gegen den Irak. Statt dessen hatte ich einen von der US-Regierung vorgelegten »Beweis« entkräftet.

Die Kernaussage meines Berichts an den Sicherheitsrat lautete, der Irak habe einige Schritte unternommen, die den Beginn einer aktiven Kooperation bei der Lösung wichtiger offener Abrüstungsfragen markieren könnten. Obgleich ich mich sehr vorsichtig ausdrückte, beurteilte ich den Kooperationswillen des Irak etwas weniger kritisch als in meinem Bericht vom 27. Januar. Ich wurde später öfter gefragt, weshalb der Ton meiner beiden Berichte vor dem Sicherheitsrat so unterschiedlich gewesen sei, und ich erklärte dies mit dem Hinweis darauf, dass auch Wetterberichte einer veränderten Wetterlage Rechnung tragen müssten.

Zum Abschluss meines Vortrags ging ich auf die Frage ein, wie viel Zeit wir noch bräuchten, um unsere Aufgabe im Irak zu beenden. Ich sagte, die Resolutionen hätten uns zwei Hauptaufgaben zugewiesen: Inspektionen zu dem Zweck, alle seit 1991 verbotenen Waffen und Rüstungsprogramme zu eliminieren, sowie eine kontinuierliche Überwachung des Irak, um die Wiederaufnahme von Waffenprogrammen zu verhindern beziehungsweise aufzudecken. Die Überwachung sei zeitlich unbefristet. Hätte der Irak 1991 uneingeschränkt kooperiert, dann hätte das Land durch Inspektionen sehr schnell entwaffnet werden können, die Sanktionen wären aufgehoben und die Überwachung wäre fortgesetzt worden. Leider sei es anders gekommen. Zum jetzigen Zeitpunkt, drei Monate nach Annahme der November-Resolution, könne der Irak jedoch nach wie vor in kurzer Zeit entwaffnet werden, sagte ich, sofern er unverzüglich aktiv und bedingungslos mit der UNMOVIC und der Internationalen Atomenergiebehörde (IAEO) zusammenarbeite.

Mohammed el Baradei war nicht so zurückhaltend wie ich. Für die IAEO blieben einige technische Fragen offen, meinte er – aber keine »ungelösten Abrüstungsfragen«. Abschließend meinte er, die Atomenergiebehörde habe keine Beweise für laufende nukleare Aktivitäten beziehungsweise Aktivitäten im Zusammenhang mit Kernenergie. Seine Ausführungen standen in krassem Gegensatz zu den Einlassungen Colin Powells, der das irakische »Kernwaffenprogramm« ein paar Tage zuvor als eine erwiesene Tatsache hingestellt hatte.

Die Außenminister geraten im Sicherheitsrat aneinander

Die Aussprache im Anschluss an die Berichte von Mohammed el Baradei und mir glich einem offenen Schlagabtausch, bei dem die Teilnehmer jeweils nur sieben Minuten Zeit hatten, um ihre Worte und Argumente wie bunte Leuchtspurgeschosse durch den Raum zu schießen. Ungewöhnlich waren die zahlreichen spontanen Meinungsbekundungen. Vor wichtigen öffentlichen Aussprachen im Sicherheitsrat stimmen die beteiligten UN-Botschafter für gewöhnlich ihre Reden mit ihren Außenministern ab, und sie sind bestrebt, nicht von ihren Weisungen abzuweichen. Doch hier waren die weisungsbefugten Personen selbst versammelt. Sie wussten, wie weit sie gehen konnten. Auch wenn sie nicht an den politischen Grundlinien ihrer Regierungen rüttelten, sorgten ihre Abweichungen von den vorgefertigten Redemanuskripten doch für eine sehr ungewöhnliche, spannende Debatte. Die im Sitzungssaal versammelten

Außenminister verdeutlichten nachdrücklich die verschiedenen Standpunkte ihrer Länder.

Auf der einen Seite standen die Vereinigten Staaten, Großbritannien und Spanien, die behaupteten, der Irak habe seine Haltung offenkundig nicht geändert und der Zeitpunkt rücke näher, an dem eine schwere Entscheidung – eine beschönigende Umschreibung für die Ermächtigung zur Anwendung militärischer Gewalt – getroffen werden müsse. Auf der anderen Seite standen die vielen Länder, die die Ansicht vertraten, es gebe Fortschritte bei den Inspektionen und es sei verfrüht, über die Anwendung von Gewalt zu entscheiden. Trotz der Polarisierung – oder vielleicht gerade deswegen – kam der Wunsch nach einem Kompromiss auf, und in den Tagen nach der Sitzung begann er Gestalt anzunehmen.

US-Außenminister Colin Powell sagte, der Irak habe die Resolution vom November 2002 nicht umgesetzt. Die Erklärung (über Waffenprogramme) – die der Irak am 7. Dezember vorgelegt hatte – sei »ein erster Prüfstein für die Ernsthaftigkeit des Irak« gewesen und der Irak habe nur gerade das Nötigste berichtet, um sich damit aus der Affäre zu ziehen. Die Inspektionen könnten nicht »endlos fortgesetzt werden«. Colin Powell verlangte keine sofortigen Maßnahmen oder Entscheidungen, forderte den Sicherheitsrat jedoch auf, sich »in sehr naher Zukunft« mit der Frage nach »ernsthaften Konsequenzen« zu befassen.

Der britische Außenminister Jack Straw erinnerte den Sicherheitsrat daran, dass er dem Irak 1991 eine Frist von 90 Tagen gesetzt habe, um seine verbotenen Waffen zu zerstören. Was der Irak denn in elf Jahren, sieben Monaten und zwölf Tagen getan habe? Der diplomatische Prozess müsse mit einer glaubhaften Gewaltandrohung einhergehen; scheue man vor deren Umsetzung zurück und gebe dem Irak trotz fehlender Kooperationsbereitschaft unbegrenzt Zeit, dann werde dies die Entwaffnung des Irak und anderer Länder erheblich erschweren. Jack Straw brachte damit ein Argument vor, das wahrscheinlich auch in Washington viel Unterstützung fand. Ein entschlossenes Vorgehen im Irak wäre ein klares Signal an andere Staaten, die möglicherweise über Massenvernichtungswaffen verfügten. Dachte er an Iran, Nordkorea und vielleicht auch an Libyen und Syrien? Er schloss sich jedenfalls der Auffassung der Vereinigten Staaten an, alles hänge von einer »strategischen Entscheidung« des Irak ab; allerdings legte er in seinem Vortrag mehr Gewicht auf deren Notwendigkeit als darauf, dass sie noch nicht getroffen worden sei:

> »Ich hoffe und glaube, dass noch immer eine friedliche Lösung dieser Krise möglich ist. Allerdings muss Saddam seine Haltung dann grundlegend und unverzüglich ändern.«

Vielleicht erhoffte sich Jack Straw diesen grundlegenden Sinneswandel dadurch, dass der Irak angesichts der militärischen Entschlossenheit der Vereinigten Staaten und Großbritanniens sowie eines Ultimatums, das mit einer Kriegsandrohung verbunden war und das vorzugsweise in einer Resolution des Sicherheitsrats ausgesprochen oder durch eine Resolution unterstützt werden sollte, »in die Knie gehen« würde. Dass eine solche Resolution in Erwägung gezogen wurde, hatte mir Condoleezza Rice in unserer Unterredung ein paar Tage vor der Sitzung bestätigt. Sollte die Resolution den gewünschten Sinneswandel nicht herbeiführen, würde sie, zumindest implizit, zur Anwendung jener militärischen Gewalt ermächtigen, die gegenwärtig rings um den Irak in Stellung gebracht wurde. Die Mehrheit im Sicherheitsrat war sich dessen bewusst, bezweifelte aber, ob es zu einem »grundlegenden Sinneswandel« der Iraker kommen würde, und war mit dem Fortgang der Inspektionen einigermaßen zufrieden; diese Länder waren daher nicht bereit, eine entsprechende Resolution mitzutragen.

Die Berichte, die Mohammed el Baradei und ich im Sicherheitsrat erstatteten, hatten die Bereitschaft zu einer neuen Resolution nicht erhöht. Ganz im Gegenteil, die Abneigung, mit Waffengewalt gegen vermeintliche irakische Bedrohungen vorzugehen, die nach Einschätzung der meisten Regierungen weder erwiesen waren noch eine unmittelbare Gefahr darstellten, hatte sich durch unsere Ausführungen noch verstärkt.

Der französische Außenminister Dominique de Villepin sagte, die Inspektionen steckten nicht in einer Sackgasse. Im Gegenteil, es gebe Fortschritte und Frankreich sei dafür, das Inspektionsregime zu verstärken. Die Kriegsoption möge scheinbar eine schnellere Lösung verheißen, aber nach einem militärischen Sieg müsse Frieden geschaffen werden und niemand könne sicher sein, ob der Kriegspfad tatsächlich kürzer sei als der Pfad über die Inspektionen. Frankreich schließe nicht aus, dass Gewaltanwendung eines Tages notwendig werden könnte, doch die Entscheidung darüber, ob sie gerechtfertigt sei, und die Garantie dafür, dass sie den gewünschten Erfolg bringe, obliege der internationalen Gemeinschaft.

Zum Abschluss seines Vortrags sagte Dominique de Villepin, er vertrete »ein altes Land«, und alle im Sitzungssaal hatten noch im Kopf, wie US-Verteidigungsminister Donald Rumsfeld vor kurzem etwas verächtlich vom »alten Europa« gesprochen hatte, das gegen einen Waffengang im Irak sei, während das »neue Europa« – womit er die osteuropäischen Länder meinte – der Gewaltanwendung aufgeschlossener gegenüberstehe. Die Äußerung des französischen Außenministers erregte Heiterkeit, und nach seinem Vortrag erhielt er Applaus.

Die schlagfertige Bemerkung von Dominique de Villepin animierte einige der anwesenden Außenminister, es ihm gleichzutun und auf das Alter ihrer jeweiligen Länder anzuspielen. So erinnerte der chinesische Außenminister alle daran, dass China »eine uralte Kultur« sei. Jack Straw sagte, er vertrete »ein sehr altes Land, das im Jahr 1066 – von den Franzosen – gegründet wurde«. Selbst Colin Powell räumte ein, dass die Vereinigten Staaten zwar ein »vergleichsweise junges Land«, dafür aber die »älteste Demokratie« unter allen am Konferenztisch vertretenen Ländern seien. Dies waren die humorvollen Spitzen in einem ansonsten recht spannungsgeladenen Schlagabtausch.

Der chinesische Außenminister betonte, er sei wie die Mehrheit der Mitglieder des Sicherheitsrats der Ansicht, dass die Inspektionen gut vorankämen und die Inspekteure genügend Zeit erhalten sollten, um die Resolution vom November 2002 umzusetzen. Joschka Fischer fragte, weshalb die Inspektionen ausgerechnet jetzt eingestellt werden sollten. Er stimmte dem französischen Vorschlag zu, die Inspektionen zu verstärken, und sagte, das langfristige Überwachungsregime sollte ausgebaut werden, um den Irak in Zukunft von der Wiederaufnahme von Waffenprogrammen abzuhalten. Die Politik der Eindämmung sei auf eine dauerhafte Grundlage zu stellen.

Der russische Außenminister Iwanow schloss sich der Auffassung jener Sicherheitsratsmitglieder an, welche die Fortsetzung der Inspektionen forderten, und sagte, die überwältigende Mehrheit der Staaten teile diese Meinung. Dann unterbreitete er einen Vorschlag, der in den Wochen nach der Sitzung des Sicherheitsrats eine zentrale Rolle spielen sollte: Er erinnerte daran, dass die Resolution 1284 (von 1999) der UNMOVIC und der IAEO aufgetragen habe, dem Sicherheitsrat ihr Arbeitsprogramm einschließlich Listen »der wichtigsten noch verbleibenden Abrüstungsaufgaben« vorzulegen. Iwanow, der der vagen Behauptung, der Irak habe die Resolution vom November 2002 nicht umgesetzt und seinen Willen zur Abrüstung nicht glaubhaft dargetan, offenbar kritisch gegenüberstand, wies darauf hin, dass in einem noch zu verabschiedenden Arbeitsprogramm für die Inspektionen einige objektive, spezifische Kriterien aufgestellt werden könnten, anhand deren sich die Kooperation Bagdads beurteilen lasse.

»Marksteine der Abrüstung« als Beleg für einen »Sinneswandel« des Irak

Die Idee, das Verhalten des Irak anhand präziser Anforderungen zu bewerten – statt zu beurteilen, ob der Irak seine »Einstellung geändert« oder eine »strategische Entscheidung« getroffen habe –, hatte viel für sich. Allerdings verstand sich von selbst, dass es für die USA völlig unannehmbar wäre, mit der Überprüfung, wie nach der Resolution von 1999 vorgesehen, bis Ende Juli (2003) zu warten. Nach der Sitzung der Sicherheitsrats zeichnete sich als Kompromiss die Möglichkeit ab, den Irak aufzufordern, innerhalb einer begrenzten

Frist ein Reihe konkreter Abrüstungsaufgaben zu erledigen – also einige »Marksteine« zu erreichen.

Beim Verlassen des Sicherheitsrats nach der Sitzung am 14. Februar teilte ich Jack Straw mit, dass ein von der UNMOVIC als Grundlage für die Auswahl wichtiger noch verbleibender Abrüstungsaufgaben für das Arbeitsprogramm vorbereitetes Dokument eine strukturierte Zusammenstellung unerledigter Aufgaben enthalte und genaue Angaben darüber mache, was der Irak zur Erfüllung jeder Aufgabe zu tun hätte. Ob dieses Dokument möglicherweise bei der Festlegung von »Marksteinen« helfen könnte? Straw zeigte sich sehr interessiert. Ebenso Colin Powell, als ich nach der Sitzung im Foyer des Sicherheitsrats bei einem Sandwich Gelegenheit hatte, mit ihm zu sprechen. Er sagte, ich solle ihn am kommenden Wochenende anrufen, damit wir uns darüber unterhalten könnten.

Nun begannen die Sondierungen darüber, ob es möglich wäre, die Forderung nach einem »Sinneswandel« beziehungsweise einer »strategischen Entscheidung«, die sich vorgeblich auf die Resolution vom November 2002 berief, mit der Forderung in Einklang zu bringen, der Irak solle als Beleg für einen solchen Einstellungswandel präzise Abrüstungsschritte – »Marksteine« – vornehmen, wie sie sich aus der Resolution vom Dezember 1999 ergaben. Konnten solche Marksteine nicht als Beleg dafür gelten, dass der Irak die gewünschte »strategische Entscheidung« getroffen hatte? Die Idee, das Erreichen präziser »Marksteine« zu verlangen, lag im Sicherheitsrat zwar in der Luft, aber nicht auf dem Tisch.

Washington war über das Ergebnis der Sitzung des Sicherheitsrats und die Erklärungen, die Mohammed el Baradei und ich abgegeben hatten, enttäuscht. Unsere Statements waren dem Wunsch der US-Regierung, eine Resolution zu bekommen, die ein Ultimatum enthielt und implizit zu einem Militärschlag ermächtigte, nicht förderlich gewesen. Auf offizieller Ebene wurde diese Enttäuschung zwar nicht zum Ausdruck gebracht, aber sie zeigte sich bald in einigen Medien. Unter diesen Umständen gab es verständlicherweise ein Interesse daran, den Vorschlag von »Marksteinen« wenigstens zu prüfen.

Die Franzosen und viele andere hielten die Behauptung aufrecht, dass es zu einem Militärschlag der förmlichen Ermächtigung durch den Sicherheitsrat bedürfe. Obwohl die Vereinigten Staaten diesem Argument nicht folgten, war doch auch ihnen klar, dass es leichter wäre, eine Ermächtigung zu bekommen, wenn die Inspektionsberichte Verhaltensweisen der Iraker anführten, die berechtigterweise entweder als »erhebliche Verletzung« (der Resolution) oder als Nichterreichen einiger der vom Sicherheitsrat festgelegten Marksteine gewertet werden könnten. Gegenwärtig zeichneten die Inspekteure in ihren Berichten ein graues und kein schwarzes Bild vom Verhalten der Iraker, und viele der Anschuldigungen, welche die USA gegen den Irak erhoben (langjährige arglistige Täuschung und früherer Einsatz chemischer Waffen und Langstreckenraketen), basierten auf Indizienbeweisen. Dagegen fehlten »rauchende Colts«, die die Öffentlichkeit beeindrucken konnten. Der für Atomwaffenkontrolle zuständige Verantwortliche im US-Außenministerium, John Wolf, zitierte die Redensart, wenn etwas wie eine Ente watschle, wie eine Ente schwimme und wie eine Ente quake, dann sei es vermutlich auch eine Ente, um zu verdeutlichen, dass die Schuld der Iraker seines Erachtens hinlänglich erwiesen sei. Das Problem bestand jedoch darin, dass die Öffentlichkeit eine »rauchende Ente« sehen wollte, wie es jemand formulierte. Zweifellos hatte Colin Powell dem Sicherheitsrat seine geheimdienstlichen Informationen aus diesem Grund vorgetragen. Da mochte die Nichterfüllung exemplarischer Abrüstungsschritte genauso zweckdienlich sein.

Die Briten, die sich am nachdrücklichsten für eine UN-Resolution mit Ultimatum einsetzten und erleben mussten, dass der Widerstand dagegen ständig anwuchs, gelangten zu der Überzeugung, dass eine Neuakzentuierung hilfreich sein könnte: Die Resolution könnte von Saddam eine Erklärung verlangen, in der er versicherte, seine Einstellung geändert zu haben. Zum Beweis seiner Ernsthaftigkeit könnte vom Irak überdies verlangt werden, innerhalb einer begrenzten Frist mehrere »Marksteine« zu erreichen.

Die UNMOVIC verfügte über einen gut dokumentierten Katalog offener Abrüstungsaufgaben mit genauen Angaben darüber, was der Irak zur Erfüllung jeder Aufgabe tun musste. Zusammenhängende Aufgaben hatten wir gebündelt. Es handelte sich um das Dokument, das ich Jack Straw und Colin Powell gegenüber im Anschluss an die Sitzung des Sicherheitsrats vom 14. Februar erwähnt hatte und an dem sie spontan Interesse bekundet hatten. Trotz der kompromisslosen Haltung, die die USA und Großbritannien im Sicherheitsrat einnahmen, schienen beide Länder daran interessiert zu sein, doch noch ein Einvernehmen im Sicherheitsrat herzustellen.

Am Samstag, dem 15. Februar, einen Tag nach meinem Gespräch mit Colin Powell bei der UN, rief mich Condoleezza Rice in meiner Wohnung in New York an und erkundigte sich nach dem Dokument. Zur gleichen Zeit zog eine große Antikriegsdemonstration durch die Straßen von Manhattan. Rice' Interesse stimmte mich ein wenig zuversichtlich, und ich sagte ihr, die UNMOVIC habe die Arbeit an dem Dokument fast abgeschlossen und werde es demnächst unserem Kollegium von Fachkommissaren zur Beratung vorlegen. Auf Bitten von Condoleezza Rice versprach ich, den aktuellen Entwurf in der folgenden Woche John Wolf zu zeigen, der diesem Kollegium angehörte.

Am Sonntag rief ich Colin Powell an, wie er es mir angeboten hatte. Ich erläuterte noch einmal die Logik unseres so genannten »Cluster-Dokuments« – des erwähnten strukturierten Verzeichnisses ungelöster Abrüstungsaufgaben. Es enthalte präzise Forderungen, die der Irak erfüllen müsste, um die vielfältigen Abrüstungsaufgaben abzuschließen. Wenn der Sicherheitsrat »Marksteine« festsetzen wolle, könne dieses Dokument hilfreich sein. Mohammed el Baradei hatte mir gesagt, die verbleibenden Fragen im Kernwaffenbereich seien bei uneingeschränkter Kooperation des Irak bis zum 15. April zu klären. Die Probleme im Bereich der biologischen und chemischen Waffen und Trägersysteme seien allerdings viel größer. Dennoch fragte ich Colin Powell, ob wir eine Frist bis zum 15. April bekommen könnten. Er sagte, es sei zu spät.

Öffentliche Meinung gegen den Krieg: Einige Regierungen suchen nach einem Kompromiss

Einen Tag nach der Sitzung des Sicherheitsrats am 14. Februar kam es weltweit zu Massendemonstrationen. Die entschiedene, lautstarke Ablehnung des Krieges in weiten Teilen der Öffentlichkeit trieb, auch in den Vereinigten Staaten selbst, Millionen von Menschen auf die Straßen. In New York zogen die Demonstranten durch die Second und Third Avenue, nicht weit von meinem Wohnhaus in Manhattan entfernt, und ich geriet mitten unter sie, als ich vor die Tür ging, um Milch zu besorgen. Ich war etwas besorgt, dass sie mich vielleicht als »Chefinspekteur« erkennen und als Maskottchen auf einen Lastwagen heben würden. (Später schenkte mir der schwedische Botschafter, der in der gleichen Gegend wohnte, ein Poster, das er nach der Demonstration auf der Avenue aufgehoben hatte. Auf einer Seite verkündete es BLIX STATT BOMBEN! Es hängt heute bei mir zu Hause.)

Die Massenproteste gegen einen Krieg schienen die Regierung in Washington völlig kalt zu lassen. Die *New York Times* zitierte Präsident Bush mit den Worten, Führungsstärke erfordere manchmal, »sich der öffentlichen Meinung zu widersetzen«, und eine Führungskraft müsse »die (nationale) Sicherheit zur Richtschnur ihrer politischen Entscheidungen machen«. Die Zeitung berichtete außerdem, Bush bemühe sich intensiv darum, »zögernde Verbündete davon zu überzeugen, dass die UN-Inspektionen die Entwaffnung des Irak nicht sicherstellen könnten«, und er beabsichtige, »eine Entscheidung über die Anwendung von Gewalt gegen den Irak innerhalb von Wochen herbeizuführen, was immer der Sicherheitsrat tut«.

Es ist denkbar, dass die harte öffentliche Haltung der US-Regierung den Irak dazu bewegen sollte, »klein beizugeben« und ihn von jeglicher Illusion zu befreien, die Bush-Administration werde der öffentlichen Meinung gegen den Krieg nachgeben. Ich neige jedoch eher zu der Annahme, dass die US-Regierung die Kriegsvorbereitungen im Eiltempo durchzog, aber doch bereit war, für den ihres

Erachtens unwahrscheinlichen Fall, dass das irakische Regime »zusammenbrach«, einen Militärschlag abzublasen.

Andere Länder und deren Regierungen reagierten in unterschiedlichster Weise auf die allgemeine Antikriegsstimmung. In Italien und Spanien sprach sich die Bevölkerung bei Meinungsumfragen mit großer Mehrheit gegen einen Waffengang im Irak aus. Dennoch hielten die Regierungen beider Länder fest zu den Vereinigten Staaten. Die französische Regierung schloss Gewaltanwendung als Ultima Ratio zwar nicht aus, sprach sich jedoch – im Einklang mit der überwiegenden öffentlichen Meinung – dafür aus, zunächst alle Mittel für eine friedliche Beilegung des Konflikts auszuschöpfen. Der kanadische Premierminister Jean Chrétien erklärte vor dem Parlament seines Landes, er werde sich jedem Militärschlag widersetzen, der nicht auf einer ausdrücklichen Ermächtigung durch den Sicherheitsrat beruhe. Seine Ansicht wurde in vielen Ländern geteilt, die bei der Lösung des Konflikts auf die Vereinten Nationen setzten, auch in meinem Heimatland Schweden. In Deutschland lehnten nach einer Umfrage 86 Prozent der Bevölkerung den Krieg ab, und der deutsche Außenminister Joschka Fischer sagte, Krieg sei nicht das geeignete Mittel zur Entwaffnung des Irak.

Einige Regierungen bemühten sich um einen Kompromiss, stießen damit in Washington jedoch nicht auf Gegenliebe. Mehrere Mitglieder des Sicherheitsrats, etwa Mexiko und Chile, bemühten sich, von den klugen und fähigen Botschaftern Adolfo Zinser und Gabriel Valdes vertreten, aktiv um eine solche Lösung. Ihre Regierungen wurden von Washington immer stärker unter Druck gesetzt, sich dem Lager der Kriegsbefürworter anzuschließen, aber die öffentliche Meinung in ihren Ländern war gegen eine bewaffnete Intervention. Mexiko stand dabei vor einer besonders schweren Zerreißprobe. Viele Jahre lang hatte es bewusst auf einen Sitz im Sicherheitsrat verzichtet und sich erst in jüngster Zeit um einen solchen bemüht, um seiner Verantwortung als bedeutendes lateinamerikanisches Land besser gerecht zu werden. Nun geriet dieses Land durch seinen Weltbürger-Ehrgeiz in die Zwickmühle: einerseits die Notwendigkeit und den Wunsch, gute Beziehungen zu seinem großen

Nachbarn aufzubauen, und andererseits der öffentlichen Meinung im Innern, die entschieden gegen den Krieg war, Rechnung zu tragen. Chile steckte in einem ähnlichen Dilemma.

Die Massenkundgebungen wirkten sich meiner Beobachtung nach auf der internationalen politischen Bühne nicht unmittelbar aus. Doch die beharrliche Forderung vieler Staaten nach einer Fortsetzung der Inspektionen, die Suche nach einem Kompromiss und die »Markstein-Methode« trafen mit der wachsenden Kriegsablehnung in der Öffentlichkeit zusammen, die sich auf den Straßen der Welt Luft machte.

Meine Vorstellungen über die Nutzung der konkreten Forderungen im Cluster-Dokument als »Marksteine«

Am Montag, dem 17. Februar, war President's Day und die Vereinten Nationen blieben geschlossen: ein glücklicher Zufall, denn in New York hatte gerade ein Schneesturm getobt. Aus meiner Heimatstadt Stockholm bin ich es gewöhnt, dass die Straßen im Winter regelmäßig, meist schnell und geräuschvoll, vom Schnee geräumt werden; umso mehr genoss ich die Ruhe und Muße, die sich mit dem Schnee auf Manhattan herabsenkte. Meine Frau und ich schlenderten über die Second Avenue, die mit einer dicken Schicht Pulverschnee überzogen war und auf der kein Auto zu sehen war. Vereinzelte Ski-Langläufer genossen für kurze Zeit ihren Vorteil gegenüber Fußgängern und Autos.

Ich nutzte den Tag, um in meinem Büro im menschenleeren Gebäude des UN-Sekretariats meine Vorstellungen darüber endgültig in Form zu bringen, wie unsere Arbeit an »Clustern« – strukturierten Verzeichnissen zusammenhängender Abrüstungsaufgaben – sinnvoll zu nutzen wäre. Meine Ideen hielt ich in einem Resolutionsentwurf für den Sicherheitsrat und in einem Hintergrundpapier fest und beschloss, beides Sir Jeremy Greenstock, dem Ständigen Vertreter Großbritanniens bei der UN, zu zeigen, der mich später aufsuchen wollte, um mit mir über das »Cluster-Dokument« zu sprechen. Ich kannte Sir Jeremy gut; ich mochte ihn und ich schätzte seine Kompetenz und Urteilskraft. Er würde erkennen, ob ich etwas anzubieten hatte, das man verwenden konnte. Wenn ja, dann konnte er es als Mitglied des Sicherheitsrats – und nicht ich als dessen »Diener« – weiterleiten. Hielt er es für unbrauchbar, stand ein Papierkorb bereit. Greenstock enthielt sich jeglichen Kommentars und ich gab ihm sowohl das Hintergrundpapier als auch den Resolutionsentwurf als Denkanstoß mit – nicht mehr. Er gab beides an die Amerikaner weiter. In den folgenden Wochen machten die Briten reichlich Gebrauch von der »Markstein«-Idee, während das Interesse der Amerikaner schon nach kurzer Zeit wieder erlosch. Vielleicht glaubte die US-Regierung, die Erfüllung präziser Marksteine der Abrüstung und deren Überwachung nehme zwangsläufig eine gewisse Zeit in Anspruch und würde sich vielleicht nicht als geeigneter Weg erweisen, um Einvernehmen hinsichtlich der Anwendung militärischer Gewalt zu erzielen. Es war leichter, zu erklären, der Irak habe seine Haltung nicht geändert – nötigenfalls auch einseitig.

Das Blix-Papier und der Resolutionsentwurf vom 17. Februar 2003

In meinem Hintergrundpapier legte ich noch einmal die Prämissen dar: Militärischer Druck ist und bleibt unverzichtbar, um den Irak zur Befolgung der Abrüstungsverpflichtungen anzuhalten; viele Delegationen vertreten die Meinung, den Inspekteuren sei noch mehr Zeit einzuräumen; elf Wochen sind für die Schlussfolgerung, dass Inspektionen sich nicht als Mittel zur Entwaffnung des Irak eignen und daher eingestellt werden sollten, eine recht kurze Frist. Einigermaßen vernünftig erscheine mir, erklärte ich dann, »eine exakte Frist« festzusetzen, innerhalb deren eine zufrieden stellende Kooperation und die Lösung offener Abrüstungsfragen beziehungsweise verbleibender wichtiger Abrüstungsaufgaben verlangt werden solle. Die Bemessung dieser Frist, schrieb ich, sei eine politische Entscheidung.

Ob die Kooperation und die damit verbundenen Abrüstungsmaßnahmen als ausreichend anzusehen seien, solle der Sicherheitsrat – nach einem Bericht der Inspekteure – feststellen. Man könnte
eine Anzahl »Marksteine« auswählen, die der Irak fristgerecht erreichen müsste, statt zu fordern, den ganzen Katalog offener Fragen
abzuarbeiten. Das »Cluster-Dokument« der UNMOVIC mit den
ausdrücklichen Forderungen an den Irak stehe dem Sicherheitsrat,
falls erwünscht, schon bald zur Verfügung.

Mein Entwurf forderte die UNMOVIC und die IAEO auf,
[bis zum 1. März] eine Liste der gegenwärtig noch offenen Abrüstungsfragen und -aufgaben mit »Schlüsselstellung« vorzulegen
und anzugeben, was der Irak tun sollte, um diese zu erfüllen. Außerdem enthielt der Entwurf eine Reihe von Forderungen, die konkrete
Maßnahmen der Iraker betrafen, unter anderem die Vernichtung
sämtlicher Raketen, die von der UNMOVIC als verboten identifiziert worden waren. Die UNMOVIC und die IAEO sollten dem
Sicherheitsrat vor einem bestimmten Datum, das noch festzulegen war, Bericht erstatten, ob der Irak seinen Verpflichtungen
nachgekommen war. Schließlich hielt der Entwurf fest, dass die
Inspektionen beendet würden und der Sicherheitsrat »andere Maßnahmen zur Lösung der Abrüstungsfrage in Betracht zöge«, sofern
er zu dem Schluss käme, dass der Irak die Forderungen nicht erfüllt und somit »den Inspektionsprozess nicht genutzt« habe. Diese
Klausel im Entwurf gab meiner Meinung Ausdruck, dass die Inspektionen für den Irak eine Chance darstellten, die ihm nicht endlos offenstand, und dass es dem Sicherheitsrat – nicht aber einzelnen
Mitgliedern – oblag, Alternativen zu den Inspektionen zu erwägen
und zu beschließen.

Die Forderung nach Zerstörung der Al-Samud-2-Raketen

Das Thema der Zerstörung von Raketen bezog ich deshalb in
meinen Entwurf ein, weil die UNMOVIC den Irak in allernächster
Zukunft auffordern wollte, über 100 Al-Samud-2-Raketen zu ver-

nichten. Eine von der UNMOVIC eingesetzte internationale Expertengruppe gelangte zu dem einhelligen Urteil, dass diese Raketen die vom Sicherheitsrat festgesetzte Reichweite von maximal 150 Kilometern überschritten, und wir hatten diese Frage in der Vorwoche mit unserem Kollegium von Fachkommissaren erörtert. Wie ich am 14. Februar im Sicherheitsrat erwähnt hatte, waren wir zum Schluss gelangt, dass dem Irak der Besitz dieser Waffen verboten war. Ich war mir jedoch nicht völlig sicher, ob die Iraker der Forderung nach einer derart massiven Zerstörung nachkommen würden. Hier hatten wir einen echten Prüfstein für die Bereitschaft des Irak, in einer substanziellen Abrüstungsfrage zu kooperieren, im Unterschied zur Zusammenarbeit in bloßen Verfahrensfragen, wie etwa dem unbeschränkten Zugang (zu Inspektionsstätten). In diesem Sinne passte das Thema sehr gut in eine Resolution über »Marksteine«.

Dass die irakischen Raketen die erlaubte Reichweite geringfügig überschritten, entrüstete mich nicht besonders. Viel mehr beunruhigte mich der Gedanke, dass der Irak womöglich Pläne für Raketen von sehr viel größerer Reichweite entwickelt hatte und dass wir diese – noch – nicht gefunden hatten. Nach einem Gespräch mit einem unserer externen Sachverständigen war ich überdies in Sorge, dass die Iraker, wie Indien, die Reichweite ihrer Al-Samud-2-Raketen erheblich vergrößern könnten, indem sie sie mit zwei statt nur einem Triebwerk ausrüsteten.

Ich glaubte, Berichte über die Zerstörung so vieler Raketen würden die Regierungen und die Weltöffentlichkeit beeindrucken und beweisen, dass die Inspektionen noch zu etwas anderem gut waren, als geringe Mengen Senfgas und ein paar übersehene leere Gefechtsköpfe für chemische Kampfstoffe zu finden. Tatsächlich sagte ich mir insgeheim, wenn der Krieg verhindert würde, weil die Inspektionen offensichtlich erfolgreich waren, dann wäre die Zerstörung der Raketen vielleicht deren bester Verwendungszweck gewesen. Diese Hoffnung wurde allerdings enttäuscht.

Im Rückblick kann ich festhalten, dass der Irak unserer Forderung nachkam, obgleich Saddam Hussein sie in einer ersten Reaktion in einem Fernsehinterview mit Dan Rather am 24. Februar ablehnte. Es war keine kleine Sache, diese Riesendinger zu zerstören. Die irakische Seite bat uns in Bagdad, keine Bilder von der Operation zu veröffentlichen, denn dies sei für sie ein schmerzlicher Vorgang. Kann sein, dass das zutraf. Sie waren sicherlich stolz darauf, dass es ihnen gelungen war, diese Raketen zu konstruieren und herzustellen, und empfanden es als entsprechend demütigend, als sie sie zerstören mussten. Diese Überlegung könnte verständlich machen, wieso der Irak 1991 biologische und chemische Waffen vernichtete, ohne dass Inspekteure anwesend waren. Vielleicht hätten sich die Iraker dadurch in ihrem Stolz verletzt gefühlt. Wir waren immer nur davon ausgegangen, dass einseitige Abrüstungsschritte ohne Beobachter den Irak in die Lage versetzten, heimlich ein paar Waffen auf die Seite zu schaffen. Bei der Zerstörung der Raketen waren unsere Inspekteure anwesend. Wir veröffentlichten keine Bilder davon.

Die Zerstörung stieß auf keine nennenswerte internationale Resonanz und die Haltung der US-Regierung dazu schien mir von einem gewissen Wankelmut geprägt. In einem Schreiben vom 3. Januar 2003 hatte mich John Wolf, der Verantwortliche für Atomwaffenkontrolle im US-Außenministerium, gedrängt, energisch gegen verbotene Güter vorzugehen, nämlich ihre Zerstörung anzuordnen und sie nicht bloß abzutransportieren oder funktionsuntüchtig machen zu lassen. Am 28. Februar sagte mir Condoleezza Rice am Telefon, sie befürchte, dass der Irak das Zerstörungsprogramm verschleppe. Am 5. März jedoch bezeichnete sie die Zerstörung, die in vollem Gange war, als bloßes Ablenkungsmanöver. Auf meine Frage, ob es ihr lieber gewesen wäre, wenn die Iraker der Aufforderung nicht Folge geleistet hätten, gab sie keine Antwort, und später kam mir der Gedanke, dass ihr eine Weigerung wohl in der Tat lieber gewesen wäre, da sie einen klaren Verstoß gegen die Resolution vom November 2002 dargestellt hätte.

Nach Condoleezza Rice' Kommentar ergriff ich zwei Tage später, am 7. März, im Sicherheitsrat die Gelegenheit, die Zerstörung als »substanzielle Abrüstungsmaßnahme« zu würdigen. »Hier werden nicht Zahnstocher zerbrochen, hier werden tödliche Waffen vernichtet.« Worauf Colin Powell entgegnete: »Ich weiß, dass es keine Zahnstocher sind, sondern echte Raketen. Aber das Problem ist, dass wir nicht wissen, wie viele Raketen und wie viele Zahnstocher es gibt. Wir wissen nicht, ob die Infrastruktur für die Raketenherstellung entdeckt und zerschlagen wurde.«

Insgesamt wurden etwa 70 Al-Samud-2-Raketen unter unserer Aufsicht zerstört; wir schätzten, dass die Iraker ungefähr 30 weitere Raketen dieses Typs besaßen. Aufgrund der irakischen Erklärungen und der Inspektionen vor Ort waren wir recht gut über die Infrastruktur im Bilde. Ich habe kaum einen Zweifel daran, dass die US-Regierung – die bereits Vorbereitungen für den Einmarsch im Irak traf – ein echtes Interesse an der Zerstörung dieser Raketen hatte und dass sie die Bedeutung dieser Operation nur deshalb herunterspielte, um ihr vorrangiges Ziel zu erreichen, nämlich den Irak so hinzustellen, als komme er seinen Abrüstungsverpflichtungen nicht nach.

Die nächsten Schritte auf dem Markstein-Weg

Einen Tag nach meiner Unterredung mit dem britischen UN-Botschafter Sir Jeremy Greenstock am 18. Februar speiste ich mit dem US-amerikanischen Vertreter im Sicherheitsrat, Negroponte, John Wolf vom US-Außenministerium und dem Leiter der Proliferationsbekämpfung im Nationalen Sicherheitsrat, Tobey, zu Mittag. Mein Stellvertreter Dimitri Perricos begleitete mich. Ich erläuterte den in meinem Papier unterbreiteten Ansatz, betonte, es sei nicht meine Aufgabe, den Sicherheitsrat zu drängen, sondern ich wolle ihn lediglich auf eine mögliche Verwendung des Cluster-Dokuments aufmerksam machen. Nach dem Mittagessen suchte mich John Wolf in meinem Büro auf, und ich ließ ihn den Entwurf des Cluster-Dokuments in seiner aktuellen Fassung durchblättern. Ich hatte das bestimmte Gefühl, dass er nicht begeistert war.

Die Idee von Marksteinen lag offenbar in der Luft, denn obgleich die *New York Times* meine Entwürfe kaum eingesehen haben konnte, brachte sie am 18. Februar einen Leitartikel, der die Forderung erhob, Präsident Bush solle mit dem Sicherheitsrat zusammenarbeiten und Washington müsse die von Bagdad erwarteten Maßnahmen formulieren, um einen Krieg abzuwenden – kurzum, Marksteine. Im Nachrichtenteil derselben Ausgabe der *New York Times* erschien ein Bericht, dem zufolge US-amerikanische und britische Regierungsvertreter hofften, eine Erklärung der Europäischen Union, die Gewaltanwendung gegen den Irak nicht ausschließe, könnte »in Verbindung mit möglichen entscheidungserheblichen Erklärungen von Hans Blix über die Kooperation des Irak (…) letztlich die Grundlage dafür liefern, dass die Mitglieder des Sicherheitsrats einschließlich Frankreichs die Gewaltanwendung befürworten«. Dann fuhr der Artikel mit den folgenden merkwürdigen Zeilen fort:

»Die US-Regierung erwartet, dass Hans Blix Anfang März bereit sein wird, die Kooperation des Irak negativer zu beurteilen, als er dies am Freitag vor dem Sicherheitsrat getan hat. Hohe Regierungsbeamte sagten, Herr Blix habe ihnen dies unter vier Augen signalisiert.
Die Vereinigten Staaten bedrängen den UNMOVIC-Chef, in den kommenden Wochen ›Marksteine‹ festzulegen, die den Irak auffordern, seine Verpflichtungen in wenigstens drei konkreten Bereichen zu erfüllen: die Erlaubnis, irakische Wissenschaftler ungehindert zu befragen, die Zerstörung verbotener Raketen und die Gewährung unbeschränkter Überflugrechte für Aufklärungsflugzeuge.«

Diese Zeilen konnten nicht von meinen Tischgästen stammen, denn sie erschienen am selben Tag, an dem ich mit ihnen zu Mittag aß, und ich hatte auch nichts verlauten lassen, was diesen Kommentar oder irgendeinen anderen Kommentar über künftige Bewertungen (der Kooperation des Irak) hätte rechtfertigen können! Vielleicht glaubten einige politische Drahtzieher in Washington, sie könnten mich auf diese Weise dazu bringen, dem Irak das nächste Mal ein schlechteres Zeugnis auszustellen. Doch die nächste Berichterstattung stand erst am 7. März an, und bis dahin waren es noch fast drei Wochen! Und wollte Washington wirklich die Idee von Marksteinen aufgreifen? Die Chancen standen gut, dass die Iraker die drei in dem Artikel erwähnten Forderungen erfüllen würden. Dies alles erschien ziemlich verwirrend und deutete darauf hin, dass es in der großen Hauptstadt Washington unterschiedliche Auffassungen gab.

Kanada versucht, einen Kompromiss zu finden

Ich war keineswegs der Einzige, der sich um einen Kompromiss bemühte. Bei einer Sitzung am 19. Februar, bei der alle Mitglieder der Vereinten Nationen ihren Standpunkt zur Irak-Frage darlegen konnten, unterstützte der kanadische UN-Botschafter Paul Heinbecker bis zu einem gewissen Grad den Standpunkt der Vereinigten Staaten, forderte aber die UNMOVIC auf, jene Aufgaben zu definieren, denen als Maßstab für die Einhaltung der irakischen Verpflichtungen eine besonders hohe Dringlichkeit zukomme. Dies lief auf die Festsetzung von »Marksteinen« hinaus. Er regte eine »kurze Frist« an – keine 120 Tage –, vor deren Ablauf der Irak Beweise dafür vorlegen müsse, dass er seinen Verpflichtungen nachgekommen sei. Ein solches Verfahren, so der kanadische Vertreter, würde dem Sicherheitsrat eine zuverlässige Handhabe für die Beurteilung der Frage liefern, ob der Irak seine Verpflichtungen erfülle.

Zum Schluss sagte er zwar, es liege nun an Saddam Hussein, die kurze noch verbleibende Zeit zu nutzen, aber er fügte zwei Bemerkungen hinzu, die die Haltung der Regierung in Ottawa, aber nicht derjenigen in Washington wiedergab; er brachte nämlich die Überzeugung zum Ausdruck, dass eine friedliche Lösung noch immer möglich sei und dass auf multilaterale Institutionen nicht verzichtet werden könne, um in einer immer enger verflochtenen Welt Sicherheit und Ordnung zu gewährleisten.

Ein Gespräch mit Tony Blair am 20. Februar

Am 20. Februar führte ich über das abhörsichere Telefon im Büro des britischen UN-Botschafters Greenstock ein langes Gespräch mit Premierminister Tony Blair. Der Premierminister sagte, mein Bericht vom 14. Februar habe die Amerikaner enttäuscht. Er habe ihr Vertrauen in den UN-Prozess erschüttert. Nun ja, dachte ich, ihr Vertrauen darauf, dass der UN-Prozess einen Freibrief für militärische Gewaltanwendung ausstellen würde, mochte erschüttert worden sein …

Die Amerikaner, fuhr Blair fort, würden zwar eine zweite Resolution des Sicherheitsrats anstreben, aber zugleich hielten sie eine solche für nicht unbedingt erforderlich. Es bestehe die Gefahr, dass die Vereinten Nationen marginalisiert und die internationale Gemeinschaft entzweit werde. Er wolle den Amerikanern eine Alternative anbieten, eine Art Ultimatum, das eine Frist für die Erfüllung einiger Abrüstungsaufgaben setzen und Saddam dazu verpflichten solle, aktiv zu kooperieren. Wenn diese Forderungen nicht erfüllt würden, stelle dies eine Verletzung der November-Resolution dar.

Dem Gespräch entnahm ich, dass Tony Blair sowohl der Ansicht war, Saddam könne einen Militärschlag nur noch durch einen eindeutigen Sinneswandel abwenden, als auch die Auffassung teilte, dass Saddam Marksteine auferlegt werden könnten, die seinen Sinneswandel glaubhaft machten. Blair sagte, wir müssten Kooperation definieren, vielleicht, indem wir Kategorien aufstellten, anhand deren sie beurteilt werden könne. Die Amerikaner beabsichtigten offenbar, Ende des Monats loszuschlagen.

Ich sagte, ich hielte es für eine gute Idee, eine Frist – ein Ultimatum – zu setzen. Schließlich fand sich dieser Vorschlag in meinen Papieren, die ich dem britischen Botschafter überreicht hatte. Uneingeschränkte Kooperation, sagte ich zu Tony Blair, könne durchaus definiert beziehungsweise anhand von aufgestellten Kategorien überprüft werden, wie er es gerade vorgeschlagen habe. Ich erwähnte Befragungen von Wissenschaftlern außerhalb des Irak, Nichtbehinderung von Überwachungsflügen mit U-2- und anderen Flugzeugen, Zerstörung der Al-Samud-2-Raketen. Außerdem erwähnte ich, dass die UNMOVIC kommende Woche einen Katalog der vom Irak geforderten Maßnahmen fertig stellen werde – das so genannte »Cluster-Dokument«. Ich fügte hinzu, die Iraker seien aktiver geworden. Ich würde von einem »Strom halber Versprechen« überschwemmt. Vielleicht breche im Irak doch allmählich Panik aus. Ich bräuchte mehr Zeit. Condoleezza Rice habe mir versichert, dass die Witterung in den Planungen der Amerikaner keine Rolle spiele. Der Standpunkt der amerikanischen Regierung sollte einen gewissen Spielraum für Kompromisse lassen. Diese mache zu viel Druck.

Tony Blair erwiderte, die Iraker hätten in der Erklärung vom 8. Dezember zeigen können, dass sich ihre Einstellung geändert habe, aber das hätten sie unterlassen. Die Vereinigten Staaten glaubten nicht daran, dass Saddam kooperieren werde. Er selbst ebenfalls nicht. Aber, so sagte er, wir müssten die Völkergemeinschaft zusammenhalten.

Ich bemerkte, ich hätte Colin Powell um eine Frist bis zum 15. April ersucht und er habe geantwortet, dies sei zu spät. Ich hielte es eher für zu früh. Tony Blair sagte, er werde die Frage des Ultimatums – einer Frist – weiterverfolgen und sich bemühen, mir möglichst viel Zeit zu erwirken. Es müsse möglich sein, die Kooperationsbereitschaft Saddams zu beurteilen. Ich erwiderte, die Kooperationsforderungen sollten dem entsprechen, was realistischerweise machbar sei. Damit meinte ich, dass die Iraker in der Lage sein sollten, die Marksteine auch wirklich zu erfüllen, sofern sie sich bemühten. Die zügige Zerstörung der Al-Samud-2-Raketen war ein gutes Beispiel dafür.

In dem Gespräch mit Tony Blair rührte ich auch an die Frage nach dem Stellenwert und der Zuverlässigkeit geheimdienstlicher Informationen. Ich sagte – wie schon zuvor zu Condoleezza Rice –, dass ich es zwar zu schätzen wisse, dass uns geheimdienstliche Informationen zur Verfügung gestellt würden, doch könne ich nicht umhin, darauf hinzuweisen, dass diese nicht besonders zuverlässig seien. Nur an drei Örtlichkeiten, die wir nach einschlägigen Tipps inspiziert hätten, hätten wir überhaupt etwas gefunden.

Ich persönlich würde vermuten, sagte ich, dass der Irak nach wie vor Massenvernichtungswaffen verstecke, aber ich bräuchte Beweise dafür. Vielleicht gebe es im Irak aber überhaupt nur noch eine geringe Zahl solcher Waffen. Blair entgegnete, selbst der französische und der deutsche Nachrichtendienst gingen davon aus, dass der Irak im Besitz solcher Waffen sei; übrigens auch die Ägypter. Worauf ich erwiderte, sie hegten aber doch offenbar Zweifel, etwa an der Existenz mobiler Produktionsstätten für biologische Waffen. Es wäre doch widersinnig und absurd, wenn 250 000 Mann im Irak einmarschieren würden, um kaum etwas zu finden. Blair antwortete, aus den Geheimdienstberichten gehe eindeutig hervor, dass Saddam sein Programm zur Herstellung von Massenvernichtungswaffen wieder aufgenommen habe. Blair verließ sich offensichtlich auf die Erkenntnisse der Geheimdienste, während mein Glaube an nachrichtendienstliche Informationen erschüttert war.

KAPITEL 9

In der Sackgasse

Am Freitag, dem 21. Februar, einen Tag nach meinem Gespräch mit Premierminister Tony Blair, rief Condoleezza Rice an, um sich kurz mit mir zu unterhalten. Sie habe gehört, sagte sie gleich am Anfang, ich hätte mich darüber geärgert, wie irreführend die Medien über unser Gespräch vom 11. Februar berichteten, unter anderem, dass sie mir »dringend geraten« habe, bestimmte Dinge zu sagen. Sie wolle mir mitteilen, dass sie sich ebenfalls geärgert habe. Ich hatte den Eindruck, dass sie es ehrlich meinte.

Inzwischen vermutete ich, dass ein bestimmter politischer Zirkel den Medien Informationen darüber zuspielte, was er von Condoleezza Rice hören wollte, ohne sich darum zu scheren, was sie tatsächlich sagte. Wenn das zutraf, wunderte es mich nicht, dass sie sich ärgerte. Offenbar war man damit beschäftigt, eine bestimmte virtuelle Realität zu erschaffen. Erst viel später kam mir in den Sinn, dass dies ein sehr kleines Stück virtueller Realität war, verglichen mit dem ebenso umfangreichen wie verhängnisvollen Gespinst, das auf höchster Ebene mit Aussagen über das angebliche irakische Waffenarsenal gesponnen wurde.

Ich dankte Condoleezza Rice für ihre klärenden Worte. Und um sie auf dem Laufenden zu halten, berichtete ich ihr anschließend von dem Brief, in dem wir den Irak soeben aufgefordert hatten, alle Al-Samud-2-Raketen zu zerstören.

Vielleicht war die Bemerkung, mit der Condoleezza Rice das Gespräch begonnen hatte, tatsächlich der Hauptzweck ihres Anrufs gewesen. Am Ende schärfte sie mir jedoch noch Folgendes ein: Über die Kooperationsbereitschaft der Iraker könnten wir zwar sicher sonst was sagen, aber gewiss nicht, sie sei »sofort« erfolgt. Mir wurde klar, dass sie nach Gründen suchte, um dem Irak eine Verletzung der Resolution 1441 nachzuweisen, die eine »sofortige« Kooperation forderte. Nun war dieses Argument berechtigt. Seit einigen

Wochen war die Kooperation der Iraker zwar wesentlich aktiver, ja sogar regelrecht hektisch geworden, aber »sofort« hatten sie wirklich nicht kooperiert. Ich sagte zu, diesen Punkt nicht zu vergessen, und habe ihn dann auch tatsächlich vorgebracht, als ich dem Sicherheitsrat am 7. März Bericht erstattete. Deutlicher als in diesem Gespräch hat Condoleezza Rice mir meines Wissens nie erklärt, was ich ihrer Meinung nach sagen solle, und ich hatte nicht das Gefühl, dass sie damit die mir zustehende Unabhängigkeit verletzte. Unsere Gespräche waren immer offen und ehrlich. Condoleezza Rice war aus einem akademischen Umfeld, wo empirisches Wissen, kritisches Denken und logische Argumente verlangt werden, in den Hexenkessel der Politik geraten, mit seiner Mischung aus emotionalen Appellen, Polemik, persönlichen Ambitionen, Medienmanagement und Imagepflege. Ich hatte immer den Eindruck, dass sie sich einen Rest jener unsentimentalen und rationalen akademischen Welt bewahrt hat, was mir die gemeinsamen Diskussionen erleichterte.

Am 24. Februar verbreiteten Großbritannien, die Vereinigten Staaten und Spanien einen Resolutionsentwurf »in Blau«, im UN-Jargon ein Entwurf, der keine Nummer erhält und noch nicht zur Abstimmung vorgelegt wird. Er machte geltend, der Irak habe es versäumt, den Forderungen von Resolution 1441 nachzukommen, da er nicht vollständig kooperiert habe und weil sein Dossier vom 8. Dezember falsche Angaben und Auslassungen enthalte. Dieses Versäumnis stelle eine Bedrohung des internationalen Friedens und der Sicherheit dar. Der maßgebliche Teil war kurz und wäre einem unbedarften Laien wohl nicht gerade unmaßgeblich vorgekommen. So sollte schlicht »beschlossen« werden, dass der Irak es versäumt habe, die letzte Gelegenheit zu nutzen, die die Resolution 1441 ihm geboten habe, und dass der Sicherheitsrat sich weiter mit der Angelegenheit »befassen« werde. Ein militärisches Einschreiten wurde nicht angekündigt. Es war wie eine Gerichtsverhandlung, in der man den Angeklagten schuldig spricht, ohne über das Strafmaß zu befinden – zumindest vorläufig.

Wie der britische UN-Botschafter Sir Jeremy Greenstock bei der Vorstellung des Papiers sagte, verlangten die beteiligten Regierungen auch kein sofortiges Urteil. Der Sicherheitsrat sollte die im Entwurf enthaltene Ansicht äußern, der Irak habe sich bislang zwar falsch verhalten, habe jedoch noch immer Zeit, seine Haltung zu überdenken und einen »Sinneswandel« zu demonstrieren. In Greenstocks sehr energisch vorgebrachtem Statement war die Rede von 8500 Litern Anthrax, 2100 Kilogramm eines Kulturmediums für Milzbrandbakterien, 1,5 Tonnen des Nervengases VX und 6500 chemischen Bomben; allerdings vermied es der britische Botschafter zu behaupten, dass diese Mengen existierten, sondern sagte stattdessen vernünftigerweise, wir wüssten nicht, was damit geschehen sei. Dem Irak wurde also nicht vorgeworfen, dass er diese Dinge besitze, sondern nur, dass er keine Rechenschaft darüber ablege, eine Nuance, die ich zu schätzen wusste.

Obwohl Tony Blair mir gesagt hatte, genau wie die Amerikaner glaube auch er nicht, dass die Iraker zur Zusammenarbeit bereit seien, wollte er wahrscheinlich mehr Geduld zeigen, als der US-Regierung lieb war. Eine Woche zuvor, am 18. Februar, hatte die *New York Times* berichtet, der Resolutionsentwurf werde sich »eindeutig« ausdrücken und dem Irak »ernsthafte Konsequenzen« androhen, eine Umschreibung für militärisches Eingreifen. Aus diesen Formulierungen war zu ersehen, wie ungeduldig die Vereinigten Staaten waren. Im selben Artikel wurde Präsident Bush mit der verächtlichen Bemerkung zitiert, er habe Saddam Hussein bereits eine »allerletzte, letzte letzte« Chance gegeben. Der von Großbritannien gemeinsam mit den USA und Spanien vorgelegte Text sprach jedoch von eben dieser Chance. Dass jeder Hinweis auf »ernsthafte Konsequenzen« fehlte, könnte taktische Gründe gehabt haben. Womöglich wurde befürchtet, dass ein solcher Sprachgebrauch die Kluft zwischen Großbritannien und den europäischen Kriegsgegnern vertieft hätte, statt die Opposition gegen eine militärische Intervention aufzuweichen.

Frankreich, Deutschland und Russland verzichteten darauf, ihren Standpunkt in Form eines Resolutionsentwurfs darzustellen. Stattdessen erklärten sie in einem ebenfalls am 24. Februar vorgelegten Memorandum an den Vorsitzenden des Sicherheitsrats, es sei vorrangig, eine vollständige und wirksame Abrüstung des Irak mit friedlichen Mitteln zu erreichen. Die Bedingungen für eine Gewaltanwendung seien nicht erfüllt. Es gebe zwar immer noch Verdachtsmomente, dass der Irak Massenvernichtungswaffen oder entsprechende Kapazitäten habe, doch seien die Inspektionen nun voll in Gang gekommen und verliefen ungestört.

Konkret wurde in dem Memorandum vorgeschlagen, die UNMOVIC und die IAEO sollten ihren Arbeitsplan schon am 1. März zur Genehmigung vorlegen, und nicht, wie geplant, bis zum 27. März. Er sollte eine Liste der zentralen Abrüstungsaufgaben in der Reihenfolge ihrer Priorität enthalten und klar festlegen, was vom Irak verlangt wurde. Falls der Irak die Inspektionen behinderte oder seinen Verpflichtungen nicht nachkam, sollten die Inspekteure unverzüglich den Sicherheitsrat informieren. Regelmäßig Bericht erstattet werden sollte alle drei Wochen; nach 120 Tagen würde eine Bewertung der erzielten Fortschritte vorgelegt werden.

Während der Resolutionsentwurf von Großbritannien, den Vereinigten Staaten und Spanien auf der »ungeduldigen« Resolution vom November 2002 basierte, stand das Memorandum von Deutschland, Frankreich und Russland weitgehend im Einklang mit der »geduldigeren« Resolution vom Dezember 1999. Es trat energisch dafür ein, den Inspekteuren die nötige Zeit und die erforderlichen Ressourcen zur Verfügung zu stellen. Allerdings fehlte auch nicht der deutliche Hinweis, die Inspektionen könnten »nicht unbegrenzt fortgesetzt werden«.

24. Februar: Krach im UNMOVIC-Kollegium von Fachkommissaren

Am 23. und 24. Februar kam unser Kollegium von Fachkommissaren zu einem seiner regelmäßigen Treffen zusammen, um über den Quartalsbericht zu diskutieren, der dem Sicherheitsrat am 1. März vorgelegt werden musste, und um sich auf den neuesten Stand zu bringen. Die normalerweise ruhige Expertenrunde wurde zum Schauplatz ziemlich hitziger Auseinandersetzungen, vor allem zwischen John Wolf, dem US-Verantwortlichen für Atomwaffenkontrolle, und mir. Es ging dabei um die Rolle und den Inhalt des Cluster-Dokuments. Da diese Besprechungen informell und vertraulich waren, war die Diskussion offen und ungezwungen.

Der Entwurf für den Quartalsbericht an den Sicherheitsrat war ein ziemlich detailliertes Kompendium der Arbeit, die die UNMOVIC vom 1. Dezember 2002 bis zum 28. Februar 2003 im Irak geleistet hatte. Angesprochen wurde auch die allgemeinere – und politisch brisante – Frage, ob der Irak »sofort, bedingungslos und aktiv« mit uns zusammengearbeitet habe. In dem von Großbritannien, den USA und Spanien vorgelegten Resolutionsentwurf war sie negativ beantwortet worden; die Einschätzung unserer Kommission war nuancierter, wie schon mein Bericht vor dem Sicherheitsrat am 14. Februar. Es hieß, von kleineren Reibereien abgesehen, habe sich der Irak im »organisatorischen« Bereich hilfreich verhalten. Bei der »Umsetzung« allerdings, schrieben wir, hätte man größere Anstrengungen unternehmen können, verbotene Güter zu finden oder glaubhafte Beweise dafür vorzulegen, dass sie nicht vorhanden seien. Daher hielten sich die Fortschritte hinsichtlich der Abrüstung in Grenzen. Wir fügten hinzu, es sei schwer zu verstehen, weshalb eine Reihe der Maßnahmen, die Bagdad nun unternommen habe, nicht früher eingeleitet worden sei. Wäre das geschehen, hätten sie inzwischen vielleicht bereits Früchte getragen. So mussten wir feststellen:

»Der Irak hat erst seit Mitte Januar eine Reihe von Schritten unternommen, die die Zerstörung verbotener Güter nach sich ziehen oder wichtige Beweise für die Aufklärung ungelöster Abrüstungsfragen erbringen könnten.«

Auch das Cluster-Dokument, das dem Kollegium zur Begutachtung vorlag, wurde in unserem Quartalsbericht an den Sicherheitsrat erläutert. Es diene, hieß es, als Grundlage für die Bestimmung

»zentraler verbleibender Abrüstungsaufgaben« und setze mit den einzelnen Rubriken zugleich Maßstäbe – oder anders gesagt »Marksteine« –, um die irakischen Abrüstungsbemühungen zu beurteilen.

Zu diesem Zeitpunkt wussten die Mitglieder des Sicherheitsrats bereits von der Existenz des Cluster-Dokuments, ohne aber seinen Inhalt zu kennen. Deutschland und Russland drängten darauf, es zu veröffentlichen, um zu demonstrieren, dass man dem Irak konkrete Forderungen stellen könnte, statt vage eine »strategische Entscheidung« oder einen Sinneswandel zu verlangen. Auch die Vereinigten Staaten und Großbritannien hatten keine Einwände gegen die Freigabe des vorläufig noch internen Dokuments. Wie sich später herausstellte, erhielten die Außenminister dieser beiden Länder vorab Kopien des noch nicht freigegebenen Entwurfs, vermutlich durch das amerikanische und das britische Mitglied unseres Kollegiums.

Die Außenminister Deutschlands und Frankreichs, die sehr an der Verwendung des Dokuments interessiert waren, aber keine Möglichkeit hatten, es sich so schnell zu beschaffen, erhielten erst bei der Sitzung des Sicherheitsrats am 7. März Ausfertigungen des endgültigen Textes. Sie konnten es also nicht verwenden, um darzulegen, wie konkrete »Marksteine« auszusehen hätten. Im Gegensatz dazu waren ihre Kollegen aus den USA und Großbritannien in der Lage, das Konvolut ausgiebig – und präventiv – einzusetzen, um zu demonstrieren, wie unzuverlässig die Erklärungen und das Verhalten des Irak bisher gewesen seien. Colin Powell begrüßte den Text, weil er die »strategische Haltung« des Irak beweise, »zu verschleppen und zu täuschen«. Jack Straw erklärte am 7. März, er habe auf dem Flug nach New York sämtliche 167 Seiten gelesen und sie als beängstigende Lektüre empfunden. Er hielt sein an vielen Stellen angestrichenes Exemplar in die Höhe und lobte die gewissenhafte Arbeit.

Das Cluster-Dokument enthielt eine aktuelle Analyse aller uns bekannten Fakten über das irakische Waffenarsenal. Als Ausgangspunkt hatten uns die 1999 von der UNSCOM erstellten Berichte gedient, aber es waren auch neuere Erkenntnisse einbezogen worden, die wir zum Beispiel vom Irak vorgelegten Dokumenten, Satellitenaufnahmen und nicht zuletzt unseren eigenen Inspektionen verdankten. Verbotene Waffen waren in einzelne Kategorien eingeteilt, worin offene Fragen zu Themenbereichen zusammengefasst wurden. In jedem Fall war angegeben, was der Irak tun konnte, um das entsprechende Problem zu lösen. Falls relevant, begann die Liste der nötigen Schritte damit, dass alle vorhandenen Waffen oder sonstigen verbotenen Güter offen gelegt werden sollten.

Nach der Diskussion im Kollegium stimmten dessen Mitglieder zu, ihre mündlichen Kommentare bis Montag, den 3. März, mit schriftlichen Stellungnahmen zu ergänzen und uns dabei ihre Einschätzung mitzuteilen, welche der verbotenen Güter im Vordergrund stehen sollten. Aufgrund dieser Empfehlungen unserer Fachkommissare konnten wir dann dem Sicherheitsrat unsere Auswahl »zentraler verbleibender Abrüstungsaufgaben« vorlegen, die von manchen Ratsmitgliedern rasch gefordert wurde, um die erwähnten »Marksteine« zu bestimmen.

John Wolfs Probleme mit dem Cluster-Dokument bezogen sich weniger auf das, was es enthielt und analysierte, als auf das, was es nicht enthielt, sowie auf die Frage, welche Bedeutung ihm zu diesem Zeitpunkt zukam. Nach Wolfs Auffassung hatte die Resolution 1441 vom November 2002 eine sofortige Abrüstung – eigentlich eine sofortige Kooperation – verlangt, was eine »strategische Entscheidung« erfordert hätte. Wir bräuchten eine Bewertung der Vorgänge, sagte Wolf, während das Konvolut nur eine lesbare historische Zusammenfassung der irakischen Täuschungspolitik darstelle. Außerdem seien den Jahren nach 1998 nur wenige Seiten gewidmet. Was die Iraker denn seither getan hätten? Auch auf die Frage der unbemannten Luftfahrzeuge oder Drohnen, die Colin Powell angesprochen habe, werde nicht genügend eingegangen. Alles in allem sei bei den Irakern keinerlei Sinneswandel erkennbar, und auf nichts anderes komme es an.

Ich hatte das Gefühl, dass Wolf – und vermutlich auch die US-Regierung – damit das Verfahren über Bord warf, das wir mit Billigung des Sicherheitsrats jahrelang angewendet hatten. Obwohl Wolf unter anderem auf die Frage der Drohnen verwiesen hatte, vertrat er eindeutig die Ansicht, dass einzelne Abrüstungsfragen nur noch von bestenfalls sekundärem Interesse seien. Ich war verblüfft, dass er keinerlei Brücke zum Konzept der »Marksteine« schlug, an dem die Briten mit amerikanischem Wissen arbeiteten. Ohne entsprechende Anweisungen aus Washington hätte John Wolf sich wohl kaum so kategorisch ausgedrückt. Dennoch wäre etwas mehr Höflichkeit im Tonfall durchaus angebracht gewesen. Auch die anderen Mitglieder des Kollegiums waren über seine Geringschätzung schockiert und bestürzt. Ich versuchte erst gar nicht, meine Entrüstung zu verbergen. Schließlich hatten wir beharrlich über einen langen Zeitraum hinweg eine Linie verfolgt, die der Sicherheitsrat wie auch die US-Regierung in jeder Hinsicht unterstützt hatten. Nun sah es so aus, als wollte eben diese Regierung diesen Kurs ganz und gar aufgeben. Na schön. Aber war es fair, damit eine Kritik zu verbinden, die unsere Arbeit als irrelevant und unzulänglich charakterisierte?

Die erregte Auseinandersetzung war das eine, die konkreten Fragen, die Wolf bezüglich der Zeit nach 1998 und der Drohnen aufgeworfen hatte, das andere. Die fast vier Jahre seit Ende 1998, in denen sich im Irak keine Inspekteure aufgehalten hatten, stellten tatsächlich ein Problem dar. Über diesen Zeitraum hatten wir nur wenige handfeste Informationen, einmal abgesehen von Satellitenaufnahmen, auf denen verschiedene umgebaute und neue Gebäude zu sehen waren. Die meisten dieser Anlagen hatten wir zwar bei unseren Inspektionen untersucht, ohne etwas Verbotenes zu finden, aber hier galt zugegebenermaßen der schöne englische Spruch: »You don't know what you don't know.«

Wie die anderen Mitglieder des Kollegiums ließ John Wolf seinem mündlichen Kommentar ein Schreiben folgen. Er hielt fest, das Cluster-Dokument sei eine ausgezeichnete Zusammenfassung der am Ende der UNSCOM-Periode ungelösten Fragen, ergänzt durch neueres Material. Hingegen stelle es keine adäquate Grundlage dar, um die Gesamtheit der ungelösten Fragen zu klären, wie es die Resolution 1441 fordere. »Sekundäre Quellen« wie irakische Dokumente oder Expertenbefragungen vor Ort könnten keine hinreichende Sicherheit bieten. Im Anschluss daran hieß es:

»Ein echter ›dramatischer Sinneswandel‹ hätte erfordert, dass der Irak offen und ohne äußeren Druck zugibt, Massenvernichtungswaffen und Programme zu deren Herstellung zu besitzen. Er hätte bedeutet, dass der Irak die Inspekteure freiwillig zu den geheimen Stätten bringt. Der Irak hätte die Anlagen vorgeführt, in denen die Produktion stattgefunden hat oder noch stattfindet; der Irak hätte Auskunft über das Netzwerk gegeben, über das er sich illegale Güter verschafft ... Dies hat der Irak nicht getan und tut es auch jetzt nicht. Der Versuch, eine Reihe von Marksteinen oder Aufgaben zu bestimmen, wird die in der Resolution 1441 geforderte vollständige Abrüstung höchstens verwässern.«

Beim Lesen dieser Formulierungen verstand ich sie wie folgt: Es gibt nun einmal Hexen; ihr habt die Aufgabe, mit ihnen fertig zu werden; sich Methoden auszudenken, um festzustellen, dass es Hexen gibt, ist nur eine Verwässerung der Hexenjagd.

Am 2. März war in der *New York Times* zu lesen gewesen, gewisse Kreise in Washington seien enttäuscht, dass ich ihrem Anliegen im Sicherheitsrat nicht dienlich sei. Derselbe Artikel enthielt einige interessante Hinweise, wie diese Kreise zur Frage der »Marksteine« standen. So wurde – irrtümlich – behauptet, es habe darüber ausführliche Diskussionen zwischen der US-Regierung und mir gegeben, während die US-Amerikaner in Wirklichkeit mit den Briten verhandelt hatten. Konkret war zu lesen:

»Manche Regierungsvertreter gaben der Hoffnung Ausdruck, diese Maßnahme werde doch noch Licht in die wiederholte Weigerung des Irak bringen, abzurüsten. Anderen wäre es lieber gewesen, das Konzept der ›Marksteine‹ wäre nie aufs Tapet gekommen. ›Diese Marksteine lenken nämlich von der

entscheidenden Frage ab, ob Saddam Hussein seinen Verpflichtungen nachkommt oder nicht‹, war von einem Vertreter
des Außenministeriums zu hören.«

Genau diese Haltung brachte John Wolf in seinem Brief ganz offenkundig zum Ausdruck. Ich las sein Schreiben einen Tag nachdem
der Artikel erschienen war.

Seinen allgemeinen Bemerkungen fügte John Wolf einige Kommentare zu Einzelfragen an, die im Cluster-Dokument angesprochen wurden. So hielt er fest, er vermisse Informationen, die uns die
amerikanische Regierung über die Herstellung biologischer Waffen nach 1996 »überlassen« habe. Vor allem ging es ihm dabei um
das angebliche Vorhandensein mobiler Waffenlabors. »Wir haben
Ihnen Informationen geliefert«, schrieb er, »dass der Irak solche
mobilen Anlagen nicht nur besitzt, sondern auch in letzter Zeit
Kampfstoffe hergestellt hat.« Auch was die Frage chemischer Waffen betreffe, habe unser Bericht sich nicht auf uns »überlassene
Informationen berufen, welche die Fortsetzung eines Programms
nach dem Golfkrieg« bewiesen.

Ich bezweifle keineswegs, dass John Wolf von den amerikanischen Geheimdiensterkenntnissen überzeugt war, die man uns
freundlicherweise »überlassen« hatte. Bei unseren Inspektionen
haben wir auch versucht, solche Erkenntnisse zu verifizieren. Allerdings waren wir nicht bereit, Behauptungen von Geheimdiensten
als unsere eigenen Erkenntnisse darzustellen, wenn wir keine glaubhaften Beweise dafür fanden. Zum Beispiel hatten mehrere Geheimdienste behauptet, es gebe mobile Labors zur Herstellung biologischer Kampfstoffe. Wir nahmen das ernst, suchten nach solchen
Labors und überprüften verschiedene Örtlichkeiten, an denen es
Möglichkeiten gegeben hätte, sie an die Wasser- und Stromversor-
gung anzuschließen. Ohne irgendwelche Beweise zu finden, konnten wir ihr Vorhandensein jedoch nicht bestätigten, wie es John
Wolf offenbar von uns erwartete. Die Behauptung, bei einer Reihe
von Lastwagen, die erst viele Monate nach Beginn der Besatzungs-
zeit entdeckt wurden, habe es sich um die berühmten Biolabors

gehandelt, ist als »peinlich« bezeichnet worden. Alles in allem hat man uns meines Wissens keine einzige Geheimdienstinformation »überlassen«, die von glaubhaften Indizien untermauert worden wäre.

Condoleezza Rice am 28. Februar und 5. März: Am Scheideweg

Als Condoleezza Rice mich am 28. Februar anrief, ging es nicht um die »Marksteine«. Dieses Thema hatte sie offenbar John Wolf überlassen, und der hatte sich energisch dagegen ausgesprochen. Sie wollte mir vielmehr ihre Besorgnis mitteilen, der Irak könnte versuchen, menschliche Schutzschilde zu benutzen, vor allem Bürger der Vereinigten Staaten und Großbritanniens. Je näher wir der Abstimmung über eine neue Resolution kämen, desto größer werde womöglich das Risiko. Ich erwiderte, falls der von Großbritannien, den USA und Spanien vorgelegte Resolutionsentwurf auf einen Abbruch der Inspektionen hinziele – im zirkulierten Text ging es nur um die Entscheidung, dass der Irak es versäumt habe, die »letzte Gelegenheit« zu ergreifen –, sollte er vielleicht eine Klausel über den Rückzug der Inspekteure enthalten. Ich trüge nur die organisatorische Verantwortung, politisch verantwortlich sei der Sicherheitsrat.

Rice sagte, so weit seien wir noch nicht, man käme allerdings bald an einen Scheideweg. Die Resolution 1441 habe eine sofortige, bedingungslose und aktive Kooperation gefordert, doch der Irak habe die Gelegenheit dazu versäumt. Ich warf ein, in dem Quartalsbericht, den unser Kollegium gerade diskutiert hatte, werde stehen, dass die Iraker die Dinge früher hätten in die Hand nehmen können. Inzwischen gäben sie sich jedoch viel Mühe, und bis zu dem Tag, an dem ich dem Sicherheitsrat den Bericht vorlegen würde, gebe es eventuell mehr zu sagen, zum Beispiel über die Zerstörung der Al-Samud-2-Raketen. Sie mache sich Sorgen, erwiderte Ms. Rice, dass der Irak die Zerstörung der Raketen verschleppen könnte, aber selbst wenn alle verschrottet würden, wäre das womöglich nur die

Spitze eines Eisbergs. Wir waren uns darüber einig, dass es im Interesse des Irak lag, unverzüglich mit der Zerstörung zu beginnen und sie ohne Verzögerungen durchzuführen.

Im weiteren Verlauf des Telefonats sprach Rice von der Schwierigkeit, eine ganze Armee in Kampfbereitschaft zu halten. Außerdem war sie offenkundig besorgt, ich könnte dem Sicherheitsrat den genauen Zeitraum nennen, den die UNMOVIC für ihre Inspektionen brauchte. In dieser Hinsicht waren ihre Sorgen unbegründet. Wie hätte ich ehrlich sagen können, wie viel Zeit es erfordern würde, die restlichen Abrüstungsfragen zu lösen? So sagte ich zu ihr, ich würde dem Sicherheitsrat erklären, dass es bei reibungsloser Zusammenarbeit mit den Irakern weder Jahre noch Wochen, sondern Monate dauern würde, um Ergebnisse zu erzielen. Später habe ich mich genauso geäußert.

Am 5. März rief Condoleezza Rice mich noch einmal an. Wieder äußerte sie ihre Sorge um die Sicherheit der amerikanischen und britischen Inspekteure, die bei einem bewaffneten Konflikt eventuell besonders gefährdet seien. Der britische UN-Botschafter Greenstock hatte zwei Tage zuvor dasselbe Argument vorgebracht, und ich hatte erwidert, bestimmte Inspekteure abzuberufen, während man sich intensiv um einen friedlichen Ausweg bemühe, würde den Anschein erwecken, man halte einen Krieg bereits für unvermeidlich. Ich sagte, alle Inspekteure seien UN-Mitarbeiter und wir könnten sie nicht unterschiedlich behandeln.

Wenige Tage später erfuhren wir, dass einigen US-Amerikanern, die wir als neue Inspekteure eingestellt und ausgebildet hatten und die nach Bagdad fliegen sollten, von ihrer Regierung davon abgeraten worden war. Von uns aus haben wir keinem UN-Mitarbeiter geraten, wegen seiner Nationalität Bagdad zu verlassen. Am Ende wurden alle ausgeflogen – mit aktiver Unterstützung der Iraker. Wir haben aber auch keinen unserer Mitarbeiter daran gehindert, Bagdad schon vor Ablauf seines Vertrags zu verlassen. Einige wenige haben diesen Weg gewählt, während andere unserer amerikanischen und britischen Mitarbeiter darauf bestanden, gegen den Rat ihrer Regierung nach Bagdad zu gehen oder dort zu bleiben.

Das Hauptanliegen von Condoleezza Rice am 5. März war jedoch ein anderes. Sie wollte mir sagen, dass ich hoffentlich die in der Resolution 1441 enthaltenen Begriffe »sofortig, aktiv und bedingungslos« als Maßstab für das Verhalten der Iraker anlegte. Ich sagte, diese Formulierungen bezögen sich auf die Kooperationsbereitschaft der Iraker, nicht auf die Abrüstung, denn so etwas könne nie sofort stattfinden. Außerdem würde ich mich nicht nur auf die Resolution 1441 beziehen, sondern auch auf die Resolution 1284, in deren Rahmen mein Quartalsbericht und das Cluster-Dokument gehörten. Diesmal endete unser Gespräch mit meiner Bemerkung, ein US-General habe erklärt, das amerikanische Ziel im Irak sei Abrüstung, nicht die Beseitigung von Saddam. Ob die US-Regierung denn wisse, wo sich die Massenvernichtungswaffen befänden? Nein, erwiderte Condoleezza Rice, aber nach der Befreiung des Landes würden diese Informationen bei Befragungen der entsprechenden Leute schon ans Licht kommen. Für mich klang das in gutem Glauben gesagt. Ich sagte bloß, es sei seltsam, dass wir keinerlei Hinweise erhalten hätten, die uns zu Lagern von Massenvernichtungswaffen geführt hätten.

Seit meinem Gespräch mit Colin Powell am 16. Februar hatte sich die Lage in Washington erheblich verändert. War es das britische Interesse am Konzept der »Marksteine« gewesen, das die Vereinigten Staaten dazu gebracht hatte, sich einer neuen Strategie zuzuwenden? Jedenfalls wurde mir klar, dass die US-Regierung es inzwischen für die einfachste Lösung hielt, zu erklären, der Irak habe sich nicht so kooperativ gezeigt wie notwendig. Offenbar glaubte man, durch die »Marksteine« in etwas hineingezogen zu werden, was zu viel Zeit in Anspruch nehmen würde. Ich fragte mich nur, wie die Gespräche mit den Briten verlaufen waren, die sich alle Mühe gaben, dieses Konzept weiterzuverfolgen, und sich auch durch die negative Haltung der Vereinigten Staaten nicht davon abbringen ließen.

Intensive diplomatische Bemühungen vor der Sitzung des Sicherheitsrats am 7. März

Mit jedem Tag schienen die USA entschlossener, den Weg der Inspektionen zu verlassen. Rund um den Irak war eine Invasionsstreitmacht von etwa 250 000 Soldaten aufmarschiert, und das einzige größere Hindernis, das einen Einmarsch noch verzögern konnte, war offenbar die Weigerung der Türkei, den amerikanischen Truppen eine Durchmarschgenehmigung zu erteilen. Obwohl man der Türkei Milliarden für diese Genehmigung geboten hatte und die türkische Regierung sie befürwortete, verweigerte das Parlament die Zustimmung. Es war einigermaßen paradox zu hören, wie manche US-Politiker über die zukünftigen Segnungen der Demokratie für den Irak sprachen, wo sie doch kaum Verständnis für die Bedenken des demokratisch gewählten türkischen Parlaments aufbrachten.

So sehr die Vereinigten Staaten zum Einmarsch entschlossen waren, so entschieden vertraten Frankreich, Deutschland und Russland eine Weiterführung der Inspektionen. Als die Außenminister dieser drei Länder am 5. März in Paris zusammenkamen, erklärten sie, eine Abrüstung des Irak durch Inspektionen sei möglich, und diese Inspektionen lieferten »immer ermutigendere Ergebnisse«. Allerdings könnten sie »nicht endlos fortgesetzt werden«. Ansonsten schien die Erklärung auf das Konzept der »Marksteine« hinauszulaufen: Die UNMOVIC sollte unverzüglich einen Arbeitsplan vorlegen, in dem die anstehenden Fragen präzisiert, hierarchisch gegliedert und jeweils mit einem detaillierten Zeitplan verbunden wurden. Durch regelmäßige Zwischenberichte sollte der Sicherheitsrat in der Lage sein, die Ergebnisse begutachten zu können.

Inzwischen spekulierte man bereits, ob eine Resolution, die dem Irak eine Zuwiderhandlung gegen Resolution 1441 vorwarf, die erforderlichen neun Stimmen erhalten könne. Deshalb bemühten sich die im Rat vertretenen großen Wirtschaftsmächte intensiv um Angola, Kamerun, Chile, Guinea, Mexiko und Pakistan. Medienberichten zufolge wurde auf diese Länder ein starker ökonomischer und diplomatischer Druck ausgeübt. Sogar von Lauschangriffen auf ihre UN-Vertretungen in New York war die Rede. Bulgarien sollte der vorteilhafte ökonomische Status einer »Marktwirtschaft« zugebilligt werden, während man Chile mit einer Verzögerung seines Freihandelsabkommens mit den USA drohte. Unter anderem wurde daran erinnert, wie die Vereinigten Staaten dem Jemen ihre jährliche Wirtschaftshilfe von 24 Millionen Dollar entzogen hatten, als sich das Land geweigert hatte, die Resolution zur Billigung des ersten Golfkriegs zu unterstützen. Amerikanische Diplomaten hatten dem jemenitischen Botschafter damals erklärt, er habe gerade die teuerste Stimme seines Lebens abgegeben.

Der Punkt der Pariser Erklärung, der am meisten Aufmerksamkeit auf sich zog, war die Versicherung der drei Länder, sie würden »keinen Resolutionsentwurf mit einer Genehmigung zur Gewaltanwendung passieren lassen«. Ohne demonstrativ ein Veto anzukündigen, hieß es, dass »Russland und Frankreich als Ständige Mitglieder des Sicherheitsrates ihre volle Verantwortung wahrnehmen« würden. Da nur diese beiden Länder, nicht jedoch Deutschland, ein Vetorecht haben, war die Anspielung eindeutig.

Am selben Tag erklärte Colin Powell im russischen Fernsehen, er sei zwar skeptisch, aber es gebe noch immer die Chance für eine friedliche Lösung, falls Saddam alles tue, wozu er aufgefordert würde. Dazu gehöre die »strategische Entscheidung«, freiwillig abzurüsten. Momentan erfüllten die Iraker nur das Minimum, um den auf sie ausgeübten Druck abzuschwächen. Die Vereinigten Staaten würden den Bericht der Inspekteure am 7. März abwarten und dann gemeinsam mit ihren Partnern entscheiden, ob man auf eine Abstimmung über eine neue Resolution dringen wolle. In der Londoner *Times* wurde Powell mit der Bemerkung zitiert, die Verschrottung der Raketen sei nur ein Täuschungsmanöver. In Wirklichkeit habe der Irak schon Anfang Februar damit begonnen, heikles Material alle zwölf bis vierzehn Stunden an neue Standorte zu verlegen. Ob es sich bei diesem Material um Massenvernichtungswaffen handelte oder um konventionelle Waffen, die man wegen des drohenden Kriegs verlagerte, wurde nicht erklärt. Einem Reuters-

Bericht zufolge verfügten die USA und Großbritannien noch nicht über die erforderlichen neun Stimmen im Sicherheitsrat, weshalb Großbritannien nach Möglichkeiten suchte, den Resolutionsentwurf so zu modifizieren, sodass er mehr Zustimmung fand.

Dies war das politische Klima, während die Sitzung des Sicherheitsrates näher rückte.

Am 6. März, einen Tag vor der Sitzung, hatte sich eine Delegation der Arabischen Liga bei UN-Generalsekretär Kofi Annan und meinem Kollegen Mohammed el Baradei angekündigt. Ich wurde dazugebeten. Die Vertreter der Delegation wollten nach Bagdad reisen und vorher unsere Ansicht hören. Kofi erläuterte die Lage mit gewohnter Klarheit. Es gebe verschiedene Möglichkeiten, sagte er: den von den Vereinigten Staaten, Großbritannien und Spanien vorgebrachten Resolutionsentwurf, der dem Irak eine Verletzung seiner Pflichten vorwarf; den von Frankreich, Deutschland und Russland vertretenen Kurs, wichtige Abrüstungsaufgaben zu definieren, häufige Berichte der Inspekteure zu verlangen und die Lage nach 120 Tagen zu bewerten; und schließlich den kanadischen Vorschlag, zentrale Aufgaben als »Marksteine« zu setzen und den Termin für die irakische Mitwirkung bereits auf Ende März zu legen.

Die Iraker müssten sich entgegenkommend verhalten, sagte Kofi Annan, einen Sinneswandel zeigen und beispielsweise Befragungen von Wissenschaftlern außerhalb des Irak zustimmen. Ich war derselben Meinung und fügte hinzu, Saddam könne die »strategische Entscheidung«, die von ihm gefordert wurde, ja in einer Rede präsentieren. Mohammed el Baradei wiederum bemerkte, es habe eine vierjährige Lücke gegeben und seither seien die Inspektionen gerade erst wieder seit vier Monaten in Gang. Ein »Sinneswandel« sei ein subjektives Kriterium, eine Identifikation der »zentralen verbleibenden Abrüstungsaufgaben« hingegen ein objektives. Aus der Sicht der USA werde die Zeit knapp. Saddam ignoriere dies und bezeichne die Inspekteure als Spione.

Freitag, 7. März:
Sitzung des UN-Sicherheitsrats auf Ministerialebene.
Berichte von Mohammed el Baradei und mir.

Ein langer Tag

Am Donnerstag hatte ich mit meinen Mitarbeitern bis elf Uhr abends im Büro gesessen, um der Rede, mit der ich dem Sicherheitsrat den zwölften Bericht der UNMOVIC vorstellen wollte, den letzten Schliff zu geben. Inzwischen war ich zu einer empfindlichen Schachfigur geworden, deren Bewegung des Schutzes bedurfte – nicht zuletzt vor den Medienvertretern, die mir überall auflauerten. Am Morgen des 7. März wurde ich mit Eric Brownwell, dem netten Leibwächter, den mir die UNO zur Verfügung gestellt hatten, in die Tiefgarage des UN-Gebäudes gefahren. Dort gingen wir an Mülltonnen und Containern vorbei zu Aufzugtüren, die ich noch nie gesehen hatte. Es wartete sogar ein Aufzug auf uns! Doch kaum im 31. Stock angekommen, war es mit der Ruhe vorbei. Der Flur war voller Journalisten und Kameraleuten, die allerdings weniger auf mich als auf den deutschen Außenminister Joschka Fischer warteten, der uns vor der Sitzung einen Höflichkeitsbesuch abstatten wollte. Mohammed el Baradei saß schon in meinem Büro, und wir hatten ein kurzes Gespräch zu dritt, während die Kameras summten und klickten. Mohammeds Frage, ob ich in meiner Rede sagen würde, dass die Inspektionen in vollem Gange seien und Ergebnisse liefern könnten, konnte ich bejahen.

Zusammen mit Mohammed fuhr ich in den 38. Stock zum Büro des Generalsekretärs, dann ging es mit Kofi Annan hinunter in den überfüllten Sitzungssaal des Sicherheitsrats. Den Vorsitz führte der Außenminister Guineas in einem farbenprächtigen afrikanischen Gewand. Die meisten Länder waren mit ihren Außenministern vertreten, darunter Colin Powell, Jack Straw, Igor Iwanow, Dominique de Villepin, Joschka Fischer … Fernsehkameras und Rundfunkmikrofone standen bereit, um die Reden in die ganze Welt zu übertragen. Mohammed und ich wurden aufgefordert, am Tisch Platz zu nehmen, dann bat man mich, als Erster zu sprechen.

Meine Rede war nicht sehr lang. Einerseits hatte ich schon oft genug vor dem Sicherheitsrat gesprochen, andererseits stellte ich offiziell den UNMOVIC-Quartalsbericht vor, der den Mitgliedern bereits vorlag; er fasste unsere Arbeit vom 1. Dezember bis zum 28. Februar zusammen. Unter anderem musste ich den Bericht mit Informationen darüber ergänzen, was seit seiner Erstellung geschehen war.

Später berichteten mir Freunde in Washington, was die US-amerikanische Regierung in meiner Rede hatte hören wollen – und vermisste: eine allgemeine Verurteilung der mangelnden irakischen Kooperationsbereitschaft. Inzwischen war die Lage jedoch wesentlich komplexer als bei meinem Bericht am 27. Januar. Amerikanische U-2-Jets und französische Mirages führten für die UNMOVIC Überwachungsflüge über dem Irak durch, russische Jets und deutsche Drohnen waren bereits angekündigt. Abgesehen davon gab es weiterhin einen enttäuschenden Mangel an handfesten Beweisen, was ich mit den folgenden Worten bedauerte: »Werden verbotene Güter für unauffindbar gehalten, dann braucht man in erster Linie glaubwürdige Berichte – oder die verbotenen Güter selbst, wenn sie denn tatsächlich existieren.« Ich erläuterte, wie wir versucht hatten, uns Klarheit über die angebliche Existenz mobiler Waffenlabors zu verschaffen, und wie unsere Suche nach ferngesteuerten Flugzeugen verlief. Besonders hob ich die Zerstörung der Al-Samud-2-Raketen hervor. Als Antwort auf die abwertenden Kommentare zu dieser Operation sagte ich, wir hätten nicht »überwacht, wie Zahnstocher zerbrochen wurden«. Vielmehr handle es sich um eine »substanzielle Abrüstungsmaßnahme, im Grunde die erste seit Mitte der neunziger Jahre«.

Fortschritte seien auch bei den Befragungen von Wissenschaftlern zu verzeichnen. In der vorangegangenen Woche hätten wir sieben Gespräche »zu unseren Bedingungen« geführt, das heißt ohne Anwesenheit eines irakischen Aufpassers und ohne Tonband. Darüber hinaus gebe der Irak sich alle Mühe, eine objektive Einschätzung der Menge aller chemischen und biologischen Waffen zu ermöglichen, die 1991 unilateral vernichtet worden seien. Wie auch in anderer Beziehung würden »die Inspektionen Fortschritte machen«

und könnten »Ergebnisse zeitigen«. Diesen Punkt, den auch mein Freund Mohammed für entscheidend hielt, drückte ich mit folgenden Worten noch ein wenig konkreter aus, wenn auch nicht weniger vorsichtig:

»Was sollen wir von diesen Aktivitäten halten? Es ist unübersehbar, dass es nach einer Periode relativ widerstrebender Zusammenarbeit seit Ende Januar beschleunigte Initiativen von irakischer Seite gibt. So erfreulich das ist, muss der Wert dieser Maßnahmen nüchtern danach beurteilt werden, wie viele Fragezeichen dadurch tatsächlich ausgeräumt werden. Das jedoch ist noch unklar.«

Als Entgegnung auf die nicht selten vorgebrachte, aber übertriebene Ansicht, die Inspekteure hielten den Schlüssel zu Krieg und Frieden in den Händen, betonte ich, es sei die Aufgabe des Sicherheitsrats, auf der Grundlage der von mir vorgelegten Fakten zu entscheiden, ob der Irak »sofort, bedingungslos und aktiv« kooperiert habe, wie es die Resolution 1441 verlange. Obwohl der Irak inzwischen aktiv geworden sei und sogar die Initiative ergriffen habe, könne man diese drei bis vier Monate nach der Resolution ergriffenen Maßnamen nicht als »sofortige« Kooperation bezeichnen. Die Beurteilung liege jedoch beim Sicherheitsrat, nicht bei mir.

Als ich später zu einem sehr erfahrenen amerikanischen Politiker sagte, es wäre anmaßend von mir gewesen, eine solche Beurteilung abzugeben, meinte er: »Hans, die da oben wollten, dass du dich anmaßend verhältst.« Nun ja, das mochte zutreffen, sofern ich die gewünschte Meinung vertrat, aber sicher nicht, wenn das Gegenteil der Fall war.

Am Ende meiner Rede unterrichtete ich den Sicherheitsrat offiziell von der Existenz des Cluster-Dokuments. Wir hätten es freigegeben und würden es auf Anfrage zur Verfügung stellen.

Viele hatten sich von mir die Aussage gewünscht, wir bräuchten nur noch wenige Monate, um alle Abrüstungsprobleme zu lösen. Mohammed hatte das gesagt, wenn auch mit einigen Fragezeichen.

265

Ich bemerkte, selbst bei einer sehr proaktiven irakischen Haltung, die durch »andauernden äußeren Druck zu bewirken« sei, würde eine überprüfbare Abrüstung weder Jahre noch Wochen, sondern Monate dauern. »Weder die Regierungen noch die Inspekteure wünschen sich, dass die Abrüstungsinspektionen unbegrenzt weitergehen«, fügte ich hinzu. Der Rat müsse sich jedoch im Klaren sein, dass nach einer verifizierten Abrüstung ein ständiges Inspektions- und Überwachungssystem eingerichtet werden müsse, um zu kontrollieren, ob es Anzeichen für eine Wiederbelebung verbotener Rüstungsprogramme gebe.

Mohammed el Baradei, der nach mir an der Reihe war, sagte, nach drei Monaten intensiver Inspektionen habe die IAEO keinerlei Beweise oder plausible Anzeichen für eine Wiederbelebung des irakischen Atomwaffenprogramms entdecken können. Zu zwei Fragen, die im Vordergrund gestanden hatten, konnte er eindeutige Informationen liefern. Zum einen sei die IAEO nach umfangreichen Nachforschungen zu dem Schluss gelangt, dass die von den Medien hochgespielten Aluminiumröhren, die der Irak importieren wollte, nicht zur Herstellung von Zentrifugen zur Urananreicherung gedacht gewesen seien, und dass es sich zum anderen beim Vertrag über den Ankauf von Natur-Uran – »Yellow Cake« –, der angeblich zwischen dem Irak und Niger geschlossen worden sei, um eine Fälschung handle. Das war – der Ausdruck sei mir erlaubt – ein Hammer! Obwohl bestimmte Kreise der US-Regierung gewusst hatten, dass es sich bei dem betreffenden Dokument um eine fragwürdige Angelegenheit handelte, hatte man zugelassen, dass Präsident Bush es in seinem Bericht zur Lage der Nation verwendete. Nun musste man mit Mohammeds Enthüllung leben, die die armselige Qualitätskontrolle von Geheimdienstinformationen und den blinden amerikanischen Eifer zu Tage brachte, dem Irak eine Fortführung seines Atomwaffenprogramms nachzuweisen.

Mohammed schloss mit dem Vorschlag, der Atomenergiebehörde solle in naher Zukunft die Gelegenheit gegeben werden, dem Sicherheitsrat eine objektive und gründliche Bewertung der irakischen Nuklearkapazitäten vorzulegen. Außerdem regte er wie ich eine langfristige Überwachung an, um die internationale Gemeinschaft auch künftig mit aktuellen Informationen zu versorgen.

Bei der Debatte, die danach im Sicherheitsrat begann und die beim Mittagessen fortgesetzt wurde, kam es zu keiner Annäherung der beiden Parteien. Sowohl der deutsche wie der russische Außenminister verwiesen auf den grundlegenden Punkt, dass die Differenzen nicht das Ziel beträfen – die Verbreitung von Massenvernichtungswaffen zu verhindern –, sondern die Methode. Tatsächlich bekämpften die beiden Parteien sich ja nicht gegenseitig, sondern stritten um die Frage, wie man mit einer dritten Partei umgehen sollte. Als Kriterium für die Frage, ob der Irak den Verpflichtungen der Resolution 1441 nachgekommen sei, wollten die USA und Colin Powell die »strategische Entscheidung« nehmen. Während mehrere seiner Kollegen dem zustimmten, fragte der mexikanische Außenminister, wie denn eine solche Entscheidung zu identifizieren wäre, und die Minister aus Deutschland und Chile warfen die Frage auf, welchen Wert die strategische Entscheidung einer Partei haben könne, die nicht vertrauenswürdig sei.

Abgesehen davon vertraten die Außenminister Frankreichs, Deutschlands und Russlands den Kurs, den sie einige Tage zuvor in ihrer Pariser Erklärung festgelegt hatten. Welchen Sinn es denn habe, fragte Joschka Fischer, sich zweieinhalb Jahre lang auf Inspektionen vorzubereiten und den Inspekteuren dann nur zweieinhalb Monate Zeit zu lassen? Sein französischer Kollege Dominique de Villepin meinte, den Inspektionen eine Frist von wenigen Tagen zu setzen, wäre nur ein Vorwand für einen Kriegsbeginn; er sei aber bereit, die von ihm vorgeschlagene Frist von 120 Tagen zu verkürzen. Außerdem regte er ein Treffen der Regierungschefs an, eine Idee, die beim Mittagessen ziemlich erbarmungslos zu Fall gebracht wurde, als zwei Minister sagten, es sei schon schlimm genug, die bestehende Kluft auf der Ebene der Außenminister zur Schau zu stellen.

Colin Powell bestätigte den uns schon durch John Wolf bekannten Standpunkt. Die Darstellung ungelöster Fragen, ob geordnet wie in unserem Kompendium oder nicht, sei ohne Belang. Es komme einzig auf die strategische Entscheidung an, und die könne man am Enthusiasmus ablesen, wie sie in anderen Fällen Südafrika und die Ukraine demonstriert hätten. Damit war klar, dass die Vereinigten Staaten der Meinung waren, mit der Resolution 1441 habe der Sicherheitsrat seine während der neunziger Jahre eingenommene Haltung aufgegeben. Powell spielte die irakischen Schritte, etwa die Verschrottung von Raketen, herunter und versuchte, die Glaubwürdigkeit der IAEO in Frage zu stellen. Er weigerte sich, den Standpunkt der Behörde bezüglich der Aluminiumröhren anzuerkennen, obwohl dieser von Experten des amerikanischen Energieministeriums, das Anreicherungsanlagen betrieb, akzeptiert worden war. Außerdem behauptete er, »wie wir alle« wüssten, hätte die IAEO 1991 um ein Haar erklärt, der Irak habe kein Nuklearprogramm. Wie ich noch zeigen werde, wurden weder diese Behauptung noch die späteren Vorwürfe hoher amerikanischer Regierungsvertreter, die IAEO habe 1995 und 1998 irakische Atomprogramme übersehen, von irgendwelchen Erklärungen oder Beweisen gestützt. Am Ende seiner Rede drängte Colin Powell den Sicherheitsrat zu einer raschen Entscheidung über eine Resolution.

Der britische Außenminister Jack Straw erhielt Beifall für eine eindrucksvolle Stegreifrede und zog dadurch mit seinem französischen Kollegen gleich, dem man bei einer früheren Sitzung des Sicherheitsrats spontan applaudiert hatte. Straw kündigte eine Nachbesserung des von Großbritannien, den Vereinigten Staaten und Spanien vorgelegten Resolutionsentwurfs vom 24. Februar an.

Die Präambel des alten Entwurfs blieb unverändert, doch die geforderten Maßnahmen waren neu. Nach dem alten Entwurf sollte einfach »beschlossen« werden, dass der Irak die letzte Gelegenheit versäumt habe, die man ihm mit der Resolution 1441 gegeben hatte, und dass der Sicherheitsrat sich weiter mit der Angelegenheit »befassen« werde. Wie gesagt, war das ein Schuldspruch ohne Entscheidung über das Strafmaß. Im neuen Text wurde der Irak aufgefordert, »sofort die im Interesse seiner Bevölkerung und der Region notwendigen Maßnahmen zu ergreifen«, womit zweifellos die geforderte »strategische Entscheidung« gemeint war. Im nächsten Abschnitt wurde erklärt, der Irak werde dann versäumt haben, die ihm »eingeräumte letzte Chance zu nutzen, wenn der Rat nicht am oder vor dem 17. März 2003 zu dem Schluss kommt, dass der Irak volle, bedingungslose, sofortige und aktive Kooperation« bewiesen und *alle* verbotenen Waffen und sonstigen Güter sowie alle Informationen über eine frühere Vernichtung solcher Güter übergeben habe. Von »Marksteinen« war nicht die Rede; es mussten schlichtweg »alle« Waffen übergeben werden. Das klang zwar nicht realistisch, setzte jedoch eine Frist. Theoretisch schien es möglich, als Gegenleistung für rasche Bußfertigkeit Gnade walten zu lassen.

Noch problematischer war der sechste Abschnitt der Präambel. Wie im ersten Entwurf wurde dort festgestellt, das irakische Dossier vom 7. Dezember 2002 habe »falsche Angaben und Auslassungen« enthalten und der Irak habe die Resolution 1441 »weder befolgt, noch bei ihrer Durchführung uneingeschränkt kooperiert«. Angesichts dieser Formulierungen verwundert es nicht, dass die Franzosen hinter vorgehaltener Hand meinten, es handle sich um eine Kriegserklärung »per Präambel«. Trotzdem hatte ich an diesem 7. März den Eindruck, dass sich etwas Neues ergeben habe – eine theoretische Möglichkeit, den Krieg zu vermeiden. Saddam konnte eine Rede halten, der Irak konnte die verbotenen Gegenstände beibringen.

Erst etwas später, als endlich das Konzept der »Marksteine« auf den Tisch kam, wurde mir klar, dass die Iraker in größeren Schwierigkeiten steckten, wenn zutraf, was sie sagten. Was, wenn es *wirklich* keine Waffen gab, auf »deren Besitz sie verzichten« konnten? Wer würde ihnen Glauben schenken? Bestimmt nicht die amerikanische Regierung, die offenbar immer überzeugter war, dass der Irak Massenvernichtungswaffen hortete, und immer verärgerter über die Inspekteure, die ihr in dieser – irrtümlichen – Auffassung nicht folgten.

KAPITEL 10

Prügel für Blix und el Baradei

Am 7. März verweigerte ich eine klare Antwort auf die Frage, ob der Irak abgerüstet habe. Ich wusste es nicht. Ich versuchte, ein differenziertes Bild auf der Basis unserer Inspektionsbefunde zu vermitteln. Die Kooperation gestaltete sich jetzt zügiger, aber mir war aufgefallen, dass es immer noch Verzögerungen gab, und während es zur Vernichtung der von uns als verboten bewerteten Raketen kam, standen nach wie vor eine Reihe von ungelösten Fragen im Raum. Es blieb dem Sicherheitsrat überlassen, auf der Basis der von mir dargestellten Tatsachen darüber zu entscheiden, ob sich der Irak an die Vorgaben der Resolution 1441 gehalten hatte oder nicht und welche Konsequenzen daraus zu ziehen seien. Monate nach dem Krieg frage ich mich, wie die Weltöffentlichkeit reagiert hätte, wenn die Inspekteure einfach der US-amerikanischen und britischen Einschätzung – die, wie sich später zeigte, falsch oder zumindest hochgradig fragwürdig war – zugestimmt hätten und sich der Interpretation bezüglich der Aluminiumröhren, der Uranverträge, der mobilen Biowaffenlabors, der Drohnen usw. angeschlossen hätten. Was wäre passiert, wenn der Sicherheitsrat daraufhin eine bewaffnete Aktion und die Besetzung des Irak genehmigt hätte, nur um dann im Irak keines der verbotenen Objekte zu finden?

Brauchen wir Inspektionen?

Dass ich mich weigerte, in meiner Rede vom 7. März von der Annahme auszugehen, es gebe im Irak Objekte, die »nicht dokumentiert« sind, verstimmte einige Leute in Washington. Am 2. März berichtete die *New York Times,* ein »hochrangiger Regierungsvertreter« habe gesagt, die »Inspektionen haben sich als eine Falle herausgestellt … Wir rechnen nicht mehr damit, dass Blix noch irgendetwas für uns tun wird.« Und weiter: Blix habe trotzig darauf beharrt, vieldeutige Äußerungen zu machen und sei jetzt »mehr daran interessiert, es allen Seiten recht zu machen, als die Tatsachen festzustellen«, dass nämlich der Irak über verbotene Waffen verfüge, und schließlich, dass Blix »nicht mit dem Gefühl nach Schweden zurückkehren will, Verursacher eines Krieges zu sein«. Offensichtlich basierte diese Kritik auf der kecken Überzeugung, dass die von britischer und amerikanischer Seite vorgelegten Beweise schlüssig waren und dass mein einziger Grund, sie nicht mit Haut und Haaren zu übernehmen, meine Absicht war, nicht als derjenige dazustehen, der im Sicherheitsrat ein positives Votum für den Krieg ermöglicht hatte.

In dem Artikel wurde weiter ausgeführt, dass die Regierung in Washington guter Hoffnung sei, die Stimmen für die Resolution zusammenzubekommen, »aber man setzt keine Hoffnung auf Hilfe von Herrn Blix, wenn es darum geht, *die Kandidaten auf diese Position festzulegen*« (Hervorh. d. A.). Hauptanliegen war jetzt die Stimmenmehrheit für einen Krieg. Offensichtlich war es für die Regierung weniger wichtig, dass die professionellen Inspekteure keine Bestätigung für die britisch-amerikanischen Behauptungen gefunden hatten, obwohl sie bis zu diesem Zeitpunkt Hunderte der unterschiedlichsten Anlagen kontrolliert hatten, einschließlich solcher, auf die seitens der Geheimdienste hingewiesen worden war, und Tausende von Dokumenten analysiert hatten.

Vielleicht hofften die Briten insgeheim immer noch, dass Saddam Hussein klein beigeben und einigen der an ihn gestellten Forderungen innerhalb der zehn Tage vor Ablauf des Ultimatums am 17. März nachkommen würde. Die US-Amerikaner betrachteten solche Marksteine entweder als Ablenkungsmanöver oder bestenfalls (sollte der Irak sie ablehnen) als Mittel dazu, die Kooperationsunwilligkeit des Irak herauszustellen und ihn daraufhin zu entwaffnen. Der amerikanische Verteidigungsminister Donald Rumsfeld, der gegen die französischen Vorschläge war, die Anzahl der Inspekteure zu verdreifachen, wurde von der *International Herald Tribune* mit den Worten zitiert, dass zwei oder drei Inspekteure genügen würden, um festzustellen, dass der Irak sich nicht an die Vorgaben halte. Mit anderen Worten: Es ging nicht um Inspektionen, sondern um ein Urteil. Der Krieg schien beschlossene Sache und die Verabschiedung einer Resolution, die diesen Krieg unterstützte, erschien wünschenswert, aber nicht unabdingbar.

Der Versuch, die Mitglieder des Sicherheitsrats zur Zustimmung zu bewegen

Es war keine leichte Aufgabe, mit der sich die amerikanische Regierung konfrontiert sah. Sie musste ausreichend viele Mitglieder des Sicherheitsrats überzeugen, um mindestens neun Stimmen für die Resolution zu erhalten. Meinungsumfragen zeigten, dass 86 Prozent der deutschen Bevölkerung gegen einen Krieg im Irak waren, so dass also die deutsche Regierung kaum zu bekehren war. Auch die Meinungsumfragen in Chile und Mexiko zeigten negative Werte. Bei den afrikanischen Regierungen betrieben nicht nur die Amerikaner, sondern auch die gegen den Krieg eingestellten Franzosen Lobbyarbeit. Der angolanische Botschafter sagte im Sicherheitsrat, sein Land wisse aus Erfahrung, was Krieg bedeute.

Ich habe keine Belege für den Druck, den die USA auf Regierungen und Botschafter im Rahmen dieser Kampagne ausübten, aber es war offensichtlich, dass diejenigen Mitglieder, die ernsthaft gegen einen bewaffneten Angriff waren, sich sichtlich unwohl fühlten. Ich begann mir Gedanken zu machen, auf welcher Grundlage die Regierungen im Sicherheitsrat legitimerweise über ihr Abstimmungsverhalten entscheiden können.

Die Charta der Vereinten Nationen verpflichtet die Mitglieder des Sicherheitsrats zu einer Bewertung und Entscheidung darüber, ob eine »Bedrohung des Friedens, eine Verletzung des Friedens oder ein Akt der Aggression« vorliegt, und es steht ihnen zweifelsohne zu, darüber zu bestimmen, ob ein Staat wie der Irak sich an die für ihn bindenden Vorgaben der Resolutionen des Sicherheitsrats gehalten hat. Ist es nun legitim, wenn ein Mitgliedsstaat des Sicherheitsrats seine Bewertung und sein Abstimmungsverhalten von anderen Faktoren abhängig macht, die nichts mit der Frage zu tun haben, ob eine Bedrohung des Friedens oder eine Verletzung der Resolutionen vorliegt? Kann das Versprechen einer anderen Regierung, im Tausch gegen das gewünschte Abstimmungsverhalten großzügige Hilfe zu gewähren oder den Abschluss eines Freihandelsabkommens zu beschleunigen, eine legitime Grundlage für die Entscheidung bei der Abstimmung sein?

Im amerikanischen Kongress und wohl auch im Parlament einiger anderer Mitgliedsstaaten machen die Mitglieder – und noch häufiger ganze Gruppen – ihre Zustimmung zu einem bestimmten Thema davon abhängig, dass sie dafür ein Zugeständnis in einem völlig anderen Bereich erhalten. Wird diese Art des Kuhhandels zu offensichtlich, begehrt die Öffentlichkeit auf. Ich glaube mich an einen solchen Fall zu erinnern: Ein Mitglied des amerikanischen Kongresses machte einmal seine Zustimmung für höhere Entschädigungszahlungen in der amerikanischen Armee von der Zusage abhängig, dass ein Luftwaffengeschwader weiter in seinem Heimatstaat Oklahoma stationiert bleibe. Sind solche Geschäfte im UN-Sicherheitsrat erlaubt?

Die Mitglieder der Vereinten Nationen – heute 191 Staaten – übertragen dem Sicherheitsrat die »vorrangige Verantwortung für die Aufrechterhaltung von Frieden und Sicherheit«. Sie stimmen ferner darin überein, dass der Sicherheitsrat bei der Wahrnehmung dieser Verantwortung »in ihrem Namen handelt«. Würde, sagen wir mal, Ruritania ordnungsgemäß im Namen der Mitglieder der Vereinten Nationen handeln, die diesen Staat zum Mitglied des Sicherheitsrats gewählt haben, wenn es sein Abstimmungsverhalten bei einer Resolution, in der festgestellt wird, dass der Irak gegen seine Verpflichtungen verstoßen hat, von einer Zusage ausländischer Hilfe abhängig macht? Meine Antwort wäre nein und mein Rat würde lauten, dass Ruritania sich mit der Staatengruppe berät, der es angehört und die es für den Sitz im Sicherheitsrat vorgeschlagen hat, um herauszufinden, ob es in dieser Angelegenheit eine gemeinsame Position gibt. Wenn es eine solche Position gibt, ist es leichter, dem

Druck von außen zu widerstehen. Und wenn sich das entsprechende Mitglied an dem gemeinsamen Willen orientiert, so steigert das die Bedeutung und das Gewicht der entsprechenden Stimme.

Wir würden entsprechend reagieren, wenn ein Richter in einem Gerichtskollegium für die Todesstrafe stimmt, weil ein anderer Richter ihm versprochen hat, ihn bei der Abstimmung in einem anderen Verfahren zu unterstützen. Ist das etwas anderes als die Nötigung eines Staates durch einen anderen bei einer Abstimmung, in der es um die Autorisierung zum Waffengebrauch geht, der unweigerlich zu Tod und Zerstörung führt?

Als sich die Vereinigten Staaten und Großbritannien schließlich entschlossen hatten, auf eine Abstimmung ihres Resolutionsentwurfs zu verzichten, weil sie zu dem Schluss gekommen waren, es werde keine Mehrheit zustande kommen, war das in meinem Verständnis ein Beleg für die starke Opposition der Öffentlichkeit und der Regierungen der ganzen Welt (vielleicht mit Ausnahme von Kuwait) gegen eine bewaffnete Aktion *zu diesem Zeitpunkt.* Zwar wurde nie formell abgestimmt, aber die informelle Mehrheit des Gremiums war sicherlich gegen die Resolution. Einige sahen darin einen Beleg für die selbst verschuldete Bedeutungslosigkeit des Sicherheitsrats und fanden, das Gremium hätte sich nur dann an der Politikformulierung beteiligt, wenn es den britisch-amerikanischen Resolutionsentwurf unterstützt hätte. Ich sehe das genau umgekehrt: Indem man die gewünschte, wenn auch nicht formell beantragte Autorisierung verweigerte, distanzierte der Sicherheitsrat die Vereinten Nationen von einer bewaffneten Aktion, von der die meisten Mitgliedsstaaten annahmen, sie sei – zumindest in dieser Phase – nicht gerechtfertigt.

Unabhängige Inspektionen als Hindernis für die Zustimmung zur Intervention

Ich zweifle nicht daran, dass die Position der Inspekteure für die Gegner eines bewaffneten Angriffs wichtig war. Im Unterschied zu

Großbritannien und den Vereinigten Staaten glaubten die Inspekteure, keinen eindeutigen Beleg für die Existenz von Massenvernichtungswaffen im Irak zu haben. Das stärkte die weitverbreitete Meinung, dass der Irak in keinem Fall eine Bedrohung darstelle, auf die unmittelbar mit militärischer Gewalt zu reagieren sei. Sollte bewaffnetes Eingreifen notwendig erscheinen, so ließe sich dies zu einem späteren Zeitpunkt autorisieren. Die Gegner eines Angriffs sahen die Inspekteure nicht als »widerspenstig vieldeutig«, sondern hatten den Eindruck, dass sie unabhängig und glaubwürdig ihre Aufgabe vor Ort verrichteten, die verfügbaren Daten mit kritischem Blick würdigten und versuchten, so objektiv wie möglich Bericht zu erstatten.

Die Regierungen Großbritanniens und der Vereinigten Staaten, die sich zu keinem Zeitpunkt von den vorsichtigen Einschätzungen der Inspekteure von ihrer Position abbringen ließen, merkten, dass die Inspektionen sich zu einem Hindernis entwickelten, einen Krieg gegen den Irak durch den Sicherheitsrat genehmigt zu bekommen. Eine Pressemeldung aus Washington vom 9. März berichtet, dass »das größte Problem aus der Sicht amerikanischer Diplomaten darin besteht, die Welt zu überzeugen, besonders die anderen Mitglieder des Sicherheitsrats, dass Herr Blix und Dr. el Baradei mit ihrer Behauptung Unrecht haben, die Inspektionen verliefen so gut, dass man mehr Zeit brauche, um sie weiterzuführen«. Wie reagierte man auf diese Herausforderung?

Zunächst sei darauf hingewiesen, dass meines Wissens nur die US-Regierung versuchte, die Einschätzung der Inspekteure als falsch darzustellen. Die anderen Regierungen, die der Resolution ihre Unterstützung zugesagt hatten – Großbritannien, Spanien und Bulgarien –, hielten sich in dieser Angelegenheit mit Kommentaren zurück. Zweitens sollte man berücksichtigen, dass Artikel 100, Abs. 2 der UN-Charta die Mitgliedsstaaten verpflichtet, »den ausschließlich internationalen Charakter der Verantwortlichkeiten des Generalsekretärs und der Mitarbeiter zu respektieren und keinen Versuch zu unternehmen, sie von diesen Verantwortlichkeiten abzubringen«. Die Regelung zielte darauf ab, einen zuverlässigen internationalen öffentlichen Dienst zu schaffen, der seine Anweisungen von den politischen Körperschaften der Vereinten Nationen und nicht von einzelnen Mitgliedsstaaten der Organisation erhält. Es stand also den Mitgliedsstaaten nicht frei, »Druck« auf die Inspekteure auszuüben.

Frei steht es den Mitgliedsstaaten selbstredend, die Arbeit der UN-Belegschaft zu kritisieren, auch wurden sie bei verschiedenen, den Irak betreffenden Resolutionen gebeten, die Inspekteure zu unterstützen, etwa durch Hinweise auf mögliche Inspektionsobjekte. Wo verläuft die Grenze zwischen unangemessener Einflussnahme auf der einen und legitimer Kritik und wünschenswerten Empfehlungen auf der anderen Seite? Amerikanische Regierungsvertreter haben die Inspekteure kritisiert, teils offen, oft auch durch die Weitergabe von Informationen an die Presse. Ich werde belegen, dass diese Kritik unbegründet und unfair war. Dennoch hatte ich, mit einer Ausnahme, nie das Gefühl, einem unzulässigen Druck durch die US-Regierung oder andere Länder ausgesetzt zu sein. Hatte ich bereits ein zu dickes Fell? Angemessener erscheint mir die Vorstellung, dass trotz der Kritik, die in der Hitze des Gefechts beim Kampf um die Stimmen im Sicherheitsrat an unserer Arbeit geäußert wurde, der Großteil der amerikanischen Regierung – vielleicht mit Ausnahme des Pentagon – die Professionalität unserer Arbeit anerkannte und sich darüber klar war, dass wir ein offenes Ohr für Ratschläge hatten, uns aber nicht unter Druck setzen ließen.

Obwohl der amerikanische Vizepräsident Cheney bereits im Oktober gewarnt hatte, die Vereinigten Staaten würden nicht zögern, uns zu »diskreditieren«, schienen die anderen davon auszugehen, dass es nicht angemessen sei, auf die Inspekteure Druck auszuüben, und eine direkte Kritik an ihnen aus dem Mund hochrangiger Regierungsvertreter galt als wenig opportun. Die öffentlichen Einlassungen von Colin Powell, Condoleezza Rice und UN-Botschafter John Negroponte über die Position der Inspekteure – egal ob es sich nun um persönliche Meinungen oder um gemeinsam abgesprochene Formulierungen handelte – waren in den allermeisten Fällen sehr beherrscht, und alle Kontakte blieben im Rahmen ziviler Umgangsformen.

Der Umschwung in der amerikanischen Regierung, die zuerst davon ausging, die Berichte der Inspekteure seien geeignet, einen bewaffneten Eingriff zu rechtfertigen, dann aber glaubte feststellen zu müssen, dass sie sich eher zu einem Hindernis entwickelten, sodass man ihre Autorität nach Möglichkeit unterminieren müsse, dieser Umschwung lässt sich problemlos rekonstruieren.

Obwohl Colin Powell bei seinem Auftritt am 5. Februar 2003 vor dem Sicherheitsrat der Welt präsentieren sollte, was die amerikanischen Geheimdienste – nicht aber die Inspekteure – gefunden hatten, war seine Darstellung frei von jeglicher expliziten Kritik an den Inspekteuren und auch in einem vorab veröffentlichten Artikel im *Wall Street Journal* findet sich nichts dergleichen. Er schrieb dort sogar, dass seine Darstellung »unterstützen werde, was die Inspekteure dem Sicherheitsrat übermittelt haben« und dass »wir uns gemeinsam den Tatsachen stellen müssen, die uns von den Inspekteuren der Vereinten Nationen und zuverlässigen Geheimdienstquellen zugänglich gemacht werden«. Er schien also mit den Inspekteuren übereinzustimmen und ging lediglich einen Schritt weiter, indem er darauf bestand, dass Saddam »Belege für seine Massenvernichtungswaffen versteckt, über die Waffen selbst aber nach wie vor verfügt.«

Kritik an der UNMOVIC

Als Kritik gemeint war sicherlich die Bemerkung von John Wolf, der in der Sitzung des Kollegiums von Fachkommissaren am 23. und 24. Februar fragte, warum unser Cluster-Dokument keinen Bezug auf die uns vom amerikanischen Geheimdienst »überlassenen« Informationen nehme.

Möglicherweise gab es hier schon früher die eine oder andere Enttäuschung darüber, dass wir nicht einfach die uns übermittelten beziehungsweise veröffentlichten Geheimdienstinformationen übernahmen und weitergaben, beispielsweise über mögliche versteckte Anthrax-Bestände. Im Vorfeld der Abstimmung heizte sich die Atmosphäre immer mehr auf; man griff auf Befunde nationaler Geheimdienste zurück, um andere Staaten zu überzeugen, dass eine bewaffnete Intervention unumgänglich sei, um die im Irak vermuteten Massenvernichtungswaffen aus dem Verkehr zu ziehen. Man hatte uns früher schon kritisiert, weil wir gezögert hatten, irakische Wissenschaftler für Befragungen ins Ausland zu bringen. Und in der mittlerweile aufgeheizten Stimmung warf man mir und der UNMOVIC vor, dass wir nicht wie die Amerikaner zu dem Schluss gekommen seien, ein unbemanntes irakisches Flugzeug, eine so genannte Drohne, und eine von den Irakern entwickelte Streubombe, die wir inspiziert hatten, dienten zum Abwurf biologischer und chemischer Kampfstoffe.

Die Streubombe und die Drohne

Am 6. März, dem Tag vor meiner Rede vor dem Sicherheitsrat, bekam ich Besuch von John Wolf. Er fragte mich in einem sehr unfreundlichen Ton, warum die UNMOVIC nicht zu der Schlussfolgerung gelangt sei, die Entdeckung einer irakischen Drohne und einer Streubombe zum Abwurf chemischer Waffen stellte eine Verletzung der dem Irak gemachten Auflagen dar. Dabei knallte er mir Fotos einer Drohne und einer Bombe auf den Tisch.

Die Sache mit der Drohne war keineswegs neu. Unsere Inspekteure hatten mehrere Exemplare davon untersucht und auch wenn die diesbezüglichen irakischen Erklärungen nicht besonders befriedigend ausfielen, waren wir doch noch nicht zu der Überzeugung gekommen, diese Geräte seien illegal. Konnten sie weiter als 150 Kilometer fliegen? Zwar hatten die Amerikaner behauptet, sie hätten einen Flug über 500 Kilometer registriert, aber wie es schien, handelte es sich dabei um einen Versuch, die theoretische Reichweite mit einer Tankfüllung zu ermitteln, und es war nicht klar, ob das Signal der Fernsteuerung über diese Entfernung überhaupt funktionierte. Dienten die am Gerät angebrachten Container zur Auf-

nahme und/oder zum Abwurf biologischer oder chemischer Kampfstoffe oder nur für den Transport von fotografischen Aufnahme-
apparaten? Über diese Fragen gab es noch keine ausreichenden
Erkenntnisse. Daher hatten wir auch keine Schlussfolgerungen gezogen.

Über die Streubombe war ich noch nicht informiert worden
und sagte Wolf, er könne darüber mit unseren Experten sprechen.
Er erwiderte, ob ich überhaupt wisse, was meine Mitarbeiter täten,
und ich antwortete ihm, dass sie mich über alle wichtigen Dinge auf
dem Laufenden hielten. Ich war mir sicher, dass mein Stellvertreter
Dimitri Perricos mir jede bedeutende neue Entdeckung sofort mitteilte. Rückblickend glaube ich fast, dass der rüde Ton, den Wolf an-
schlug, zum Teil der Tatsache geschuldet war, dass *er* sich über die
schwache Basis der von *ihm* präsentierten Fälle und damit seines
Vorgehens nicht im Klaren war.

Ich fragte ihn, wo er die Bilder herhabe, aber er wollte es mir nicht
verraten. Ich bemerkte, ich würde es ihm übel nehmen, wenn er sie
sich vom Personal der UNMOVIC besorgt hätte. Die Bilder zeigten
nichts, was besonders vertraulich hätte behandelt werden müssen,
und wenn man im Sicherheitsrat danach gefragt hätte, hätten wir sie
verteilt. Aber diese Bilder waren nicht öffentlich zugänglich. Ich
konnte nicht ausschließen, dass ein Mitarbeiter der UNMOVIC sie
den Amerikanern zugespielt hatte, obwohl dies eine Verletzung der
Dienstpflicht gewesen wäre.

Ich hätte es jedoch als unangemessen empfunden, würden die
USA sich auf diese Weise von uns Informationen beschaffen oder
gar verwenden. Allerdings konnte ich auch nicht ausschließen, dass
es ihnen gelang, in unser verschlüsseltes Faxsystem einzudringen,
über das die Bilder möglicherweise versandt wurden. Die britische
Zeitung *Observer* hatte mehrere Artikel veröffentlicht, in denen behauptet wurde, die Amerikaner würden die Büros und Privattelefone
von Diplomaten aus dem Sicherheitsrat abhören. Wie immer man
auch den Weg der Bilder in die Hände von Wolf erklären mag, sein
Auftritt hinterließ einen bitteren Nachgeschmack.

In der für den folgenden Tag, den 7. März, von uns vorbereiteten mündlichen Präsentation im Sicherheitsrat wurden ferngesteuerte Fluggeräte kurz mit dem Hinweis erwähnt, dass wir die Einsatzmöglichkeiten und Reichweite der verschiedenen Modelle untersuchten. Doch weder wurden die Streubombe noch die ebenfalls gefundenen leeren Bombenhüllen erwähnt.

Am Sonntag darauf, dem 9. März, fand sich in der *New York Times* ein ausführlicher Artikel, in dem Regierungsvertreter aus Washington enthüllten, dass die Inspekteure vor kurzem »einen neuen Raketentyp [die Streubombe]« entdeckt hätten, »der offensichtlich dazu dient, kleine, mit biologischen und chemischen Kampfstoffen gefüllte Sprengkörper über eine große Fläche zu verteilen«. Die Regierungsvertreter verbreiteten diese Information, um der amerikanischen Position Nachdruck zu verleihen, die Inspekteure hätten »belastende Belege im Irak« gefunden. Es wurden auch Fotos der Waffen präsentiert, aber, laut diesem Artikel, »wurde die Quelle dieser Fotos nicht genannt«. In vorsichtigen Worten kommentierte die Zeitung den Fund der Streubombe dahin gehend, dass unklar bleibe, ob es sich um eine Neuentwicklung oder um einen Fund aus der Zeit vor 1998 handle.

Die Experten der UNMOVIC klärten mich daraufhin auf, es handle sich bei der Bombe und den Sprengkörpern um Nachbauten südafrikanischer Munition, die vor langer Zeit in den Irak eingeführt worden sei und die man in einer alten Fabrikhalle gefunden habe. Es handle sich dabei offensichtlich um Schrott aus vergangenen Zeiten, sicherlich aber nicht um etwas von aktuellem Interesse. Von chemischen Kampfstoffen waren keine Spuren gefunden worden. Die Waffe hatte eine ebenso kurze wie intensive politische Karriere von Donnerstag bis Montag, als der amerikanische Botschafter bei den Vereinten Nationen, John Negroponte, sie in den informellen Beratungen des Sicherheitsrats erwähnte. Danach hörte man nie wieder etwas davon, weder von den Amerikanern noch von sonst jemandem. Vermutlich liegt sie noch heute in einem Lager für ausrangierte Munition oder wurde als Altmetall verschrottet.

Am gleichen Sonntag, also am 9. März, trat Colin Powell beim Fernsehsender FOX auf. Er bezeichnete mich »als vernünftigen und aufrichtigen Menschen« – zu diesem Zeitpunkt eine freundliche Geste von ihm –, aber er meinte, ich hätte mehr aus dem Cluster-Dokument herausholen sollen, das wir dem Sicherheitsrat zugänglich gemacht hatten. Wie schon im Sicherheitsrat wies er darauf hin, dieses Dokument zeige die über Jahre sich hinziehenden Betrugsmanöver des Irak. Er konzentrierte sich auf die Drohne und sagte, Amerika werde »im Lauf der Woche neue Erkenntnisse darüber präsentieren«. Was auch geschah.

Es war nicht das erste Mal, dass man die Drohnen für politische Zwecke hervorholte. Bereits in einer Rede vom 7. Oktober 2002 – vor der Abstimmung über die »Kriegsresolution« im Kongress – hatte Präsident Bush seine Besorgnis geäußert, die Iraker könnten unbemannte Fluggeräte für Angriffe gegen die Vereinigten Staaten einsetzen. Dasselbe hatte Colin Powell in seiner Rede vor dem Sicherheitsrat am 5. Februar 2003 behauptet.

Kein Zweifel, die Regierung wollte die Streubombe und die Drohne diesmal als Thema nutzen – ja sogar als Beweise für jene »rauchenden Colts, deren Bedeutung die Inspekteure absichtlich heruntergespielt hatten«. Am Montag, dem 10. März, berichtete Reuters, man sei sich im Weißen Haus bewusst, dass man bei der Resolution mit einer Abstimmungsniederlage rechnen müsse. Auf der Suche nach Stimmen hätten Bush und Powell die Regierungschefs verschiedener Mitgliedsstaaten wie China, Pakistan, Angola und Mexiko angerufen. Die Nachrichtenagentur berichtete weiter, das Weiße Haus sei »verärgert«, weil Hans Blix es versäumt habe, im Sicherheitsrat auf »die Existenz eines unbemannten irakischen Fluggeräts« hinzuweisen, über das in einem allgemein zugänglichen, von den Inspekteuren verteilten Dokument berichtet werde. Später am Montag sagte Ari Fleischer, der Sprecher des Weißen Hauses, die amerikanischen Delegierten würden in einer nichtöffentlichen Sitzung des Sicherheitsrats nachfragen, warum die Drohne im Bericht von Blix nicht erwähnt war. Colin Powell hatte sich lediglich zurückhaltend beschwert, dass ich »mehr« aus der Drohne hätte machen können. Nun hieß es – fälschlicherweise –, ich hätte versäumt, sie zu erwähnen.

Die Geschichte spitzte sich von Stunde zu Stunde zu. Es sollte noch schlimmer kommen. Das amerikanische Außenministerium veröffentlichte eine »Tatsachendarstellung«, die man als Zusammenfassung des Cluster-Dokuments der UNMOVIC ausgab, und versuchte, wieder irrigerweise, unsere Schlussfolgerungen bezüglich der Drohne und verschiedener anderer Themen als definitiv den Irak belastendes Material darzustellen.

James Bone, dem Korrespondenten der Londoner *Times* bei den Vereinten Nationen, gelang es jedoch mit Leichtigkeit, Washington noch in den Schatten zu stellen. Er wiederholte die unzutreffende Behauptung aus Washington, ich hätte die Drohne in meinem Bericht vor dem Sicherheitsrat nicht erwähnt, und bezeichnete dies als »offensichtlichen Versuch von Dr. Blix, einen Befund zu verheimlichen, um nur keinen Krieg auszulösen«. Er prophezeite – zu Unrecht –, diese Entdeckung würde es den zögernden Mitgliedern erleichtern, auf die britisch-amerikanische Linie einzuschwenken, und zitierte einen zum Wechselwähler gewordenen hochrangigen Diplomaten mit den Worten: »Das ist ein Riesending.« Die Drohne, so schrieb er, werde von offizieller Seite in Großbritannien und den Vereinigten Staaten als »rauchender Colt« betrachtet und beide Länder würden auf Blix nun »Druck ausüben«, damit er zugebe, dass er sie gefunden habe.

Ich begann mich zu fragen, ob ich auf meine erste ernsthafte Konfrontation mit den Mitgliedern des Sicherheitsrats in einer nichtöffentlichen Beratungssitzung zusteuerte. Ich hatte vor, die UNMOVIC und mich selbst gegen jede ungerechtfertigte und unfaire Kritik zu verteidigen. Doch ich brauchte mir keine Sorgen zu machen. Laut meinen Aufzeichnungen – es gibt von solchen Sitzungen keine offiziellen Protokolle – erwähnte der britische UN-Botschafter Greenstock, der einiges über eine mögliche Kompromissformel bezüglich der Resolution zu berichten hatte, das Thema gar nicht. US-Botschafter Negroponte ging auf die Drohne und die Streubombe detailliert ein, allerdings ohne dabei die UNMOVIC oder mich direkt zu kritisieren. Er sagte, die Drohne sei nicht deklariert worden und das sei eine schwerwiegende Unterlassung. Dieses

Gerät habe eine bemerkenswerte Reichweite und könnte mit biologischen und chemischen Waffen bestückt werden. Es könne sich um eine Verletzung der Vorschriften handeln. Welche Strategie die UNMOVIC einschlagen wolle?

Als ich gegen Ende der langwierigen Beratungen das Wort erhielt, sagte ich, dass wir sehr viele Informationen bekämen, doch nicht alles sei es wert, unmittelbar weitergeleitet zu werden, sondern komme gesammelt in die regelmäßigen Berichte. Wir hätten selbstverständlich öffentlich und gesondert über unsere Funde von Sprengköpfen für chemische Waffen und über Unterlagen aus dem Nuklearbereich berichtet, es aber nicht für nötig gehalten, sofort über unser Funde von Resten einer Streubombe und den dazugehörigen Sprengköpfen Bericht zu erstatten, die möglicherweise einmal für chemische Waffen vorgesehen waren. Unserer Einschätzung nach handle es sich dabei um Funde minderer Bedeutung. Dann ging ich auf die Drohne ein und wies darauf hin, dass ich sie ohne weitere Ausführungen im Sicherheitsrat erwähnt hatte. Ich berichtete jetzt, dass sie eine Spannweite von 7,45 Metern habe und dass der Irak mitgeteilt habe, sie sei in einer Reichweite von 55 Kilometern mit einer Zuladung von 30 Kilogramm und einer Flugzeit von 30 Minuten getestet worden. Ich sagte, die Iraker hätten sie nicht ordnungsgemäß gemeldet. (Später hieß es von irakischer Seite, man habe eine etwas fehlerhafte Deklaration erstellt.) Ich berichtete, dass wir weitere Daten über diese und andere Drohnenmodelle sammeln würden. Bis jetzt hätten wir noch keine Verbindung zu Massenvernichtungswaffen gefunden, aber es seien weitere Erhebungen erforderlich, um die Genauigkeit der angegebenen Reichweiten zu ermitteln. Der Irak behaupte, die Fluggeräte seien für konventionelle Aufgaben wie Überwachung, Zielsuche und Störung des elektronischen Funkverkehrs vorgesehen. Sollte sich herausstellen, dass sie eine Reichweite von über 150 Kilometer hätten oder für den Abwurf biologischer und chemischer Waffen konstruiert seien, wären sie illegal. Die UNMOVIC sei dabei, diese Punkte zu überprüfen. Aus dem Gremium kamen keine Kommentare zu meinen Ausführungen.

Da mein Kollege Mohammed el Baradei bei diesem informellen Treffen des Sicherheitsrats nicht anwesend war, nutzte ich die Gelegenheit, kurz darauf hinzuweisen, dass öffentliche Äußerungen, die den Eindruck nahe legten, die IAEO habe sich noch nach dem Ende des Golfkriegs von den Irakern hinters Licht führen lassen, jeder Grundlage entbehrten und aus meiner Sicht nicht gerechtfertigt seien.

Obwohl solche informellen Beratungen ohne Redemanuskript und offizielle Protokollierung – sie machen im Übrigen den weitaus größten Teil der Zusammenkünfte des Gremiums aus – im Prinzip als vertraulich gelten, sind sie alles andere als geheim. Wie schon im Havamal, dem alten isländischen Buch der Weisheit der Wikinger, nachzulesen ist, weiß bald die Welt, was drei Leute wissen. Die Mitglieder des Sicherheitsrats müssen Außenstehenden oft aus politischer Notwendigkeit erklären, was sie vorhaben, und natürlich haben auch die Medien die Pflicht, diesen politischen Prozess zu begleiten. Gewöhnlich gibt es nach den informellen Zusammenkünften in den Räumen des Sicherheitsrats für die bei den Vereinten Nationen akkreditierten Korrespondenten die Möglichkeit, Fragen an die Teilnehmer zu stellen, denen es selten gelingt, unbeobachtet an dem für die Presse reservierten Bereich vorbeizukommen. Anlässlich dieser Ereignisse war die Stimmung gespannt, und da die UNMOVIC dabei eine zentrale Rolle spielte, waren die Journalisten auf meine Kommentare erpicht.

Ich nutzte die Gelegenheit, um auf die bedeutsame Tatsache hinzuweisen, dass das inzwischen von uns freigegebene UNMOVIC-Cluster-Dokument an keiner Stelle behaupte, der Irak verfüge über Massenvernichtungswaffen, sondern vielmehr auf eine Anzahl Ungereimtheiten und Unvollständigkeiten der irakischen Darstellung bezüglich solcher Waffen verweise. Ich sagte, das Sammeln von Geheimdienstinformationen sei ebenso notwendig wie schwierig. Zwar hätten wir großen Respekt davor, aber es sei unsere Aufgabe, sie nüchtern zu bewerten. Das sei bei der Abfassung unseres Dokuments auch geschehen. Mr. Bone, der Korrespondent der Londoner *Times*, wollte eine Nachfrage zu seiner eigenen Berichterstattung stellen und fragte, warum ich nicht über die Drohnen berichtet hätte. Ich beschränkte mich in meiner Antwort auf den Hinweis, in unserem Bericht sei viel über Bombenabwürfe nachzulesen. Als man mich direkt auf die amerikanische Kritik ansprach, sagte ich, »jedermann versucht, aus uns das Beste für sein Geld herauszubekommen«.

Wenn es den Regierungsvertretern in Washington auch nicht gelungen war, dem Thema zu allgemeiner flammender Aufmerksamkeit zu verhelfen, so hatten sie es zumindest geschafft, erfolgreich das Interesse von Mr. Bone zu entzünden. Tags darauf, am 12. März, publizierte die Londoner *Times* einen Artikel von ihm mit der Überschrift »Blix sollte sich die ›rauchenden Colts‹ selbst an den Kopf setzen«. Darin erklärte er, es sei an der Zeit, dass ich zurückträte. Ich hätte mich, so weiter, selbst in Misskredit gebracht und »das Vertrauen der vielen Millionen Menschen missbraucht, die an die Vereinten Nationen glauben«. Dr. Blix, schrieb er, »legt es offensichtlich darauf an, nicht zu dem Mann zu werden, der den Krieg auslöst … Obwohl er ›mit Nachdruck‹ leugnet, dem Sicherheitsrat Informationen vorzuenthalten, hat er sie irgendwo vergraben.« Die Kolumne endete mit der Bemerkung: »Wird dereinst die Geschichte dieser bewegten Zeit geschrieben, so wird Dr. Blix darin als der Mann eingehen, der versuchte, die rauchenden Colts zu verstecken.«

Und die Wahrheit über die Drohnen?

Selbstverständlich haben wir nichts versteckt. Im Rückblick stellt sich die Sache ziemlich einfach dar: Die amerikanische Regierung war zu dem Schluss gekommen – zu Unrecht, wie es heute mit an Sicherheit grenzender Wahrscheinlichkeit aussieht –, dass die Drohne einen Verstoß gegen die Resolution des Sicherheitsrats darstelle. Wir bei der UNMOVIC konnten uns dieser Schlussfolgerung zu dem Zeitpunkt nicht anschließen. Das löste in Washington Verärgerung aus, und zwar trotz der Tatsache, dass man in der amerikanischen Luftwaffe davon ausging, die irakischen Drohnen seien für den Abwurf biologischer oder chemischer Kampfstoffe nicht geeignet.

In Bagdad war man mittlerweile über die amerikanische Medienkampagne sehr besorgt. Der Chef der Nationalen Überwachungsbehörde, General Amin, lud am 11. März zu einer Pressekonferenz ein, bei der die Drohne der Presse vorgestellt wurde. Er erklärte, sie werde von einem Zweitakter angetrieben, wie er in Motorrädern verwendet wird, dass man sie vom Boden aus in einem Umkreis von acht Kilometern lenken könne und dass sie für Zwecke der Luftaufklärung genutzt werde. Die maximale Zuladung betrage 20 Kilogramm und sie sei so konstruiert, dass sie zwar eine Videokamera, nicht aber biologische Waffen aufnehmen könne. Er behauptete, der Irak habe dieses Gerät deklariert, es sei dabei aber ein Schreibfehler aufgetreten, man habe die Spannweite versehentlich mit 14,5 Fuß, statt korrekterweise mit 24,5 Fuß angegeben. Ein bei der Vorstellung anwesender Journalist der Presseagentur AP berichtete am 12. März, die Tragflächen seien aus Balsaholz, das mit starkem Klebeband zusammengehalten werde. Der Korrespondent der *New York Times* in Bagdad bezeichnete es als »Farce«, ein solches Gerät ernst zu nehmen.

Selbst als Washington sich auf die Drohne und die Streubomben stürzte und mich und die UNMOVIC kritisierte, wir hätten diese Angelegenheit zu wenig gewürdigt, berichtete die *New York Times,* dass einige Vertreter der amerikanischen Seite Zweifel hegten, ob das Cluster-Dokument der UNMOVIC überhaupt Anhaltspunkte für Verletzungen der Resolutionen durch die irakische Seite enthalte. Auch hatte ein Vertreter des Verteidigungsministeriums die Drohnen als möglicherweise ungeeignet für den Abwurf biologischer und chemischer Kampfstoffe bezeichnet. Mehrere Monate später, im Juli, wurde bekannt, dass man bei der amerikanischen Luftwaffe, der Institution in den Vereinigten Staaten, die wohl über das größte Expertenwissen in diesem Bereich verfügt, von Anbeginn an Zweifel hatte, dass diese Geräte für einen Kampfeinsatz konstruiert seien. Man ging dort davon aus, es handle sich um ein Gerät für Aufklärungszwecke. Diese Sichtweise wurde bestärkt, als es nach der Besetzung des Irak möglich war, solche Drohnen genauer zu untersuchen. Nichtsdestotrotz scheint die CIA nach wie vor ihren Schlussfolgerungen anzuhängen. Vielleicht möchte man versuchen, die Sache eher als ungelöste Kontroverse in Vergessenheit geraten zu lassen, als einen Fehler zuzugeben.

Mangelnde Rückendeckung für die IAEO und el Baradei

Nichts hätte einem Präventivschlag mehr politische Unterstützung gebracht als der überzeugende Beleg, dass der Irak Nuklearwaffen besaß oder kurz davor stand, welche herzustellen. Die IAEO sah keinen Hinweis auf derartige Belege und stellte offen einige der Punkte in Frage, auf die sich Amerika und Großbritannien in den Jahren 2002 und 2003 bezogen. Um die eigene Position abzusichern und besser dazustehen, versuchte die US-amerikanische Regierung, die Glaubwürdigkeit der IAEO zu untergraben. Zwar zeichnet es sich aus jetziger Sicht nach dem Krieg ab, dass die IAEO Recht hatte, als sie einige der von Großbritannien und den Vereinigten Staaten vorgebrachten Belege in Frage stellte, aber die – zum ersten Mal im Namen einer Regierung vorgebrachte – unbegründete Kritik an der IAEO ist bis heute nicht widerrufen worden und kann möglicherweise einen Schaden anrichten, an dem niemand Interesse haben kann. Dies also ist die Geschichte der Kontroverse, deren Anfang möglicherweise bis in das Jahr 1991 zurückreicht.

Als damaliger Generaldirektor der IAEO war ich für den Bericht dieser Behörde über die Nuklearinspektionen im Irak im Jahr 1997 verantwortlich. Dr. el Baradei, mein Nachfolger, verantwortete den Bericht für das Jahr 1998. Beide Berichte kamen im Wesentlichen zu den gleichen Schlussfolgerungen: Die IAEO hatte sich einen vollständigen Überblick über das Kernwaffenprogramm des Irak verschafft und die gesamte Infrastruktur unbrauchbar gemacht sowie alles spaltbare Material aus dem Irak entfernt. Dem Irak fehle es also schon rein praktisch an der Möglichkeit, eine nennenswerte

Menge an waffentauglichem nuklearem Material zu produzieren. Es gebe keinerlei Hinweise auf erforderliche weitere Abrüstungsmaßnahmen im Nuklearbereich, aber es seien noch eine Reihe anderer Fragen zu klären.

Die irakische Regierung war verärgert, dass die Behörde unter diesen Umständen nicht die Akten schloss und dem Irak eine Unbedenklichkeitsbescheinigung ausstellte. Als Dr. el Baradei und ich mit Dr. Dhia Jaffar, der zentralen Figur des irakischen Atomprogramms, im Mai 2002 in New York zusammentrafen, regte dieser sich über die Geschichte dermaßen auf, dass Dr. Amir al Saadi ihn beruhigen musste.

Alle Mitglieder des Sicherheitsrats, einschließlich der Vereinigten Staaten, schienen sich einig zu sein, dass die Akte Irak und Kerntechnik Ende 1998 mehr oder weniger geschlossen werden könne. Das änderte sich auch nicht mit dem Übergang zur Regierung Bush. Am 24. Februar 2001 wurde Colin Powell mit einem Satz – der noch über den Nuklearbereich hinausging – zitiert, nämlich Saddam Hussein verfüge »über keine nennenswerten Kapazitäten im Bereich von Massenvernichtungswaffen«.

Wirkung des 11. September 2001 auf die amerikanische Einschätzung des Irak

Die Terroranschläge vom 11. September 2001 veränderten die Sichtweise der Regierung Bush. Obgleich keine neuen Anhaltspunkte aufgetaucht waren, betrachtete man die Geschichte Saddams nun in einem neuen Licht; sein Einsatz chemischer Waffen und Raketen, seine ehemaligen nuklearen Ambitionen und die Schwierigkeiten, die sein Regime den Inspekteuren in den neunziger Jahren bereitet hatte, schienen ihn zu belasten. Bereits am 14. November 2001 sagte der dem Pentagon zugerechnete exotische Superfalke Richard Perle, das überzeugendste Argument für einen Krieg gegen den Irak sei, dass Saddam, wenn man ihm genügend Zeit ließe, imstande wäre, die Vereinigten Staaten mit Nuklearwaffen anzugreifen. »Wollen wir auf Saddam warten, oder wollen wir einen Präventivschlag führen?« Ein halbes Jahr nach Kriegsende, im September 2003, bekräftigte Präsident Bush, dass seine Regierung nach wir vor zu dieser Position stehe, und fügte hinzu, die Angriffe des 11. September hätten gezeigt, dass »wir uns mit Bedrohungen befassen müssen, bevor sie unsere Küsten erreichen«.

Durch diese neue Linse betrachtet erschienen verschiedene Ereignisse und Berichte als Beleg für die These, der Irak bewege sich – was man bisher nicht vermutet hatte – wieder auf ein nukleares Waffenprogramm zu. Anfang September 2002 erklärte Bush, Satellitenaufnahmen einer neu gebauten Anlage in al Furat, wo früher die Urananreicherungszentrifugen des Irak standen, belegten, dass das Nuklearwaffenprogramm des Landes wieder zum Leben erweckt worden sei. »Ich weiß nicht, welche Belege wir noch benötigen«, rief er aus. Doch wahrhaftig, er *würde* weitere Belege benötigen. Sofort luden die Iraker Pressevertreter nach al Furat ein, und Dutzende von Journalisten, die unter irakischer Führung die Anlage besuchten, konnten keine einzige Zentrifuge entdecken. Spätere Berichte der USA und Großbritanniens erwähnten diese Fotos mit keinem Wort.

Die amerikanischen und britischen Berichte über den Irak vom September 2002

Im gleichen Monat, in dem sie die Fotos veröffentlichten, legten Großbritannien und die Vereinigten Staaten Berichte vor, in denen sie die Gründe auflisteten, die dafür sprachen, dass der Irak gegen die verschiedenen Waffenembargos verstoße. Die amerikanische Liste über die Nuklearwaffen war im Vergleich zur britischen verdächtig kurz, und die USA erwähnten mit keinem Wort den angeblichen Versuch, Natur-Uran (Yellow Cake) aus Afrika zu importieren, den Präsident Bush später in seiner Ansprache zur Lage der Nation am 28. Januar 2003 zitierte. Beide Berichte sprechen von den irakischen Bemühungen, speziell geformte Aluminiumröhren zu importieren, von denen es, wie der amerikanische Text vorsichtig formuliert, heißt, dass sie, »*wie Experten glauben*, als Komponenten für Zentrifugen zur Anreicherung von Uran dienen« (Hervorh. d. A.). Mit solchen Formulierungen schiebt man gemeinhin Verantwortung ab oder bringt zumindest Distanz zum Gesagten zum Ausdruck.

Ein Vergleich der beiden Berichte ergibt eine verblüffende Diskrepanz hinsichtlich der Zeit, die der Irak benötigen würde, um Nuklearwaffen zu produzieren. Der britische Bericht führt diesen Punkt detailliert aus und stellt fest, dass der Irak, solange die Sanktionen in Kraft blieben, nicht imstande wäre, Nuklearwaffen herzustellen. Diese Einschätzung unterschied sich nicht von der Position, die die IAEO vertrat. Sollten die Sanktionen aufgehoben werden oder an Wirksamkeit verlieren, so hieß es in dem britischen Dossier, so bräuchte der Irak mindestens fünf Jahre, um ausreichend spaltbares Material für eine Bombe herzustellen; gelänge es allerdings, dieses Material und weitere Komponenten aus dem Ausland zu beziehen, würde es nur ein oder zwei Jahre dauern. Der US-amerikanische Bericht vermeidet jegliche eigene Einschätzung zu diesem Punkt, sondern zitiert eine Schlussfolgerung des Instituts für Strategische Studien, der Irak könne, wenn er an spaltbares Material gelange, innerhalb von Monaten eine Bombe bauen. Auch dies wieder ein Beleg für die Strategie, eine Behauptung in die Öffentlichkeit zu setzen, ohne die Verantwortung dafür zu übernehmen, dass sie auch zutraf.

Der amerikanische Bericht hält weiter fest, dass sich Saddam Hussein in den letzten beiden Jahren wiederholt mit seinen Nuklearwissenschaftlern getroffen habe, was ein anhaltendes Interesse an der Entwicklung nuklearer Waffen »signalisiert«. Hier wird niemand anders für die Aussage verantwortlich gemacht. Man mag sich dennoch fragen, wie zuverlässig ein solches Signal wohl war. Seit dem Krieg wissen wir, unter welch schlechten Bedingungen die Atomwissenschaftler arbeiten mussten und dass für ein Kernwaffenprogramm schlichtweg die Möglichkeiten fehlten. Sendete Saddam am Ende gar absichtlich ein Signal an die Welt, um den falschen Eindruck zu erwecken, der Irak wolle, entgegen seinen Erklärungen gegenüber den Vereinten Nationen, an seinen nuklearen Bemühungen festhalten? Oder versuchte er lediglich, seine Wissenschaftler bei Laune zu halten und den Irakern und seinen arabischen Nachbarn vorzugaukeln, der wissenschaftliche Fortschritt sei nach wie vor ungebrochen? Dass die Wissenschaftler ihrerseits versuchten, Saddam bei Laune zu halten – und natürlich dafür sorgen wollten, dass ihre Forschungsmittel nicht versiegten –, scheint durch mehrere Berichte bestätigt.

Die Aluminiumröhren

Als Beweisstück können die Aluminiumröhren auf eine Karriere zurückblicken, die wesentlich länger ist als die der Neubauten in al Furat, von denen Präsident Bush dachte, sie würden alle weiteren Fragen überflüssig machen. Das ist in gewisser Weise erstaunlich, da das David Albright Institut für Wissenschaft und Internationale Sicherheit – ein in Washington ansässiges angesehenes Forschungsinstitut – schon zu einem frühen Zeitpunkt in der Diskussion ernste Zweifel formulierte, dass die Aluminiumröhren für Zentrifugen gedacht seien. Das gleiche tat die IAEO, die sich mit dieser Materie gut auskennt und wo man die Möglichkeit hatte, die Aluminiumröhren vor Ort zu untersuchen. Zwar waren die Röhren tatsächlich illegal eingeführt worden, aber nicht jeder illegale Import muss notwendigerweise mit der Produktion von Massenvernichtungswaffen zusammenhängen. Später kam heraus, dass das amerikanische Energieministerium, das in den Vereinigten Staaten für die Urananreicherung in Zentrifugen zuständig ist, der Schlussfolgerung widersprochen hatte, diese Aluminiumröhren seien für den Bau von Zentrifugen gedacht gewesen. Dennoch: Die politisch Verantwortlichen wollten an dieser Schlussfolgerung festhalten.

Trotz der Warnsignale fuhr der stellvertretende Verteidigungsminister Wolfowitz fort, die Aluminiumröhren als bedeutsames Beweismittel zu zitieren. Er gestand zu, dass sich die Vereinigten Staaten irren könnten – um dann hinzuzufügen, ebenso könne sich die IAEO täuschen. Diese ironische Wendung macht deutlich, wem seiner Meinung nach in dieser Welt zu trauen war. Auch Colin Powell bezog sich in seiner Präsentation vor dem Sicherheitsrat am 5. Februar auf die Aluminiumröhren als Beleg für ein irakisches Nuklearwaffenprogramm, aber er fügte hinzu, die Meinungen gingen hierüber auseinander. Einen Monat später sagte Dr. el Baradei im Sicherheitsrat, der Irak beharre darauf, dass die Aluminiumröhren mit einem Durchmesser von 81 Millimeter für die Raketenproduktion vorgesehen seien. Die IAEO hatte eine gründliche Untersuchung durchgeführt und war zu dem Ergebnis gekommen, dass die Aluminiumröhren »sehr wahrscheinlich mit der Herstellung von Zentrifugen nicht in Verbindung zu bringen seien«. Auch wenn Colin Powell sein Bestes gab, um die Frage offen zu halten, die Sichtweise der IAEO scheint sich durchgesetzt zu haben. In einem Bericht von Barton Gellman in der *Washington Post* vom 26. Oktober 2003 heißt es dazu, obwohl sich selbst heute noch nicht jedermann in Washington von der Zentrifugentheorie verabschiedet habe, hätten die nach dem Krieg im Irak tätigen Experten diese Theorie fallen gelassen und zeigten an den Aluminiumröhren kein Interesse mehr. Ein Experte meinte den Kommentar beisteuern zu müssen, dass man sie vielleicht noch als Abflussrohre wiederverwenden könnte.

Yellow Cake

Die Geschichte des Yellow Cake tauchte (rechtzeitig zur UN-Vollversammlung) im September 2002 mit der Veröffentlichung des britischen Berichts auf. Sie stand ebenso im Rampenlicht, oder besser gesagt, erreichte die gleiche traurige Berühmtheit wie die in ebendiesem Bericht enthaltene Behauptung Premierminister Blairs, Saddams Planung sehe vor, »dass einige seiner Sprengköpfe binnen 45 Minuten nach Erteilung des Befehls einsatzbereit« seien. Der Bericht stellte die Behauptung auf, dass der Irak »nennenswerte Mengen an Uran aus Afrika erwerben wollte, obwohl er über keinerlei aktives ziviles Nuklearprogramm verfüge, für das dieses Uran gebraucht wird«. Wie gesagt, erwähnte der im gleichen Monat erschienene amerikanische Bericht diesen Fall nicht, aber Condoleezza Rice schrieb darüber im Januar 2003 und Colin Powell fragte die Teilnehmer des Weltwirtschaftsforums in Davos: »Warum versucht der Irak immer noch, sich Uran zu verschaffen?«

Beweisstück Nummer eins in dieser verwickelten Affäre war ein Dokument, bei dem es sich angeblich um einen Vertrag zwischen der Regierung von Niger und dem Irak über die Lieferung von Natur-Uran oder Yellow Cake handelte. Dieser Yellow Cake erreichte den Höhepunkt seiner Karriere, als ihn Präsident Bush am 28. Januar 2003 in seiner Rede zur Lage der Nation erwähnte: »Die britische Regierung hat Erkenntnisse, dass Saddam Hussein kürzlich in Afrika größere Mengen Uran nachgefragt hat.« Eingedenk der Tatsache, dass das veröffentlichte britische Dossier diesen Fall explizit erwähnte, könnte man davon ausgehen, diese Einlassung des Präsidenten sei über jeden Zweifel erhaben. Andererseits ist es skandalös, dass dieser Satz nicht aus der Rede herausgenommen wurde, wo doch zur gleichen Zeit in Kreisen der Regierung Bush bekannt war, dass das wesentliche Beweisstück für diese Behauptung gefälscht war.

Seinen Tiefpunkt erreichte der Yellow Cake am 7. März, als, wie ich oben bereits ausführte, Mohammed el Baradei dem Sicherheitsrat mitteilte, dass die Dokumente gefälscht waren. Ohne auch nur mit der Wimper zu zucken, dachte ich damals nur: »Wow!« Mohammed hatte mich vorab nicht informiert, und ich hatte keine Ahnung, was auf mich zukam. Allerdings hatte ich mich schon über die letzten Monate hinweg gewundert, warum der Irak sich wohl Yellow Cake beschaffen sollte. Normalerweise fällt jedem beim Wort Uran sofort das Wort Bombe ein. Doch das Uran, das in Bergwerken abgebaut und zu Yellow Cake verarbeitet wird, muss einen langen und komplizierten technischen Anreicherungsprozess durchlaufen, bevor es zum Sprengstoff für Atombomben werden kann. Warum sollten sich die Iraker Yellow Cake verschaffen, nachdem ihre entsprechenden Anlagen zerstört worden waren? Sollte es ihnen eines

Tages gelingen, die Sanktionen abzuschütteln, hätten sie das Uran, wie vor dem Golfkrieg, im eigenen Land abbauen können. Die Geschichte des Yellow Cake widersprach für mich einfach dem gesunden Menschenverstand. Aber schließlich war dies nicht das Einzige, was in der Irakaffäre mit dem gesunden Menschenverstand in Konflikt geriet, und ich habe meine Zweifel nie öffentlich geäußert.

Es scheint, als habe es zwar lange gedauert, bis die IAEO von der CIA Kopien zum Thema Yellow Cake in die Hände bekam, aber dafür umso weniger lange, bis sie herausfand, dass es sich um Fälschungen handelte oder, um den für einen Beamten einer internationalen Behörde angemessenen Ausdruck aus dem diplomatischen Vokabular zu verwenden, dass sie »nicht authentisch« waren. So stellte sich etwa heraus, dass das Dokument mit dem Namen eines Ministers von Niger unterschrieben war, der zum Zeitpunkt, auf den das Dokument datiert war, gar nicht mehr im Amt saß.

Unfaire Kritik an der IAEO

Im Anschluss an el Baradeis Rede enthielt sich Colin Powell jeglichen Kommentars über das Enthüllen der Fälschung, obwohl es ihn ziemlich getroffen haben muss. Doch er unternahm einen Versuch, die Glaubwürdigkeit der Atomenergiebehörde zu untergraben, als er sagte: »*Wie wir alle wissen,* hat die IAEO 1991 um ein Haar erklärt, der Irak habe kein Nuklearprogramm. Wir haben bald danach herausgefunden, dass dies nicht zutraf. Jetzt kommt die IAEO wieder zu einer ähnlichen Schlussfolgerung, aber wir müssen hier sehr *vorsichtig* sein.« (Hervorh. d. A.)

Möglicherweise gab diese Formulierung den Diskussionsstand innerhalb der Regierung wieder und zielte darauf ab, den möglichen Einfluss der IAEO bei den anstehenden Abstimmungen zu schmälern. Am 9. März wurde Condoleezza Rice im Fernsehsender ABC interviewt und sagte dort: »*Natürlich* hat die IAEO das [Kernwaffen]programm '91 übersehen, und auch '95 und '98.« Ihr daraufhin folgender Kommentar wies verblüffende Ähnlichkeiten mit

Powells Text auf: »Wir müssen *vorsichtig* sein, wenn wir solche Schlussfolgerungen ziehen, besonders wenn wir es mit einem totalitären Staat wie dem Irak zu tun haben.« (Hervorh. d. A.)

El Baradei hatte in seinen Ausführungen vom 7. März ebenfalls auf den Punkt hingewiesen, dass »wir bis jetzt keine Belege oder plausiblen Anhaltspunkte für eine Wiederauflage des Nuklearwaffenprogramms gefunden haben«. In der Fernsehsendung *Meet the Press* am 16. März, kurz vor Kriegsbeginn, war Vizepräsident Dick Cheney an der Reihe, el Baradei anzugehen: »Ich glaube, Herr el Baradei liegt einfach verkehrt ... Und ich denke, wenn man sich die *Erfolgsbilanz der Internationalen Atomenergiebehörde* bei solchen Problemen anschaut, insbesondere wenn es um den Irak geht, dann haben sie das, was Saddam getan hat, regelmäßig unterschätzt oder gar nicht registriert. Ich habe keinen Grund zur Annahme, dass sie dieses Mal richtiger liegen als früher.« (Hervorh. d. A.)

Mehr als zwei Monate später, am 28. Mai 2003, deutete der stellvertretende amerikanische Verteidigungsminister Wolfowitz in einem höchst merkwürdigen Versuch, die ausbleibenden Erfolge der Besatzungstruppen bei der Suche nach illegalen Waffen im Irak zu entschuldigen, ebenfalls auf die schlechten Leistungen der IAEO hin. Er sagte: »*Wenn sie sich erinnern,* hat es im Jahr 1991 seine Zeit gebraucht. Ich glaube, es war drei Monate nach dem Krieg, dass die IAEO erklärte, es gäbe kein Nuklearprogramm, und noch einmal drei oder sechs Monate später haben sie dann festgestellt, dass sie nicht hinter einer, sondern, so viel ich weiß, gleich hinter vier Spuren zu Nuklearwaffen her waren ...« (Hervorh. d. A.)

Dies waren die ersten und einzigen Fälle, in denen eine Regierung Kritik an der Inspektionstätigkeit der IAEO im Irak geäußert hat. Man könnte sie auf die besondere Situation zurückführen, in der die Vereinigten Staaten im Frühjahr 2003 versuchten, die Welt davon zu überzeugen, dass der Irak sein Streben nach Kernwaffen wieder aufgenommen habe. Ich glaube jedoch, dass die Wurzeln tiefer liegen, vermutlich eher in Militärkreisen der amerikanischen Regierung als im Außenministerium und im Energieministerium, die beide über eine lange Erfahrung in der Zusammenarbeit mit der

Behörde verfügen. Ich habe ja im zweiten Kapitel den Widerstand der früheren Regierung Bush 1991 gegen den Sicherheitsrat beschrieben, als es darum ging, der Atomenergiebehörde das Mandat für die Inspektionen nach dem Golfkrieg zu erteilen.

Gegen Ende des Jahres 2003 haben sich einige Vertreter der US-Regierung kritisch über die IAEO geäußert, weil sich deren Sekretariat nicht bereit erklärte, nur aufgrund des geheimen iranischen Urananreicherungsprogramms zu schließen, dass der Iran an der Herstellung von Atomwaffen arbeite. Und in Verbindung mit Libyens etwas später erfolgter Erklärung, man sei bereit, alle Anstrengungen zur Entwicklung von Nuklearwaffen einzustellen, schien man auf amerikanischer Seite verstimmt, dass die Experten der Atomenergiebehörde nach einem Besuch des Landes die Meinung äußerten, Libyen sei von der Produktion einer Atombombe noch sehr weit entfernt gewesen. Beide Fälle lassen einen Versuch erkennen, der Behörde Nachlässigkeit in ihrem Urteil vorzuwerfen.

Vielleicht sollte man das Problem umgekehrt betrachten: Die Verlautbarungen der USA waren bisweilen übertrieben alarmierend. Die amerikanischen Einlassungen über die irakischen Kernwaffen im Jahr 2003 weisen in diese Richtung. Wie immer es sich verhalten mag, meine Darstellung der Inspektionstätigkeit der IAEO im Irak, die ich im zweiten Kapitel beschrieben habe, sollte zeigen, dass diese Behörde vielleicht das irakische Programm zur Anreicherung und zum Bau von Kernwaffen »übersehen« hatte, als sie vor April 1991 nach dem System traditioneller Sicherheitsmaßnahmen gemäß dem Atomwaffensperrvertrag vorging, dass sie aber im Auftrag des Sicherheitsrats danach ausgezeichnete Arbeit als nukleare Inspektionsbehörde leistete. Hier gilt es die Verhältnisse zurechtzurücken.

KAPITEL 11

Die Diplomatie vor dem Scheitern

Auf der Tagesordnung der Sitzung des Sicherheitsrats am 7. März stand offiziell der 12. Quartalsbericht der UNMOVIC, der die Ergebnisse der Inspektionen im Dezember, Januar und Februar zusammenfasste.

Die Resolution 1284, mit der das Inspektionsregime 1999 eingerichtet worden war, forderte nicht nur eine vierteljährliche Berichterstattung, sondern, nach einer anfänglichen Inspektionsphase, auch die Vorlage eines vorläufigen »Arbeitsprogramms« zur Genehmigung durch den Sicherheitsrat. Als spätester Termin für die Vorlage dieses Programms war der 27. März (2003) festgesetzt worden – aber bis dahin waren es noch immer 20 Tage. Der Programmentwurf sollte die »wichtigsten noch verbleibenden Abrüstungsaufgaben« aufzählen. Gab es innerhalb von 120 Tagen Fortschritte bei der Erledigung dieser Aufgaben, stand es dem Sicherheitsrat frei, die Sanktionen auszusetzen – nicht aufzuheben. Bei uneingeschränkter Kooperation des Irak könnten die Sanktionen somit Ende Juli ausgesetzt werden. Russen, Franzosen und Deutsche hatten nichts gegen eine solche Vorgehensweise einzuwenden. Sie waren der Ansicht, dass die Inspektionen leidlich gut vorankamen; die Inspekteure wurden bei ihrer Arbeit nicht behindert, und die Zerstörung der Al-Samud-2-Raketen war in vollem Gang.

Für die US-Regierung dagegen dürfte die Aussicht auf ein Arbeitsprogramm, das sich vier Monate lang hinzog, völlig unannehmbar gewesen sein. Sie war – irrtümlicherweise und mit einigen internen Fußnoten abweichender Meinung – zu dem Schluss gelangt, der Irak sei im Besitz chemischer und biologischer Waffen und verfüge obendrein über mobile Labors zu deren Herstellung, außerdem habe der Irak sein früheres Kernwaffenprogramm wieder aufgenommen und produziere unbemannte Luftfahrzeuge großer Reichweite. Die US-Regierung ging davon aus, dass der Irak die Rüstungsgüter, deren Verbleib nach Einschätzung der Inspekteure ungeklärt war, höchstwahrscheinlich versteckte. Daraus folgte – aus US-amerikanischer Sicht – notwendigerweise, dass die Erklärung, die der Irak im Dezember 2002 vorgelegt hatte, falsche Angaben beziehungsweise Auslassungen enthielt, die eine weitere erhebliche Verletzung seiner Verpflichtungen darstellten und daher ein militärisches Vorgehen rechtfertigten. Obgleich den Inspekteuren uneingeschränkter Zutritt gewährt würde, hätte der Irak nach Auffassung der US-Regierung hinsichtlich der Befragung von Wissenschaftlern, der U-2-Aufklärungsflüge und des Erlasses von Rechtsvorschriften nicht im geforderten Umfang kooperiert, was ebenfalls eine erhebliche Verletzung seiner Verpflichtungen darstelle. Erwartungsgemäß habe der Irak die letzte Chance, die ihm die Resolution 1441 einräumte, nicht genutzt, sondern versucht, weiterhin zu tricksen und gerade das absolut Nötigste zu tun, um davonzukommen.

Es sei an der Zeit zu handeln, nämlich militärisch einzugreifen. Die USA vertraten offiziell den Standpunkt, dass es hierzu keiner ausdrücklichen Ermächtigung durch den Sicherheitsrat bedürfe. Gleichzeitig hielt man es in US-Regierungskreisen dennoch für wünschenswert, dass die Vereinten Nationen die Anwendung von Gewalt absegneten, und man war sich dort auch darüber im Klaren, dass die Rückendeckung durch den Sicherheitsrat für die verbündeten Briten von großer politischer Bedeutung war.

Kriegsgründe: Ein »rauchender Colt« oder eine verweigerte »strategische Entscheidung«?

Obgleich Colin Powell, Paul Wolfowitz und David Kay mit je unterschiedlicher Akzentsetzung behaupteten, es bedürfe keines »rauchenden Colts«, wünschte sich die Bush-Administration doch sehnlichst, einen solchen zu finden, um ihn im Fall eines Krieges als Beweisstück Nummer eins vorlegen zu können. In den Tagen nach der Sicherheitsratssitzung wandte sich die US-Regierung an die Medien und bekundete ihren Unmut darüber, dass die UNMOVIC die Drohne und die Streubombe nicht als Beweise dafür gewertet habe, dass der Irak seine Verpflichtungen aus den Resolutionen weiterhin verletze. Vermutlich bezweckte die US-Regierung damit, einerseits die öffentliche Aufmerksamkeit auf diese vermeintlichen »rauchenden Colts« zu lenken und andererseits die Glaubwürdigkeit der Inspekteure zu untergraben, die nach der Entdeckung dieser Objekte nicht Alarm geschlagen hatten.

Die Informationskampagne der US-Regierung in den ersten Märztagen fand zumindest in den konservativen Medien die gewünschte Resonanz. Ich wurde verleumdet, verteufelt, als Dummkopf hingestellt, und mir wurde klar, dass ich mir eine Menge Ärger ersparte, wenn ich den Fernseher nicht einschaltete und meine Lektüre auf ein paar ausgewählte, anspruchsvolle Zeitungen beschränkte. Dennoch drangen einige gehässige, aber auch manche erheiternde Kommentare durch meinen »Schutzschild«. In einer E-Mail wurde mir der Rat erteilt, wenn ich den »rauchenden Colt« nicht sehe, dann solle ich einen Optiker aufsuchen, worauf ich antwortete, ich bedanke mich sehr für den Rat und würde mir ein paar farblose Kontaktlinsen erbitten. Daraufhin erhielt ich eine weitere E-Mail, die meine Absicht lobte, endlich die rosarote Brille abzulegen, die ich offenkundig trüge. Ich habe den Schreiber der E-Mail noch nicht davon unterrichtet, dass mir ein imaginärer Optiker später eine Lupe verordnete und dass ich in Erwägung ziehe, gleich zwei zu kaufen und eine dem Pentagon zu schenken …

Ein anderer E-Mail-Schreiber meinte spitz, ich sei kein Wachhund, sondern ein Schoßhündchen. Die Schlagzeile eines Revolverblattes lautete: »*Blix' tricks irk US*« (Blix' Tricks ärgern USA). Ein origineller Einfall. Ich hätte dem Redakteur, der darauf kam, gerne einen Drink spendiert.

Im Großen und Ganzen haben mich diese heftigen Angriffe ziemlich kalt gelassen. Wir hatten nicht versucht, uns irgendwo zwischen den Vereinigten Staaten und Großbritannien und dem Irak beziehungsweise zwischen irgendwelchen Regierungen zu positionieren. Wir waren keine Vermittler, sondern Inspekteure. Die Tatsache, dass das Regime von Saddam Hussein eines der brutalsten war, das die Menschheit je gesehen hat, und eine Gefahr für die gesamte Region darstellte, rechtfertigte es nicht, Beobachtungen zu verdrehen oder vermeintliche Beweise unkritisch hinzunehmen. Ich wusste, dass wir bei unseren Inspektionen und Berichten nach bestem Wissen und Gewissen verfuhren und dass wir nicht insgeheim einseitig nach entlastendem oder belastendem Material suchten. Nichts und niemand ist vollkommen, und wir konnten uns in dem einen oder anderen Punkt irren, aber ich war fest davon überzeugt, dass wir unvoreingenommen an unsere Aufgabe herangingen und die Tatsachen einigermaßen zutreffend wiedergaben und bewerteten. Einmal sagte ich der Presse, dass wir vielleicht nicht die klügsten Köpfe der Welt, aber jedenfalls auch nicht die Befehlsempfänger irgendeines Landes seien.

Die US-amerikanische Regierung behauptete also zum einen, es bedürfe keiner »rauchenden Colts«, und zum anderen, der Irak habe nicht die notwendige »strategische Entscheidung« zur Abrüstung getroffen. Diese Behauptung war zwar nicht so überzeugend und schlagkräftig, wie dies ein »rauchender Colt« gewesen wäre, aber sie ließ sich auch schwerer entkräften.

Wenn ich diese Frage im Rückblick und eingedenk der Tatsache betrachte, dass der Irak möglicherweise schon 1991 in allen Bereichen mit Ausnahme der Raketenrüstung »strategische Entscheidungen« getroffen hatte, dann begreife ich nicht, wieso die irakische Seite in den Jahren 2002 und 2003 nicht einmal den Versuch machte, uns hiervon zu überzeugen. Sie hätten auf die diesbezügliche Aussage verweisen können, die Saddams Schwiegersohn Hussein Kamal 1995 bei seiner Flucht nach Jordanien gemacht hatte. Waren 1991 wirklich keine schriftlichen Befehle ergangen? Falls doch, warum wurden sie uns dann nicht gezeigt? Weshalb legte die irakische Seite der UNMOVIC so spät Listen mit den Namen der Personen vor, die angeblich 1991 an der Zerstörung verbotener Waffen beteiligt gewesen waren? Weshalb haben sie uns im Dezember 2002 nicht angeboten, diese Personen zu befragen?

Die wichtigsten verbleibenden Abrüstungsaufgaben als »Marksteine«

Die Idee, Marksteine festzulegen, die der Irak erreichen sollte, um die Völkergemeinschaft davon zu überzeugen, dass es ihm mit der Abrüstung ernst sei, hatte bereits vor der Sitzung des Sicherheitsrats am 7. März eine Zeit lang im Raum gestanden. Wie die »rauchenden Colts« stellten auch die Marksteine etwas wie eine Antithese zu dem etwas nebulösen Konzept der strategischen Entscheidung dar. Marksteine waren konkrete Auflagen, die der Irak erfüllen müsste. Die US-Regierung stand der Idee zwiespältig gegenüber. Zum einen könnte sie dem irakischen Regime helfen, eine kritische Phase heil zu überstehen, indem es die ersten paar Marksteine leidlich erfüllte, nur um später wieder auf Zeit zu spielen und zu tricksen. Zum anderen ließe sich dadurch, dass man vom Irak sukzessive konkrete Abrüstungsmaßnahmen verlangte, allerdings die Schwäche des Konzepts der strategischen Entscheidung dadurch beheben, dass man ganz genau angab, was der Irak tun müsste, um eine solche Entscheidung glaubhaft zu machen. Auch scheint die US-Regierung davon ausgegangen zu sein, dass sie die gewünschte Ermächtigung zur Gewaltanwendung durch den Sicherheitsrat leichter bekommen würde, wenn der Irak die ihm aufgegebenen Marksteine der Abrüstung nicht fristgerecht erfüllen würde. All diese Erwägungen führten letztlich dazu, dass die USA den britischen Versuch, das Markstein-Konzept als Schnelltest für die Kooperationsbereitschaft des Irak zu verwenden, halbherzig unterstützten.

Man könnte sagen, dass schon die Einforderung von Fortschritten bei der Lösung der »wichtigsten verbleibenden Abrüstungsaufgaben« in der Resolution von 1999 auf ein Markstein-Konzept hinauslief, auch wenn dafür eine Frist von 120 Tagen oder mehr eingeräumt wurde. Die ausgewählten »wichtigsten Aufgaben« ließen sich als Marksteine betrachten und ihre Erfüllung würde die Kooperationsbereitschaft nachweisen. Nach Auffassung der Russen, Franzosen und Deutschen war das Markstein-Konzept denn auch bereits in der Resolution 1284 enthalten. Wozu sollte man neue

Marksteine – neue »wichtigste Aufgaben« – definieren, wo die UNMOVIC doch in nächster Zukunft zusammen mit ihrem Arbeitsprogramm sowieso eine Liste vorlegen würde? Sie wussten, dass die UNMOVIC die »wichtigsten verbleibenden Abrüstungsaufgaben« aus dem Cluster-Dokument auswählen würde, das gegenwärtig in seine endgültige Form gebracht wurde. Und sie hatten die UNMOVIC gedrängt, sich mit der Vorlage dieses Dokuments und ihres Arbeitsplans zu beeilen, zweifellos in der Absicht, für das Markstein-Konzept zu werben und es in das Prozedere nach der Resolution 1284 einzubeziehen. Weder die USA noch Großbritannien erhoben Einspruch gegen den Wunsch Deutschlands, Frankreichs und Russlands, das fertige Cluster-Dokument freizugeben.

Colin Powell und Jack Straw, die Gelegenheit hatten, einen den Fachkommissaren der UNMOVIC zugeleiteten frühen Entwurf des Cluster-Dokuments einzusehen, nutzten in der Sicherheitsratssitzung ihre dabei gewonnenen Erkenntnisse, um ihren Vorwurf zu untermauern, der Irak habe die ganze Zeit über getrickst und getäuscht – was nichts anderes hieß, als dass die Inspektionen nicht den gewünschten Erfolg hatten. Nichts deutete auf die später von den USA zum Ausdruck gebrachte Enttäuschung darüber hin, dass das Dokument keinen »rauchenden Colt« erwähnte, und auch die bissigen Äußerungen John Wolfs im Kollegium von Fachkommissaren der UNMOVIC, das Dokument sei weitgehend wertlos und es komme allein auf die Feststellung an, dass der Irak keine »strategische Entscheidung« getroffen habe, blieben ohne Nachwirkung.

Der französische Außenminister Dominique de Villepin, der anders als sein amerikanischer und sein britischer Amtskollege die den Fachkommissaren zugeleitete Fassung des Dokuments nicht gesehen hatte, forderte die Inspekteure auf, das Arbeitsprogramm und das Verzeichnis der »wichtigsten verbleibenden Abrüstungsaufgaben« so früh wie möglich vorzulegen. Wie die Russen und die Deutschen war er der Ansicht, der Sicherheitsrat solle sich umgehend mit diesen Aufgaben befassen. Am 27. März sei es zu spät. Er erklärte seine Bereitschaft, die Inspekteure zu ersuchen, alle drei Wochen Zwischenberichte über die wichtigsten Aufgaben vorzulegen, und den Sicherheitsrat zu bitten, die Umsetzung des Arbeitsprogramms durch den Irak innerhalb eines Zeitrahmens zu beurteilen, der kürzer sei als die in der Resolution von 1999 festgesetzten 120 Tage.

Saddam Hussein kündigt die »strategische Entscheidung« an

Jack Straw sagte in seinem Vortrag im Sicherheitsrat am 7. März klipp und klar, in der kurzen Frist, die der Resolutionsentwurf dem Irak einräume, um seinen Verpflichtungen nachzukommen, nämlich bis zum 17. März, sei nicht zu erwarten, dass der Irak vollständig abrüste. Zwar schlug er nicht vor, Saddam Hussein solle die strategische Entscheidung einfach öffentlich bekannt geben, aber bei den informellen Konsultationen des Sicherheitsrats am Abend nach der öffentlichen Sitzung sagte Sir Jeremy Greenstock, der Irak habe genügend Zeit, um durch Worte und Taten alle davon zu überzeugen, dass er die strategische Entscheidung zur freiwilligen Abrüstung getroffen habe. Sir Jeremy dachte vermutlich schon an diesem Abend an eine Rede Saddam Husseins und einen Katalog konkreter Maßnahmen (Marksteine), der kürzer war als das Verzeichnis der »wichtigsten verbleibenden Abrüstungsaufgaben«, das die UNMOVIC sehr bald vorlegen würde.

Am Tag nach der Ratssitzung suchte ich Amr Moussa auf, den Generalsekretär der Arabischen Liga und ehemaligen ägyptischen Außenminister. Wir waren alte Freunde. Ich kannte ihn seit der Zeit, als wir beide Delegierte im Rechtsausschuss der Vollversammlung gewesen waren, was schon einige Jahre zurücklag. Er wollte mit einer Delegation der Liga nach Bagdad reisen, um Gespräche mit Saddam Hussein zu führen. Ich sagte zu ihm, obgleich es ungewiss sei, was eine Erklärung Saddams über eine »strategische Entscheidung« in dieser Phase noch ausrichten könne, sei es jetzt doch die einzige Option, die noch offen stehe, und je eher sie ausprobiert würde, umso besser. Ich skizzierte einige Punkte, auf die Saddam meines Erachtens in einer Fernsehansprache unbedingt eingehen sollte; dazu gehörten folgende Aussagen:

- Er wolle der internationalen Gemeinschaft vollkommene Sicherheit geben, dass der Irak keinerlei Massenvernichtungswaffen besitzt, die einen Angriff auf den Irak rechtfertigen könnten.
- Die UN-Inspekteure hätten die Zerstörung vieler derartiger Waffen überprüft, doch angesichts fortbestehender Zweifel erkläre er, dass sämtliche verbotenen Waffen und sonstigen verbotenen Güter oder Aktivitäten, die möglicherweise noch vorhanden seien, mit sofortiger Wirkung den UN-Inspektionen unterworfen würden.
- Sämtliche irakischen Militär- und Zivilbehörden, Wissenschaftler, Ingenieure und sonstige Amtsträger würden angewiesen, den UN-Inspektionsorganen alle Informationen, die sie besitzen, uneingeschränkt und wahrheitsgetreu mitzuteilen … Bürger würden aufgefordert, UN-Inspekteuren die Wahrheit zu sagen, gleichgültig, ob sie im Irak befragt oder zur Befragung ins Ausland gebracht würden.

Ich sagte zu Amr Moussa, eine solche Erklärung reiche möglicherweise nicht aus, um die drohende Gefahr eines Angriffs abzuwehren. Im letzten Jahr hätten Gerüchte kursiert, Saddam trage sich mit Rücktrittsgedanken. Er könnte doch öffentlich ankündigen, er sei nach reiflicher Überlegung zu dem Schluss gekommen, dies sei der richtige Zeitpunkt für einen solchen Schritt, und bei gleicher Gelegenheit bekannt geben, an wen er das Ruder übergeben wolle. Er könne außerdem mich und Mohammed el Baradei nach Bagdad einladen und uns dort persönlich entsprechende Zusicherungen machen. Schließlich meinte ich, es wäre sinnvoll, Saddam deutlich zu machen, dass der Irak, falls es trotz allem zu einem Militärschlag komme, weder Geiseln nehmen, noch chemische oder biologische Waffen einsetzen sollte. Andernfalls würden die vielen Menschen in der Welt, die zum gegenwärtigen Zeitpunkt eine bewaffnete Aktion gegen den Irak missbilligten, sagen, die Militäraktion sei gerechtfertigt gewesen.

Letzten Endes wurde die Mission der Arabischen Liga abgesagt, sodass Saddam weder Amr Moussa noch die Punkte je zu hören bekam, die ich mir für seine Rede ausgedacht hatte – eine der ungewöhnlichsten, die ich je entworfen habe.

Die Briten überspannen den Bogen

Bei den Beratungen im Sicherheitsrat hatte Großbritannien zunächst gewisse Zweifel am Nutzen »eines Verzeichnisses genau definierter Aufgaben« – Marksteine – angemeldet. In meinen privaten Aufzeichnungen zitierte ich Sir Jeremy Greenstock mit den Worten, es wäre »schlechterdings unverkennbar«, wenn der Irak eine strategische Entscheidung getroffen hätte. Vermutlich meinte er, es wäre unnötig, genau anzugeben, was als Beleg für eine entsprechende Entscheidung angesehen würde. Da die Briten jedoch wussten, dass andere dies nicht für überflüssig erachteten, und da sie dringend Unterstützung für eine neue Resolution suchten, gaben sie einen weiteren Zentimeter nach und arbeiteten ein Papier aus, das definierte, was als Beweis für eine strategische Entscheidung anerkannt würde. In einem einsamen Auftritt bemühte sich Sir Jeremy darum, andere Sicherheitsratsmitglieder zum Mitmachen zu bewegen. Obgleich ihm die US-Vertreter keine Klötze zwischen die Beine warfen, spürte man deutlich, dass sie Weisung hatten, die britischen Bemühungen für ein paar Tage, aber nicht länger, zu tolerieren. Vielleicht hatte man in Washington sogar Sorge, dass es Sir Jeremy gelingen könnte, eine Mehrheit für eine Markstein-Resolution zusammenzubringen, und dass es den Irakern gelingen würde, diese zu erfüllen. Es war ein interessanter Moment, an dem sich eine potenzielle Kluft zwischen den angelsächsischen Verbündeten auftat.

Das Papier, das schließlich herauskam, verlangte zwei Arten von Beweisen für eine strategische Entscheidung. Erstens sollte Saddam Hussein die Entscheidung in einer Fernsehansprache bekannt geben. Außerdem führte das Papier eine Reihe konkreter Punkte auf, die in der Rede angesprochen werden sollten. Zweitens sollte der Irak vor dem 17. März fünf Marksteine erfüllen, um seine Ernsthaftigkeit unter Beweis zu stellen.

Die Punkte, die Saddam nach diesem Papier in seiner Rede ansprechen sollte, unterschieden sich nicht grundlegend von denen, die ich mit Amr Moussa besprochen hatte. Allerdings hatte ich an einen mündlichen Rat gedacht, den ein hoher arabischer Amtsträger Saddam vertraulich geben sollte. Der britische Entwurf enthielt eine öffentliche Weisung an Saddam Hussein darüber, was er sagen sollte, und nötigte ihn darüber hinaus, offen zu bekennen, dass der Irak früher versucht habe, seine Massenvernichtungswaffen zu verstecken. Eine solche Demütigung würde den Herrscher von Mesopotamien mit hundertprozentiger Sicherheit dazu bewegen, den Vorschlag einer öffentlichen Erklärung abzulehnen. War dies vielleicht die eigentliche Absicht? Als einziges Mitglied des Sicherheitsrats ging der Vertreter Syriens auf die wesentlichen Punkte ein. Er sagte, diese Forderung würde als Demütigung des gesamten irakischen Volkes, nicht nur Saddams empfunden. Andere Vertreter fragten, welchen Sinn es hätte, eine öffentliche Erklärung von jemandem zu fordern, der als notorischer Lügner galt.

Gespräch mit Tony Blair über die vom Irak zu erreichenden Marksteine

Am 10. März um acht Uhr früh rief mich ein Mitglied der britischen Vertretung an. Der Mann entschuldigte sich dafür, dass er mich zu einer so undiplomatischen Stunde störe, und fragte, ob ich in die Vertretung kommen könne, um in einer halben Stunde einen Anruf des Premierministers entgegenzunehmen. Mir wurde klar, dass es in London halb zwei Uhr mittags war, trank hastig eine Tasse Tee, ließ mein Bett dieses eine Mal ungemacht und eilte zur Vertretung der Briten in der 47. Straße, um den Anruf auf einer abhörsicheren Leitung im Büro von Sir Jeremy entgegenzunehmen.

Tony Blair sagte, seine Regierung wünsche sich fünf bis sechs Punkte, mit denen der Irak seinen Willen unter Beweis stellen könnte, das Arbeitsprogramm der UNMOVIC zu erfüllen. Man habe daran gedacht, von den Irakern die Offenlegung ihrer Bestände an

Milzbranderregern, an chemischen Kampfstoffen VX und Senfgas, von SCUD-Raketen sowie Fernlenkflugzeugen zu fordern; außerdem sollten sie bei der Befragung von Wissenschaftlern samt deren Familien außerhalb des Irak echt kooperieren. Hinzu käme die öffentliche Erklärung Saddam Husseins. Der Prozess dürfe sich nicht bis April/Mai hinziehen, aber vielleicht ein paar Tage über den 17. März hinaus. Ich spürte, dass es ihm nicht leicht fallen würde, die USA bei der Stange zu halten. Die Amerikaner bezweifelten, sagte er, dass ihnen die UNMOVIC gewogen sei. Ich sagte nichts dazu.

Rückblickend glaube ich, dass bei der US-Regierung dieser Eindruck entstand, als die UNMOVIC die im Irak gefundene Drohne samt Streubombe nicht als »rauchende Colts« – eindeutige Beweise für eine erhebliche Verletzung der Abrüstungsverpflichtungen – einstufte. Die Amerikaner hatten jedenfalls viel Aufhebens darum gemacht. Es stört mich nicht, dass wir diese Gegenstände unterschiedlich bewerteten, aber ich empfinde es noch immer als beleidigend, dass sie glauben konnten, unsere Beurteilung sei vom Wunsch bestimmt gewesen, nur ja kein belastendes Beweismaterial zu finden. Ich sagte Tony Blair, alle von ihm erwähnten Punkte seien auch in unserem Verzeichnis ungelöster Abrüstungsfragen enthalten. Ob wir sie zu den wichtigsten Abrüstungsfragen zählen würden, könne ich allerdings noch nicht mit Sicherheit sagen.

Die endgültige Liste, für die sich die Briten schließlich entschieden, enthielt die Punkte, die Tony Blair erwähnt hatte, mit der einen Änderung, dass der Irak, statt seine Senfgas-Bestände offen zu legen, mobile Produktionsstätten für chemische und biologische Waffen deklarieren und herausgeben sollte. Wir hatten lange Zeit vergeblich nach diesen Produktionsstätten gesucht, von deren Existenz westliche Geheimdienste überzeugt waren.

Die anderen Mitglieder des Sicherheitsrats

Franzosen, Deutsche und Russen hielten eine Aufstellung neuer Marksteine für überflüssig, da die UNMOVIC in ein paar Tagen sowieso eine Liste wichtiger Abrüstungsaufgaben vorlegen würde, die sie nach monatelanger sorgfältiger Analyse ausgewählt hatte. Es war jedoch allen klar, dass in einer Situation, in welcher ein unzuverlässiger Konsorte seine Bereitschaft, all seinen Verpflichtungen nachzukommen, frühzeitig unter Beweis stellen musste, das Markstein-Konzept die Möglichkeit einer Art »Ratenzahlung« eröffnete; so könnte die erste Zahlung beispielsweise schon zehn Tage nach Annahme der Resolution fällig werden. Auf diese Weise würde sich die Überzeugung festigen, dass die angekündigte »strategische Entscheidung« ernst gemeint war.

Der französische Botschafter sagte mir, Frankreich würde für den Abschluss der »wichtigsten noch verbleibenden Abrüstungsaufgaben« auch eine kürzere Frist als die in Resolution 1284 (1999) festgesetzten 120 Tage akzeptieren. Er hatte nach wie vor das ganze Verzeichnis, das wir vorlegen sollten, im Auge und nicht etwa eine kürzere Liste von Marksteinen, die sich in einer kürzeren Zeitspanne erreichen ließen. Er fragte, wie lange die UNMOVIC bräuchte, um ihre Liste mit Abrüstungsforderungen abzuarbeiten. Ich antwortete, dass wir etwa 17 Schlüsselaufgaben auswählen würden und dass es vor allem von der irakischen Seite abhinge, wie viel Zeit wir bräuchten, um sie abzuschließen. Selbst bei ausgezeichneter Kooperation würde es jedenfalls Monate dauern. Vielleicht könnte man eine Frist bis zum 1. Juni setzen. Wir müssten jedenfalls zu diesem Datum einen Quartalsbericht vorlegen.

Die Franzosen sahen das Hauptproblem jedoch weder in der Länge oder Kürze der Liste von Abrüstungsaufgaben noch in der Frist, die dem Irak gewährt werden sollte, sondern in der Überzeugung der US-Regierung, es bedürfe gar keines Beschlusses des Sicherheitsrats darüber, ob eine Liste von Aufgaben gelöst beziehungsweise mustergültige Abrüstungsschritte erfüllt worden seien. Für sie vertrat die US-Regierung weiterhin den Standpunkt, dass sie diese Frage ganz allein beurteilen und ihre eigenen Schlussfolgerungen daraus ziehen könne. Die Franzosen zogen dieses Recht in Zweifel, und das Gleiche taten viele andere Länder. Dem lag die Auffassung zugrunde, dass (nach der UN-Charta) kein Land das

Recht hat, sich selbst (im Namen der Völkergemeinschaft) zur Anwendung militärischer Gewalt zu ermächtigen. Allein dem Sicherheitsrat steht das Recht zu, ein Mandat für eine Militäraktion zu erteilen. Ich sagte, ich verstünde seinen Standpunkt durchaus und sähe ebenso wie er die Gefahr, dass die US-Regierung am 17. März einseitig beschließen könnte, der Irak habe seine letzte Chance nicht genutzt, und in Aktion treten könnte. Meiner Meinung nach könnte jedoch eine neue Dynamik weg von der Anwendung militärischer Gewalt einsetzen, fügte ich hinzu, sofern der Irak eine Erklärung abgäbe und zweifelsfrei drei der fünf Marksteine erfülle. Es sollte machbar sein, die Zerstörung der Raketen vor dem 17. März abzuschließen, 30 Wissenschaftler mitsamt ihren Familien zur Befragung nach Larnaka auszufliegen und vollständige Informationen über die Drohnen zu erhalten. Pessimistischer war ich, was die Deklarierung und Übergabe möglicher Anthrax- und VX-Bestände anlangte. Wir hatten uns intensiv darum bemüht, in diesen Fragen Klarheit zu erhalten, und ich war mir nicht sicher, ob der Irak noch über Restbestände verfügte und ob diese dokumentiert waren.

Lohnte es sich nicht trotzdem, diese Chance zu ergreifen? Man brauchte den Vereinigten Staaten und Großbritannien doch nicht das Recht zuzugestehen, einseitige Bewertungen vorzunehmen und ohne ausdrückliche Ermächtigung des Sicherheitsrats kriegerische Handlungen zu beginnen. Diese Frage konnte so strittig bleiben, wie sie war, als die Resolution 1441 angenommen wurde. Die Franzosen – und mehrere weitere Ratsmitglieder – waren meiner Einschätzung nach jedoch überzeugt davon, dass es auch dann, wenn sie der Resolution zustimmten und einige erste Marksteine leidlich erfüllt würden, zu einem Krieg kommen und es später heißen würde, alle, die der Resolution zustimmten, hätten die Militäraktion befürwortet.

Die Franzosen hatten den Eindruck, in der US-Regierung seien schon im Januar die Würfel für einen Krieg gefallen, und sie wollten diese Entscheidung nicht absegnen. Ich sah das etwas anders. Ich bezweifelte nicht, dass eine grundsätzliche Entscheidung für einen Militärschlag getroffen worden war, sofern nicht bis zu einem bestimmten Zeitpunkt eine völlig neue Situation entstand – durch die öffentliche Ankündigung der legendären »strategischen Entscheidung« und die Erfüllung maßgeblicher Abrüstungsschritte, eben von Marksteinen. In diesem Fall konnte eine Entscheidung geändert, vertagt und ausgesetzt, der militärische Aufmarsch verlangsamt oder abgebrochen werden.

Chile und fünf weitere nichtständige Mitglieder des Sicherheitsrats, die sich darüber im Klaren waren, dass die Frist für eine friedliche Lösung ablief, und die zugleich der Ansicht waren, man könne nicht ernsthaft von den Irakern erwarten, die geforderten Marksteine vor dem 17. März zu erfüllen, suchten nach einem Kompromiss. Sie konsultierten andere Ratsmitglieder über einen Resolutionsentwurf mit einer Liste von Marksteinen, die sich weitgehend mit der britischen Liste deckte, in dem jedoch statt einer Fernsehansprache Saddam Husseins ein weniger demütigender Brief der irakischen Staatsführung gefordert wurde; außerdem erhielt der Irak für die Erfüllung der Marksteine eine Frist von drei Wochen beziehungsweise 30 Tagen – in dem eilig aufgesetzten Dokument tauchten beide Zahlen auf. Der Entwurf war eindeutig »realistischer« als der britische – sieht man einmal davon ab, dass die USA die eingeräumte Frist mit Sicherheit nicht akzeptieren würden. Es gab einen weiteren zentralen Punkt: Wie mir der chilenische Präsident Ricardo Lagos am Telefon im Beisein seines überaus tüchtigen Botschafters Valdes erklärte und wie auch aus dem von Chile verfassten Entwurf eindeutig hervorging, standen sechs gewählte Ratsmitglieder auf dem Standpunkt, nur der Sicherheitsrat insgesamt sei befugt, zu beurteilen, ob der Irak die Marksteine erfüllt habe, und über das weitere Vorgehen zu beschließen. Sie waren nicht bereit, auf dieses dem Sicherheitsrat zustehende Recht zu verzichten. Andererseits waren die USA nicht bereit, ihren Anspruch auf das Recht zum Alleingang fallen zu lassen.

Das Ende

Bei den informellen Konsultationen im Sicherheitsrat am Donnerstag, dem 13. März, warb Sir Jeremy verzweifelt für das britische Markstein-Papier. Wenn es »Schubkraft« entwickelte – ein neuer beliebter, suggestiver Terminus –, dann sei er in mehreren Punkten zu Zugeständnissen bereit, selbst dazu, den konstitutiven Paragraphen 3 beziehungsweise den gesamten Resolutionsentwurf, der sich wie ein Ultimatum anhörte, fallen zu lassen. Obgleich dieser Schritt als ein letztes Zugeständnis dargestellt wurde, signalisierte das Markstein-Papier als solches ebenfalls ein Ultimatum. Es würde sich von selbst verstehen, dass ernsthafte Konsequenzen zu erwarten wären, wenn die öffentliche Erklärung ausbliebe und/oder die Markstein-Forderungen nicht erfüllt würden.

Am Freitag, dem 14. März, scheiterten sämtliche Bemühungen, im Sicherheitsrat Einvernehmen herzustellen. Der von Chile und fünf weiteren gewählten Mitgliedern des Sicherheitsrats vorbereitete Entwurf wurde zurückgezogen, bei einem Treffen der EU-Botschafter kam es zu keiner Annäherung der Standpunkte, und eine Zusammenkunft der fünf ständigen Mitglieder wurde abgesagt. Statt des diplomatischen Prozesses entwickelten nun die in Kuwait stationierten Panzer Schubkraft.

Wir erfuhren, dass die Eigentümer der Hubschrauber, die wir angemietet und im Irak eingesetzt hatten, den Entschluss gefasst hatten, die Maschinen abzuziehen. Sie wollten vermeiden, dass ihre Fluggeräte in Bagdad festsaßen, so wie es bei den chilenischen Helikoptern 1998 der Fall gewesen war. Wir hatten ein Alarmsystem installiert, damit unser Personal in kürzester Zeit abreisen konnte, und wir hatten fertige Pläne für die Evakuierung unserer Bediensteten vor Ort. Wir waren verständlicherweise in Sorge, dass der Irak versuchen könnte, UN-Personal als Geiseln zu nehmen, oder dass UN-Mitarbeiter nach Beginn der Feindseligkeiten im Irak festsitzen würden. Wir hatten in unserem Hauptquartier in Bagdad große Vorräte an Trinkwasser, Lebensmitteln und anderen Gütern des täglichen Bedarfs angelegt. Kofi Annan sagte mir in einem Gespräch, dass er jederzeit bereit sei, im Notfall umgehend den Abzug sämtlicher UN-Bediensteten einschließlich der Inspekteure in die Wege zu leiten.

Das Arbeitsprogramm,
das den Abzug der Inspekteure überlebte

In dem Wissen, dass die US-Regierung selbst für die Erfüllung einer kurzen Liste von fünf mustergültigen Abrüstungsaufgaben allenfalls einen Aufschub von wenigen Tagen zugestehen würde, hatte die Ausarbeitung des endgültigen Arbeitsprogramms der UNMOVIC, das wichtige Abrüstungsaufgaben benannte, die hoffentlich in den nächsten vier Monaten abgeschlossen würden, etwas Surreales an sich. Dennoch kamen wir der uns in der Resolution von 1999 übertragenen Aufgabe nach. Unter Berücksichtigung der Empfehlungen unserer Fachkommissare hinsichtlich der vordringlichsten Abrüstungsaufgaben erarbeiteten wir zunächst einen vorläufigen Entwurf, den wir am Montag, dem 17. März, abschließend formulierten.

Ich vermute, dass Washington diese hektische Betriebsamkeit als vergeudete Bemühung um eine Resolution und ein Prozedere ansah, die sich seines Erachtens erledigt hatten. Deutschland, Frankreich und Russland sahen dies jedoch anders. In einer gemeinsamen Erklärung forderten sie am Samstag, dem 15. März, die UNMOVIC solle das Arbeitsprogramm bis Dienstag, den 18. März, vorlegen, der Sicherheitsrat das Programm dann auf Ministerebene beschließen, die wichtigsten Abrüstungsaufgaben sollten nach ihrer Dringlichkeit geordnet werden und der Irak müsse bei der Erfüllung dieser Aufgaben aktiv kooperieren. Sie bekräftigten ihren Standpunkt, dass der Abbruch des Inspektionsprozesses durch nichts gerechtfertigt sei und Gewalt nur als allerletzte Möglichkeit angewandt werden dürfe.

Noch am Montag, dem 17. März, nachdem uns die USA aufgefordert hatten, die Inspekteure abzuziehen, wurde im Sicherheitsrat der Antrag eingebracht, das Arbeitsprogramm zu beschließen und den Inspekteuren eine Frist einzuräumen, nach deren Ablauf der Sicherheitsrat erneut zusammentreten solle, um das Ergebnis zu beurteilen. Das absurde Theater erreichte seinen Höhepunkt, als ich am Mittwoch, dem 19. März, einen Tag nach dem Abzug unserer Inspekteure aus Bagdad, im Sicherheitsrat das Programm vorstellte. Viele Ratsmitglieder wollten es zweifellos deshalb auf dem Tisch haben, weil sie der Weltöffentlichkeit unbedingt vor Augen führen wollten, dass die Inspektionen im Rahmen des vom Sicherheitsrat selbst aufgestellten Zeitplans gut vorankamen und dass deren Abbruch nicht damit zusammenhing, dass das Inspektionsregime in irgendeiner Weise versagt hätte. Sondern dass vielmehr eine völkerrechtswidrige militärische Intervention der USA und Großbritanniens die Einstellung der Inspektionen erzwungen habe.

Blix und el Baradei werden nach Bagdad eingeladen

Oft kommt es in Krisensituationen gleichsam in letzter Minute noch zu Initiativen für eine friedliche Lösung. Der britische Vorschlag, vom Irak einige Abrüstungsschritte zu fordern, um eine Brücke zwischen dem Drängen der US-Regierung auf schnelle, greifbare Ergebnisse einer »strategischen Entscheidung« und dem gemessenen Tempo eines Arbeitsprogramms zu bauen, war eine davon. Andere, die damals nicht an die Öffentlichkeit drangen, gingen offenbar von einflussreichen Personen innerhalb des Regimes in Bagdad aus, die – erfolglos – den direkten Kontakt zu hohen Regierungskreisen in den Vereinigten Staaten suchten, um Maßnahmen vorzuschlagen, die eine Invasion abwenden sollten.

Eine dieser Maßnahmen war ein Brief, den unser Gesprächspartner in Bagdad, Dr. al Saadi, an Mohammed el Baradei und mich schickte. Er traf am Samstag, dem 15. März, ein und enthielt eine umgehende Einladung nach Bagdad, um den Inspektionsprozess zu beschleunigen und die gemachten Fortschritte zur Kenntnis zu nehmen. Ich setzte mich sofort mit Mohammed in Verbindung, und er war geneigt, das Angebot anzunehmen. Doch was al Saadi in Aussicht stellte, blieb weit hinter den Forderungen zurück, die im Sicherheitsrat diskutiert wurden: Eine Fernsehansprache Saddam Husseins mit dem Eingeständnis, früher gelogen zu haben, und die Ankündigung einer strategischen Entscheidung sowie einige Abrüstungsmaßnahmen, die beweisen sollten, dass der Irak es ernst meine. Mohammed und ich waren zuvor übereingekommen, dass Saddam auf jeden Fall eine öffentliche Erklärung abgeben müsse, bevor wir uns nach Bagdad aufmachen und Umsetzungsfragen besprechen würden. Der Herrscher von Mesopotamien würde sich kaum dazu herablassen, mit so niederen Mandarinen wie uns zu verhandeln, und wir konnten es uns nicht erlauben, am allerwenigsten in diesem kritischen Augenblick, dorthin zu fahren und uns Plattitüden anzuhören. Wir konnten von einer persönlichen Unterredung allenfalls erhoffen, ihm den Ernst der Lage ansatzweise vor Augen zu führen, über den ihn seine Umgebung offenbar im Unklaren ließ.

Gerade war gemeldet worden, dass Bush, Blair und der spanische Ministerpräsident Aznar sich tags darauf auf den Azoren treffen wollten. Da ich der Ansicht war, ihre Berater sollten wissen, dass wir zu einem Treffen mit Saddam in Bagdad eingeladen worden waren, unterrichtete ich nicht nur Kofi Annan, sondern auch die ständigen UN-Vertreter Großbritanniens und der Vereinigten Staaten. Sir Jeremy rief mich umgehend zurück. Das britische Außenministerium rate dringend zu Vorsicht. Man sollte Saddam keinen Freiraum geben, um weiterhin zu lavieren. Die Hürden für eine Reise sollten hoch sein. Es bedürfe nicht nur einer öffentlichen Erklärung Saddam Husseins, sondern auch einer »Anzahlung«. London meinte damit die Marksteine. John Negroponte sagte, die US-Regierung sei dagegen, dass wir nach Bagdad reisten. Allerdings erklärte keine der beiden Hauptstädte, ihr Standpunkt sei unwiderruflich.

Wir hatten noch vor keiner Reise um die Zustimmung des Sicherheitsrats ersucht. Und auch jetzt hatten wir nicht die Absicht, dies zu tun. Doch wir agierten auch nicht in einem Vakuum. Wir konnten die Einladung kaum annehmen, bevor wir wussten, was bei dem Treffen auf den Azoren angekündigt würde. Kofi Annan riet uns, al Saadi zu bitten, klarzustellen, was seines Erachtens bei einer solchen Unterredung an konkreten Ergebnissen herauskommen könnte, statt eine vorausgehende Erklärung seitens des Irak zu fordern; außerdem sollten wir den Präsidenten des Sicherheitsrats unterrichten. Das Treffen auf den Azoren zeigte, dass die Initiative zu spät gekommen war.

Das Gleiche galt für die Rede, die Saddam ohne vorherige Ankündigung aus eigenem Antrieb am Tag des Treffens auf den Azoren hielt und die vom Fernsehsender seines Sohnes übertragen wurde. Vielleicht sollte die Rede eine Art Antwort auf die Forderung nach öffentlicher Erklärung einer strategischen Entscheidung sein. Saddam sagte, der Irak habe früher Massenvernichtungswaffen besessen, diese jedoch vollständig zerstört. Er verlor kein Sterbenswörtchen über die Markstein-Abrüstungsschritte, die er zu erfüllen bereit wäre.

Der Atlantik-Gipfel auf den Azoren am Sonntag, dem 16. März

Das Treffen auf den Azoren war eine merkwürdige Geste, mit der die drei Staaten, die den noch immer beim Sicherheitsrat anhängigen Resolutionsentwurf gemeinsam eingebracht hatten, vielleicht ihre Eintracht demonstrieren wollten. Als ich am Samstag mit Sir Jeremy Greenstock gesprochen hatte, meinte er, bei diesem Treffen stehe die Wahrung des Friedens und nicht etwa ein möglicher Krieg auf der Tagesordnung. Doch das reichlich wolkige Abschlusskommuniqué schien mir die Weichen eher auf Krieg als auf Frieden zu stellen. Darin wurde nämlich ausdrücklich erwähnt, dass sich Saddam zwölf Jahre lang über UN-Resolutionen hinweggesetzt habe. Er allein trage die Verantwortung. Falls es zu einem bewaffneten Konflikt kommen sollte, würden sie sich darum bemühen, die territoriale Unversehrtheit des Irak zu wahren. Jegliche »militärische Präsenz« würde zeitlich befristet sein.

Ich sah die Übertragung der Pressekonferenz von den Azoren im

New Yorker Fernsehstudio von ABC, wo ich auf ein Interview vom schwedischen Fernsehen wartete. Vor der Kamera sitzend und durch den Ohrstöpsel die Fragen aus Stockholm erwartend, sagte ich, mir käme es so vor, als würden Bush und Blair unterschiedliche Akzente setzen. Bush habe über den Diktator und dessen grausames Regime sowie über die glänzende Zukunft eines Irak ohne Saddam gesprochen. Blair dagegen habe gesagt, man müsse dem Frieden eine letzte Chance geben und die Vereinten Nationen müssten einem Regime Einhalt gebieten, das sich aktiv an der Weiterverbreitung von Massenvernichtungswaffen beteilige. Vielleicht hoffte Blair noch immer, dass Saddam in die Knie gehen würde – seine Sünden beichten und versprechen würde, sich zu bessern –, wenn er mit einer einhelligen Ratsresolution konfrontiert würde.

Die Hauptsorge Frankreichs und anderer Länder galt der Vermutung, dass die Vereinigten Staaten und Großbritannien sich nach der Verabschiedung einer entsprechenden Resolution durch den Sicherheitsrat nicht mehr verpflichtet fühlen könnten, den Rat zu konsultieren, um das Verhalten Iraks zu beurteilen und das weitere Vorgehen gemeinsam zu beschließen, sondern die Resolution als Blankovollmacht für einen Militärschlag ansehen würden, sollten sie die Reaktion des Irak als unzureichend beurteilen. Blair wollte sich nicht mit einer Resolution zufrieden geben, die für diesen Fall schlicht weitere Beratungen vorsah. Chirac dagegen war der Ansicht, dass vom Irak keine unmittelbare Bedrohung ausgehe, die einen sofortigen Waffengang gerechtfertigt hätte. Frankreich wollte nicht durch eine Abstimmung über die Resolution signalisieren, dass es die Auffassung teile, die USA und Großbritannien hätten freie Hand. Da die Franzosen gedroht hatten, gegen die Resolution zu stimmen, falls sie zur Abstimmung gebracht würde, zogen sie den gesammelten Zorn der USA und Großbritanniens auf sich. Dabei teilten nicht nur Deutschland, Russland und China die Haltung Frankreichs, sondern vermutlich die Mehrheit der Mitglieder des Sicherheitsrats.

Unabhängig davon, ob Bush und Blair mit unterschiedlichen Hoffnungen auf die Azoren gereist waren, bestand die Botschaft dieses einstündigen Treffens in dieser Spätphase weniger in einem

Ultimatum an Saddam als in einem Ultimatum an den Sicherheitsrat, die Resolution zu unterstützen – oder übergangen zu werden.
Die Würfel waren gefallen. Endgültige Gewissheit erhielt ich, als
ich am Sonntagnachmittag spät in mein Büro zurückkehrte. Ich saß
mit meinen leitenden Mitarbeitern zusammen, da erhielt ich einen
Anruf von John Wolf aus Washington; er teilte mir mit, es sei Zeit,
unsere Inspekteure aus dem Irak abzuziehen.

Kurz zuvor hatte mich das schwedische Fernsehen gefragt, ob ich
nicht Heimweh hätte, worauf ich antwortete, ich hätte soeben erfahren, dass vor meinem Landhaus in Schweden die Schneeglöckchen
zu blühen begännen. Natürlich hatte ich Heimweh …

KAPITEL 12

Nach dem Krieg:
Massenhaftes Waffensterben

Als man gegen den Irak zu den Waffen griff, führte das schnell und gekonnt zum Sieg und zur Besetzung des Landes in weniger als einem Monat. Eines der blutigsten Regime, die die Welt je gesehen hatte, war vernichtet. Zwar wurde Saddam Hussein über Monate nicht gefunden, aber eine riesige Statue des Diktators wurde im April vor den Augen erleichterter Iraker und den Kameras aus aller Welt vom Sockel gestürzt. Dann wartete die Welt auf die Bilder der gefürchteten Massenvernichtungswaffen.

Zunächst herrschte Verblüffung über den geringen Widerstand der irakischen Truppen. Auch dass weder chemische noch biologische Waffen zum Einsatz kamen, war mit freudiger Überraschung registriert worden. Solche waren im Krieg gegen den Iran in den achtziger Jahren und gegen die eigene kurdische Bevölkerung in Hallabja eingesetzt worden, aber nach deutlichen amerikanischen Warnungen nicht im Golfkrieg. Nun hatte man gefürchtet, der Irak könnte sie, mit dem Rücken zur Wand, einsetzen.

Die militärische Führung der USA scheint davon überzeugt gewesen zu sein, dass der Irak über große Bestände nichtkonventioneller Waffen verfügte. Entsprechend hatte man an die Soldaten Schutzanzüge verteilt, die sie am Anfang des Feldzuges auch wiederholt anzogen. Diese Vorsicht war verständlich. Allerdings war es erstaunlich, dass man offensichtlich mehrere hundert Millionen Dollar für die Vernichtung dieser Waffen, sollten sie denn gefunden werden, eingeplant hatte. Diese Summe überstieg das Budget, das der UNMOVIC über mehrere Jahre hinweg zur Verfügung stand.

Hatte es denn nicht den geringsten Eindruck hinterlassen, dass die Inspekteure der UNMOVIC und ihre Vorläufer bei den anderen Inspektionsorganisationen der Vereinten Nationen über Jahre hinweg den ganzen Irak abgesucht hatten, ohne eine Spur chemischer Waffen zu finden? Die entsprechenden Berichte waren doch dem Außenministerium, dem Verteidigungsministerium und der CIA sicherlich bekannt.

Als Präsident Bush und Außenminister Powell kurz vor dem Krieg von der »Stunde der Wahrheit« sprachen, meinten sie vermutlich, wie weiter oben ausgeführt, den greifbaren Beleg für die Existenz irakischer Massenvernichtungswaffen und für die Brutalität des Regimes. Hinsichtlich des zweiten Aspekts trafen ihre Vorhersagen zu. Massengräber wurden geöffnet und die aus den schrecklichen Gefängnissen des Regimes Befreiten berichteten, was ihnen widerfahren war.

Doch die Existenz verbotener Waffen, von der man gegenüber der Welt mit solcher Sicherheit gesprochen und die man als wesentliche Begründung für den Krieg angegeben hatte, bestätigte sich nicht. Es wurden schlicht keine gefunden.

Es gab Spekulationen, der Irak habe die Waffen nach Syrien gebracht. Diesbezügliche Belege aber wurden keine präsentiert und man fragt sich, ob die syrische Regierung ein solch giftiges Geschenk unter zunehmendem Druck der Vereinigten Staaten überhaupt angenommen hätte. Zudem, wären solche Transporte nicht durch Satelliten und andere Überwachungsmethoden entdeckt worden? Eine andere Erklärung stellte darauf ab, die Waffen könnten vom Regime kurz vor dem Eintreffen der amerikanischen Truppen vernichtet worden sein. Auch hierfür wurden keine Belege präsentiert und man fragt sich, ob dies überhaupt möglich gewesen wäre, während die Inspekteure durch das Land fuhren, das unter der Kontrolle dauernder Luftüberwachung stand. Eine weitere, ebenfalls nicht belegte Interpretation ging davon aus, die Waffen seien Plünderern in die Hände gefallen oder man habe sie irgendwo vergraben.

Eigenartigerweise schien niemand geneigt, jene Hypothese zu überprüfen, die von den Irakern fortwährend vorgebracht wurde und deren Verifizierung die Arbeit der Inspekteure galt: dass nämlich die nicht deklarierten chemischen und biologischen Waffen 1991 vernichtet worden waren. Erschien es vielleicht zu absurd, dass Waffen, denen man zehn Jahre lang hinterhergejagt war und die jetzt einen Krieg ausgelöst hatten, die ganze Zeit über gar nicht existiert hatten? Dr. al Saadi, der die irakische Regierung bei meinen Kontakten in den Jahren 2002 und 2003 vertreten hatte, war der erste hochrangige Iraker, der sich den alliierten Truppen stellte, als er erfuhr, dass er zu den gesuchten Mitgliedern des Regimes gehörte. Als er sich ergab, äußerte er sich im deutschen Fernsehen, das von seiner aus Deutschland stammenden Frau informiert worden war: »Es gibt keine Massenvernichtungswaffen, und die Zeit wird das bestätigen.« Er sagte nicht, wann diese Waffen zerstört worden waren, aber in den Gesprächen mit meinen Kollegen und mir hatte er immer darauf bestanden, es sei im Sommer 1991 geschehen, als Saddams Schwiegersohn Kamal es angeordnet hatte. Auch Kamal hatte das behauptet, als er 1995 nach Amman flüchtete und dort mit Rolf Ekeus sprach, der die UNSCOM, die erste Inspektionsorganisation, leitete. Auch eine Reihe irakischer Wissenschaftler und Offiziere äußerten sich nach der Besetzung des Irak entsprechend.

Dass eine umfangreiche Zerstörung chemischer und biologischer Waffen im Sommer 1991 stattgefunden hatte, wurde lange Zeit später sowohl durch die UNSCOM als auch durch die UNMOVIC bestätigt. Das Problem, auf das auch Dr. al Saadi hinwies, bestand darin, dass die irakische Seite keine brauchbaren Unterlagen über die vernichteten Mengen hatte. Man behauptete, alle Unterlagen zusammen mit allen Waffen zerstört zu haben. Das konnte zutreffen, aber es war auch möglich – und hier lagen unsere Befürchtungen –, dass man die Unterlagen versteckt hielt und Bestände an chemischen und biologischen Waffen irgendwo hortete. Die UNSCOM hatte noch nach dem Sommer 1991 erhebliche Mengen chemischer Waffen gefunden, die dann unter ihrer Aufsicht zerstört wurden. Allerdings waren diese Bestände nicht versteckt gewesen, sondern in Anlagen gelagert, welche die irakische Seite offiziell deklariert hatte.

Soweit ich es überprüfen konnte, haben weder die UNSCOM noch die UNMOVIC jemals Waffen oder andere verbotene Gerätschaften außerhalb von deklarierten Anlagen gefunden. Daraus folgt natürlich nicht, dass es solche Anlagen nicht gab, aber die irakischen

Einlassungen konnten durch Beweise nicht widerlegt werden. Ein anderes Problem ist, dass die irakische Seite in vielen Fällen zu verschleiern versucht hat, dass Produktionsanlagen und Fabriken früher zur Produktion oder Lagerung von verbotenen Waffen oder für verbotene Programme gedient haben. Möglicherweise verfolgte man damit das Ziel, wertvolle Gebäude, die anderen Nutzungsmöglichkeiten zugeführt werden konnten, zu retten – es kann aber auch sein, dass man die Infrastruktur für die spätere Wiederaufnahme des Waffenprogramms erhalten wollte. Wie dem auch sei, die Anlagen wurden als verboten deklariert und zerstört.

Zum Zeitpunkt, als ich dieses Buch zu Ende schrieb, Anfang Januar 2004, war die Suche nach Waffen im Irak seit über einem Jahr wieder im Gang – vor der Besetzung suchte die UNMOVIC, danach amerikanische Teams, in erster Linie die Iraq Survey Group (ISG). Zwar haben beide Gruppen Aktivitäten entdeckt, die im Zusammenhang mit Raketen, einschließlich der Produktion von Flugkörpern mit einer verbotenen Reichweite, stehen, die den Auflagen der Vereinten Nationen widersprechen, aber es erscheint höchst unwahrscheinlich, dass bis zu diesem Zeitpunkt nennenswerte Bestände oder Lager anderer verbotener Waffen oder Gerätschaften einer Entdeckung entgangen sind – vorausgesetzt, es gibt sie. Berücksichtigt man die schlechten ökonomischen und sozialen Verhältnisse von irakischen Wissenschaftlern, Militärs und technischen Experten, so sollte man vermuten, dass die Belohnungen, die für die Aufdeckung verborgener Bestände ausgesetzt wurden, zu Hinweisen und Ergebnissen hätten führen müssen.

Entsprechende Belohnungen hätten auch die Aufdeckung irgendwelcher niederschwelliger Programme zur Aufrechterhaltung der vorhandenen Kapazitäten im Bereich biologischer und chemischer Waffen stimuliert. Es erscheint plausibel, dass es derlei Programme gab, um die Voraussetzungen zu erhalten, irgendwann in der Zukunft aus dem Stand wieder mit der Produktion zu beginnen, wären die Restriktionen der Vereinten Nationen erst aufgehoben. Während die UNMOVIC allerdings keine Anzeichen dafür finden konnte, behauptete David Kay, der Chef der von den Amerikanern organisierten Iraq Survey Group, in einer Stellungnahme zu seinem Zwischenbericht am 2. Oktober 2003, seine Mannschaft habe »Dutzende mit Massenvernichtungswaffen in Zusammenhang stehende Aktivitäten und nennenswerte Bestände an Ausrüstung, die der Irak vor den Vereinten Nationen während der gegen Ende 2002 beginnenden Inspektionen versteckt hat«, entdeckt.

In Ermangelung irgendwelcher Waffenfunde stellten die Regierungen Großbritanniens und der Vereinigten Staaten – was zu erwarten war – die behauptete Existenz dieser Programme groß heraus. Wenn man bedenkt, wie viele frühere Behauptungen ähnlicher Art sich bei genauerer Betrachtung in nichts auflösten, so wird die Stellungnahme zum Bericht der Kay-Gruppe wohl noch der Unterstützung durch eine öffentliche Präsentation von Beweismaterial, das man dann untersuchen kann, bedürfen. Es hieß, man habe Labors, Chemikalien und Ausrüstungsgegenstände wie Fermentoren gefunden, die man für zwei unterschiedliche Prozesse, das heißt für legitime friedliche und für verbotene Zwecke nutzen könne. Dies dürfte allerdings als Beleg für die Schlussfolgerung, dass sie *wirklich* für einen verbotenen Zweck vorgesehen oder eingesetzt wurden, kaum hinreichen. Anders verhält es sich mit der eher technisch-juristischen Frage, ob diese Funde gemäß der Resolution vom November 2002 hätten deklariert werden müssen, sofern die Behörden von ihrer Existenz Kenntnis hatten.

Kann sein, dass sich zuverlässige Informationen über die beiden Fragen, wann die letzten verbotenen Waffen zerstört wurden und ob niederschwellige Programme existierten, nach der Gefangennahme von Saddam Hussein Mitte Dezember 2003 gewinnen lassen. Wir wissen inzwischen, dass der Militärschlag erfolgreich verlaufen ist, dass aber die Diagnose, die dieser militärischen Operation im Irak zugrunde gelegt wurde – die Existenz von Massenvernichtungswaffen –, offensichtlich falsch war. Es ist, als hätte man operiert, um eine bösartige Geschwulst zu finden, die es dann gar nicht gab.

Dass verbotene Güter nicht vorhanden waren, dürfte sehr wahrscheinlich auf die Einrichtung von Inspektionen sowie Zerstörungs- und Überwachungsmaßnahmen durch die Vereinten Nationen im

Schatten des von den Vereinigten Staaten und Großbritannien ausgeübten militärischen Drucks zurückzuführen sein. Die Vereinten
Nationen und mit ihnen die Welt hatten den Irak entwaffnet, ohne
es selbst zu wissen. Saddam war eingegrenzt worden. In der amerikanischen Terminologie vor dem 11. September 2001 hieß das
»Saddam in die Kiste und Deckel drauf«. Colin Powell wird die
Formulierung zugeschrieben:»Ich glaube, unsere Politik der Eingrenzung war ein Erfolg. Wir konnten ihn in der Kiste halten.« Vizepräsident Cheney wurde noch fünf Tage nach dem 11. September
mit den Worten zitiert:»Saddam Hussein ist eingemacht.« Später
wurden andere Töne angestimmt, aber diese früheren Aussagen
lagen der Wirklichkeit näher.

Die Mutter aller Fehlurteile

Wenn wir zu dem Schluss gelangen, dass es keine Bestände an
verbotenen Waffen gegeben hat, bleibt immer noch zu verifizieren,
ob diese Waffen, wie die irakische Seite behauptet, im Wesentlichen
1991 oder erst später zerstört wurden. Wie ich bereits sagte, wären
Interviews mit einer möglichst großen Anzahl von Irakern, die an
der Zerstörung beteiligt waren, dazu eine Möglichkeit. Auch bleibt
zu klären, wie es geschehen konnte, dass die amerikanischen und
britischen Einschätzungen derart danebengehen konnten, nicht zuletzt in Bezug auf die allerwichtigste Kategorie von Waffen – die
Kernwaffen.

Während man Kernwaffen gemeinhin mit biologischen und chemischen Waffen unter dem Oberbegriff »Massenvernichtungswaffen« zusammenfasst, liegt es auf der Hand, dass es sich hier um
eine eigene Klasse handelt. Die Welt hätte sich über die Waffen des
Irak niemals derartige Sorgen gemacht, hätte es nicht die irakischen
Bemühungen gegeben, Atomschlagkapazitäten zu entwickeln, und
wäre der Irak 1990 bei der Anreicherung von Uran nicht so erfolgreich gewesen. Es ist daher umso verwirrender, dass die zentralen
kategorischen Behauptungen von höchster Regierungsebene auf bri-

tischer und amerikanischer Seite seit 2002 über die angeblich anhaltenden irakischen Bemühungen und Erfolge im Nuklearbereich falsch waren und sich mit ein bisschen Umsicht hätten vermeiden lassen.

Ich behaupte nicht, dass sich Blair und Bush in böser Absicht äußerten, aber ich meine, es hätte nicht viel kritischen Nachdenkens ihrerseits oder seitens ihrer Berater bedurft, um Stellungnahmen zu vermeiden, durch die man die Öffentlichkeit in die Irre führte. Warum haben sie so wenig zugehört und warum hatten die Herren Cheney und Wolfowitz für die Einschätzungen und Analysen der IAEO nur Verachtung übrig?

Selbst wenn es sich eines Tages aufgrund solider Beweise herausstellen sollte, dass der Irak irgendwelche niederschwelligen Programme weiterbetrieben hat, hätte das keinen Einfluss auf die Schlussfolgerung, dass die grundlegenden Behauptungen über die Existenz von Massenvernichtungswaffen und das Zurückweisen jedes Zweifels daran schlichtweg falsch waren.

Journalistische Ermittler haben, besonders in den Vereinigten Staaten und in Großbritannien, Bewundernswertes bei der Untersuchung von Behauptungen, bei der Aufdeckung von Fehlern und bei der Suche nach der Wahrheit geleistet.

Warum die Geheimdienste versagten

Tyrannen wie Saddam Hussein lassen sich nicht mit Ölzweigen überzeugen. Die Charta der Vereinten Nationen, die nach dem Sieg über Diktatoren verfasst wurde, schließt den Einsatz von militärischem Druck, bewaffneten Kräften oder Geheimdiensten nicht aus, doch gibt sie friedlichen Lösungen den Vorzug.

Geheimdienste sind für die nationale Verteidigung und für den Kampf gegen Unterwanderung und Terrorismus unabdingbar. Ich habe großen Respekt für all jene, denen ich in diesem schwierigen Tätigkeitsbereich begegnet bin; viele von ihnen müssen mit unterschiedlichsten Risiken leben, denen wir an unseren Konferenztischen üblicherweise nicht ausgesetzt sind. Dennoch komme ich zu dem Schluss, dass das Versagen angesichts der Milliarden von Dollars, die für Satelliten und andere Luftüberwachungstechniken, für elektronische Abhörmaßnahmen, Exportkontrollen, Befragung von Überläufern und Einsatz von Spionageagenten ausgegeben wurden, im Fall Irak gewaltig war. Der Irak war ein brutaler Ort, und die Spionagetätigkeit dort muss schwierig gewesen sein. Die Vereinigten Staaten – aber nicht notwendigerweise ihre Verbündeten – haben nach dem Ende des Kalten Krieges das Netzwerk ihrer Agenten im Feld offenbar reduziert und verfügten im Irak über keine Spione mehr. Eine große Rolle dürften im Dossier der Amerikaner Überläufer gespielt haben. Mr. Rumsfeld sagte beispielsweise, alles sei durch Überläufer, nicht durch Inspekteure aufgedeckt worden. Vielleicht hat man sich zu sehr auf diese Leute verlassen.

Die Regierung Bush schenkte den vorsichtigen Berichten über die von den Vereinten Nationen durchgeführten Inspektionen zu wenig Beachtung. Dabei beruhten sie auf Besuchen von Anlagen, genauen Untersuchungen irakischer Unterlagen und auf Interviews. Wenn man sich auf politischer Ebene auf diese Berichte bezog, herrschte die Tendenz vor, sie zu missdeuten und zur Bestätigung vorgefertigter Überzeugungen zu nutzen. Die Verachtung, die sowohl Vizepräsident Cheney als auch die Führung im amerikanischen Verteidigungsministerium den internationalen Inspektionen entgegenbrachte, beraubte sie einer wertvollen Informationsquelle.

Viele der irreführenden Punkte, die die britische und die amerikanische Führung in die Welt setzten, hätten sich vermeiden lassen, wenn man sich aufrichtig dessen bedient hätte, was die Inspektionskommissionen in ihren Berichten geschrieben hatten, statt deren Inhalte verzerrt wiederzugeben. Beispielsweise zitierte Paul Wolfowitz am 23. Januar 2003 Tabellen, die von der UNSCOM 1997 vorgelegt worden waren; die Inspekteure hatten darin die Mengen verschiedener biologischer und chemischer Substanzen berechnet, die der Irak früher produziert hatte oder hätte produzieren können. Wolfowitz gab den Zahlen eine völlig andere Bedeutung als die UNSCOM.

Mangels glaubwürdiger Informationen über den Verbleib dieser Mengen kam die UNSCOM zu dem Schluss, die Substanzen seien »nicht dokumentiert«. Damit war keineswegs gemeint, dass es diese Mengen gebe, es schloss diese Möglichkeit aber auch nicht aus. Mr. Wolfowitz aber zitierte Volumen- und Gewichtsangaben aus dem Bericht der UNSCOM und zog dann den Schluss: »Trotz einer elfjährigen Zeitspanne von Inspektionen und Sanktionen, Eingrenzung und militärischen Reaktionen werden immer noch chemische und biologische Waffen in Bagdad *zurückgehalten* und es wird weiterhin produziert.« (Hervorh. d. Autors)

Ein weiterer Fall: Mr. Stuart A. Cohen war geschäftsführender Direktor des National Intelligence Council, als dessen Einschätzung der irakischen Massenvernichtungswaffen für das Jahr 2002 publiziert wurde. In einem Artikel, den er am 30. November 2003 veröffentlichte, schrieb er, dass diese Einschätzung »mit hoher Sicherheit zu dem Schluss gelangte, dass der Irak chemische und biologische Waffen *besaß*«. Dann fuhr er fort: »Zu den im Wesentlichen gleichen Schlussfolgerungen sind auch die Vereinten Nationen und eine Vielzahl von Geheimdiensten gekommen – befreundete ebenso wie nicht befreundete.« Was Cohen über die Geheimdienste sagt, mag zutreffen, wenn ich zugrunde lege, was mir bei verschiedenen Treffen mit Vertretern einiger dieser Dienste mitgeteilt wurde. Aber in Bezug auf die Berichte der Vereinten Nationen verbreitet er die gleichen Fehlinterpretationen wie Wolfowitz. Wenn es sich dabei nicht um eine bewusste Fehlinterpretation handelt, umso schlimmer, denn das würde bedeuten, dass dieser ehemalige hochrangige Geheimdienstvertreter annahm, dass alles, was »nicht dokumentiert« war, auch tatsächlich existierte. Wer mit diesem Ansatz einen Bericht des nationalen Geheimdienstes erstellt, kann dabei zu bemerkenswert ominösen Schlussfolgerungen gelangen.

Der Verdacht, dass wirklich so vorgegangen wurde, wird durch einen Artikel in der *International Herald Tribune* vom 19. November 2003 bekräftigt, in dem es heißt, in den Vereinigten Staaten führe man eine groß angelegte Überprüfung der Geheimdienstinformationen über verbotene Waffenprogramme durch. Dann wird ein offizieller Vertreter der amerikanischen Seite zitiert, der die Notwendigkeit dieser Aktion mit Hinweis auf die Handhabung des Irakproblems begründet:»Der Mangel an Belegen, dass der Irak seine chemischen und biologischen Waffen zerstört hat, wurde anscheinend von den Geheimdiensten als sicherer Beweis dafür interpretiert, dass er sie noch besaß.«

Ein paar weitere Überlegungen, warum die Geheimdienste versagten:

Die auf Regierungsebene in den USA und Großbritannien verbreitete felsenfeste Überzeugung, dass die Waffen existierten, sowie die vorhandene Erwartung, mit Belegen versorgt zu werden, dass diese Überzeugung zutraf, dürfte ihre Wirkung in Geheimdienstkreisen ebenso wenig verfehlt haben, wie sie andere Leute und die Medien beeinflussten. Greg Thielman, ein ehemaliger Direktor des Büros für Strategische Fragen, Waffenverbreitung und militärische Angelegenheiten im amerikanischen Außenministerium, sagte im Juli 2003:»Diese Regierung [in den Vereinigten Staaten] war gegenüber den Geheimdiensten auf Glauben eingestellt und betrieb Spionage praktisch von oben nach unten: Wir haben die Antworten, gebt uns die geheimdienstlichen Informationen, um diese Antworten zu untermauern.«

Die Zeitschrift *The Economist* vom 4. Oktober 2003 verglich diese Art des Denkens mit dem mittelalterlicher Inquisitoren, die von der Existenz von Hexen überzeugt waren. Saddam Hussein passte perfekt in die Rolle des bösen Geists und der Irak war ein»Schurkenstaat«, der sich weigerte, seine mit Fläschchen und Töpfen tödlichen Inhalts gefüllten Giftschränke zu öffnen. Man griff nach jedem Strohhalm, der sich als Bestätigung für die Annahme deuten ließ, dass die Waffen wirklich da waren. In einem entlarvenden Interview, das David Kay, Leiter der Iraq Survey Group, im November 2003 gab, heißt es, es sei von großem Vorteil, im Irak zu sein:»Wir brauchen nicht mehr nach Strohhalmen als Belegen zu greifen.« *(Sunday Telegraph,* vom 23. November 2003)

Anscheinend lag der gemeinsame Nenner aller dieser Missgeschicke in einem *Mangel an kritischem Denken.* Bei ihrem Versuch,

330

sich der Wirklichkeit zu nähern, greifen Gerichte auf das Mittel des Kreuzverhörs zurück, um eine kritische Bewertung der Beweise zu erzwingen. In der akademischen Welt werden manchmal Gegner eines bestimmten theoretischen Ansatzes eingeladen, um eine kritische Bewertung einer wissenschaftlichen Arbeit sicherzustellen. Die Behauptung über die irakischen Massenvernichtungswaffen war so oft wiederholt worden, dass man sie in weiten Teilen der Welt für bare Münze nahm. Es wäre Aufgabe der Geheimdienste gewesen, hier einen kritischen Blick auf die Angelegenheit zu werfen, aber wie andere auch ließen sie sich anscheinend ein wenig überwältigen. Es heißt, sie neigten eher zu Fehleinschätzungen und Übertreibungen, weil man sie normalerweise nicht kritisiert, wenn sie eine Bedrohung überschätzen, sie aber mit schweren Vorwürfen rechnen müssen bei jeder Gefahr, die sie nicht erkennen oder verharmlosen – so geschehen vor dem Golfkrieg 1991, als sie, ebenso wie die IAEO, über das irakische Kernwaffenprogramm nicht Bescheid wussten.

Ich denke, der tragische Fall des britischen Wissenschaftlers und Regierungsberaters David Kelly, der Selbstmord beging, zeigt, wie sehr das dringend benötigte kritische Denken unter politischem Druck in die Enge getrieben wurde. Sein kritischer wissenschaftlicher Geist kam ihm bei der Prüfung des Irak-Dossiers bestens zustatten. Als es dagegen darum ging, britische Berichte zu überprüfen und auf übertriebene Behauptungen zu reagieren, wurde es für ihn problematisch.

Warum waren die UNMOVIC und die IAEO nicht davon betroffen? Wir hatten den Vorteil, dass wir im Vergleich zu einigen nationalen Geheimdiensten einem geringeren Druck von außen und von oben ausgesetzt waren. Unsere Loyalität galt dem Sicherheitsrat mit seinen vielen Mitgliedsstaaten und unterschiedlichen Meinungen. Der Fairness halber muss ich sagen, dass trotz ihrer Anliegen und Erwartungen keine der beteiligten Regierungen uns je nahe gelegt hat, kritisches Denken zu unterlassen, ob wir jetzt das Dossier des Irak oder andere Probleme untersuchten. Ein weiterer wichtiger Punkt war die bedeutende Tradition des internationalen Beamtentums, die in den Vereinten Nationen normalerweise vorherrscht. Ich hatte in keiner Situation den Eindruck, dass Mitglieder unseres Stabes, ob Amerikaner, Briten, Franzosen, Russen oder Angehörige einer anderen Nationalität, von der aktuellen oder erwarteten Position ihrer Regierung oder ihres Heimatstaates beeinflusst waren. Die unabhängigen kritischen Urteile waren meines Erachtens der Hauptgrund für den Respekt und die Akzeptanz, die die UNMOVIC mit ihren Analysen und Einschätzungen erfuhr. Auch wir bei der UNMOVIC *verdächtigten* den Irak, wie die meisten anderen, er verfüge noch über versteckte Bestände an chemischen und biologischen Waffen. Doch verlangte niemand im Sicherheitsrat, dass wir einfach unsere Verdächtigungen präsentierten oder weitergaben, was Überläufer bestätigt hatten. Die Einschätzungen und Urteile in unseren Berichten mussten auf Belegen basieren, die auch einer kritischen internationalen Untersuchung standhielten. Aus diesem Grund eigneten sie sich nicht für kategorische Urteile, was manche Regierungsvertreter, die solche Urteile fällen wollten, zur Verzweiflung brachte. Welches Ansehen hätten internationale Inspektionen heute, wenn wir zu den vielen umstrittenen Behauptungen, die als Belege ausgegeben wurden und die später wie ein Kartenhaus in sich zusammenfielen, einfach Ja und Amen gesagt hätten?

Das Verhalten der irakischen Regierung bestärkte den Verdacht, dass sie Massenvernichtungswaffen zurückhielt

Alle Welt erinnert sich an das Katz-und-Maus-Spiel zwischen dem Irak und den Inspekteuren in den neunziger Jahren: Man gewann den Eindruck, der Irak versuche, verbotene Waffen zu verstecken. Dieser Eindruck blieb bestehen, als der Irak die Inspekteure für vier Jahre des Landes verwies. Wenn es zutrifft, was jetzt wahrscheinlich ist, nämlich dass es keine versteckten Waffen gab und dass diejenigen, die man für »nicht dokumentiert« hielt, entweder gar nie existierten oder größtenteils bereits 1991 zerstört worden waren, dann müssen wir nach möglichen anderen Gründen suchen, warum die irakische Regierung zuließ, dass der Eindruck entstand, es gebe Waffen, und dafür jahrelange Sanktionen auf sich nahm, die nicht nur die Wirtschaft des Landes ruinierten, sondern auch den Lebensstandard der Bevölkerung. Aus meiner Sicht können die folgenden Punkte eine Rolle gespielt haben:

• Man erwartete von einer verbesserten Kooperation mit den Inspekteuren keine Aufhebung der Sanktionen. Saddam Hussein hatte von den Vereinigten Staaten immer wieder gehört, dass dies nur durch sein Verschwinden erreicht werden könnte. Warum also sollte er sich um eine bessere Kooperation bemühen?

• Ein Gefühl der Erniedrigung ließ die Iraker möglicherweise in einigen Fällen davor zurückscheuen, den Inspekteuren Zugang zu verschiedenen Anlagen zu geben, die in ihren Augen für die Souveränität ihres Landes standen. Saddam Hussein sah sich selbst als eine Art modernen König Nebukadnezar und war sehr stolz auf sich und den Irak. Als er nach seiner Gefangennahme gefragt wurde, warum er die Inspekteure nicht in seine Anlagen gelassen habe, wenn er doch keine Waffen hatte, soll er geantwortet haben: »Wir wollten nicht, dass sie in die dem Präsidenten vorbehaltenen Bereiche eindringen und unsere Privatsphäre stören.« Wenn die Inspekteure das Gefühl hatten, es werde mit ihnen Katz und Maus gespielt, so handelte es sich für Saddam und das Regime vielleicht eher um ein Art »Schnüffelabwehr«. Als man Brigadegeneral Alaa Saeed, einen der Leiter des Chemiewaffenprogramms, nach dem Krieg fragte, warum Saddam den Vereinten Nationen bei der Beantwortung hunderter ungelöster Fragen über die verbotenen Waffen nicht geholfen hatte, soll er geantwortet haben: »Ich weiß es nicht. Vielleicht ist er zu stolz« *(Los Angeles Times* vom 4. Juni 2003).

• Das irakische Regime forderte die Aufhebung der Sanktionen durch die Vereinten Nationen mit dem Hinweis, der Irak habe alle verbotenen Waffen vernichtet und alle Auflagen erfüllt. Aber vielleicht verhielten sich die Iraker wie jemand, der ein Schild »Vorsicht, bissiger Hund« aufstellt, ohne einen Hund zu besitzen, mit dem nicht unwillkommenen Gedanken, dass andere auf die Idee kommen könnten, er habe wirklich einen Hund – Massenvernichtungswaffen – und sei daher ein gefährlicher Geselle.

• Das irakische Regime wollte seine Anlagen, in denen konventionelle Streitkräfte und Waffen stationiert waren, möglicherweise geheim halten. Zwar unterlagen solche Anlagen offensichtlich der Inspektion – wo sollte man nach Waffen suchen, wenn nicht auf Militärgelände –, aber die engen Beziehungen, die bis Ende 1998 zwischen einigen Inspekteuren der UNSCOM und den Militärbehörden von Ländern bestanden, die Ziele im Irak bombardierten, sorgten möglicherweise dafür, dass das Regime gegen den Zugang zu einigen dieser Anlagen Widerstand leistete.

Bei der Invasion des Irak ging es um Massenvernichtungswaffen

In einem heute allgemein bekannten Interview sagte Paul Wolfowitz, der stellvertretende US-Verteidigungsminister, die irakischen Massenvernichtungswaffen seien aus bürokratischen Überlegungen zur Begründung für den Krieg herangezogen worden, womit impliziert wird, dass es jede Menge andere Gründe gab, aber diese als einzige auf breite Zustimmung in der öffentlichen Meinung der USA rechnen konnte und dass man damit möglicherweise auch außerhalb der Vereinigten Staaten und innerhalb der Vereinten Nationen punkten konnte.

Selbst bei den großen Bedenken über die Verbreitung von Massenvernichtungswaffen überall in der Welt (und besonders in den Vereinigten Staaten) wäre es wohl kaum möglich gewesen, eine Politik zu verfolgen, die einen Krieg gegen den Irak als Möglichkeit einschließt, hätte es vorher nicht die Terrorangriffe gegen die USA am 11. September 2001 gegeben. Weder dort noch sonst irgendwo auf der Welt gab es davor ernste Bedenken wegen des irakischen Kernwaffenprogramms. Noch wurde je ernsthaft behauptet, es gebe eine bedeutsame Verbindung zwischen dem irakischen Regime und den für die Terroranschläge Verantwortlichen. Nichtsdestotrotz sah man den theoretischen Zusammenhang zwischen Terroristen und Massenvernichtungswaffen, ja sogar Kernwaffen, und es gab eine faktische Verbindung zwischen solchen Waffen und dem Irak. In Verbindung mit der durch die Terrorattacken ausgelösten Wut führte das bei der US-Regierung anscheinend zur Vorstellung, dass es nach der Vertreibung der Taliban und al Qaida in Afghanistan mit der Vernichtung von Saddam Hussein und der im Irak vermuteten Massenvernichtungswaffen eine weitere potentielle Quelle der Bedrohung der Vereinigten Staaten zu beseitigen gelte.

Die allgemein geteilte Sichtweise, dass sich der Irak den Vereinten Nationen und der Welt bei der Vernichtung von Massenvernichtungswaffen widersetzte, bot eine nahe liegende Begründung, um eine solche Aktion voranzutreiben. Es war denn auch die einzige, die den Vereinten Nationen als Rechtfertigung präsentiert wurde, und es war der bei weitem wichtigste Grund, den man dem US-amerikanischen Kongress und der amerikanischen Öffentlichkeit anbot.

Weder die amerikanische noch die britische Regierung hätten eine Chance gehabt, von ihren Parlamenten das Mandat für eine bewaffnete Intervention zu bekommen, wäre es nur darum gegangen, das Terrorregime des Saddam Hussein zu beenden. Auch der Sicherheitsrat hätte ihnen ein solches Mandat nicht erteilt.

Kann sein, dass die Vereinten Nationen in einer nicht allzu fernen Zukunft bewaffnete Aktionen autorisieren, um kleinere Länder von ihrer Schreckensherrschaft zu befreien, wenn diese selbst sie nicht abschütteln können – die Pol Pots und Saddams. Ich persönlich fände eine solche Entwicklung wünschenswert. Das größte Hindernis dürften aber nicht die Beschränkungen der Charta der Vereinten Nationen sein, sondern die fehlende Bereitschaft der Welt, den Preis an Menschenleben und die anderen Kosten auf sich zu laden, die solche Aktionen mit sich bringen.

Den Krieg können wir nicht ungeschehen machen. Die Kosten des Kriegs und der Besetzung, der Verlust von Leben und Eigentum, die Milliarden an Dollars, die für diesen Krieg ausgegeben wurden, der Schaden, den die Vereinten Nationen und die NATO genommen haben, die gesunkene Glaubwürdigkeit der politischen Führer, der Hass, all das saldiert sich zu roten Zahlen. Jetzt müssen wir uns fragen, welche wichtigen Lektionen sich daraus lernen lassen.

Der erste Posten auf der Habenseite ist klar die Vernichtung eines der blutigsten Regime und eines der rücksichtslosesten Führer, die die Welt nach dem Zweiten Weltkrieg gesehen hat. Doch so willkommen dieses Ergebnis ist, es ist nicht das, was zugegebenermaßen angestrebt, noch was als Begründung für den Krieg angegeben wurde.

Der zweite Aktivposten ist die Hoffnung, dass der Krieg die Entwicklung der Demokratie im Irak und im Nahen Osten insgesamt fördern könnte. Mit der Gefangennahme von Saddam Hussein und der Eliminierung seines Regimes ist der irakischen Bevölkerung bewusst geworden, dass die Rückkehr zur alten Ordnung keine Option mehr ist. Man kann nur hoffen, dass das Volk nach den Jahrzehnten der Tyrannei und des Krieges seine ganz erheblichen geistigen Mittel mobilisieren wird und von der Weltgemeinschaft die größtmögliche Unterstützung erhält, um sich auf eine Demokratie zuzubewegen, in der die verschiedenen ethnischen und religiösen Gruppierungen lernen, miteinander zusammenzuarbeiten.

Ein dritter, fraglicher Punkt wäre, dass dem Terrorismus durch die Militäraktion ein Schlag versetzt wurde. Einige werden hier positiv saldieren und behaupten, dass allen terroristischen Bewegungen klar sein muss, dass die USA nach der Erfahrung des 11. September 2001 jede Bewegung verfolgen werden, in der sie eine Bedrohung für die Vereinigten Staaten sehen. Andere verbuchen diesen Punkt unter den Kriegskosten, da sie das Risiko erkennen, dass die USA, besonders wenn dort weitere Fehler gemacht werden, von einer wachsenden Zahl von Staaten und Völkern als globaler Unhold wahrgenommen werden, und weil viele Moslems und Araber die Besetzung des Irak als Erniedrigung empfinden, ein Gefühl, das Hass erzeugt – und den Terrorismus fördert.

Es gibt einen vierten Punkt, den Condoleezza Rice als Sicherheitsberaterin der USA auf der Habenseite verbuchen würde, in

dem ich ihr aber widerspreche. Im Oktober 2003 versuchte sie, wie
ich finde etwas hochtrabend, zu argumentieren, wenn die Resolutionen der Vereinten Nationen »nicht durchgesetzt worden wären,
wäre die Glaubwürdigkeit der Vereinten Nationen ins Wanken
gekommen. Die Wirksamkeit des Sicherheitsrats als Instrument,
das den Willen der Welt durchsetzt und den Frieden sichert, wäre
geschwächt worden.« Der Sicherheitsrat hat sich jedoch nicht gegen
die Durchsetzung mit Hilfe von Waffengewalt ausgesprochen. Die
Mehrheit des Gremiums hatte vielmehr den Eindruck, es sei zu früh,
vom Weg der Inspektionen abzukommen, den man erst dreieinhalb
Monate zuvor eingeschlagen hatte. Es ist ein ziemlich eigenartiges
Argument, zu behaupten, eine Staatenminderheit könne die Autorität des Sicherheitsrats gewährleisten, indem sie die Meinung der
Mehrheit ignoriert. Lässt sich der Wille der Welt durch einen – in
diesem Fall präventiv geführten – Militärschlag eines oder einiger
weniger Staaten durchsetzen, selbst wenn dies gegen den ausdrücklichen Willen der Welt geschieht?

Es wurden noch eine Reihe weiterer Punkte für den Krieg gegen
den Irak vorgebracht, die ihn als Mittel gegen die Verbreitung von
Massenvernichtungswaffen darstellen, ohne Rücksicht darauf, dass
solche Waffen nicht gefunden wurden:

Es heißt, der Krieg *signalisiere* Staaten oder Bewegungen, die
es darauf anlegen, Massenvernichtungswaffen zu bekommen, dass
sie damit nicht mehr Sicherheit erhalten, sondern sich vielmehr
größeren Risiken aussetzen. Die Entscheidung von Oberst Gadafi
im Dezember 2003, was auch immer Libyen an rudimentären Mas-
senvernichtungsprogrammen besaß, aufzugeben, ließe sich vielleicht
in diese Richtung interpretieren.

Aber es ist riskant, hier zu verallgemeinern – man denke nur an
Nordkorea und den Iran. Und immerhin könnte man argumentieren, der Fall Libyen zeige, das die erfolgreiche Einleitung eines
solchen Schritts ohne bewaffnete Aktionen möglich ist. Wir wissen,
dass der Irak unter Saddam ziemlich sicher keinerlei Massenvernichtungswaffen besaß und dass das Regime in der Tat von der Weiter-
verfolgung oder Wiederaufnahme der Waffenprogramme durch die

337

Anwesenheit der UN-Inspektionsteams und den flankierenden militärischen Druck seitens der USA und Großbritannien abgehalten wurde. Die viel gescholtene und relativ kostengünstige Politik der Eingrenzung hatte funktioniert und die teure Politik der Counter-Proliferation hätte sich erübrigt.

Vor dem Hintergrund der Tatsache, dass der Irak mit hoher Wahrscheinlichkeit keinerlei Massenvernichtungswaffen besaß, scheint es nicht ausgeschlossen, dass das irakische Regime den Weg Gadafis gegangen wäre. In der Tat wollte Großbritannien Saddam Hussein in einem Resolutionsentwurf für den Sicherheitsrat, der etwa zur gleichen Zeit auf den Tisch kam, in der die Gespräche mit Libyen begannen, dazu nötigen – kurz bevor die Verhandlungen im Sicherheitsrat abgebrochen wurden und der Krieg im Irak ausgelöst wurde.

In einem Interview sagte Präsident Bush im Dezember 2003, es mache keinen Unterschied, ob Saddam Hussein Massenvernichtungswaffen besessen habe oder nur die Absicht hatte, solche zu erwerben. In beiden Fällen sei die Welt ohne ihn besser dran. Das ist sie tatsächlich.

Doch dürfte – und wir wollen es hoffen – der erste Satz von Präsident Bush nur Ausdruck der für politische Führer absolut normalen Abneigung sein, einen Fehler einzugestehen. Bush hat zutreffend festgehalten, dass Terroristen und Tyrannen keine Nachricht schicken, bevor sie angreifen; es scheint sicher zu sein, dass er sich nicht für den Krieg entschieden und den amerikanischen Kongress gebeten hätte, diesem Krieg zuzustimmen, wenn er gewusst hätte, dass es im Irak keine Massenvernichtungswaffen gibt, sondern nur einige Gründe für die Annahme, man wolle sich solche Waffen irgendwann in der Zukunft beschaffen.

In der Tat sollte es einen Unterschied machen, ob Waffen vorhanden sind oder nicht, wenn es um die Frage geht, für welche Antwort man sich entscheidet. Man könnte argumentieren, dass die deutliche Drohung mit dem Einsatz von Massenvernichtungswaffen innerhalb von 45 Minuten – oder selbst innerhalb von viereinhalb Monaten – eine unmittelbare, präventive Militäraktion rechtfertige. Doch es dürfte weit schwieriger sein, eine derartige Aktion und die Besetzung eines Landes mit dem Hinweis zu begründen, dass die Möglichkeit besteht, eine solche Waffe könnte im Zeitraum von 45 Monaten gebaut werden und stelle also, wie Präsident Bush es formulierte, eine »sich zusammenbrauende Gefahr« dar. Wenn, wie alle immer betonen, Gewalt nur das Mittel der letzten Wahl sein sollte, dann sollte eine solche Bedrohung unmittelbar geringere Gegenmaßnahmen zur Folge haben als eine bewaffnete Invasion. Man könnte hier zu Recht einwenden, all diese Kommentare gingen von einem Wissen aus, das im März 2003 niemand hatte. Zu diesem Zeitpunkt konnte tatsächlich niemand – auch nicht die Inspekteure der Vereinten Nationen einschließlich meiner Person – *garantieren,* dass es im Irak keine Massenvernichtungswaffen gab. Wäre das Argument möglich gewesen, dass diese Unsicherheit unerträglich und durch sofortiges militärisches Eingreifen zu beseitigen ist? Ja, es wäre möglich gewesen, aber ich halte es für unwahrscheinlich, dass das britische oder das amerikanische Parlament, geschweige denn der Sicherheitsrat eine solche Argumentation unterstützt hätten. Das Bewusstsein dieses Umstandes dürfte es denn auch gewesen sein, was die britische und die amerikanische Regierung zur Behauptung veranlasste, man sei sich sicher, dass die Waffen existierten.

Man könnte zur Begründung einer bewaffneten Aktion weiter vorbringen, dass die britische und die amerikanische Regierung aufgrund ihrer festen – wenn auch falschen – Überzeugung, Saddam verfüge über Massenvernichtungswaffen und stelle eine unmittelbare Gefahr dar, einen präventiven Militärschlag gegen ihn führen mussten. Doch es konnte ihnen unmöglich entgangen sein, dass der Irak als Militärmacht im März 2003 nur mehr ein Schatten seiner selbst war im Vergleich zur Zeit seiner Niederlage im Golfkrieg von 1991. Wenn es darüber hinaus irgendeinen Bereich gab, bei dem sich alle – einschließlich der Vereinigten Staaten – sicher waren, dass der Irak abgerüstet habe, dann war es der Bereich der Kernwaffen. Man musste die Belege ganz schön stark hinbiegen, bis hin zu einem gefälschten Kaufvertrag für Uran, um eine nukleare Bedrohung durch den Irak wiederzubeleben – und selbst dann nur eine weit entfernte.

Es ist viel wahrscheinlicher, dass die Regierungen wussten, dass sie die Risiken übertrieben, um die politische Unterstützung zu erhalten, die ihnen andernfalls versagt geblieben wäre. Ich glaube, diese Schlussfolgerung haben inzwischen große Teile der Öffentlichkeit gezogen. Die Folgen sind ein Verlust an Glaubwürdigkeit. Man weiß es und geht auch davon aus, dass Regierungen komplexe internationale Probleme vereinfachen müssen, um sie ihrem Publikum in demokratisch verfassten Staaten zu erklären. Aber Regierungen handeln nicht mit irgendeiner Ware, sondern übernehmen die politische Führung, und man sollte von ihnen ein gewisses Maß an Aufrichtigkeit fordern können, wenn sie ihre Verantwortung für Krieg und Frieden in der Welt wahrnehmen.

Die Rolle der Inspektionen beim Versuch, die Verbreitung von Massenvernichtungswaffen zu verhindern und die Abrüstung von Staaten sicherzustellen

Die öffentliche Debatte über den Irakkrieg konzentrierte sich mehr auf die politische Rechtfertigung, auf die Rolle des Sicherheitsrats der Vereinten Nationen und auf die Rolle der Geheimdienste als auf die Inspektionen. Doch die Inspektionen, ihre Rolle und ihre Ergebnisse standen im Zentrum der Affäre. Die amerikanischen Falken hatten kein großes Problem. Sie wussten, die Massenvernichtungswaffen waren da. Der amerikanische Verteidigungsminister Rumsfeld wusste, dass Überläufer eine gute Quelle sind und Inspekteure nicht. Für US-Vizepräsident Dick Cheney waren Inspekteure bestenfalls nutzlos. Für Deutschland, Frankreich, Russland, China und viele andere aber funktionierten die Inspektionen im März 2003 einigermaßen zufrieden stellend, und sie wünschten, dass sie, zumindest für eine gewisse Zeit, fortgesetzt wurden. Im Sicherheitsrat formulierten die USA und Großbritannien wie alle anderen auch, dass sie die Inspektionsorganisationen und ihre Dienstleistung als professionell, unabhängig und effektiv ansahen. Doch während die Berichte der Inspekteure ein wichtiger Faktor waren, der die Mehrheit im Sicherheitsrat davon abhielt, einen Krieg zu befürworten, vertrauten die Regierungen der USA und Großbritanniens ihren eigenen – fehlerhaften – Geheimdienstinformationen mehr als den Berichten der Inspekteure, welche die Existenz von Massenvernichtungswaffen nicht bestätigten.

Nach dem Krieg wird immer klarer, dass Inspektionen und Beobachtung durch die IAEO und die UNMOVIC sowie deren Vorläufer UNSCOM im Verein mit militärischem, politischem und wirtschaftlichem Druck über Jahre hinweg funktionierten, die Entwaffnung des Irak erreichten und ihn von einer Wiederaufrüstung abhielten. Es ist auch klar geworden, dass die nationalen Geheimdienste und die Falken in den Regierungen die Lage falsch einschätzten und nicht die Inspekteure. Nicht ohne eine gewisse Genugtuung zitiere ich eine Stellungnahme von Joseph Cirincione, dem Direktor eines Non-Proliferation-Projekts bei der Carnegie Stiftung in Washington vom 9. Juli 2003:

»Im Licht der vergangenen drei Monate fruchtloser Suche amerikanischer, britischer und australischer Experten sehen die Inspektionen durch die UNMOVIC im Irak viel besser aus, als es ihre Kritiker seinerzeit darstellten. Die Inspektionen scheinen funktioniert und wirkungsvoll jeder neuen irakischen Anstrengung im Hinblick auf Massenvernichtungswaffen rechtzeitig im Weg gestanden und sie verhindert zu haben. Nie zuvor wurden so wenige von so vielen derart ungerechtfertigt kritisiert.«

Diese Einschätzung bestätigt die Carnegie-Studie zu den von Saddams Irak ausgehenden Bedrohungen, die im Januar 2004 erschien und in der Cirincione und seine Kollegen zu dem ziemlich vernichtenden Schluss gelangen, dass die Bedrohungen weit übertrieben und von der Regierung Bush falsch dargestellt wurden.

Eine wichtige Frage betrifft die zukünftige Gestaltung und den Einsatz von Inspektionen als Mittel, das die Weiterverbreitung von Massenvernichtungswaffen verhindert und Abrüstung sicherstellt. Dabei sind folgende Elemente wichtig:

• Außenpolitische Maßnahmen, die individuellen Staaten Sicherheit geben und so den Anreiz zum Erwerb von Massenvernichtungswaffen verringern. Eine solche Politik muss auch Maßnahmen zur regionalen und globalen Entspannung, Schutzbündnisse und Sicherheitsgarantien umfassen.

• Vertragliche Verpflichtungen, wie der Atomwaffensperrvertrag und Chemiewaffenabkommen, aber auch regionale Abkommen zur Einrichtung atomwaffenfreier Zonen.

• Inspektionen und Überwachungsmaßnahmen, um das Vertrauen zu stärken, dass vertragliche Verpflichtungen eingehalten werden, und falsche Angaben zu verhindern.

• Export- und Transportkontrollen, die den Erwerb, die Produktion und das Verschieben von Massenvernichtungswaffen erschweren.

Diese Instrumente können durch unterschiedlichste Druckmittel und Anreize, wie etwa Wirtschaftshilfe, ergänzt werden. Solche Maßnahmen zielen auf Vertrauensbildung und Begrenzung ohne den Einsatz von Waffengewalt.

Maßnahmen wie ein Gegenschlag im Rahmen der so genannten »Counterproliferation« umfassen eher aktive Anstrengungen, um im Fall einer vermuteten anhaltenden Verbreitung von Waffen diese zu verhindern oder zu unterbinden. Hierbei kann auch auf Sabotageakte gegen Forschungslabors, Produktionsstätten oder Nuklearanlagen, auf gezielte Bombardierungen und verschiedene Formen des Gewalteinsatzes bis hin zu einem Krieg zurückgegriffen werden.

Im Irak hatte vor dem Golfkrieg keine der eindämmenden Maßnahmen, um die Herstellung von Nuklearwaffen und anderen Massenvernichtungswaffen zu stoppen, funktioniert. Nationalen Geheimdiensten waren die irakischen Programme nicht aufgefallen, und mit dem von der IAEO im Irak vor dem Golfkrieg praktizierten System der Inspektionen war es nicht gelungen, das dort in Entwicklung befindliche Nuklearwaffenprogramm zu entdecken. Nach dem Golfkrieg wurde das System der Sicherungsmaßnahmen durch ein sehr weitreichendes Arrangement von Inspektionen und Überwachungen auf der Basis der Resolutionen 687 (1991), 1284 (1999) und 1441 (2002) des Sicherheitsrats ersetzt. Bis zu den Terroranschlägen auf die Vereinigten Staaten am 11. September 2001 ging man von der Annahme aus, die jetzt bestätigt wurde, dass dieses System – unterstützt durch militärischen Druck und Sanktionen, die den Export kontrollieren – funktionierte und eine wirkungsvolle Methode der Eindämmung darstellte. Von diesem System und seiner Anwendung lässt sich eine Menge lernen. Die Erfahrungen der UNMOVIC belegen, dass es möglich war, ein professionelles und wirksames Inspektionsregime aufzubauen, das von einzelnen Regierungen unterstützt, aber nicht von ihnen kontrolliert wurde und das somit jene Legitimität der Vereinten Nationen besaß, die ihm der Sicherheitsrat zusprechen wollte.

Dennoch wechselte man im Jahr 2003 von der Politik der Eindämmung zur Politik des Gegenschlags: Man ersetzte eine von den Vereinten Nationen und der IAEO gestellte Truppe von weniger als zweihundert Inspekteuren, die pro Jahr etwa achtzig Millionen Dollar an Kosten verursachten, durch eine Invasionsarmee von etwa 300 000 Mann, die im Jahr etwa achtzig Milliarden Dollar verschlingt. Die Erfahrung hat gezeigt, was ein kraftvoller Gegenschlag in sehr kurzer Zeit erreichen kann, aber es sind im Rahmen dieser Aktion auch unangenehme Fragen aufgetaucht.

Das Festhalten an der Position, dass einzelne Mitglieder des Sicherheitsrats gegen den Willen der Mehrheit des Gremiums das Recht hätten, zum Mittel eines bewaffneten Gegenschlags zu greifen, den diese Mehrheit noch nicht autorisiert hat, erwies sich als nicht vernünftig.

Das Recht auf Selbstverteidigung gegen einen bewaffneten Angriff, wie im Fall des irakischen Überfalls auf Kuwait im Jahr 1990, bleibt davon unberührt. Wenn man hingegen annimmt, dass Staaten in manchen Situationen das Recht zur Anwendung militärischer Gewalt *in Antizipation* eines Angriffs haben – also einen Präventivschlag führen können –, dann stellt sich die Frage, wie man entscheiden kann, ob ein Angriff tatsächlich bevorsteht. Es mag Situationen geben, in denen eine solche Entscheidung einfach ist und von allen Seiten akzeptiert wird. Man benötigte in so einem Fall keinen gesonderten Berechtigungsschein. In anderen Fällen, besonders dann, wenn keine Dringlichkeit erkennbar ist, kann man ein solches Recht anzweifeln, und wenn die verfügbaren Geheimdienstinformationen nicht überzeugend sind, wird man von einem Missbrauch des Selbstverteidigungsrechts durch diesen Staat ausgehen können. Die Aktionen im Irak im Jahr 2003 waren kein überzeugender Beleg für das Recht auf einen Präventivschlag.

Es hätte für diejenigen Staaten, die für ein bewaffnetes Vorgehen waren, einen Ausweg gegeben. Sie hätten nur die Forderungen des Sicherheitsrats nach etwas mehr Zeit für weitere Inspektionen beachten müssen. Es wäre mit einer Unterstützung für einen Präventivschlag durch den Sicherheitsrat zu rechnen gewesen, wären überzeugende Belege für die Existenz der vermuteten verbotenen Waffenprogramme aufgetaucht oder hätten die Iraker die Kooperation mit den Inspekteuren verweigert. Ohne diese Unterstützung jedoch wurde die Legitimität dieser Aktion kompromittiert, die Glaubwürdigkeit der Regierungen unterminiert und die Autorität des Sicherheitsrats beschädigt.

REGISTER

A

Afghanistankrieg 82

Ahlmark, Per 66

Akashi, Yasushi 40

al Furat 290, 292

al Qaida 81 f., 199, 215, 335

al Saadi, Amir 87, 107, 111, 123, 126, 170 ff., 183 f., 204 ff., 208, 209, 209 f., 289, 315 ff., 323

al Sahaf 77, 83, 102

Albright, David 292

Albright, Madeleine 66, 78

Alduri, Mohammed 102, 118 f.

Al-Fatah-Raketen 207

Al-Samud-2-Raketen 197 f., 207, 219, 237 f., 247

– Zerstörung 17, 239 ff., 244, 257 f., 261, 264, 268, 271, 299

Aluminiumröhren 173, 198, 266, 268, 271, 290, 292 f.

Amin, Hussein 102, 107, 154, 204, 287

Amorim, Celso 57 f., 70, 105

AN 30-Flugzeug 157 f.

Annan, Kofi 16 ff., 52, 59, 63 ff., 67, 76, 82 ff., 88 ff., 92, 99 ff., 132, 143, 162 f., 177, 184, 217 f., 262 f., 313, 316

Antarktis 61 ff.

– Vertrag (1959) 30 f.

Anthrax 130, 150, 180, 205, 215, 249, 279, 311

Arabische Liga 84, 102, 204, 262, 305 f.

Asis, Tarik 48 ff., 52, 118

A (right column)

Atombombe 135, 294

Atomwaffensperrvertrag (1968) 30 ff., 342

– Zusatzprotokoll 29, 202 f.

Aufklärungsflüge 47 f., 117, 130, 144, 152, 156 ff., 171 ff., 177, 180, 184, 200, 206, 208, 210 ff., 241, 243, 264

Aznar, José 15, 316

Azoren 15, 316 ff.

B

Baath-Partei 53, 81

Bagdadtronen 39

Baute, Jacques 76, 109

Befragungen 108, 159 ff., 168, 171, 177, 181, 183, 241, 264, 306

– außerhalb des Irak 117 f., 124 f., 152 f., 161, 208, 279, 309, 311

Belgrad, Bombardierung der chinesischen Botschaft (1999) 199

Berger, Sandy 78

Blair, Tony 15, 66, 85, 98 f., 127, 167 ff., 185 ff., 201, 204, 243 ff., 247, 249, 293, 308 f., 316, 318, 327

Blix-Papier 236 f.

Bolton, John 81

Bone, James 219, 283, 285 f.

Botulin 215

Boucher, Richard 98

Brownwell, Eric 138, 201, 263

Buchanan, Ewen 14, 201, 221

Bush, George H. W. 35, 170, 297

Bush, George W. 15, 19, 22, 24, 81 f., 85, 100 f., 115, 117, 119, 129, 133, 144,

345

350